Rolf-Ulrich Kunze

Ernst Rabel und das Kaiser-Wilhelm-Institut für ausländisches und internationales Privatrecht 1926-1945

GESCHICHTE DER KAISER-WILHELM-GESELLSCHAFT
IM NATIONALSOZIALISMUS

Herausgegeben von
Reinhard Rürup und Wolfgang Schieder
im Auftrag der Präsidentenkommission
der Max-Planck-Gesellschaft

Band 8

Rolf-Ulrich Kunze

Ernst Rabel und das Kaiser-Wilhelm-Institut für ausländisches und internationales Privatrecht 1926 – 1945

WALLSTEIN VERLAG

Redaktion: Axel C. Hüntelmann

Bibliografische Information Der Deutschen Bibliothek
Die Deutsche Bibliothek verzeichnet diese Publikation in der Deutschen Nationalbibliografie; detaillierte bibliografische Daten sind im Internet über http://dnb.ddb.de abrufbar.

www.wallstein-verlag.de
Vom Verlag gesetzt aus der Adobe Garamond
Umschlaggestaltung: Basta Werbeagentur, Steffi Riemann
Druck: Hubert & Co, Göttingen

ISBN 3-89244-798-5

Inhalt

Michael Stolleis

Vorwort

Die »geisteswissenschaftlichen« Institute der Kaiser-Wilhelm-Gesellschaft bildeten von Anfang an eine Minderheit innerhalb eines breit angelegten »naturwissenschaftlichen« Forschungskomplexes. Es handelte sich um das Institut für Geschichte (Berlin), die Bibliotheca Hertziana (Rom), das Institut für ausländisches öffentliches Recht und Völkerrecht (Berlin) und das Institut für ausländisches und internationales Privatrecht (Berlin). Jedes dieser Institute hat seine eigene Gründungs- und Entwicklungsgeschichte. Sie bildeten nach dem Zweiten Weltkrieg den Kern der dann schrittweise entstehenden »Geisteswissenschaftlichen Sektion« der Max-Planck-Gesellschaft.

Die wissenschaftsgeschichtliche Erforschung der geisteswissenschaftlichen Institute steckt noch in den Anfängen. Das ist um so erstaunlicher als sie – mit jeweils eigenen Mitteln – intensiv am intellektuellen Leben zwischen 1912 und 1945 teilgenommen haben, und zwar mit allen Licht- und Schattenseiten. Ein erster Schritt dazu ist die hier von dem Karlsruher Historiker Privatdozent Dr. Rolf-Ulrich Kunze vorgelegte Untersuchung zu dem 1926 gegründeten, 1935 in ein Kaiser-Wilhelm-Institut umbenannten Institut für ausländisches und internationales Privatrecht. Gründer des Instituts war der legendäre Romanist und Rechtsvergleicher Ernst Rabel (1874-1955), der es in kurzer Zeit zu Weltgeltung führte, bis er 1937 dem Rassismus des Regimes in die Emigration weichen mußte.

Die Untersuchung ist in mehrfacher Hinsicht aufschlußreich. Sie zeigt eine komplexe Gründungsgeschichte, bei der sich Staat, Industrie und Kaiser-Wilhelm-Gesellschaft anfangs zu je einem Drittel beteiligten. Erst ein Jahrzehnt später wurde es dann, ohne wesentliche Verlagerung seiner Schwerpunkte, ganz vom Staat finanziert. Sie zeigt daneben ein Institut, dessen Konzept und Arbeit maßgeblich von einem einzelnen bedeutenden Gelehrten geprägt wurden. Von besonderem Interesse ist deshalb auch die Frage, wie sich das Institut nach dem erzwungenen Rücktritt Rabels unter seinem Nachfolger Ernst Heymann in den Jahren von 1937 bis 1945 entwickelte und als »kriegswichtig« darstellte. Insbesondere im vierten Teil der Arbeit wird sichtbar, wie es zu der für die Kriegszeit typischen Mischung von partieller fachlicher Selbstbehauptung, schwankender Loyalität und williger Mitarbeit bei der Rechtsberatung im Wirtschaftsrecht und bei der privatrechtlichen Flankierung der deutschen »Großraumwirtschaft« kam. Auch das nationalsozialistische Konzept eines Personen- und Familienrechts wurde im Rahmen des Instituts präsentiert. Insofern bleibt von der Vorstellung nichts übrig, das Institut habe fern der Politik »nur« Fragen des Privatrechts erforscht.

Leider ist die parallel zur vorliegenden Arbeit geplante Studie über das 1924 gegründete völkerrechtliche »Schwesterinstitut« nicht zustande gekommen. Vermutlich würden dort ähnliche Spannungen und Verwerfungen, aber auch ein erhebliches Potential an innerem Widerstand gegen das Regime zu Tage treten. Vielleicht läßt sich die Lücke eines Tages schließen.

Dank gebührt der von dem damaligen Präsidenten der Max-Planck-Gesellschaft, Professor Hubert Markl, eingesetzten Kommission zur Erforschung der Geschichte der Kaiser-Wilhelm-Gesellschaft für die Aufnahme in die Reihe, insbesondere aber den Professoren Reinhard Rürup und Wolfgang Schieder, die das Manuskript kritisch gelesen und wertvolle Verbesserungsvorschläge gemacht haben. Rolf-Ulrich Kunze hat die Arbeit während seiner Zeit am Max-Planck-Institut für europäische Rechtsgeschichte in Frankfurt am Main geschrieben und nach seinem Wechsel an die Universität Karlsruhe (TH), ungeachtet anderer Belastungen, in seinen Nebenstunden fertiggestellt. Auch ihm sei dafür ganz herzlich gedankt!

Frankfurt am Main, 30.3.2004 Michael Stolleis

Dank

Diese Studie ist von Professor Dr. Dr. h. c. Dr. h. c. Michael Stolleis, Direktor am Max-Planck-Institut für europäische Rechtsgeschichte in Frankfurt am Main und Mitglied der Präsidentenkommission der Max-Planck-Gesellschaft zur »Geschichte der Kaiser-Wilhelm-Gesellschaft im Nationalsozialismus«, angeregt und mit kritischem Interesse begleitet und gefördert worden. Professor Dr. Dr. h. c. Klaus Hopt, Direktor am Max-Planck-Institut für ausländisches und internationales Privatrecht in Hamburg, danke ich für sein besonderes Interesse an der Dokumentation der Geschichte seines Instituts im »Dritten Reich«. Für die freundliche Unterstützung im Archiv zur Geschichte der Max-Planck-Gesellschaft in Berlin-Dahlem bin ich Archivdirektor Professor Dr. Eckart Henning, Dr. Marion Kazemi und Andreas K. Walter besonders verpflichtet. Dr. Heinz Mohnhaupt, Max-Planck-Institut für europäische Rechtsgeschichte, hat mir wichtige Perspektiven zur Einschätzung Justus Wilhelm Hedemanns eröffnet. Professor Dr. Bernhard vom Brocke, Marburg, verdanke ich wichtige Hinweise zur Strukturgeschichte der Kaiser-Wilhelm-Gesellschaft unter den Präsidenten Max Planck und Carl Bosch. Professor Dr. Dagmar Coester-Waltjen, München, danke ich für die freundliche Überlassung eines im Druck befindlichen Manuskripts über Ernst Rabels Rechtsvergleichung.

Axel C. Hüntelmann M. A. vom Forschungsprogramm der Max-Planck-Gesellschaft zur »Geschichte der Kaiser-Wilhelm-Gesellschaft im Nationalsozialismus« hat den Text kritisch und mit einer Gründlichkeit lektoriert, die sich ein Autor nur wünschen kann.

Schließlich ist Gerhard H. Gräber, Verwaltungsleiter des Frankfurter Max-Planck-Instituts für europäische Rechtsgeschichte, für die angenehme Arbeitsatmosphäre zu danken, die er im Institut zu schaffen weiß, die den Autor von unendlich vielen lästigen Alltagskleinigkeiten befreit und damit zur Forschung freistellt: das ist alles andere als selbstverständlich und aller Anerkennung wert.

Rolf-Ulrich Kunze — Frankfurt am Main, März 2004

I Einleitung

1 Forschungsstand, Quellenlage, Methoden, Leitfragen

Am Befund des Herausgebers von Ernst Rabels Aufsätzen, Hans Georg Leser, aus dem Jahr 1965, daß es keine angemessen ausführliche biographische Würdigung Rabels gebe,[1] und der Feststellung von Jürgen Thieme von 1986, daß wissenschaftsgeschichtliche Spezialuntersuchungen völlig fehlen,[2] hat sich seither kaum etwas geändert.[3] Rabels Person und Arbeit harren auch heute noch systematischer Erschließung, bei der es Überraschendes zu entdecken gibt: u. a. einen Rechtshistoriker, Geltendrechtler, Richter und Institutsgründer, der von der völkerverbindenden, kulturellen Dimension überzeugt war, »daß bei aller Verschiedenheit der Rechte eine Wissenschaft vom Recht zu entstehen berufen ist, die eine breitere und tiefere Gemeinschaft der Völker begründen wird als selbst das zu Ende gegangene römische Recht«.[4]

Eine Geschichte des von Rabel 1926 gegründeten und von ihm bis Februar 1937 geleiteten Kaiser-Wilhelm-Instituts für ausländisches und internationales Privatrecht, das im Mittelpunkt dieser Arbeit steht, liegt bislang nicht vor. Doch trotz, vielleicht sogar: wegen des Fehlens einer großen Rabel-Biographie und einer Monographie über Rabels Kaiser-Wilhelm-Institut vor dem Hintergrund der Geschichte der Kaiser-Wilhelm-Gesellschaft zur Förderung der Wissenschaften (KWG)[5] liegt mittlerweile eine große Anzahl kleinerer Beiträge über Rabel und seine Rechtsvergleichung vor. Eine kurze Institutsgeschichte des Kaiser-Wilhelm-Instituts (KWI) für ausländisches und internationales Privatrecht auf der Grundlage der zentralen Überlieferung im Archiv der Kaiser-Wilhelm-/Max-Planck-Gesellschaft hat Bernhard vom Brocke in dem von ihm und Rudolf Vierhaus herausgegebenen Sammelband zur Geschichte und Struktur der KWG erstellt.[6] Aufschlußreich zu wesentlichen Daten

1 Vgl. Leser, Einleitung 1965, S. XIV.

2 Vgl. Thieme, Ernst Rabel 1986, S. 253, Anm. 7. Hier auch eine Zusammenfassung der Literatur bis Mitte der 1980er Jahre.

3 Ein werksgeschichtlicher Abriß bei Kunze, Rechtsvergleichung 2003.

4 Rabel, Einführung 1927, S. 4.

5 Zur allgemeinen und speziellen Geschichte der Kaiser-Wilhelm-Gesellschaft siehe Hauke (Hg.), Bibliographie 1994.

6 Vgl. vom Brocke, Kaiser-Wilhelm-Gesellschaft 1990, S. 304-306, dort auch weitere Literaturverweise.

der Institutsgeschichte sind auch die »Berichte und Mitteilungen« der Max-Planck-Gesellschaft (MPG) über das Hamburger Nachfolgeinstitut.[7] Einen Überblick zur Geschichte der Rechtsvergleichung und der deutschen rechtsvergleichenden Gesellschaften hat 1994 Elmar Wadle gegeben.[8] Anläßlich des 75jährigen Gründungsjubiläums des Kaiser-Wilhelm-/Max-Planck-Instituts für ausländisches und internationales Privatrecht hat Jürgen Basedow die Akzente der inhaltlichen Arbeit seit Rabels Zeit zusammengefaßt.[9] 1986 hat Jürgen Thieme in »Rabels Zeitschrift« dessen Schriften aus dem Nachlaß, darunter zeitgeschichtlich relevante Vorträge und Materialien, quellenkritisch bearbeitet, vorbildlich ediert und damit die Grundlage für eine Beschäftigung mit dem Werk und der Person gelegt.[10] Mit Rabels Wissenschaftsbiographie im Nationalsozialismus befaßt sich Anna-Maria Gräfin von Lösch in ihrer Geschichte der Berliner Juristischen Fakultät während der nationalsozialistischen »Machtergreifung«.[11] Rabels rechtshistorische Ursprünge in der Schule von Ludwig Mitteis hat 2001 Reinhard Zimmermann untersucht.[12]

Auch die Quellenlage nimmt sich auf den zweiten Blick besser aus als auf den ersten. Neben dem umfangreichen, gedruckt vorliegenden Werk Ernst Rabels bildet die Überlieferung des Archivs zur Geschichte der Max-Planck-Gesellschaft in Berlin-Dahlem die archivalische Grundlage dieser Arbeit.[13] Hier ist die Zeit von der Gründung des KWI für ausländisches und internationales Privatrecht 1926 bis zu Rabels Rücktritt 1937 sowie die Weiterentwicklung bis zur Verlegung des Instituts nach Tübingen aus drei Perspektiven nachzuvollziehen: aus Sicht der Generalverwaltung der KWG einschließlich des Generaldirektors Friedrich Glum und des Präsidenten Max Planck bzw. Carl Bosch, der Institutsbetreuer Friedrich Glum und Ernst Telschow und der Finanzverwaltung der KWG sowie des Preußischen Kultus- bzw. Reichswissenschaftsministeriums.[14] Ergänzt wird diese Perspektive von oben durch die seit 1986 vom Hamburger Nachfolgeinstitut für ausländisches und internationales Privatrecht mittlerweile mit wenigen Ausnahmen vollständig abgegebenen, durch die rechtzeitige Auslagerung nach Tübingen 1944 erhaltenen Institutsakten.

7 Nachweise bis 1986 bei Thieme, Ernst Rabel 1986, S. 252 f.
8 Vgl. Wadle, Einhundert Jahre 1994.
9 Vgl. Basedow, Standort 2001.
10 Vgl. Thieme, Ernst Rabel 1986.
11 Vgl. von Lösch, Geist 1999, S. 366-372.
12 Vgl. Zimmermann, Schule 2001.
13 Vgl. Wegeleben, Beständeübersicht 1997; Kohl, Kaiser-Wilhelm-Gesellschaft 1997.
14 Bestand R 4901 im Bundesarchiv Koblenz.

Das ist die Perspektive aus Sicht des Instituts und seines Direktors. Die Institutsakten für die Zeit ab 1945 enthalten nur anläßlich runder Jubiläen sporadische Hinweise auf die Zeit vor 1945 bzw. 1937. Hinzu kommen im Archiv der Humboldt-Universität die Bestände »Personalakten Ernst Rabel« sowie z. B. zu den aufschlußreichen Berufungs- und Ruhestandsfragen die Akten der Rechts- und Staatswissenschaftlichen Fakultät. Die vollständig erhaltenen Alt-Gutachten des KWI für ausländisches und internationales Privatrecht bilden einen besonderen, zur fachkulturellen Identität des internationalprivatrechtlichen Nachfolgeinstituts der MPG gehörenden und in seiner Geschlossenheit einmaligen privatrechtsgeschichtlichen Bestand, der aufgrund seines außerordentlichen Umfangs für diese Arbeit nur auszugsweise herangezogen werden konnte.

Eine Besonderheit der Quellenlage ist der hohe Anteil an gedruckten Quellen in Form von institutseigenen ›Hausprodukten‹: dazu gehören u. a. die »Zeitschrift für ausländisches und internationales Privatrecht«, die Monographienreihe »Beiträge zum ausländischen und internationalen Privatrecht« und das »Rechtsvergleichende Handwörterbuch«. In diesen Veröffentlichungen stellte sich das KWI für ausländisches und internationales Privatrecht dar, präsentierte Forschungsergebnisse und Langzeitprojekte, internationale Kooperationen und Einschätzungen zu rechtspolitischen Trends im In- und Ausland. Aufgrund des grundsätzlichen Dienstleistungscharakters von Rabels Institut – anders als beim Völkerrechts-Schwesterinstitut hatte die Industrie bei der Gründung und Finanzierung einen maßgeblichen Anteil – lag die fachpublizistische Verwertungsquote der rechtsvergleichenden Grundlagenforschung im Institut sehr hoch: über alle Vorhaben wurde ausführlich und mehrfach von der Vorstellung des Konzepts bis zur Rezension des erschienenen Buchs berichtet, die Ergebnisse der gutachterlichen Tätigkeit wurden regelmäßig in Zeitschriftenbeiträgen oder Monographien veröffentlicht.

Die Darstellungsform muß sich an diesem Überlieferungsstand orientieren. Die Wissenschaftsgeschichte des KWI für ausländisches und internationales Privatrecht ist daher in erster Linie Textgeschichte und die Geschichte von Personennetzwerken, keine klassische Institutionengeschichte. Dieses grundsätzliche Quellengattungsproblem stellt sich nicht nur bei dem Privatrechtsinstitut. Bernhard vom Brocke und Hubert Laitko haben als Reaktion darauf drei Untersuchungsebenen mit jeweils einer zentralen Leitfrage für die Untersuchung von Kaiser-Wilhelm-Instituten abgeleitet:[15]

15 Vgl. Laitko, Forschungsorganisation 1996, S. 583-632; und vom Brocke/Laitko (Hg.), Kaiser-Wilhelm-/Max-Planck-Gesellschaft, S. X-XII (Fragenraster).

- Wissenschaftsgeschichte und Metastrukturen im Hinblick auf die institutionell herausgehobene Forscherpersönlichkeit. Hier geht es um den Charakter des Instituts und seiner Arbeit, somit um *science in context.*[16] Die Leitfrage lautet: Was war Ernst Rabels Leitbild von Wissenschaft, Rechtswissenschaft und Rechtsvergleichung?
- Institutionengeschichte und Mikrostrukturen im Hinblick auf die forschende Einheit im Forschungsverband. Hier soll die Institutsgeschichte in ihren markanten Abschnitten 1926-1933, 1933-1937, 1937-1945 untersucht werden. Die Leitfrage lautet: Wie wirkte sich die exemplarische Anwendung des Harnack-Prinzips am Fall von Ernst Rabel vor und nach 1933 aus?
- Zeitgeschichte und Makrostrukturen im Hinblick auf die staatliche und überstaatliche Forschungspolitik. Hier soll die zeitgeschichtliche Einordnung erfolgen. Die Leitfrage lautet: Was war der wissenschafts- und zeitgeschichtliche Ort von Rabels Institut?

Was Michael Stolleis mit Bezug auf das 19. Jahrhundert festgestellt hat, gilt um so mehr für die juristische Zeitgeschichte:

> »Gegenstand der Wissenschaftsgeschichte [...] ist also nicht Ideengeschichte in dem methodologisch diskreditierten Sinne, daß hier gewissermaßen autonome Wesen, Wirken, Aufstieg und Verfall bestimmter Ideen im historischen Material zu verfolgen seien. Sie ist auch nicht lediglich eine Geschichte der unselbständigen geistigen ›Reflexe‹ der politischen, sozialen oder wirtschaftlichen Geschichte. Vielmehr geht es darum, die Rechtswissenschaft der Vergangenheit zunächst einmal als Text-Dokument der damaligen Problemsicht ernst zu nehmen und sie aus ihrer historischen Situation zu verstehen.«[17]

Der vorliegende Überblick zur Geschichte des KWI für ausländisches und internationales Privatrecht stellt nicht den Anspruch einer abschließenden Institutsgeschichte. Vielmehr geht es um einen wissenschaftsgeschichtlichen Problemaufriß, der anhand der ›Produktion‹ des Instituts eine Einschätzung seiner Veränderung im Nationalsozialismus erlaubt. Der Sinn der Studie wäre erfüllt, wenn sie – u. a. anhand des präsentierten Materials – zu einer so kritischen wie sachlichen Diskussion um die Verstrickung und Widerständigkeit des Internationalen Privatrechts und der Rechtsvergleichung, in Einzelaspekten auch der für Rabels Karriere

16 Vgl. Laitko, Forschungsorganisation 1996, S. 601 f.; zum Begriff Bonss u. a. (Hg.), Wissenschaft 1993.

17 Stolleis, Geschichte 1992, S. 6.

bedeutsamen juristischen Romanistik, in die nationalsozialistische Herrschaft beitragen könnte.[18] Die Ergebnisse einer solchen Diskussion, die auch aus dem Vergleich mit anderen juristischen Milieus und anderen Fachkulturen unter dem Dach der Kaiser-Wilhelm-Gesellschaft resultieren, kann und will sie nicht vorwegnehmen. Eine Plattform für diese Diskussion könnte die von Bernd Rüthers so formulierte »5. Lehre aus der Rechtsperversion im Nationalsozialismus« darstellen:

> »Die vielfältige ideologische und politische Verwendbarkeit rechtstheoretischer und rechtsmethodischer Figuren, Begriffe und Instrumente ist ein wichtiger, bisher weithin unbeachteter Risikofaktor bei der Arbeit der Juristen in Wissenschaft und Gerichtsbarkeit. Die ›Multivalenz‹ und die potentielle Ideologisierung des juristischen Instrumentariums muß als ein notwendiger Gegenstand juristischer Lehre und kritischer Analyse betrachtet werden.«[19]

2 Was ist Internationales Privatrecht?

Unter Internationalem Privatrecht (IPR) verstehen Juristen die Gesamtheit der sogenannten Kollisionsnormen, die bestimmen, nach welchem Recht ein Tatbestand mit Auslandsberührung zu beurteilen ist.[20] Ein Standardfallbeispiel zeigt, worum es dabei geht: Kauft ein US-Amerikaner in der Bundesrepublik Deutschland von einem Franzosen eine Ware, die in Bulgarien lagert, so regelt das IPR die Frage, welches Kaufrecht und welches Sachenrecht anwendbar ist. Das IPR ist trotz seiner Bezeichnung und im Unterschied zum internationalen Recht Teil der jeweiligen nationalen Rechtsordnung. Rechtsquellen des deutschen IPR sind die Artikel 3 bis 38 des Einführungsgesetzes zum BGB (EGBGB), zahlreiche Staatsverträge wie z. B. das Haager Abkommen und Gewohnheitsrecht. Das IPR ist von mehreren allgemeinen Grundsätzen bestimmt: es versucht, diejenige Rechtsordnung zur Anwendung zu bringen, die mit dem Sachverhalt die engste Beziehung aufweist und deren Anwendung am gerechtesten erscheint. Die für solche Beziehungen ausschlaggebenden Aspekte werden als ›Anknüpfungsgründe‹ der Kollisionsnorm bezeichnet. Das Ziel der Anknüpfung ist es, daß derselbe Sachverhalt im In- und Ausland gleich entschieden werden soll. Zu den wichtigsten Anknüp-

18 Eine plausible Definition von »Verstrickung« im Widerstands- und systemgeschichtlichen Kontext bei Hüttenberger, Vorüberlegungen 1977.

19 Rüthers, Entartetes Recht 1989, S. 223-225, das Zitat S. 223.

20 Vgl. Brockhaus Enzyklopädie, Bd. 10, 19. Aufl., Mannheim 1989, S. 578 f.; Baumann, Einführung 1989, S. 536 f.

fungsgründen zählt man: Staatsangehörigkeit, Wohnsitz, gewöhnlichen Aufenthalt, Sitz einer juristischen Person, Handlungsort, Lageort einer Sache und Parteiwillen. Gemäß dem Prinzip der effektiven Staatsangehörigkeit gilt für Personen mit mehr als einer Staatsangehörigkeit das Recht desjenigen Staates, mit dem eine Person am engsten verbunden ist. In Skandinavien, der Schweiz und im angloamerikanischen Rechtskreis wird dagegen vor allem an den Wohnsitz (*domicile*) angeknüpft. Eine Kollisionsnorm kann einen Anknüpfungsgrund oder mehrere Anknüpfungsgründe enthalten.

Die sogenannte Qualifikation, die Zuordnung eines Tatbestandes zu einer Kollisionsnorm, kann Schwierigkeiten bereiten. Die Mehrheit der Lehren zum IPR vertritt die Ansicht, daß bei der Qualifikation auf das Recht des Gerichtsortes (*lex fori*) abzustellen sei. Knüpft das Recht, auf das die deutschen Kollisionsnormen verweisen, die Rechtsfrage anders an als das deutsche IPR, so ist diese Verweisung grundsätzlich zu befolgen (Art. 4 EGBGB). Hält das ausländische Recht das deutsche Recht für anwendbar, spricht man von einer Rückverweisung (*renvoi*). Wird das Recht eines dritten Staates für anwendbar gehalten, handelt es sich um eine Weiterverweisung. Ausländische Rechtsregeln dürfen nicht angewendet werden, wenn deren Anwendung zu einem Ergebnis führt, das mit wesentlichen Grundsätzen deutschen Rechts, z. B. den Grundrechten, offensichtlich unvereinbar ist (*ordre public*, Art. 6 EGBGB).

Die fachkulturelle Besonderheit des IPR liegt in seiner Internationalität. Die juristische Arbeit im IPR setzt nicht nur die gediegene Kenntnis der eigenen Rechtsordnung voraus. Der im IPR tätige juristische Praktiker muß zugleich solide Kenntnisse über seinen ›Rechtskreis‹ – z. B. den Rezeptionsbereich des *Code Civil* – besitzen, und er muß in der Lage sein, durch Kenntnis wenigstens eines weiteren Rechtskreises die Besonderheiten seines und des anderen Rechtskreises zu erkennen. Die internationalprivatrechtliche wissenschaftliche Rechtsvergleichung geht als privatrechtliche Grundlagenforschung noch sehr viel weiter: sie setzt nicht bei den spezifischen, für die Praxis allerdings primär relevanten Spezifika an, sondern bei den Problemen, welche den Regelungen in verschiedenen Rechtsordnungen zugrunde liegen, um sie systematisch vergleichen zu können. Im IPR spielen rechtsgeschichtliche Kenntnisse u. a. deshalb eine wichtige Rolle, weil in der Rezeptionsgeschichte eines Rechts allgemeine Muster der Rechtsentwicklung erkennbar werden und weil die Geschichte der Rechtskreise einen Vorrat an möglichen Problemlösungen bereithält. Dieser erschließt sich jedoch nicht von selbst, sondern allein durch die Fähigkeit zur (rechts-)historischen Kontextualisierung. Internationalprivatrechtliche Arbeit ist also außerordentlich voraussetzungsreich.

3 Vergleichsstrukturen. Zur Wissenschaftsgeschichte der Privatrechtsvergleichung

3.1 Rechtsgeschichte und Rechtsvergleichung

In einem Vortrag aus dem Jahr 1967 hat Helmut Coing in großen Linien »Die Bedeutung der europäischen Rechtsgeschichte für die Rechtsvergleichung«[21] nachgezeichnet. Damit griff er auch die beiden zentralen Themen von Ernst Rabels Werk auf. Zwar sei, so Coing, in der Praxis wie in der Forschung die historische Dimension der Rechtsvergleichung in den Hintergrund getreten, doch zeige beispielsweise jede Berührung mit dem angloamerikanischen Rechtskreis immer wieder mit besonderer Deutlichkeit, »daß ein wirkliches Verständnis nur unter Einbeziehung der historischen Betrachtungsweise zu gewinnen ist«.[22] Europäische Rechtsgeschichte sei die Überlieferungs-, Fortbildungs- und Differenzierungsgeschichte des *ius commune* als Grundlage der entstehenden Rechtswissenschaft und des sich wissenschaftszentriert professionalisierenden Juristenstandes seit dem Hochmittelalter. Ferner sei sie zu verstehen als die Wissenschafts-, Wissenschaftler- und Universitätsgeschichte einer europäischen *communis opinio doctorum* und ihres Zerfalls im Zeitalter der kodifikatorischen Bemühungen und der Nationalstaaten: Hier lagen die Anfänge der »Rechtsentwicklung im rein nationalen Bereich; […] gleichzeitig die ersten, methodisch noch unsicheren Versuche der Rechtsvergleichung«.[23]

Vor dem Hintergrund dieser großen *narratio* der Privatrechtsgeschichte – die als wesentliche Struktur europäischer Geschichte zugleich Verfallsgeschichte eines wissenschaftlichen europäischen Zusammenhalts und Aufstiegsgeschichte einer aus den historisch gewachsenen Verschiedenheiten entstehenden Rechtsvergleichung ist – wird man die Juristenbiographie Ernst Rabels und die Institutsgeschichte des von ihm gegründeten und geprägten Kaiser-Wilhelm-Instituts für ausländisches und internationales Privatrecht als rechtsvergleichende Erfolgsgeschichten einordnen können. Die cis- und transatlantische wissenschaftliche Vita Rabels steht mit allen Brüchen und Kontinuitäten exemplarisch für einen wesentlichen Abschnitt juristischer Wissenschaftsgeschichte zwischen der späten Habsburgermonarchie, dem Kaiserreich und der amerikanischen Nachkriegsgesellschaft sowie der jungen Bundesrepublik. Rabels Vision einer universalen vergleichenden Rechtswissenschaft wurde von

21 Coing, Bedeutung 1968.
22 Ebd., S. 1.
23 Ebd., S. 6.

demselben ideengeschichtlichen Konstruktivismus letztlich historisch-kritischer Provenienz getragen, den Coing 1967 als historisch bedingten Zusammenhang zwischen europäischer Rechtsgeschichte und Rechtsvergleichung beschrieb:[24] Der Gegenstand der Rechtsgeschichte, so Coing, sei das gemeine Recht als allgemeine wissenschaftliche Basis, als »ratio scripta«, der meisten europäischen Rechte. Die moderne Rechtsvergleichung teile diesen Erkenntnisgegenstand. Sie suche die beste juristische Lösung für bestimmte Probleme, deren Kraft aus ihrer Qualität, nicht aus der staatlichen Autorität abgeleitet sei. [25]

Dieser noble Wettstreit um die funktional beste juristische Lösung reizte Rabel ein Wissenschaftlerleben lang, wobei er sich sein Vergleichsmaterial in Vergangenheit und Gegenwart suchte. In dem programmatischen Aufsatz »Aufgabe und Notwendigkeit der Rechtsvergleichung« aus dem Jahr 1924, einer Art ›Verfassungstext‹ der modernen Rechtsvergleichung im 20. Jahrhundert, hat Rabel dieses Vorgehen und die dafür erforderlichen fachlichen Maßstäbe beschrieben:

> »Der Stoff des Nachdenkens über die Probleme des Rechts muß das Recht der gesamten Erde sein, vergangenes und heutiges, der Zusammenhang des Rechts mit Boden, Klima und Rasse, mit geschichtlichen Schicksalen der Völker – Krieg, Revolution, Staatengründung, Unterjochung –, mit religiösen und ethischen Vorstellungen; Ehrgeiz und schöpferischer Kraft von Einzelpersonen; Bedürfnis von Gütererzeugung und Verbrauch; Interesse von Schichten, Parteien, Klassen. […] Alles das bedingt sich gegenseitig in sozialer, wirtschaftlicher, rechtlicher Gestaltung. Tausendfältig schillert unter Sonne und Wind das Recht jedes entwickelten Volkes.« [26]

Die wissenschaftsgeschichtliche Bedeutung der Rechtsvergleichung als juristische Disziplin einerseits, der Vergleichung als prägender Wissenschaftler-Mentalität der Moderne andererseits, hat Michael Stolleis als Spannungsverhältnis von »Nationalität und Internationalität« beschrieben.[27] Die Entwicklung der modernen Rechtsvergleichung ist ein charakteristisches, wenn auch historisch voraussetzungsreiches Produkt des 19. Jahrhunderts, das nicht nur das »Zeitalter des bürgerlichen Nationalstaats«, sondern auch und zugleich das »Zeitalter des Vergleichs« war: »Wachsender Nationalismus und Internationalismus erwiesen sich also

24 Vgl. auch Mohnhaupt, Rechtsvergleichung 1990, Sp. 404.
25 Vgl. Coing, Bedeutung 1968, S. 21.
26 Rabel, Aufgabe und Notwendigkeit 1924, S. 5.
27 Vgl. Stolleis, Nationalität 1998.

nicht etwa als Gegensätze, sondern gewissermaßen als siamesische Zwillinge. Je mehr man sich näherrückte, desto schärfer wurden die nationalistischen Abgrenzungsphrasen.«[28] Für den mentalitätsgeschichtlich markanten Bedeutungswandel im Verständnis der Vergleichung von aufklärerisch-idealistischen Völkerverständigungs- und Fortschrittshoffnungen zu mehr oder weniger vulgärdarwinistisch überformten Wettbewerbs- und Abgrenzungsideologien gebe es Gründe innerhalb und außerhalb der Rechtswissenschaft: innerrechtswissenschaftlich sei mit dem Ende der Epoche des *ius commune* und ihrer gesamteuropäischen wissenschaftlichen Kommunikationsstrukturen die Rechtsvergleichung zum »einzige[n] Verständigungsmittel«[29] zwischen den sich national differenzierenden Rechtskulturen avanciert. Auch die mit dem europäischen Gemeinen Recht zusammenhängenden Vorstellungen von einem überpositiven und zeitlosen Naturrecht seien in Folge einer umfassenden Historisierung – und damit auch Relativierung – des Rechts an ihr Ende gekommen: »So zwingt auch das Verschwinden der metaphysisch begründeten Sozialphilosophie und das Ende der idealistischen Philosophie (kurzum: das Verschwinden übergreifender Rechtsideen) zur Rechtsvergleichung.«[30] Die Geschichte der Rechtsvergleichung ist auch ein Kapitel in der Säkularisierungsgeschichte des politischen Denkens.

Außerhalb der Rechtswissenschaft gab es »mächtige externe Kräfte«,[31] die auch auf die zeitgenössischen Juristen geradezu magisch anziehend wirkten: Historismus, Empirismus, organisches Denken, Positivismus, und, wie man ergänzen könnte: Realismus im Bereich der Anschauung von Kunst und Politik. Die Welt war nicht mehr ›Schöpfung‹, sondern ›Entwicklung‹, Natur- und Geisteswissenschaften bedienten sich ähnlicher entwicklungsbiologischer Metaphern.[32]

Diese zeittypische Neigung zum biologistischen Reduktionismus habe sich dann auch in organistischen Entwicklungsmodellen des Rechts widergespiegelt, die nun, gestützt durch das Instrumentarium der Rechtsvergleichung, aber auf der Grundlage massiver ›erkenntnisleitender‹ Prämissen, eine erfolgreiche und zukunftsträchtige Zivilisierungsgeschichte des ›weißen Mannes‹ abbildeten.

Auch Zweigert und Kötz haben betont, daß die inner- wie außerrechtswissenschaftlichen Determinanten der Rechtsvergleichung, die nicht nur ihre Entwicklung als Fach und Forschungsgebiet, sondern auch ihren Stil

28 Ebd., S. 13.
29 Ebd., S. 14.
30 Ebd., S. 14 f.
31 Ebd., S. 15.
32 Vgl. Wieland, Entwicklung 1994.

und die ihr korrespondierende Wissenschaftler-Mentalität nachhaltig geprägt haben, nicht voneinander zu trennen sind: »Die Geschichte der Rechtsvergleichung ist im wesentlichen Wissenschaftsgeschichte. [...] Dennoch ist auch diese Wissenschaftsgeschichte [...] mit den geistigen Grundtendenzen der jeweiligen Epoche eng verflochten.«[33] Dieses Kontingenzproblem bestimmte für den Rechtsvergleicher Roscoe Pound aufgrund eigener wissenschaftlicher Lebenserfahrung sogar den Wissenschaftsbegriff der Rechtswissenschaft, wie er in der Festschrift für Ernst Rabel 1954 ausführte.[34] Es gebe kontext- und epochenübergreifende Rechtsprobleme, aber keine kontextfreie Rechtswissenschaft.

Pounds Beobachtungen über den disziplinenkulturellen Wandel auf der Grundlage gleichzeitiger Strukturalisierung und Spezialisierung[35] berühren neben den neuen Inhalten auch die veränderten Organisationsformen von Wissenschaft als ›Großforschung‹ und ›Grundlagenforschung‹ im 20. Jahrhundert: sowohl für die neuen Inhalte als auch die neuen Organisationsformen ist das KWI für ausländisches und internationales Privatrecht ein Modell.

3.2 Das »Zeitalter der Vergleichung« und Rabels Rechtsvergleichung

Das 19. Jahrhundert war das »Zeitalter der Vergleichung«.[36] Als im Jahr 1900 der große Pariser Rechtsvergleichungskongreß als Bestandteil der Pariser Weltausstellung unter Edouard Lambert und Raymond Saleilles zusammenkam,[37] lag es bereits fast ein halbes Jahrhundert zurück, daß sich die deutsche Rechtswissenschaft im Zeichen der Nationalisierung endgültig und mit weitreichenden Folgen für die Organisation der wissenschaftlichen Forschung und Lehre in Romanisten und Germanisten gespalten hatte. Der erste Lehrstuhl für Rechtsgeschichte und Rechtsvergleichung, 1869 in Oxford errichtet, war bereits fast dreißig Jahre alt.[38] Die 1881 gegründete, vergleichend angelegte Zeitschrift des großen Straf-

33 Zweigert/Kötz, Einführung 1971, S. 49.
34 Vgl. Pound, Thoughts 1954.
35 Zweigert/Kötz, Einführung 1971, S. 4: »Man kann in der Tat zweifeln, ob die bloße Interpretation geltender Gesetze mit den üblichen Methoden der Jurisprudenz den Charakter einer Wissenschaft (sei sie Geistes- oder Sozialwissenschaft) beanspruchen kann. Von Wissenschaft wird in der Jurisprudenz wohl erst dort gesprochen werden können, wo sie sich über die positiven nationalen Rechtsnormen erhebt, wie es vornehmlich in der Rechtsphilosophie, in der Rechtsgeschichte, in der Rechtssoziologie und eben in der Rechtsvergleichung geschieht.«
36 Vgl. Jayme, Zeitalter 1995.
37 Vgl. Pound, Thoughts 1954, S. 2.
38 Vgl. Wadle, Einhundert Jahre 1994, S. 23.

rechtslehrers Franz von Liszt mit dem programmatischen Titel »Zeitschrift für die gesamte Strafrechtswissenschaft« erschien im zwanzigsten Jahr.[39] Es lag zehn Jahre zurück, daß Theodor Mommsen bei der Begrüßung Adolf von Harnacks in der Preußischen Akademie jene Formulierung geprägt hatte, die später nicht nur der gesamten KWG, sondern geradezu exemplarisch der Gründung von Ernst Rabels Institut für ausländisches und internationales Privatrecht zugrunde liegen würde: »wie der Großstaat und die Großindustrie, so ist die Großwissenschaft, die nicht von Einem geleistet, aber von Einem geleitet wird, ein notwendiges Element unserer Kulturentwicklung«.[40] Die moderne Rechtsvergleichung war, wie der Pariser Kongreß eindrucksvoll unter Beweis stellte, von Anfang an arbeitsteilige internationale ›Großwissenschaft‹. Im Jahr 1900 war es ebenfalls fast zehn Jahre her, daß Ludwig Mitteis mit seiner Monographie »Reichsrecht und Volksrecht in den östlichen Provinzen des römischen Kaiserreichs«[41] von 1891 die Grundlage für eine antike Rechts- als Universalgeschichte gelegt hatte. Dieser von der juristischen Papyrusforschung ausgehende, in seinen wissenschaftlichen Wirkungen revolutionäre Paradigmenwechsel von der Rechtsdogmatik zur Rechtsgeschichte sollte ein wichtiger Erfahrungshintergrund für Mitteis' wichtigsten Schüler, den jungen Wiener Advokatensohn Ernst Rabel werden,[42] der 1893 seine Erste, 1895 seine Zweite Juristische Staatsprüfung abgelegt hatte und im selben Jahr von Mitteis promoviert wurde. 1954 erinnerte sich Rabel an Mitteis' prägende rechtshistorische Schule:

> »Wichtiger aber als alles andere ist der wissenschaftliche Kern der rechtsgeschichtlichen Bemühung. Aus Mitteis' vielseitiger programmatischer Anleitung entnahm ich mir als die Hauptaufgabe im geschichtlichen Geschehen die ursprünglichen und entwickelten Rechtsinstitute auf ihre Funktionen zu prüfen.«[43]

Das Jahr 1900 war auch das Einführungsjahr des BGB und der endgültigen Historisierung der europäischen Pandektistik in Deutschland. Der Romanist Rabel fühlte sich seiner romanistischen Herkunft und Schulung zeitlebens verbunden, »nicht freilich in dem engen Sinne eines Spezialisten der römischen (oder auch: antiken) Rechtsgeschichte,«[44] wie Gerhart

39 Ebd., S. 24.
40 Mommsen, Begrüßung 1951, S. 7 f.
41 Vgl. Mitteis, Reichsrecht 1891.
42 Vgl. Rabel, Schule 1954.
43 Ebd., S. 377 f.
44 Husserl, Ernst Rabel 1956, S. 386.

Husserl festgehalten hat. »Die ihm eigene universale Geistesrichtung ließ ihn das römische Recht von vornherein in dem größeren Zusammenhang einer Weltgeschichte des Rechts sehen.«[45] Rabel selbst hat diese historischen Prägungen in der Zeit seiner amerikanischen Emigration mit Blick auf das Forschungsprofil des KWI für ausländisches und internationales Privatrecht – vor allem dessen Ausrichtung auf das *common law* – rückblickend beschrieben.[46]

Rabels Lebenswerk war der Brückenschlag zwischen vergleichender Rechtsgeschichte – seiner fachlichen Heimat – und der Rechtsvergleichung im Bereich des geltenden, hauptsächlich internationalen Privatrechts.[47] Er unterschied zwei Perspektiven funktionaler Vergleichung: erstens und in erster Linie, die historische Vergleichung, die nicht nur empirisches Material, sondern auch – und darin war er ganz Historiker – methodische Hilfestellungen und Vorbilder für das ›Verstehen‹ und das ›Übersetzen‹[48] von Rechtsordnungen und ihrer jeweiligen Besonderheiten bieten müsse; zweitens und in zweiter Linie, die dogmatische oder systematische Vergleichung gegenwärtiger Regelungen in verschiedenen Rechtsordnungen unter inhaltlichen und systematischen Gesichtspunkten. Erst zusammengenommen ermöglichten diese Perspektiven das, was Rabel unter der rechtsvergleichenden Universalwissenschaft verstand: »when we try to present a foreign law we encounter the same difficulties which arise when we work in ancient law; we must translate language and spirit into terms which are familiar to us, and we must not force our terms and conceptions on those foreign law rules which we seek to understand«.[49] Verstehende Annäherung an ein fremdes, zumal längst vergangenes Recht sei weder möglich durch die vollständige archaisierende Übernahme noch durch eine ebenso vollständige modernisierende Aktualisierung. Letzteres laufe hinaus auf »Hamlet im Frack«.[50]

Einmal abgesehen von dekonstruktivistischen Bedenklichkeiten im Hinblick auf die allgewaltigen Prämissen und die Kommunizierbarkeit

45 Ebd.

46 Vgl. Rabel, Vorträge 1986, S. 285.

47 Vgl. aus der neueren Literatur Kötz, Beitrag 1998; Tallon, Histoire 1999.

48 Vgl. Rabel, Vorträge 1986, S. 285: »Finally, we must present faithfully old systems of law which have gone long ago and we cannot help using our legal language so much influenced by our own present law. We must try to express our subject in its ancient shape with its outlived ideas, without destorting it in any way, and yet we have to bring it near to our contemporaries, speaking their language.«

49 Ebd., S. 285.

50 Vgl. Rabel, Schule 1954, S. 378.

von Wissenschaft,[51] ist Rabels wissenschaftsgeschichtlicher Ort eindeutig ein- und zuzuordnen: seine Rechtsvergleichung basierte auf der historisch-philologisch-kritischen Textwissenschaft und wies im Bereich der Unterscheidung ›syntagmatisch‹/horizontaler bzw. ›paradigmatisch‹/vertikaler Vergleichungsebenen Parallelen zu den ›großen‹ sprachstrukturalistischen Forschungsdesigns auf,[52] z. B. zu dem des Sprachwissenschaftlers Ferdinand de Saussure (1857-1913).[53] Dies ist jedoch eine wissenschafts-, in diesem Fall: strukturalismusgeschichtliche Parallele, die die Selbstwahrnehmung des historischen Akteurs übersteigt und die ihren – begrenzten – Wert nur im Aufzeigen von Parallelitäten in der *intellectual history* hat. Denn Ernst Rabel war kein Theoretiker:[54] er hat keine rechtsvergleichende *Theorie* entwickelt und blieb gegenüber der Theoriebildung an sich skeptisch.[55] Sein Strukturalismus kam aus der rechtsvergleichenden Praxis in der Rechtsgeschichte und im geltenden Recht, ohne für die typischen Schwierigkeiten einer wissenschaftlichen Arbeitsform, die wir heute als ›interkulturell‹ bezeichnen würden, blind zu sein.[56] Rabel selbst hat das in einem Aperçu festgehalten: »Rechtsvergleicher sind gewohnt, in fremde Dickichte einzudringen, und darauf gefaßt, daß unter jedem Busch ein Eingeborener mit Pfeilen lauert.«[57] Das erkenntnisleitende Interesse der Rabelschen Rechtsvergleichung hat Max Rheinstein, von 1921-1925 Assistent Rabels in München, von 1925 bis zu seiner Habilitation 1931 dann Referent am KWI für ausländisches und internationales Privatrecht,[58] in einem Satz zusammengefaßt: »Im Rahmen eines am Problem orientierten Denkens ergibt sich mit Selbstverständlichkeit das Interesse an fremden Rechten, denen die Lösung gleicher oder ähnlicher Probleme aufgegeben ist.«[59] Und die Methode der Lösung gleicher und ähnlicher

51 Charakteristisch mit einleitendem Derrida-Zitat Grosswald Curran, Cultural Immersion 1998.

52 Zum Begriff »Strukturalismus« und seiner Entwicklung vgl. Schischkoff (Hg.), Lexikon der Philosophie 1991, S. 702 f.

53 Vgl. Bußmann, Lexikon der Sprachwissenschaft 1990, S. 743-745.

54 Ein bezeichnendes Kontrastbeispiel bietet der genannte Beitrag von Grosswald Curran, Cultural Immersion 1998.

55 Dazu Leser, Beitrag 1978, S. 891 f.: »Sicher hat sich Rabel mit dem Feld der Rechtstheorie und der Methodenlehre und ihrer Vergleichung nicht im herkömmlichen Sinne befaßt – und schon gar nicht mit der Aufstellung einer neuen Theorie oder eines neuen Systems, sondern durchaus pragmatisch mit dem Ansatz für die vergleichende Fragestellung.«

56 Vgl. Rabel, On Comparative Research 1944.

57 Rabel, Deutsches und amerikanisches Recht 1951, S. 342.

58 Vgl. Duden, Max Rheinstein 1969.

59 Rheinstein, Festvortrag 1967, S. 14.

Probleme war für Rabel das historische Verstehen: »sources are murmuring and you must be quiet and listen to them […]. To understand what we see, we must have besides all imaginable information an instinctive understanding for developments.«[60]

Entscheidend für die wissenschaftsgeschichtliche Einordnung von Rabel und ›seinem‹ KWI für ausländisches und internationales Privatrecht ist die außerordentliche Konsequenz, mit der er die Rechtsvergleichung historisch strukturierte und professionalisierte.[61] Es dürfte daher nicht übertrieben sein, im Hinblick auf das methodische Leitbild von einem historisch geprägten Institut zu sprechen – so wie es Rabel selbst tat: »To explain my ideas on methods of comparative law I ought to emphasize what I have learned as a historian.«[62]

4 »Recht im Unrecht«. Fragestellungen und Grundprobleme der Wissenschaftsgeschichte 1933-1945

Die rechtsgeschichtliche Erforschung des Nationalsozialismus war und ist bis heute stark auf die Justizgeschichte konzentriert.[63] Sowohl die tendenziell apologetischen Perspektiven der 1950er[64] als auch die kritischeren ab Mitte der 1960er Jahre waren auf die Funktion und Stellung der Justiz im nationalsozialistischen Herrschafts-, Repressions- und Terrorapparat gerichtet, weniger auf die juristische Wissenschaftsgeschichte des »Dritten Reiches«.[65] Während die frühe Beschäftigung mit der Justizgeschichte des NS-Staates von Juristen und juristischen Perspektiven beherrscht wurden, beschäftigten sich seit den spätem 1950er Jahren zunehmend Zeithistoriker mit der NS-Justiz. Für diesen vorwiegend auf strafrechts- und strafjustizgeschichtliche Themen beschränkten frühen Trend stand u. a. ein Aufsatz von Martin Broszat »Zur Perversion der Strafjustiz im Dritten Reich« in den Vierteljahrsheften für Zeitgeschichte 1958.[66] Die Auseinandersetzung mit der nationalsozialistischen ›Aufladung‹ und Umdeutung der Rechtsordnung war wiederum ein charakteristisch juristisches Thema. Im Bereich der Zivilrechtsgeschichte setzte die Habilita-

60 Rabel, Vorträge 1954, S. 284.
61 Vgl. dazu Coing, Ernst von Caemmerer 1978.
62 Rabel, Vorträge 1954, S. 283 f.
63 Einen bibliographischen Überblick liefert Ruck, Bibliographie 2000, S. 198-204.
64 Beispielsweise Schorn, Richter 1959.
65 Vgl. Schroeder, Bewältigung 1991.
66 Vgl. Broszat, Perversion 1958.

tionsschrift von Bernd Rüthers über »Die unbegrenzte Auslegung« aus dem Jahr 1968[67] einen interpretatorischen Standard, im Bereich der Geschichte des öffentlichen Rechts war dies die 1974 veröffentlichte Habilitationsschrift von Michael Stolleis über Gemeinwohlformeln im nationalsozialistischen Recht.[68] Wichtige Anregungen aus den zeitgenössischen Arbeiten deutscher USA-Emigranten wie Ernst Fraenkel[69] und Franz Neumann,[70] die bei der Fachneugründung der Politikwissenschaft im Nachkriegsdeutschland eine zentrale Rolle gespielt hatten,[71] wurden seit den späten 1960er Jahren auch in der Rechtsgeschichte rezipiert. In den 1970er und 1980er Jahren standen thematische Differenzierungen im Vordergrund. Zunehmend traten auch die rechtsgeschichtlichen Kontinuitäten zwischen Weimarer Republik und NS-Staat hervor, so beispielsweise in einer Untersuchung von Klaus Marxen über den Antiliberalismus der Strafrechtswissenschaft in den 1920er und 1930er Jahren.[72] 1981 behandelte Wolfgang Naucke am Beispiel der Aufhebung des Analogieverbots diese Kontinuität auf einem Kolloquium des Münchner Instituts für Zeitgeschichte zum NS-Recht in historischer Perspektive.[73] 1988 erschien Lothar Gruchmanns große Überblicksdarstellung »Die Justiz im Dritten Reich«.[74] Erklärungsbedürftig bleibt weiterhin, warum sich die Abkehr von rechtsstaatlichen Grundsätzen offensichtlich durchaus unterschiedlich schnell und nachhaltig vollzog. Die bis heute nicht unumstrittene zeitgeschichtliche Interpretation einer polykratischen Herrschaftsstruktur im ›Führerstaat‹ reicht allein nicht aus, um die Abkehr von rechtsstaatlichen Grundsätzen bei deutschen Juristen vor und nach 1933 ›dicht‹ zu erklären.[75] Ebenso klärungsbedürftig ist deren im Einzelfall ambivalentes Schwanken zwischen fachlicher Selbstbehauptung mit zum Teil deutlich regime-nonkonformen Wirkungen, freiwilliger, taktischer oder unter Druck erfolgender Anpassung, ›williger Vollstreckung‹ und Übererfüllung ideologischer Vorgaben.

Im Hinblick auf die wissenschaftsgeschichtliche Einordnung der rechtswissenschaftlichen Ausgangssituation für das IPR im Jahr 1933 ist es sinnvoll, exemplarischen Leitfragen zu den »geistigen Konstitutionsbe-

67 Vgl. Rüthers, Auslegung 1987.
68 Vgl. Stolleis, Gemeinwohlformeln 1974.
69 Vgl. Fraenkel, Doppelstaat 1974.
70 Vgl. Neumann, Behemoth 1977.
71 Vgl. Bleek, Geschichte 2001.
72 Vgl. Marxen, Kampf 1973.
73 Vgl. Naucke, Aufhebung 1981.
74 Vgl. Gruchmann, Justiz 1988.
75 Zur Kontroverse vgl. Hildebrand, Das Dritte Reich 1991, S. 178 f.

dingungen«[76] zu folgen, unter denen die akademischen Lehrer der Rechtsgeschichte das Jahr 1933 erlebten:

> »Wie reagierte das Fach auf ›Lockung und Zwang‹, und welche Wirkungen gingen wissenschaftsintern von der Rechtsgeschichte aus? Wie veränderten sich die Beziehungen zur internationalen Forschung, welche besonderen Leistungen oder ›Verirrungen‹ sind zu verzeichnen? Wie wirkten schließlich die Erfahrungen der NS-Zeit auf den Neubeginn der Rechtsgeschichte nach 1945? Gab es einen ›Neubeginn‹, oder handelte es sich um stille Kontinuität unter nunmehr freiheitlichen Vorzeichen?«[77]

Diese Fragen sind ohne weiteres auf das Gebiet der durch Rabel stark rechtshistorisch konturierten Rechtsvergleichung und auf das IPR übertragbar. Bereiche, in denen Indizien für die Beantwortung dieser Leitfragen gesammelt werden können, sind wissenschaftsgeschichtlich eingebettete Werkanalysen, Personal- und Universitätsgeschichte. Stolleis' Leitfragen fügen sich in den größeren Fragehorizont der Wissenschaftsgeschichte im Nationalsozialismus ein.

Doris Kaufmann hat im Rahmen eines Überblicks zur Erforschung von »Wissenschaft im Nationalsozialismus« auf eine wesentliche Perspektivenerweiterung hingewiesen, die von wissenschaftshistorischen Detailstudien in den Naturwissenschaften der 1980er Jahre ausging. Im Unterschied zu früheren Untersuchungen habe hier die fragwürdige Prämisse zweier grundsätzlich verschiedener und unterscheidbarer Bereiche – der politisierten und ideologisierten Wissenschaftsorganisation im Unterschied zum a-politischen und zumindest weitgehend ideologiefreien praktischen Wissenschaftsbetrieb – endgültig widerlegt werden können. In den Vordergrund sei das Interesse an den politischen und kulturellen Voraussetzungen menschenverachtender Wissenschaftspraxis getreten.[78]

Im Hinblick auf wissenschaftsgeschichtliche Untersuchungen zur NS-Zeit bedeute dies den Verzicht auf eine so nicht zutreffende, wenn auch in der Zeitzeugenwahrnehmung häufig so betonte Unterscheidung zwischen den Ausnahmen ideologisch mißbrauchter ›schlechter‹ und der Regel ideologieferner ›guter‹ Wissenschaft und die Berücksichtigung des Umstands, daß die besonderen Bedingungen von Hitlers Herrschaft und Hitlers Krieg bestimmte wissenschaftliche Aktionsfelder und Anwen-

76 Vgl. Stolleis, Rechtsgeschichte 1989, S. 5.
77 Ebd.
78 Vgl. Kaufmann, Wissenschaft im Nationalsozialismus 1999, S. 17.

dungsgebiete überhaupt erst ermöglichte.[79] Diese wissenschaftlichen Aktionsräume wurden besetzt durch eine zwar zum Teil nach internationalen Standards arbeitende, aber auf alle ethischen Maßstäbe verzichtende Wissenschaft. Eine wichtige, aus dem Kontext der Modernisierungsgeschichte bekannte Funktion komme im Zusammenhang mit dem Trend zur Verwissenschaftlichung der Politik und der politischen Herrschaft dabei, so Kaufmann weiter, dem Wissenschaftler als beratendem Experten zu.[80]

Die Entwicklung des KWI für ausländisches und internationales Privatrecht von 1933 bis 1945 kann in dem interpretativen Rahmen der zweiten Perspektive dargestellt werden.[81] Daß und wie sich Themen, z. B. das rassistisch aufgeladene Personenrecht, Kommunikationsstrukturen, z. B. in der wissenschaftlichen Veröffentlichungskultur, Verhaltensweisen und Mentalitäten, z. B. in der Organisation internationaler rechtsvergleichender Veranstaltungen von stark international ausgerichteten Rechtsvergleichern und Internationalprivatrechtlern im »Dritten Reich« veränderten, ist aussagekräftig für die ›Entgrenzung‹ des wissenschaftlichen Teilsystems Rechtswissenschaft und seiner Disziplin Privatrechtswissenschaft im besonderen, für die Auflösung des gesellschaftlichen Normengefüges in den Hochschulen[82] und in der Wissenschaftsorganisation im allgemeinen,[83] schließlich für die Auflösung des Wissenschaftsdiskurses im »totalen Krieg«.

Neben dieser auf die Funktionsmechanismen der Gleichschaltung innerhalb einer modernen Diktatur abstellenden Perspektive hat die Beschäftigung mit dem institutionalisierten IPR aber auch eine widerstandsgeschichtliche Dimension: Es geht auch um die Potentiale von Widerständigkeit, ›Resistenzfähigkeit‹ im Sinne der Begriffswahl von Martin Broszat,[84] in einem bestimmten akademischen Milieu und damit um die jeweiligen Voraussetzungen widerständigen Verhaltens in einer modernen Diktatur, ohne daß die Anteile von selbstgleichschaltender Anpassung und partieller Nonkonformität bei gleichzeitiger Übereinstimmung

79 Vgl. auch Oexle, Zweierlei Kultur 1997.

80 Vgl. Kaufmann, Wissenschaft im Nationalsozialismus 1999, S. 19.

81 Vgl. auch Stern, Nationalsozialismus als Versuchung 1984/1999, S. 169-216.

82 Vgl. Ruck, Bibliographie 2000, S. 895-910; Thoss, Recht 1968; Schröder, Rechtsgeschäftslehre 1985; Kroeschell, Eigentumslehre 1989; Frassek, Lebensordnung 1996.

83 In diesem Mobilisierungsaspekt liegt auch die Vergleichsmöglichkeit mit der »Aktion Ritterbusch«, an der Rabels Nachfolger Ernst Heymann am Rande beteiligt war, vgl. Hausmann, »Deutsche Geisteswissenschaft« 1998, S. 198, 248.

84 Vgl. Plum, Widerstand und Resistenz 1983.

in bestimmten politisch-gesellschaftlichen Fragen sich zu einem einfachen Pauschalurteil von ›Anpassung‹ oder ›Widerstand‹ verrechnen ließen. Beide Dimensionen gehören zusammen, zu erschließen sind sie in erster Linie in der biographischen Perspektive:[85] In der Widerstandsforschung, zunehmend auch in der nationalsozialistischen ›Systemforschung‹,[86] spielen biographische Fragestellungen und solche nach den sehr verschiedenen Bindungen, Prägungen und Milieubezügen Widerständiger eine zentrale Rolle. Die biographische Perspektive betont stark die Motivation und Begründung eines einzelnen Widerständigen, die sich auf den Rahmen eines bestimmten gesellschaftlichen Teilmilieus (Kirche, Militär, diplomatisches Korps, studentische Lebenswelt, politische Gruppen, Wissenschaft) bezieht. Die zeitgeschichtliche Forschung zum Nationalsozialismus hat mit der Differenzierung des Widerstandsbegriffs andererseits die strukturelle Resistenzfähigkeit bestimmter gesellschaftlicher Milieus, Personennetzwerke und Gruppen herausgearbeitet, in denen sich Distanz zur NS-Herrschaft aufgrund bestimmter struktureller Bedingungen leichter entfalten konnte als in anderen Bereichen der Gesellschaft. Im widerständigen wie in jedem historischen Handeln wirken sich biographische Kontingenz *und* strukturelle Milieukontexte aus, ohne daß sich dies auf eine einfache Formel bringen ließe: Der rein biographische Ansatz zu *einem* Widerständigen greift zur Erklärung *des* Widerstands zu kurz; der Rückschluß von dem Widerstand einer bestimmten Gruppe auf einen einzelnen Widerständigen trägt ebenfalls nicht weit, weil er den oft beschriebenen, widerstandstypischen Charakter der einsamen Tat marginalisiert. Die Verbindung der individuell- und kollektivbiographischen Perspektive kann ein besseres Verständnis für die mentalitätsgeschichtliche Dimension von Widerstandspotentialen eröffnen, daher werden in dieser Arbeit u. a. die professionellen Biographien der Mitarbeiter des KWI für ausländisches und internationales Privatrecht ausführlich vorgestellt.

85 Vgl. beispielsweise Heilbron, Dilemmas 2000.
86 Vgl. Kißener, Zwischen Diktatur und Demokratie 2001.

II Vorgeschichte, Gründung und Entwicklung des KWI für ausländisches und internationales Privatrecht

1 Wien, Leipzig, Basel, München, Berlin. Der Werdegang eines juristischen Genies

1.1 Rabels wissenschaftliche Vita 1902-1916. Eine Romanistenkarriere

Zur Charakterisierung Ernst Rabels[1] taucht das Wort »Genie« auffällig häufig auf, und das auch bei so nüchternen Internationalprivatrechtlern wie Gerhard Kegel, Rabels letztem Berliner Assistenten. Als wissenschaftlicher Autor, Richter, Gründer und Direktor des Berliner KWI für ausländisches und internationales Privatrecht zwischen 1926 und 1937 hat er leuchtende Spuren in der Rechtswissenschaft hinterlassen. Der akademische Lehrer[2] und Kollege Rabel galt als schwierig und elitär, »grätig«,[3] wie Kegel es nennt, dem Habitus nach war er »von der Ungeduld des Genies«,[4] in seiner privaten Selbstdarstellung ein Wiener Großbürger, der zu Kinderzeiten privaten Klavierunterricht beim alten Anton Bruckner erhalten hatte[5] und anläßlich des Umzugs von München nach Berlin einen für damalige Verhältnisse sündhaft teuren Umzug seines Hausstandes von über 4.000 RM mit der KWG aushandelte.[6] Sein Amtszimmer im Berliner Schloß schmückte allein ein großes Bild Adolf von Harnacks, das war Programm.[7]

Ernst Rabel wurde am 28.1.1874 in Wien als Sohn des »K. u. K. Hof- und Gerichtsadvokaten« Dr. Albert Rabel und seiner Ehefrau Berta Rabel geboren.[8] Rabels Großeltern mütterlicher- und väterlicherseits waren Juden, seine Eltern getaufte Katholiken. Will man die Atmosphäre des

1 Vgl. Hofer, Ernst Rabel 1995, S. 508 f.; eine bis 1986 vollständige Bibliographie der Beiträge zu Ernst Rabel und zur Geschichte des KWI für ausländisches und internationales Privatrecht bei Thieme, Ernst Rabel 1986, S. 253 f., Anm. 8; Kegel, 50 Jahre 1978.

2 Vgl. Rheinstein, Festvortrag 1967, 6 f.

3 Vgl. Kegel, Ernst Rabel 1990, S. 22.

4 Ebd.

5 Vgl. Wolff, Ernst Rabel 1956, S. XI.

6 Der ganze Vorgang aus dem Jahr 1926 im Archiv der HUB, Personalakte Ernst Rabel.

7 Vgl. Kegel, Ernst Rabel 1990, S. 21.

8 Vgl. Leser, Einleitung 1965; von Lösch, Geist 1999, S. 366-372.

hochassimilierten jüdischen Wiener Bürgertums kennenlernen, in der Rabel aufwuchs, wird man – mangels autobiographischer Zeugnisse – zu den Erinnerungen des zwölf Jahre älteren Arthur Schnitzler greifen können.[9] Das Studium der Rechtswissenschaft schloß Rabel 1895 mit einer von Ludwig Mitteis betreuten, nicht publizierten Dissertation ab. Nach dem Studium war Rabel vorübergehend zuerst in der väterlichen, dann in einer anderen Kanzlei tätig, 1896 hielt er sich zu Studienzwecken in Paris auf. Eine Hauptvoraussetzung für seine spätere rechtsvergleichende Tätigkeit war, daß Rabel – recht ungewöhnlich für die stark am klassisch-humanistischen Primat ausgerichtete höhere Bildung in der Doppelmonarchie – französisch, englisch und italienisch zu sprechen und zu schreiben lernte. 1899 holte ihn sein Doktorvater Ludwig Mitteis nach Leipzig, um den begabten jungen Mann für die akademische Laufbahn zu gewinnen. In Leipzig veröffentlichte Rabel im Jahr 1900 seinen ersten eigenständigen Beitrag, »Die Übertragbarkeit des Urheberrechts nach dem österreichischen Gesetze vom 26. Dezember 1895«.[10] Nur zwei Jahre später habilitierte er sich im Alter von 28 Jahren bei Mitteis mit der rechtsgeschichtlichen Arbeit »Die Haftung des Verkäufers wegen Mangels im Rechte. Geschichtliche Studien über den Haftungserfolg«.[11] In dieser Arbeit entwickelte Rabel seine Grundkonzeption: die Synthese von Rechtsgeschichte und Rechtsdogmatik. Er zeigte am praktischen Beispiel, daß eine vergleichende europäische Rechtswissenschaft möglich war. Ab 1902 lehrte er in Leipzig als Privatdozent, ab 1904 als Extraordinarius, dabei rastlos rechtsdogmatisch und rechtshistorisch publizierend: so u. a. 1904 über »Die Haftpflicht des Arztes«.[12] Weitere Schwerpunkte waren das griechische und griechisch-ägyptische Recht einschließlich der juristischen Papyruskunde sowie das römische Recht, das mittelalterliche deutsche Recht, *usus modernus*, die Kodifikationen einschließlich des 19. Jahrhunderts. Rabels disziplinenübergreifender Fleiß und die Originalität seiner Fragestellungen blieben nicht unbemerkt, so daß er 1906 den Ruf auf eine ordentliche Professor in Basel erhielt, wo er zugleich am Kantonalen Appellationsgericht tätig wurde.[13] Seit seiner Basler Zeit beschäftigte sich Rabel auch wiederum neben zahlreichen Beiträgen zum geltenden Recht, darunter eine »Kritische Studie zum Bürgerlichen Gesetzbuch«,[14] mit fran-

9 Vgl. Schnitzler, Jugend in Wien (1920).
10 Vgl. Rabel, Übertragbarkeit 1900.
11 Vgl. Rabel, Haftung 1902.
12 Vgl. Rabel, Haftpflicht 1904.
13 Vgl. Rabel, Vorträge 1986, S. 287-295, besonders S. 287 f.
14 Vgl. Rabel, Unmöglichkeit 1907.

zösischem Recht. Dieses Interesse brachte er in seine 1909 aufgenommene Herausgebertätigkeit der »Rheinischen Zeitschrift für Zivil- und Prozeßrecht« ein, der er bis 1926 verbunden blieb, als sie in der »Zeitschrift für ausländisches und internationales Privatrecht«, der späteren »Rabels Zeitschrift«, aufging.[15] 1910, im Jahr seiner Berufung nach Kiel, erschien u. a. seine vergleichende Arbeit »Bürgerliches Gesetzbuch und Schweizerisches Zivilgesetzbuch«.[16] Kiel war allerdings für Rabel nur Zwischenstation, schon 1911 erhielt er einen Ruf nach Göttingen als Nachfolger von Josef Partsch.[17] 1912 heiratete er die evangelische Anny Weber, die er nach einer Dolomitenbergtour ein Jahr zuvor in Bozen kennengelernt hatte. Die beiden hatten einen Sohn und eine Tochter.[18] 1915 erschienen seine »Grundzüge des Römischen Privatrechts« in der »Enzyklopädie der Rechtswissenschaft«,[19] die Rabels Ruf als Rechtshistoriker begründeten.[20]

1.2 Das Münchner Institut für Rechtsvergleichung – Modell für das KWI für ausländisches und internationales Privatrecht

Mitten im Ersten Weltkrieg, 1916, wechselte Rabel an die Universität München und gründete dort noch im selben Jahr die Vorläufer-Einrichtung des späteren Berliner Privatrechtsinstituts, das Münchner Institut für Rechtsvergleichung.[21] Die Münchner hatten mit der massiven Unterstützung des Kultusministeriums[22] die neue und aufstrebende Universität Frankfurt ausgestochen, die Rabel zur Errichtung eines rechtsvergleichenden Instituts berufen hatte.[23]

15 Seit dem 25. Jahrgang im Sommer 1961 »Rabels Zeitschrift«, vgl. u. a. Max-Planck-Institut für ausländisches und internationales Privatrecht, in: Max-Planck-Gesellschaft, Berichte und Mitteilungen 1987, Heft 3, S. 21.

16 Vgl. Rabel, Bürgerliches Gesetzbuch 1910.

17 Vgl. Wadle, Einhundert Jahre 1994, S. 49, Anm. 87.

18 Anny Rabel starb neunzigjährig 1979 in Garmisch-Partenkirchen, die Tochter Lili Rabel 1985 in Kalifornien, der Sohn Frederick Rabel lebt in Bethesda, Maryland, vgl. Kegel, Ernst Rabel 1990, S. 20; Thieme, Ernst Rabel 1986, S. 251.

19 Vgl. Rabel, Grundzüge 1915, S. 339-540; selbständig in 2. Auflage 1955 erschienen.

20 Vgl. Kunkel, Ernst Rabel 1954. Sicherlich wird man heute Rabels Beitrag zur entstehenden antiken Rechtsgeschichte mit ihrer immanenten Romanisierungstendenz auch als Historisierungsschub beschreiben müssen.

21 Vgl. Rabel, Ratgeber 1919; auch thematisiert im Instituts-Rückblick von Coester-Waltjen, Ernst Rabel 2001. An der Gründung waren Erwin Riezler und Karl Neumeyer beteiligt, vgl. Ferid, Erwin Riezler 1953; Waldhoff, Karl Neumeyer 1999.

22 Vgl. Rabel, Aufgabe und Notwendigkeit 1924, S. 20.

23 Vgl. Wadle, Einhundert Jahre 1994, S. 48 f.; Rabel, Vorträge 1986, S. 296-302, besonders S. 296.

Max Rheinstein, der 1920 als »Bücherwart« in Rabels Institut gekommen war,[24] hat in seiner Gedächtnisrede von 1956 für seinen Lehrer die Neuartigkeit von Rabels Münchner Gründung beschrieben.[25] Das Münchner Institut für Rechtsvergleichung war, wie Dagmar Coester-Waltjen in ihrem Abriß zur Institutsgeschichte hervorgehoben hat, nicht nur eine zu dieser Zeit und unter diesen Umständen erstaunliche Gründung, sondern auch ein wissenschaftspolitisches Novum: »Dieses [...] noch heute als Abteilung des Instituts für Internationales Recht bestehende Institut, war das erste seiner Art in Deutschland überhaupt und Vorbild für die späteren Gründungen entsprechender Institute in Heidelberg, Frankfurt und Hamburg sowie vor allem für das Kaiser-Wilhelm-Institut für ausländisches und internationales Privatrecht in Berlin [...].«[26] Rabels Münchner Neugründung war 1914 das Institut für internationales Recht in Kiel unter Theodor Niemeyer vorausgegangen,[27] 1917 folgte das Heidelberger Seminar für rechtswirtschaftliche und rechtsvergleichende Studien unter Karl Heinsheimer und Friedrich Karl Neubecker und das Würzburger Seminar für englisches Recht unter dem Spezialisten Mendelssohn Bartholdy. 1919 entstand in Hamburg ein Seminar für deutsches und nordisches Recht unter Karl Haff, 1920 in Berlin das Universitäre Institut für Auslands- und Wirtschaftsrecht unter Ernst Heymann.[28] Die Finanzsituation des Münchner Instituts – Rabel setzte es noch 1919 gern in Anführungszeichen – blieb kriegsbedingt, aber auch strukturell, beengt. Rabel dankte ausdrücklich zwei Münchner Anwälten, Georg Rudolf Ott und Dr. Otto Kahn, die das Institut unterstützten.[29]

Eher als Fußnote zur Münchner Institutsgeschichte kann man erwähnen, daß der seit 1919 in München studierende Hans Frank einige Zeit an Rabels Institut beschäftigt gewesen ist.[30]

24 Vgl. Duden, Max Rheinstein 1969, S. 2: »Er [Max Rheinstein, R.-U. K.] studierte in München und legte hier die Staatsexamina ab (1922 und 1924). Er hörte Ernst Rabel und nahm wiederholt, als Student und als Referendar, teil an Rabels Seminar für Rechtsvergleichung. Noch als Student, etwa 1920, kam er als ›Bücherwart‹ in Rabels Münchner Institut für Rechtsvergleichung. 1922 wurde er Assistent bei Rabel. 1924 wurde er summa cum laude promoviert mit einer Studie über englisches Recht, Privatrechtsfragen der modernen Wirtschaft betreffend.«

25 Vgl. Rheinstein, Gedächtnisrede 1956, S. 135; Rabel, Institut für Rechtsvergleichung 1919, S. 27.

26 Coester-Waltjen, Ernst Rabel 2001, S. 4.

27 Dazu Döhring, Geschichte 1965, S. 190 f.

28 Mit weiteren Nachweisen zu den Einzelgründungen Wadle, Einhundert Jahre 1994, S. 48 f.

29 Vgl. Rabel, Aufgabe und Notwendigkeit 1924, S. 20, Anm. 26.

30 Vgl. Rabel, Vorträge 1924, S. 296: »They [the Bavarian Government, R.-U. K.] gave me a moderate yearly sum which yet was appreciable, taking into considera-

Mitten im politisch-gesellschaftlichen Umbruch des Jahres 1919 erschien ein Beitrag Rabels in der »Zeitschrift für Rechtspflege in Bayern«, der Zielsetzung und Arbeit des Münchner Instituts beschrieb.[31] Rechtsgeschichtlich weit bis auf Leibniz, Montesquieu und Feuerbach ausholend, charakterisierte er die Ausgangslage der deutschen Rechtsvergleichung als düster, und eben darin sah er selbstbewußt eine Parallele zur Motivation jener »weitsichtigen Männer[n], die 1809 die Universität in Berlin errichteten.«[32] Der deutschen Rechtswissenschaft drohe, so Rabel, eine gefährliche Isolierung:[33]

> »Freilich sollte nicht übersehen werden, wie vertraut die sehr umfängliche und eifrige italienische Literatur der letzten Jahrzehnte mit der Beschäftigung ist, ihre aus Frankreich überkommenen Gesetze und die französisch-italienische Rechtsprechung mit der deutschen Doktrin ständig auseinanderzusetzen. Auch die Schweiz und Holland, Frankreich, England, Nordamerika sind uns in einigen Richtungen voraus [...]. Nehmen wir aber weiter, wie bis jetzt, von alledem nicht einmal regelmäßig Kenntnis, und zögern wir noch mit dem *viele* Kräfte anspannenden Wettbewerb, so ist die ohnedies arg gefährdete Führung in der Rechtswissenschaft rettungslos verloren, die unsere großen Juristen des 19. Jahrhunderts für Deutschland erwarben.«[34]

Aus Mangel an systematischer wissenschaftlicher Rechtsvergleichung seien die gesetzgebenden Körperschaften zu ›wilder‹ Rechtsvergleichung übergegangen, um auf diese Weise Fragen der Praxis gerecht zu werden: »Bei neuen Gesetzentwürfen sind allmählich in allen Staaten Übersichten über die fremden Parallelgesetze üblich geworden; wie fragwürdig muten sie zumeist an – naturgemäß, solange keine systematische Wissenschaft den Nachforschungen im fremden Rechte – nicht bloß Gesetze! – Methode, Richtung und Ziel weist.« Das Programm, das Rabel dem neuen Münchner Institut auferlegte, war nicht nur außerordentlich ehrgeizig und unrealisierbar mit den Forschungskapazitäten einer Universitätsabteilung, es war ein ›totales‹ Forschungsprogramm: Recht, Gesetz und juristische Kultur in Vergangenheit und Gegenwart, tendenziell mit globalem Anspruch!

tion the time of war and compared with the average sums of seminaries. The Librarian of the University gave me a room and undergraduates helped with great interest; among them were two present American professors, Mr. Rheinstein and Mr. Neuner – as well as Mr. Frank, now the big leader of all Nazi jurists.«

31 Ebd.

32 Rabel, Institut für Rechtsvergleichung 1919, S. 22, Anm. 1.

33 Ebd., S. 22.

34 Ebd., S. 23 f.

»Die Aufgabe des Tages liegt für uns zurzeit bei der Vergleichung des positiven deutschen Rechtes mit den ausländischen. Ihre Gegenstände sind die Rechtsinstitutionen, Rechtsgedanken, Rechtssätze, Rechtstatsachen, Konstruktionen, nicht zum wenigsten die *Technik* der Gesetze, der Urkunden, auch der Rechtsprechung, und die ganze juristische Methode.«[35]

Zu erhoffen sei, so Rabel weiter, eine Entprovinzialisierung der Betrachtungsweise, Befreiung von ungeprüften Vorurteilen, Präzisierung der juristischen Begriffe. Ferner könne die national beschränkte Rechtsordnung durch Vergleich auf Wesentliches reduziert werden, ja bestehe die Aussicht, gerade die Akzeptanz des modernen Normen- und Regelungsstaats zu erhöhen.

Juristen vieler Nationen müßten an dieser völkerverbindenden Aufgabe beteiligt werden, damit die Besonderheiten und Vorzüge möglichst vieler Rechtsordnungen berücksichtigt werden könnten. Auch wenn das Ideal eines »Weltrechts« unrealistisch geworden sei, müsse man um so mehr an der Internationalität der jeweiligen nationalen Rechtswissenschaften arbeiten. Das gegebene Instrument dafür sei die Rechtsvergleichung:

»Die *Wissenschaft* ist ihrem Wesen nach international und die Rechtswissenschaft insofern, als sie überhaupt Wissenschaft ist. Aber auch die Kunst der Lebensordnung braucht die Rechtsvergleichung. Ein natürlicher Strom fließt von ihr zur Rechtspolitik hin. Sie vermehrt [...] den Vorrat an Lösungen für die an mehreren Orten ähnlich auftretenden Probleme und hilft bei möglichst allseitiger Würdigung der verwandten und verschiedenen Verhältnisse die Wirkung der Rechtssätze auf das Leben werten.«[36]

Dieses Programm enthielt bereits die Hauptarbeitsgebiete des späteren KWI für ausländisches und internationales Privatrecht: Rechtsvergleichung auf der Grundlage solider auslandsrechtlicher Kenntnisse zur Schärfung juristischer Methoden, Bereitstellung und Pflege eines ›Vorrats an Lösungen‹ als Grundlage zu weiterer Rechtsvereinheitlichung. Allerdings distanzierte sich Rabel schon 1919 deutlich von deterministischen Völkerverständigungsutopien durch Unterscheidung zwischen dem Machbaren und dem Illusorischen: »Ich glaube freilich nicht an die Lehre, daß die Unifizierung im notwendigen Zuge der Menschheitsentwicklung liegt, während doch im Gegenteil Differenzierung immer das Merkmal

35 Ebd., S. 24 f., Hervorhebung im Original.
36 Ebd., S. 25, Hervorhebung im Original.

fortschreitender Kultur war.«[37] Die Differenzierung erfordere ein intensiveres Nachdenken über qualitativ ›gutes‹ Recht. Rabels abwägende Definition der ›guten‹ rechtlichen Ordnung entstand vor den Pariser Vorortverträgen, doch liest sie sich ex post wie eine Maßstabsbildung nicht nur für eine gerechte internationale Privatrechts-, sondern für eine gerechte Nachkriegsordnung.

Rabels wissenschaftliche Karriere sollte von Institutsgründungen nach dem Münchner Muster begleitet werden. Nach einem ganzen Leben für die Rechtsvergleichung würde er 1947 – im Rückgriff auf die deutsche Erfahrung[38] – die wissenschaftspolitischen Entscheidungsträger in den USA zur Gründung rechtsvergleichender Großforschungsanstalten aufrufen:

> »The remaining work of selection, analysis and critical utilization would have to be done in many places. The United States would need at least three large and competent institutes of comparative private law, in the East, West and Midwest, and a considerable string of smaller establishments, ranging from institutes specializing in certain foreign countries to permanent seminar courses.«[39]

1.3 München, Den Haag, Berlin 1916-1926. Eine Rechtsvergleicherkarriere

In München war Rabel zugleich Richter am Oberlandesgericht,[40] wie überhaupt das Jahrzehnt zwischen seiner Berufung nach München und der Gründung des KWI für ausländisches und internationales Privatrecht 1926 durch eine ganze Reihe praktischer Erfahrungen auf nationaler und internationaler Ebene geprägt war. Als Rat am Münchner Oberlandesgericht nahm er jede zweite Woche »an der Sitzung seines Zivilsenats teil und verfaßte die ihm zufallenden Urteile. Oft wies er im Gespräch auf die Befriedigung hin, die ihm diese Tätigkeit gab, und auf die reiche Anregung, die sie für seine wissenschaftliche Arbeit bedeutete.«[41]

37 Ebd.
38 Vgl. Rabel, On Institutes of Comparative Law 1947, S. 238: »the legal profession in the United States is certainly in an infinitely happier position than was the profession in defeated Germany after 1918. But the thick walls of self-sufficiency in which German jurisprudence then found itself enclosed are paralleled by the present insular seclusion of the common law. And what appeared there as a command of survival has immediate bearing here and now for world intercourse.«
39 Ebd., S. 246.
40 Vgl. zur Entwicklung des Verhältnisses von richterlicher und fachliterarischer Akzeptanz des noch ›jungen‹ BGB am Indikator des Kommentars bei Mohnhaupt, Kommentare 2000.
41 Rheinstein, Gedächtnisrede 1956, S. 136.

Rabel erlebte neben dem richterlichen Alltag in der Zivilgerichtsbarkeit auch die komplizierten und politisch hochgradig aufgeladenen juristischen Folgen der Implementierung des Versailler Friedensvertrages ganz unmittelbar als erstrangige praktische und wissenschaftliche Herausforderung an eine seiner Ansicht nach viel zu isolierte deutsche Rechtswissenschaft,[42] in der sich im Bereich des Privatrechts zudem der anachronistische Streit zwischen ›Germanisten‹ und ›Romanisten‹ nicht nur fortsetzte, sondern im Sinne der ›deutschen Ideologie‹[43] politisch zeitgeistkonform auflud.[44] Rabel warnte hellsichtig vor der außerordentlichen politischen Belastung und Gefahr, die aus dem deutschen Nichtverständnis englischer, amerikanischer und französischer Rechtsbegriffe resultierte:[45] »Das Hauptbedürfnis aber scheint mir«, so Rabel 1924, »daß ein genügender Stamm von deutschen Juristen um die juristische Mentalität des Auslands wisse. […] Man bedenke, daß gerade die westlichen Nationen mit ihrem Recht noch viel enger verwachsen sind als wir. Man sehe die Noten Poincarés mit ihren Sanktionen und dem Generalpfandrecht des Gläubigers am Vermögen des Schuldners, wie sie sich ständig juristisch geben, im spezifisch französischen Gedankenkreis.«[46]

Durch die vom Auswärtigen Amt unterstützte Berufung zum Richter am Deutsch-Italienischen Schiedsgerichtshof 1921, dem Rabel bis 1927 angehörte, sowie zum Mitglied des Ständigen Internationalen Gerichtshofs in Den Haag 1925 bis 1928 dürfte Rabel zu *dem* deutschen Fachmann mit den weitestgehendsten praktischen Erfahrungen in konkreter, advokatorischer Anwendung der Rechtsvergleichung im Bereich des Privatrechts geworden sein:[47] der Versailler Vertrag sei

42 Zusammenfassend Zweigert/Kötz, Einführung 1971, S. 62 ff. (A § 4 6); zum privatrechtsgeschichtlichen Aspekt am Beispiel des Mitherausgebers der »Zeitschrift für ausländisches und internationales Privatrecht«, Justus Wilhelm Hedemann, vgl. Mohnhaupt, Justus Wilhelm Hedemann 2000; Schwab, Kritiker 2000, insbesondere zu Rabels Position gegenüber der pauschalen BGB-Kritik, S. 327, Anm. 96.

43 Vgl. Stern, Kulturpessimismus 1963; Sontheimer, Antidemokratisches Denken 1994.

44 Vgl. Landau, Römisches Recht 1989.

45 Rabel faßte seine Kritik an der Entwicklung der deutschen Rechtswissenschaft seit 1918, aber auch an Eigenheiten deutscher Mentalität, gern in Bonmots, beispielsweise rückblickend Rabel, Private Laws 1949/1950, S. 312: »That very heavy, very potent locomotive of the Germans is ugly and efficient; it takes us to any place where tracks go.«

46 Rabel, Aufgabe und Notwendigkeit 1924, S. 18.

47 Vgl. dazu Zweigert/Kötz, Einführung 1971, S. 62.

»von Juristen der gegnerischen Koalition in einer Rechtssprache entworfen [...], die nur auf das englisch-amerikanische oder auf das französische Recht, und allenfalls auf Unterschiede zwischen diesen beiden, Rücksicht nimmt, dagegen die Gestaltung der anderen beteiligten Rechtsordnungen und so auch häufig der deutschen Gesetzgebung und Rechtsprechung nicht deutlich vor Augen hat. Weicht dann das deutsche Recht von dem westlichen ab, so bedarf es schon einer ziemlich ausgebildeten Schulung im Studium fremder Rechte und einer entwickelten Methode der Rechtsvergleichung, um nicht in bester Meinung schwere Verstöße zu begehen.«[48]

Die »dornenreiche Mühsal der Rechtsvergleichung«[49] am Haager Ständigen Gerichtshof zwischen 1925 und 1928 erweiterte Rabels Blick noch weiter.

2 Programmatik und Praxis bei der Gründung des KWI für ausländisches und internationales Privatrecht – Internationale »Großwissenschaft«

2.1 *»Aufgabe und Notwendigkeit der Rechtsvergleichung«. Rabels wissenschaftliches Programm 1924. Universale Rechtswissenschaft*

Ernst Rabel hatte eine Vision universaler Rechtswissenschaft. Ein Visionär oder Theoretiker war er deswegen keineswegs.[50] Sein konzeptioneller Beitrag zur Rechtsvergleichung erwuchs aus der Rechtsgeschichte und aus der Praxis. Max Rheinstein charakterisierte Rabels Vorgehen mit dem Begriff der »Lebensnähe«.[51]

Hans G. Leser hat in einer Würdigung von Rabels Beitrag zur Privatrechtsmethode ausdrücklich darauf hingewiesen, daß dieser »nicht mit der Aufstellung einer neuen Theorie oder eines neuen Systems, sondern durchaus pragmatisch mit dem Ansatz für die vergleichende Fragestellung«[52] befaßt war. Diese Theorieferne in der wissenschaftlichen Alltagsarbeit der Rechtsvergleichung, so Leser weiter, dürfe man allerdings nicht

48 Rabel, Rechtsvergleichung 1923, S. 53.

49 Ebd., S. 51 und S. 108-114 zur Entschädigungsproblematik im Zusammenhang mit Kriegsmaßnahmen gegen die Person nach Art. 297e VV.

50 Seine Visionen einer universalistischen Rechtswissenschaft waren praxisnah, vgl. Rabel, Deutsches und amerikanisches Recht 1951, S. 363.

51 Vgl. Rheinstein, Gedächtnisrede 1956, S. 136.

52 Leser, Beitrag 1978, S. 892.

als methodische Indifferenz verstehen.[53] Sie sei bewußte Beschränkung auf das nach Rabels Meinung wissenschaftlich Mögliche im Unterschied zum generell Wünschenswerten im Bereich der Rechtsvereinheitlichung und juristischen Wissenschaftskultur.[54] Hier unterschied Rabel sehr genau zwischen der geschichtlichen Komparation, die »auf absehbare Zeit nur eine *Methode* zur Untersuchung der einzelnen Ordnungen sein« dürfe, und der entwickelten Rechtsvergleichung als »A und O, Grundlage und mit der juristischen Philosophie zusammen, Krönung der gesamten Rechtswissenschaft«.[55]

Für das Verständnis des wissenschaftsgeschichtlichen Ortes von Rabels methodischem Ansatz der Rechtsvergleichung ist Lesers Hinweis auf den Entwicklungsstand der juristischen Ausbildung und Wissenschaft vor und nach 1900 von Bedeutung: hatten sich die Studierenden der Rechtswissenschaft vor der Einführung des BGB praktisch rechtsvergleichend mit dem Verhältnis der jeweiligen bruchstückhaften Landesrechte zu System und Institutionen der Pandekten auseinandersetzen müssen,[56] gewann im neuen Jahrhundert die wissenschaftliche Erschließung und dogmatische Durchdringung der neuen Kodifikation allmählich an Bedeutung. Anders als beim Pandektenrecht nahm nun vor allem die gerichtliche Praxis wieder an Bedeutung zu. An die Stelle des *law on the books* war ein *law in action* getreten: ein Prozeß, den die rechtswissenschaftliche Lehre und Ausbildung abbildete und – mit allen Problemen einer zu starken Entscheidungsorientierung – bis heute abbildet.[57] Ernst Rabels Rechtsvergleichung gehört in den rechtsgeschichtlichen Kontext einer neuen Phase im Historisierungsprozeß des römischen Rechts nach der Einführung des BGB und des wissenschaftlichen Paradigmenwechsels in einer nachkodifikatorischen Privatrechtswissenschaft.

Ebenfalls auf den rechtsgeschichtlichen Kontext abstellend, hat Gerhart Husserl in seinem großen Nachruf von Rabel als einem universalen Juristen[58] gesprochen und dabei betont, daß der Begriff der Universalität nicht additiv, sondern qualitativ zu verstehen sei: »Worauf es ankommt, ist, daß der Jurist, der eben kein bloßer Spezialist ist, eine Weite des gei-

53 Hier bezieht sich Leser auf die Kritik von Fikentscher, Methoden 1975, S. 10.

54 Vgl. Rabel, Institut für Rechtsvergleichung 1919, S. 25: »Ich glaube freilich nicht an die Lehre, daß die Unifizierung im notwendigen Zuge der Menschheitsentwicklung liegt, während doch im Gegenteil Differenzierung immer das Merkmal fortschreitender Kultur war […].«

55 Rabel, Aufgabe und Notwendigkeit 1924, S. 3, Hervorhebung im Original.

56 Vgl. Husserl, Ernst Rabel 1956, S. 387.

57 Vgl. Leser, Beitrag 1978, S. 895 f.

58 Vgl. Husserl, Ernst Rabel 1956, S. 385.

stigen Horizonts besitzt, die ihm eine Sicht rechtlicher Phänomene im Gesamtzusammenhang der Rechtswirklichkeit (die eine geschichtliche ist) ermöglicht.«[59]

Dieses Thema war eines von Rabels Leitmotiven, er variierte es zeitlebens: »Was wir letzten Endes erhoffen, ist eine universale Rechtslehre mit eigenen Begriffen und Wertungsmaßstäben.«[60] Das setzte Fähigkeit und Bereitschaft zur Interdisziplinarität voraus: »Ganz weit und ungebunden liegt vielmehr noch das Feld der neuen Wissenschaft. Der Name ihres Ziels heißt einfach: Erkenntnis. Es ist das Ziel aller Wissenschaft, und deren Einheit, heiße der Forscher Jurist, Philosoph oder Soziologe, ist die wichtigste der ›Einheiten‹, wichtiger auch als die Grenzpfähle der Einzelwissenschaften.«[61] Bei der Darstellung seines wissenschaftlichen *grand design* erwies sich Rabel als glänzender Stilist mit einer für seine Verhältnisse fast schwärmerischen Neigung zu starken Bildern.

Dieser universale Anspruch der Rechtsvergleichung, dem die Auffassung von Recht als einem zentralen Kulturphänomen zugrunde lag, sei nicht durch die methodische Beschränkung des empirischen Untersuchungsmaterials auf die Gegenwart oder die Vergangenheit, sondern allein durch die klare Definition des Untersuchungsgegenstandes in handhabbare Rechtsvergleichung zu übersetzen:

> »Wir vergleichen nicht starre Daten und isolierte Paragraphen, wir vergleichen vielmehr, welche Lösungen sich aus der Gesamtheit des ganzen vollen Rechtslebens in dem einen und in dem anderen Staat in den gleichen Lebensfragen ergeben, und warum und mit welchem Erfolg sie sich ergeben. Indem dieses umfassende Untersuchungsprogramm die Funktion der Rechtsinstitute an die erste Stelle setzt, erklärt es den gegebenen Zusammenhang mit der Rechtsgeschichte [...].«[62]

Die Berücksichtigung des historischen Kontexts und funktionalen Zusammenhangs habe, so Rabel, bei der Entstehung des BGB[63] eine Rolle gespielt.[64] Den Begriff »Rechtsvergleichung« wandte Rabel auf drei Erkenntnisbereiche an: erstens, die vergleichende Rechtsgeschichte, die sich

59 Ebd.

60 Rabel, Deutsches und amerikanisches Recht 1951, S. 358; ähnlich Wolff, Ernst Rabel 1956, S. XXIII.

61 Rabel, Aufgabe und Notwendigkeit 1924, S. 6.

62 Rabel, Fachgebiete 1937, S. 187.

63 Beispielsweise ebd., S. 181; Rabel, Deutsches und amerikanisches Recht 1951, S. 350 f.

64 Vgl. Rabel, Aufgabe und Notwendigkeit 1924, S. 1.

zunächst vergleichend mit den einzelnen Rechtsordnungen befaßt, ohne vorerst eine eigenständige Systematik der Vergleichung erzeugen zu können und zu sollen; zweitens, die dogmatische oder systematische Vergleichung des positiv geltenden Rechts der Gegenwart; drittens, die vergleichende Rechtsphilosophie und Rechtssoziologie.[65]

Innerhalb der rechtsgeschichtlichen, geltendrechtlichen und rechtsphilosophisch-rechtssoziologischen Erkenntnisbereiche unterschied Rabel verschiedene Vergleichsebenen: die dogmatische oder systematische Vergleichung frage, wie die Normen sich inhaltlich zueinander verhalten. Die Wertung der Normen gehöre nicht zur Rechtsvergleichung, aber zu der durch sie möglich werdenden Rechtskritik. Die rechtsgeschichtliche Vergleichung erforsche das historische Verhältnis der Rechtsordnungen, »durch welche die festgestellten Ähnlichkeiten entweder auf gemeinsame Abstammung oder auf Rezeption oder auf selbständig, aber parallel wirkende Faktoren zurückgeführt werden können«.[66] Rechtsphilosophische Rechtsvergleichung löse übergeordnete Fragen nicht nach praktisch-juristischen, sondern philosophisch-systematischen Kriterien.

Für die rechtsvergleichende Arbeit auf der systematischen, historischen und rechtsphilosophischen Ebene formulierte Rabel wissenschaftliche Standards im Sinne von »dos« und »do-nots«: Beurteilung des einzelnen Rechtssatzes im Zusammenhang der ganzen Rechtsordnung,[67] Verzicht auf den schlichten Abgleich von Gesetzesparagraphen oder Systematiken[68] unter Ausblendung der sozialen Realität und ihrer gerichtlichen Abbildung,[69] Berücksichtigung von Rechtsprechung *und* (nicht: oder) fachwissenschaftlicher Diskussion: »Ein Gesetz ist ohne die zugehörige Rechtsprechung nur wie ein Skelett ohne Muskel. Und die Nerven sind die herrschenden Lehrmeinungen.«[70] Leser hat darauf hingewiesen, daß Rabel auch und gerade im Gerichtsurteil noch die begriffliche Verhaftung in einer jeweiligen Rechtskultur betonte. Für die Zwecke der Vergleichung habe er daher einerseits die Notwendigkeit gesehen, die Entstehungsbedingungen der zu vergleichenden Rechtskulturen im weiteren Sinn sozialwissenschaftlich im Hinblick auf die ›Rechtstatsachen‹ zu erforschen und rechtsgeschichtlich einzuordnen,[71] andererseits als *tertium compara-*

65 Vgl. Rabel, Institut für Rechtsvergleichung 1919, S. 22 f.
66 Rabel, Aufgabe und Notwendigkeit 1924, S. 2 f.
67 Vgl. ebd., S. 3.
68 Vgl. Rabel, Deutsches und amerikanisches Recht 1951, S. 362.
69 Vgl. Rabel, Aufgabe und Notwendigkeit 1924, S. 4.
70 Ebd., S. 4; Rabel, Privatrecht 1934, S. 86 f.
71 Vgl. Rabel, Fachgebiete 1937, S. 211.

tionis auf die den jeweils spezifischen rechtlichen Regelungen zugrundeliegende Regelungsfunktion[72] abzustellen: »Denken wir an die Gewohnheitsrechte der anglo-amerikanischen Länder, so dürfen wir nicht einmal unseren Begriff des Rechtssatzes allzu schroff anwenden. Man redet dort von Regeln, Prinzipien und noch anderem. Darum sprechen wir lieber von den Rechtsfragen, die das Leben stellt, und von den Lösungen, die diesen Fragen durch die Rechtsordnungen zuteil werden.«[73]

Das Erkennen der Strukturgleichheit in der historisch gewachsenen Differenzierung, von rechtsgeschichtlicher Kontinuität im Wandel der Formen, war ein, wenn nicht das große erkenntnisleitende Interesse Rabels: »Die größte Befriedigung gewährt die Rechtsvergleichung aber, wenn sie die Ursachen der Rechtssätze und die Rückwirkungen der Rechtssätze auf das Leben zu erforschen imstande ist. Und viele sehen es nun ein, wenn sie den Kern der Rechtserscheinungen von der Hülle der Paragraphen und der Konstruktionen befreit.«[74] Für ihn war die Rechtsvergleichung nicht nur ein Korrektiv, das von nationalen Vorurteilen befreit,[75] Rabel verstand sie als Methode zur Schaffung von Ordnung und Übersicht in einer ständig wachsenden rechtlichen Stoffmasse, deren national-systematische Reproduktion für den juristischen Alltagsbedarf mehr Handwerk als Wissenschaft sei:

> »Es ist, wie wenn wir ins Gebirge kommen. Schon der junge Anfänger merkt mit Freude auf dem niedrigen Hügel, wie das schwer durchdringliche Dickicht der Paragraphen sich reliefartig vor ihm aufrollt. Je höher, desto übersichtlicher finden wir die Landschaft, es zeichnen sich die Straßenzüge durch die Länder hin. Rechtsvergleichung und Rechtsgeschichte sind die empirischen Bildungskollegs des Studierenden der Rechte – Verzeihung, sie sollten es sein.«[76]

72 Vgl. ebd., S. 186: »Wenn wir die Eheschließungsformen Deutschlands und Englands nebeneinanderhalten, so ist nichts damit geschehen, daß wir ihre Verschiedenheiten aufzählen. Das innere Verhältnis zwischen den beiden Rechtsordnungen erkennen wir erst, wenn wir Gemeinsamkeiten und Verschiedenheiten zusammen in der vergleichenden Charakteristik der Institute aufgehen lassen.«

73 Ebd., S. 191; weiterhin Drobnig, Methodenfragen 1969.

74 Rabel, Fachgebiete 1937, S. 185.

75 Vgl. Rabel, Aufgabe und Notwendigkeit 1924, S. 7: »Der Rechtsvergleicher denkt objektiver. Er findet nicht mehr wie Cicero alle nichtrömischen Gesetze paene ridiculos.«

76 Ebd., S. 8. Ganz ähnlich äußerte sich Coing im Hinblick auf seine rechtsvergleichende Konzeption europäischer Rechtsgeschichte, vgl. Coing, Bedeutung 1968, S. 13 f.

Nicht zuletzt führe gerade die Rechtsvergleichung, so Rabel, zur Erkenntnis der eigenen juristischen Identität: »Die Notwendigkeit der Auslandsforschung hat sich also auch auf dem Gebiete des Rechts durchgesetzt. Ihr Reiz, der noch mit ursprünglicher Frische wirkt, führt immer mehr Geister in das Neuland zu Entdeckungen, die gerade den Neuling zu überraschen pflegen, mag er die Fremdartigkeit oder die Vertrautheit des Gesehenen bestaunen. Vor allem entdeckt der Jurist auf seinen Forschungsreisen im Ausland sich selbst.«[77]

Der Vergleich der Institute könne in eine »Herausbildung gereinigter Begriffe«[78] als Voraussetzung einer Suche nach der besten rechtlichen Lösung münden. Bis diese höchste Anwendungsform der Rechtsvergleichung erreicht werden könne, seien aber zunächst die Mühen der Ebene zu überwinden: »Durch die bisherigen Leistungen ist gerade erst die Vielseitigkeit der Aufgaben, so auch die Vielgestalt des Materials ins Licht gestellt worden, und es ist kein Mangel, sondern ein sehr wohl bedachter Plan zur Aufrichtung der neuen Wissenschaft, wenn den voreiligen Verallgemeinerungen die energische Einzelarbeit entgegengesetzt wird.«[79] Diese Betonung des notwendig arbeitsteiligen Nacheinanders in der rechtsvergleichenden Arbeit: erst juristische Länderkunde, dann Rechtsvergleich, dann gegebenenfalls Rechtskritik und rechtspolitische Beratung, war für Rabels anwendungsorientierte Argumentation kennzeichnend. Auf diese Weise wurde die Institutionalisierung überhaupt erst möglich. Außerdem stellte Rabel immer wieder Warntafeln auf, wie die Rechtsvergleichung nicht arbeiten dürfe:

> »Wir bauen jetzt doch nicht mehr italienische Palazzi ins Industriegebiet. Und Mißtrauen gegen unseren Intellekt, gegen das, was wir Zeitgebundene für vernünftig halten, ist immer am Platz. Wir restaurieren auch endlich nicht mehr alte Tempel und Burgen nach dem Wissen unserer Generation. Andererseits gibt es in unseren heutigen Gesetzen kaum irgendwelche wirklich ehrwürdigen nationalen Institutionen, dagegen einen reichen Stock von Gedanken, die auf Jahrtausende lang geprüften Erfahrungen der alten Welt beruhen und in ihren nationalgesetzlichen Ausgestaltungen sich unschwer verändern lassen.«[80]

Die Notwendigkeit soliden wissenschaftlichen Handwerks stand für Rabel am Anfang aller Rechtsvergleichung: »Wissenschaftliche Hauptaufgabe

77 Rabel, Fachgebiete 1937, S. 191.
78 Ebd., S. 186.
79 Ebd., S. 187.
80 Rabel, Aufgabe und Notwendigkeit 1924, S. 9.

ist die exakte Bearbeitung einzelner Stücke mit derselben Sorgfalt, wie wir sonst zu arbeiten gewohnt sind. Keine russische Großzügigkeit und nicht französische Eleganz, sondern deutsche Gewissenhaftigkeit! Nichts hat der Rechtsvergleichung mehr geschadet als ein gewisser Dilettantismus ihrer Anfänge.«[81] Rabel wehrte sich auch gegen eine starre programmatische Bindung der Rechtsvergleichung und/oder rechtsphilosophische Vernebelung zum Teil massiver mentalitätsbedingter Vorurteile[82] bei der Analyse juristischer Kulturen.[83]

Seine Methode der Rechtsvergleichung hat Rabel verschiedentlich »induktiv« genannt.[84] Gemeint war mit »induktiver Art«, so Leser, kein rechtstheoretisches Prinzip einer »Zweckrechtslehre« in Anknüpfung an die Tübinger Interessenjurisprudenz,[85] sondern der Ansatzpunkt beim Fall,[86] also »daß der Rechtsfall vor der Regel zu bedenken ist«.[87] Induktiv sei hier in Abgrenzung von der deduktiven Begriffsjurisprudenz »und ihrer gleichsam hochmütigen und voreingenommenen Auferlegung eines Prinzips« zu verstehen, »in das die Fakten und Interessen des Einzelfalls und des bunten Lebens überhaupt mehr oder weniger gewaltsam gepreßt werden sollten«.[88] Tatsächlich bestand zwischen dieser induktiven Methode und der starken Begriffs- und Systemorientierung der Romanistik kein Widerspruch, sondern nur ein Unterschied in der Perspektive. Rabel gelangte, ausgehend vom Fall, über die Institution zum System, nicht umgekehrt.[89]

Die Wichtigkeit präziser Begriffe und Begriffssysteme für die juristische Arbeit hat er immer wieder hervorgehoben.[90] Und ebendiese letztlich philologisch-historische Wertschätzung der sprachlichen Gestaltung des juristischen Handwerks war bei Rabel romanistisches Erbe.

81 Ebd., S. 21.
82 Diese fördert die Rechtsvergleichung in der Selbst- und Fremdwahrnehmung deutlich zu Tage: ebd., S. 8.
83 Vgl. Rabel, Fachgebiete 1937, S. 183.
84 Ebd., S. 211, 221, 224.
85 Vgl. Leser, Beitrag 1978, S. 905.
86 Vgl. Wolff, Ernst Rabel 1956, S. XXIV.
87 Rabel, Schule 1954, S. 379: »Der Rechtshistoriker hat [...] nicht bloß den Vorzug des geschärften Blicks in die Entwicklung, sondern bringt auch die wohltätige Gewohnheit mit, den Rechtsfall vor der Regel zu bedenken.«
88 Leser, Beitrag 1978, S. 903 f.; Husserl, Ernst Rabel 1956, S. 385: »Nichts lag R. ferner, als an einen gegebenen Rechtsstoff mit vorgefaßten abstrakten Thesen heranzutreten, die es zu beweisen gilt. R. ist kein Begriffsjurist im Sinne der Pandektenwissenschaft des 19. Jahrhunderts.«
89 Vgl. Rabel, Schule 1954, S. 379.
90 Beispielsweise Rabel, Zum 25. Geburtstag 1921.

Insofern geht Hans Julius Wolffs Bewertung, »daß das historische Interesse bei ihm [Ernst Rabel, R.-U. K.] stets dem juristischen Interesse an der Rechtserkenntnis untergeordnet blieb«,[91] zu weit, da sie künstlich zwischen Rabels rechtshistorisch-romanistischem Hintergrund und seinem ›juristischen Interesse‹ unterscheidet. Unbestreitbar lag »bloß antiquarisches Wissenwollen des einmal üblich Gewesenen« Ernst Rabel fern,[92] doch brachte Rabel, wie Wolff selbst anerkennt, seine rechtshistorische Expertise in die Rechtsvergleichung ein: »Gerade der Romanist begreift die kasuistische Vervollkommnung des englischen Aktionenrechts besonders leicht.«[93]

In diesem Kontext geht es um wesentliche Positionen der Rabel-Rezeption im Zusammenhang mit Rabels Institut. Die privatrechtsgeschichtliche Wirkung der rechtsvergleichenden Methodik hat Leser »im Einfluß Ernst Rabels auf einen großen Kreis junger Wissenschaftler im damaligen Kaiser-Wilhelm-Institut in Berlin«,[94] und in der Etablierung des induktiven Vorgehens gesehen. Hans Julius Wolff hatte in seinem Nachruf von 1956 die rechtsgeschichtliche Bedeutung Rabels stärker akzentuiert: erstens habe Rabel sich auf der Grundlage seiner rechtsvergleichenden Arbeiten für die Aufhebung der antiquierten Trennung von Romanistik und Germanistik eingesetzt,[95] zweitens – wobei dies im Hinblick auf Rabels romanistisches Lebenswerk sogar an erster Stelle zu nennen gewesen wäre – sich gegen eine abstrakt-systemlogische, von der juristischen Alltags- und Mentalitätsgeschichte absehende Philologisierung in der Behandlung der römischen Rechtsquellen eingesetzt:[96] »Er verlangte die individuelle Interpretation jeder einzelnen Entscheidung, die viele der angeblichen Widersprüche in den Quellen als nur scheinbar herausstellen würde.«[97]

Für Konrad Zweigert und Hein Kötz besteht, abgesehen von der grundsätzlichen Feststellung, daß »aus der Forschung, die Rabel entwikkelt und betrieben hat, [...] die Methodologie [stammt], die heute gelehrt

91 Wolff, Ernst Rabel 1956, S. XXV.

92 Ebd., S. XXV.

93 Rabel, Schule 1954, S. 379; Husserl, Ernst Rabel 1956, S. 386.

94 Leser, Beitrag 1978, S. 906. Interessanterweise spricht Leser nicht von ›Schule‹ und ›Schulenbildung‹. Dem entspricht die implizite Kritik am wissenschaftlichen Autor und akademischen Lehrer Rabel bei Wolff, Ernst Rabel 1956, S. XXVII f.

95 Vgl. ebd., S. XXVI; Husserl, Ernst Rabel 1956, S. 389.

96 Vgl. ebd., S. 391.

97 Wolff, Ernst Rabel 1956, S. XXVII.

und praktiziert wird«,[98] im Hinblick auf die wesentlichen Wirkungen von Rabels Rechtsvergleichung ein Zusammenhang zwischen der »Befreiung von der Beschränkung auf den bloßen Gesetzesvergleich« und »der ›Entdeckung‹ des Common Law«.[99]

Gerhard Kegel hat bei der privatrechtsgeschichtlichen Standortbestimmung von Rabels Methodik dessen Abstraktionsfähigkeit auf der Grundlage intensiver rechtsvergleichender Kleinarbeit betont: »Dagegen hielt er bei der Rechtsvergleichung in Geschichte und Gegenwart mit großen Linien (und die sind immer eine Art Abstraktion) nicht zurück. Im Gegenteil: immenses Wissen und reiche Erfahrung befähigten ihn zu breiter Pinselführung, und er hielt es oft nicht für nötig zu belegen (warnte sogar mündlich vor dem ›Genauigkeitsteufel‹) oder auch nur Beispiele anzuführen.«[100]

Sibylle Hofer und Dagmar Coester-Waltjen haben mit jeweils unterschiedlichem Blickwinkel – Hofer in einem biographischen Kurzportrait,[101] Coester-Waltjen institutionengeschichtlich im Hinblick auf das Institut für Rechtsvergleichung an der Universität München – mit ähnlichen Belegen die rechtsgeschichtliche Bedeutung von Rabels Methode in den Vordergrund gestellt und seine Rechtsvergleichung als wesentlich historisch determiniert erkannt.

Man wird daher Rabels wissenschaftliches Programm der Rechtsvergleichung in seiner Vieldimensionalität ohne weiteres als rechtshistorisch strukturiert bezeichnen können.

2.2 Die Wirtschaft, der Reichsverband der deutschen Industrie, die KWG und der Gründungsprozeß 1925/1926

Die Gründungsgeschichte des KWI für ausländisches und internationales Privatrecht läßt sich an wenigen Daten festmachen. Im Dezember 1924 beriet der Senat der KWG die Gründung eines völkerrechtlichen Instituts und thematisierte in diesem Zusammenhang die Notwendigkeit internationalprivatrechtlicher Forschung im Rahmen der KWG. Der Präsident Adolf von Harnack dachte an ein Institut nach der üblichen Rechtskonstruktion: ein eingetragener Verein mit Vorstand, Kuratorium und Mitgliederversammlung. Für die Gründung einer völkerrechtlichen Fachbibliothek sollten einmalig 100.000 RM verausgabt werden. Die jährlichen

98 Zweigert/Kötz, Einführung 1971, S. 64, die §§ 2 und 3: »Funktionen und Ziele« sowie »Methode der Rechtsvergleichung« haben ein Rabelsches Fundament.

99 Ebd.

100 Kegel, Ernst Rabel 1990, S. 19.

101 Vgl. Hofer, Ernst Rabel 1995, S. 508 f.

Kosten bezifferte man mit 62.000 RM, deren Deckung durch Mitgliederbeiträge, Zuschüsse des Reichs sowie der KWG erfolgen sollte. Als Gründungsdirektor nahm man Professor Viktor Bruns in Aussicht. Zum ursprünglichen Tätigkeitsfeld des Völkerrechtsinstituts unter Viktor Bruns sollte aufgrund der bedeutenden internationalprivatrechtlichen Wirkungen der Ordnung von Versailles auch das internationale Privat- und Wechselrecht gehören. Harnack hielt von dieser Einbeziehung des Privatrechts allerdings nichts, »weil dann der Aufgabenkreis des Instituts zu gross werden würde«.[102]

Am 19. Dezember konstituierte sich der »Verein zur Förderung des Instituts für ausländisches und öffentliches Recht und Völkerrecht« mit dem Zweck, wie es in § 1 der Satzung hieß, »wissenschaftliche Forschungen auf dem Gebiete des ausländischen öffentlichen Rechts und Völkerrechts durch Unterhaltung eines Forschungsinstituts zu fördern. Die Kaiser-Wilhelm-Gesellschaft zur Förderung der Wissenschaften reiht dieses Institut in wissenschaftlicher Hinsicht in den Kreis seiner Unternehmungen ein [...].«[103] Parallel zu diesen Gründungsbestrebungen legte am 17. Mai 1925 die Berliner Fakultät dem preußischen Wissenschaftsministerium die Berufungsliste für die Nachfolge Partsch vor, die Rabel »primo loco« führte.[104] Der Ruf erging und Rabel nahm zum 1. Oktober 1925 an,[105] wie er der Fakultät mit Schreiben vom 2. Juli 1925 mitteilte.[106] Auf

102 Niederschrift aus der Sitzung des Senats der KWG vom 16.12.1924, S. 8, MPG-Archiv, Niederschriften von Sitzungen des Senats der KWG, 1920-1925, Nr. 42.

103 Satzung des Vereins für ausländisches öffentliches Recht und Völkerrecht e. V., Fassung vom 19.12.1924, MPG-Archiv, Abt. I, Rep. 1 A, Nr. 2342. Am 3.2.1924 wurde der Verein unter Nr. 4364 in das Berliner Vereinsregister eingetragen.

104 Juristische Fakultät an das Preußische Ministerium für Wissenschaft, 17.5.1925, UA HUB, Rechts- und Staatswissenschaftliche Fakultät, Rep. 497; von Lösch, Geist 1999, S. 367. Partschs Lehrstuhl hatte die Widmung »Bürgerliches, römisches, ausländisches, Friedensvertrags-Recht, Rechtsvergleichung«. Dies galt auch für die Berufung Rabels, Carl Heinrich Becker, Abt. Kunst und Volksbildung im Preußischen Ministerium für Wissenschaft an die Juristische Fakultät, 26.11.1925, ebd.; aufschlußreich aus den Berufungsakten auch die Liste mit je einer Kurzcharakteristik von Rabel (1. Platz), Leopold Wenger (2. Platz) und Ernst Levy (3. Platz) von Prof. Dr. Paul M. Meyer, UA HUB, Personalakte Rabel, Bl. 95/1-7.

105 Vgl. Coester-Waltjen, Ernst Rabel 2001, S. 10. Rabel schied zum 31.3.1926 aus der Münchner Fakultät aus, die mit ihm nicht einmal mehr seine zehnjährige Tätigkeit dort feierlich würdigen konnte.

106 Rabel an die Juristische Fakultät der Universität Berlin, 2.7.1925, UA HUB, Rechts- und Staatswissenschaftliche Fakultät, Rep. 497. Seit dem 27.5.1926 war Rabel vom Juristischen Prüfungsamt beim Kammergericht Berlin zu den Staatsprüfungen zugelassen.

den Senatssitzungen der KWG vom 7. Juli und 7. Dezember 1925 berichtete Friedrich Glum dem Senat über Vorschläge zur Einbeziehung der Rechtsvergleichung und des IPR in den Forschungsauftrag des Völkerrechtsinstituts in Form einer eigenen Abteilung oder als eigenes Institut. Vorgesehen sei die Vereinigung mit dem Institut des Reichsverbandes der deutschen Industrie, der allerdings die Bedingung stelle, daß in allgemeinen Wirtschaftsfragen kostenlos Gutachten erstellt werden müßten.[107] Glum nannte in der Juli-Sitzung als Voraussetzung für das Privatrechtsinstitut die Berufung Rabels nach Berlin. Der Geburtstag des Privatrechts-Instituts nach vollzogener Berufung Rabels war dann der 25. Januar 1926, an dem das Kuratorium des Fördervereins, entsprechend einem Vorschlag des Senats und aufgrund der Absprachen mit dem Reichsverband, die Gründung beschloß.[108] Die Finanzierung teilten sich die KWG, das preußische Wissenschaftsministerium und die im Kuratorium vertretenen industriellen Förderer.[109] Als kostendämpfend wurde hervorgehoben, daß das neue Privatrechtsinstitut die Völkerrechtsbibliothek mitbenutzen und fachlich erweitern könne. Tatsächlich entstand auf diese Weise eine der größten europäischen juristischen Fachbibliotheken, die durch rechtzeitige Auslagerung nach Tübingen den Zweiten Weltkrieg überlebte.

Daß die Industrie[110] nicht auf einen festen Unterstützungsbeitrag verpflichtet werden konnten, sollte sich als gravierendes finanzielles Strukturdefizit erweisen.[111] Das hing auch mit Glums Neigung zusammen, die

107 Niederschrift aus der Sitzung des Senats der KWG vom 7.12.1925, S. 14 f., MPG-Archiv, Niederschriften von Sitzungen des Senats der KWG, 1920-1925, Nr. 44.

108 Institutsbeschreibung, 1926, MPG-Archiv, Abt. I, Rep. 1 A, Nr. 2340.

109 Vgl. dazu Glum, Wissenschaft 1964, S. 373.

110 An der Finanzierung waren seit 1926 u. a. beteiligt: das Reichsbank-Direktorium, der Reichsstand der deutschen Industrie, die I.G. Farbenindustrie A. G., die Industrie- und Handelskammer Berlin, der Centralverband des Deutschen Banken- und Bankiergewerbes, die Vereinigte Industrie-Unternehmungen A. G., die Deutsche Bank- und Disconto-Gesellschaft, die Bayerische Hypotheken- und Wechselbank, die Bayerische Vereinsbank, das Bankhaus Mendelssohn und Co., das Bankhaus Hardy und Co., die Berliner Handels-Gesellschaft, das Bankhaus Gebr. Arnold, die Münchner Rückversicherungs-Gesellschaft, die Reichskredit-Gesellschaft, die Deutsche Bank, MPG-Archiv, Abt. I, Rep. 1 A, Nr. 2370.

111 Niederschrift aus der Sitzung des Senats der KWG vom 7.12.1925, S. 14 f., MPG-Archiv, Niederschriften von Sitzungen des Senats der KWG, 1920-1925, Nr. 44; sowie die Aufzeichnung über die Sitzung des Gesamtkuratoriums der Institute, 31.3.1927: »Außerhalb der Tagesordnung erstattete der Generalsekretär einen Bericht über die Finanzlage der beiden Institute, wobei er insbesondere auf die mißliche Lage des Instituts für ausl. u. internat. Privatrecht hinwies. Dieses bedürfe, um seine Arbeiten auf dem Gebiete des ausländischen Handelsrechts, des Wechselrechts und des internationalen Privatrechts durchzuführen, einer Ausdeh-

Kosten des Privatrechtsinstituts zu unterschätzen: Glum nahm an, daß die Bibliothek der Hauptkostenfaktor sei, nicht die Personalkosten. Bis 1937 sollte die Kette von Rabels und Glums Bittbriefen und Danksagungen selbst an kleine Berliner und Münchner Handwerksbetriebe und Handelskammern im gesamten Reichsgebiet nicht abreißen, die sich angesichts der Wirtschaftskrise nicht mehr in der Lage sahen, das KWI für ausländisches und internationales Privatrecht zu unterstützen. Ein großer Teil der Förderer sah in Rabels Institut nur eine vergrößerte Auskunftsstelle und hatte für die Zwänge der Grundlagenforschung keinerlei Verständnis. Rabel hatte hier manchen Kampf auszustehen, um die Förderer nicht zu verprellen, gleichzeitig aber auf die wissenschaftliche Ausrichtung des KWI für ausländisches und internationales Privatrecht hinzuweisen.[112] Die KWG sah sich daher genötigt, ihren Finanzierungsanteil langfristig zu erhöhen. Als wissenschaftlichen Berater bestellte die KWG die Berliner Professoren Ernst Heymann, Heinrich Titze und Martin Wolff. Zum 1. April 1926 nahm das KWI im vierten Stock des Hohenzollern-Stadtschlosses seine Arbeit auf: der ›Dienstweg‹ zur Generalverwaltung war kurz, sie residierte im Erdgeschoß. Der Präsident der KWG konnte in der Senatssitzung vom 16. Juni 1926 von der Umsetzung der Gründungspläne berichten.[113] Am 30. November 1926 wurde auf einer Kuratoriumssitzung die Satzung des Fördervereins dahingehend geändert, daß die Förderung beider rechtswissenschaftlichen Institute in den Vereinszweck aufgenommen wurde.[114] Auf dieser Sitzung umriß Rabel seine Zukunftspläne.[115]

nung nach der personellen Seite hin, deshalb müßten erhöhte Mittel für das Institut zur Verfügung gestellt werden.«

112 Das zeigt die Aufforderung u. a. der Industrie- und Handelskammer Berlin an das KWI für ausländisches und internationales Privatrecht, sich in großem Umfang durch kostenpflichtige Gutachten zu finanzieren, während die langfristig fördernden Kuratoriumsmitglieder kostenlos Gutachten erhalten sollten. Rabel mußte das ablehnen, Industrie- und Handelskammer Berlin an das KWI für ausländisches und internationales Privatrecht, 25.2.1926; Rabel an die Industrie- und Handelskammer Berlin, 7.4.1926, beides MPG-Archiv, Abt. I, Rep. 1 A, Nr. 2370. Im Februar 1934 stellte die Berliner Handelskammer ihre Unterstützung ganz ein, Industrie- und Handelskammer Berlin an den Förderverein, 27.2.1934, ebd.

113 Niederschrift aus der Sitzung des Senats der KWG vom 16.6.1926, S. 4, MPG-Archiv, Niederschriften von Sitzungen des Senats der KWG, 1926-1932, Nr. 45.

114 Satzung des Vereins zur Förderung des Instituts der Kaiser-Wilhelm-Gesellschaft für ausländisches öffentliches Recht und Völkerrecht und für ausländisches und internationales Privatrecht e. V., MPG-Archiv, Abt. I, Rep. 1 A, Nr. 2342. Der Förderverein wurde am 5. Mai 1938 aufgelöst und sein Vermögen an die KWG überführt. Damit wurden beide Institute vollständig von der KWG über-

Das Institut befinde sich, so führte Rabel aus, u. a. auch deswegen in einer schweren Lage, da es sofort eine Zeitschrift herausgeben müsse. Am Ende seiner Ausführungen wies der neue Institutsdirektor darauf hin, daß er nur auf Grund der Zusicherung, für das Institut einmalig 60.000 RM und laufend 50.000 RM zu erhalten, die Gründung des Instituts übernommen habe, wobei ihm eine Steigerung der laufenden Ausgaben in Aussicht gestellt sei.[116]

Daß Rabel im Jahr 1926 als Nachfolger auf dem Lehrstuhl des 1925 verstorbenen Josef Partsch die Chance erhielt, seine bisherige wissenschaftliche Laufbahn mit der Gründung und Direktion des KWI für ausländisches und internationales Privatrecht in Berlin zu krönen, erschien aufgrund seiner bisherigen wissenschaftlichen Vita nur konsequent.[117] Die Gründung dieses Instituts zeigt im Hinblick auf die Geschichte der KWG zweierlei: sie war zunächst ein Beispiel für die Entstehung eines typischen Instituts der ›B-Klasse‹, bei dem sich Staat, Industrie und KWG, vernetzt durch einen Förderverein und ein Kuratorium, an der Finanzierung zu jeweils einem Drittel beteiligten – dies in Abgrenzung zu den auf Grundlagenforschung spezialisierten, naturwissenschaftlich-technischen, allein von der KWG und vom Staat getragenen ›A-Instituten‹ und den praktisch vollständig vom Reich getragenen und staatsnahen ›C-Instituten‹, zu denen das völkerrechtliche Schwesterinstitut gehörte. Erst mit dem konjunktur- aber auch politisch bedingten Rückzug der industriellen Förderer begann in Rabels Institut die Entwicklung zum staatsnahen ›C-Institut‹, die 1937 zum Abschluß kam. Ferner war die Gründung ein Anschauungsbeispiel des ›Harnack-Prinzips‹.[118]

Das Berliner KWI für ausländisches und internationales Privatrecht war ›Rabels‹ Institut, es beruhte von Anfang an auf seinem in »Aufgabe

nommen, vgl. die Niederschrift aus der Sitzung des Senats der KWG vom 30.5.1938, S. 10, MPG-Archiv, Niederschriften von Sitzungen des Senats der KWG, 1933-1943, Nr. 67. Im Hintergrund stand die Überlegung, daß die KWG ohnehin schon seit Jahren die Hauptlast der Finanzierung tragen mußte, wie die letzte Hauptversammlung des Fördervereins am 24.5.1938 festgestellt hatte, siehe die Aufzeichnung über die ordentliche Mitgliederversammlung und Sitzung des Gesamtkuratoriums des Vereins, 24.5.1938, MPG-Archiv, Abt. I, Rep. 1 A, Nr. 2345.

115 Kopie der Aufzeichnung über die Sitzung des Kuratoriums des Vereins zur Förderung, 30.11.1926, S. 6, MPG-Archiv, Abt. I, Rep. 1 A, Nr. 2345.

116 Ebd.

117 Eckdaten zur Institutsgeschichte bei Dölle, Max-Planck-Institut 1961; ferner vom Brocke, Kaiser-Wilhelm-Gesellschaft 1990, S. 304-306.

118 Vgl. Laitko, Forschungsorganisation 1996.

und Notwendigkeit der Rechtsvergleichung« vorgestellten Konzept, seiner enormen publizistischen Produktivität und auf seinem Gespür bei der Personalauswahl.[119] Daß der Erfolg des Instituts in hohem Maß als Rabels persönlicher Erfolg wahrgenommen wurde, hing auch mit den Zeitumständen zusammen, die der Gründung günstig waren: Rabel war der richtige Mann zur richtigen Zeit. 1927 beschrieb er in der institutseigenen »Zeitschrift für ausländisches und internationales Privatrecht« das Institutsprogramm, neben dem berühmten Aufsatz von 1924 dessen zweites ›Gründungsmanifest‹:

> »Das Institut für ausländisches und internationales Privatrecht ist im Jahre 1926 von der Kaiser-Wilhelm-Gesellschaft zur Förderung der Wissenschaften begründet worden, als Schwesteranstalt des Instituts für ausländisches öffentliches Recht und Völkerrecht. Es ist den zivilrechtlichen Fächern gewidmet und behandelt demnach bürgerliches Recht, Handelsrecht, Zivilprozeß- und Konkursrecht, internationales Privatrecht und privatrechtliche Bestimmungen der Staatsverträge, grundsätzlich mit Einschluß aller Sonderdisziplinen, von denen jedoch zunächst die zum Wirtschaftsrecht gehörigen vorzugsweise Pflege finden sollen. Räumlich soll mit der Zeit das Recht möglichst vieler Länder umspannt werden; doch ist in Anbetracht der starken Fehlerquellen, mit denen die Erforschung fremdsprachlicher Texte und aus verschiedenen Umgebungen entsprossener Rechtseinrichtungen zu kämpfen hat, nur eine allmähliche Einbeziehung der verschiedenen Länder durchführbar.«[120]

Max Rheinstein charakterisierte die Institutsgründung rückblickend als gewagtes Projekt, gemessen am Maßstab der damaligen juristischen Fachkultur: das KWI für ausländisches und internationales Privatrecht sei in der deutschen juristischen Wissenschaftslandschaft allein durch seine Größe eine Ausnahmeerscheinung gewesen. Der Stab von Rabels Mitarbeitern, organisiert nach dem Ressort- und nicht dem akademisch überkommenen Lehrstuhlprinzip der Fakultäten, war etwas vollkommen Neues. Der Anspruch der Fachbibliothek lag weit oberhalb dessen, was die juristischen Seminar- und Justizfachbibliotheken erreichen und bieten konnten, so daß sich die Entwicklung zur Politik- und Gesetzgebungsberatung schon durch diesen Umstand schnell entwickeln konnte. Die Veröffentlichungen des Instituts, in der Regel hervorgegangen aus der praktischen Fallarbeit, setzten auf dieser exzellenten infrastrukturellen

119 Vgl. Rheinstein, Festvortrag 1967, S. 9.
120 Rabel, Einführung 1927, S. 1.

Grundlage dann schnell neue Standards rechtsvergleichend-internationalprivatrechtlichen Arbeitens. Zugleich machte das KWI für ausländisches und internationales Privatrecht das englische und amerikanische *Common Law* in seiner Lösungsfülle auch für die Praxis zugänglich und leistete damit einen wichtigen Beitrag zur juristischen Internationalisierung.[121]

Mit diesem anspruchsvollen Apparat mußte sich das neue KWI nun aus Sicht der KWG und der fördernden Industrie gegenüber den auslandsrechtlichen Abteilungen großer Unternehmen profilieren, vor allem mußte es als Nachfolge-Einrichtung des 1920 gegründeten Instituts für ausländisches Recht beim Reichsverband der deutschen Industrie dessen 1926 eingestellte Zeitschrift »Auslandsrecht« schnellstmöglich ersetzen. Deren Zielsetzung war ganz praktischer Art gewesen:

> »Trotz und wegen des Friedens von Versailles ist die Beteiligung Deutschlands am Welthandel zu seinem Wiederaufbau unumgänglich. Alle Kräfte müssen zur Erreichung dieses Zieles eingesetzt werden. Einen wichtigen Teil des erforderlichen Rüstzeuges soll das Institut für ausländisches Recht bieten. Daher scheint die Zeit gekommen zu sein, um das Unternehmen auf eine breitere Grundlage zu stellen. [...] Noch bestehen auch aus der Zeit vor Kriegsbeginn viele kommerzielle Beziehungen zwischen Deutschen und den Angehörigen der bisher feindlichen Staaten. Vielfach ist hier das ausländische private oder öffentliche Recht maßgebend. Nun ist bekannt, wie gerade auf dem Gebiet des bürgerlichen und des Prozeßrechts erhebliche Abweichungen in den einzelnen Ländern bestehen.«[122]

Das Institut des Reichsverbands ging in Rabels Institut auf, nachdem seine beiden letzten Leiter, Felix Meyer und Josef Partsch, 1925 kurz nacheinander gestorben waren.[123] Da sich schon unter Meyer und Partsch die Verbands-Zeitschrift »Auslandsrecht« vom reinen Dienstleistungsorgan zur Publikation mit wissenschaftlichem Anspruch gewandelt hatte und Rabel diese seit der 13. Ausgabe 1924 im Untertitel als Organ seines Münchner Rechtsvergleichenden Instituts bezeichnete »Rheinische Zeitschrift« mitbrachte, fiel es der KWG leichter, der Gründung eines auf Grundlagenforschung verpflichteten rechtswissenschaftlichen Instituts mitzutragen, zu dessen Hauptaufgaben – mit Rücksicht auf die Industrie – die Herausgeberdienstleistung einer rechtsvergleichend internationalpri-

121 Vgl. Rheinstein, Ernst Rabel 1954, S. 2.
122 Vgl. Auslandsrecht. Blätter für Industrie und Handel 1, 1919, Heft 1, S. 1.
123 Vgl. Wadle, Einhundert Jahre 1994, S. 52-57.

vatrechtlichen Zeitschrift gehören würde. Rabels Kontakte zu Wirtschaft, Industrie und Banken waren notwendigerweise eng, er war sich nicht zu schade, die Danksagung an den Geschäftsführer der Bayerischen Stickstoffwerke für eine Bibliotheksspende zu veranlassen,[124] ausgeprägte Sympathie gegenüber der Wirtschaft zeigte er aber nicht: Rabels Lebensinhalt war die Rechtswissenschaft. Zugespitzt formuliert: Die Wirtschaft interessierte ihn, weil sie bis zur etatmäßigen Übernahme des KWI für ausländisches und internationales Privatrecht durch die KWG 1937 sein Institut zu mindestens einem Drittel finanzierte und weil sie unablässig komplizierte Fälle zum IPR produzierte.

2.3 Das Institutsprofil 1926-1933. »Rechtsvergleichung und internationale Rechtsprechung«

2.3.1 Rabels Programm von 1927 und die Gemischten Schiedsgerichtshöfe

Die sogenannten Gemischten Schiedsgerichtshöfe waren nach dem Versailler Friedensvertrag, Artikel 304, vorgesehen, um u. a. privatrechtliche Rechtsstreitigkeiten zu entscheiden, die sich aus der Abwicklung der durch den Krieg gestörten Vorkriegsverträge ergaben.[125] Rabel betonte in der Definition ihrer Rechtsnatur den Kompromißcharakter der Schiedsgerichtshöfe: sie seien als Produkte bilateraler zwischenstaatlicher Vereinbarungen nicht überstaatliche Organe einer Staatengemeinschaft. Ihre Funktionen, so Rabel, übten sie kraft des in dem Kompromiß niedergelegten Willens beider Staaten unmittelbar aufgrund des Friedensvertrages aus, ohne prinzipielle Unterscheidung, je nachdem, ob die Staaten selbst prozessieren oder die Prozeßführung Privatpersonen überlassen haben. Rabel verglich diese Konstruktion mit der privatrechtlichen Kontroverse, welche Stellung ein Verwalter fremden Vermögens, wie der Konkursverwalter oder Zwangsverwalter, hat: eine unanfechtbare Formulierung sei dafür nicht leicht zu finden.[126] Rabel, der zwanzig Jahre später in der Emigration die Zwangslage hervorhob, die einen deutschen Romanisten in die Rolle des Anwalts deutscher Interessen auf dem internationalen Parkett gedrängt hatte,[127] hatte diese Herausforderung 1924 mit einem charakteristisch nationalen Akzent formuliert:

124 Rabel bittet persönlich um eine Danksagung an die Bayer. Stickstoffwerke für eine Büchereispende von 2.000 RM, Rabel an die KWG, 21.4.1932, MPG-Archiv, Abt. I, Rep. 1 A, Nr. 2372.

125 Vgl. Rabel, Rechtsvergleichung und internationale Rechtsprechung 1927, S. 10 f.

126 Ebd., S. 38 f.

127 Ernst Rabel, On Comparative Research 1944, S. 254: »It was plain [...] after the first world war, in innumberale diplomatic conferences, in the numerous inter-

> »Wir müssen wieder in die Welt und mit der Welt arbeiten. Was würde aus unserer Chemie oder Medizin, wenn sie sich vom Ausland absperrte? Wir müssen auch der deutschen Rechtswissenschaft wieder das Ansehen verschaffen, den deutschen Rechtsgedanken die Weltgeltung wieder erwerben, die einst von Feuerbach und Savigny bis auf Jhering, Gierke und Jellinek selbstverständlich war. Sollen im Zeichen der Weltwirtschaft just wir Juristen noch hinter chinesischen Mauern leben [...]?«[128]

Die schmerzliche Erfahrung der amerikanischen Emigration ließ Rabel dann auch im Rückblick zwanzig Jahre später kritischer im Hinblick auf die nationale Motivation urteilen; die zivilisierende Wirkung der Rechtsvergleichung schien ihm durch die zeitgeschichtliche Entwicklung eher bestätigt als widerlegt:

> »A comparative lawyer is exposed to be distrusted alternatively as a nationalist or as an antinationalist. ›A sound national law develops like a sound human being only in a social common life with the fellow others.‹ I must confess I underestimated for a long time the full bearing of this truth. Today I repeat that if all lawyers of the world knew it and would take it to heart, new hopes would arise – immense hopes for our often challenged and just now seriously shaken faith in justice.«[129]

Rabel hat im Jahr 1927 eine erste Bilanz seiner Tätigkeit und Erfahrungen in dem Beitrag »Rechtsvergleichung und internationale Rechtsprechung« vorgelegt. Der Beitrag war neben »Aufgabe und Notwendigkeit der Rechtsvergleichung« von 1924 das zweite Gründungsdokument des Instituts. War im Aufsatz von 1924 das große Programm funktionaler Rechtsvergleichung skizziert worden, thematisierte Rabel hier nun die Anwendungsebene im IPR: Rechtsvergleichend zu behandeln sei die seit dem Kriegsende stark an Bedeutung gewinnende internationale Rechtsprechung. Sie erlaube neue Sichtweisen der einzelnen nationalen Rechtsordnungen und der selbst durch den »Großen Krieg« nicht unterbundenen Rezeption ausländischen Rechts.[130]

national tribunes of the time, in a rapidly growing literature fighting for vital interests of the various countries, that Roman law culture proved to be the only common language and the only undoubted measure of justice. We Romanists, for this reason had, per force, to become practitioners of jus gentium.«

128 Rabel, Aufgabe und Notwendigkeit 1924, S. 19.

129 Rabel, Vorträge 1954, S. 283.

130 Ebd., S. 2 f.

Im folgenden arbeitete Rabel den Charakter angewandter Rechtsvergleichung in der internationalen Rechtsprechung heraus. Der internationale Richter habe eine Entscheidung zu treffen, wo die Grenze zwischen nationalem und internationalem Recht verlaufe. Bei den Gemischten Schiedsgerichtshöfen, deren wesentliche Rechtsquelle die wirtschaftlichen Bestimmungen des Versailler Vertrages seien, stelle sich die Frage, »ob diese Bestimmungen auf die betroffenen privaten Rechtsbeziehungen überhaupt irgendwie internationalrechtlich oder nicht vielmehr nur durch das Medium des Landesrechts wirken«.[131] Zwei Umstände bestimmten, so Rabel, die internationale Rechtsprechung: erstens das Fehlen eines umfassenden Systems des Völkerrechts und internationalen Privatrechts zur Entscheidung vorliegender Streitfälle und zweitens die Verhaftung der Richter in der juristischen Kultur ihres Herkunftslandes.[132] Die Rechtsvergleichung sei hier ein wichtiges Korrektiv, doch dürfe man nicht übersehen, daß auch und gerade Juristen in ihren Problemlösungen zu einem Denken in gewohnten nationalen Kategorien und spezialisierender Sektorierung neigen. Dem setzte Rabel den Wunsch entgegen, daß bei aller gebotenen und unvermeidlichen Spezialisierung der Blick für die Erkenntnis nicht verlorengehe, »daß das Privatrecht in zunehmendem Maß durch öffentlich-rechtliche Erwägungen durchsetzt wird, wie andererseits die sich bahnbrechende Erkenntnis, daß gleich den besonderen Erscheinungen der Rechtskreise auch die soziale Erscheinung des *Rechts* selbst gewisse gemeinsame Voraussetzungen, Wirkungen und Entwicklungsneigungen aufweist«.[133]

Vor diesem mentalitätsgeschichtlichen Hintergrund boten die Gemischten Schiedsgerichte Rabel vor allem Gelegenheit, die Interaktion

131 Rabel, Rechtsvergleichung und internationale Rechtsprechung 1927, S. 4.

132 Ebd., S. 14: »Im V. V. ist der Grundbegriff des Ausgleichsverfahrens bestritten. Was ist Schuld (›dette‹, ›debt‹)? Die englische debt ist eine erzwingbare und liquide Schuld. Der Deutsch-Englische Schiedsgerichtshof bestätigt diese Auffassung unbedenklich und schließt daher z. B. die nicht schon vor dem Kriege ziffernmäßig bindend festgestellten Forderungen auf Schadenersatz aus dem Clearing aus. Der französische Text hat dette mit dem Zusatz exigible, offenbar um eben den Begriff mit dem englischen auszugleichen. Aber von Liquidität spricht er nicht. Keinesfalls ist der jetzige Zustand haltbar, daß ein Gerichtshof englisch und der andere französisch denkt. Für sich allein scheint mir auch nicht das Argument schlüssig, daß der englische Text vorzuziehen sei, weil der Artikel wahrscheinlich aus einem englischen Entwurf stammt. Umgekehrt ist willkürlich die Meinung, daß der französische Text zeige, die Verfasser hätten nicht den englischen Begriff vor Augen gehabt.«

133 Ebd., S. 9.

von Vertretern verschiedener ›Rechtskreise‹ zu beobachten, was nicht nur zur schnellen Offenlegung dogmatischer, oft auch: didaktisch-wissenschaftsorganisatorischer Mängel in den europäischen Rechtswissenschaften führte,[134] sondern die Revision langgehegter Vorurteile bei allen Beteiligten mit sich brachte, so u. a. der Anschauung von einer mehr oder weniger wirksamen Abschottung des *Common Law*-Rechtskreises gegenüber dem kontinentalen Privatrecht. Immer wieder betonte Rabel, daß man die Dominanz und europäische Vorbildfunktion eines bestimmten Zivilrechtssystems wie des französischen »seit 1 1/4 Jahrhunderten«[135] nicht allein dogmatisch-immanent, sondern politisch-historisch erklären und verstehen müsse. Frappierend und prägend war für Rabel immer wieder die juristische Variante einer europäischen ›Grunderfahrung‹, der Gemeinsamkeit in Differenz, deren Grundlage das *Corpus iuris* darstellte: die Worte seien als Mittel genommen worden, einen Gedanken auszudrücken. Verträge seien nach Treu und Glauben auszulegen. Eine vernünftige Auslegung sei einer absurden vorzuziehen, die Gültigkeit einer Abmachung ihrer Ungültigkeit. Im Zweifel habe der Verpflichtete weniger Pflichten übernommen und müsse der Vertragsteil, der in der Lage war, sich klarer auszudrücken, eine Unklarheit gegen sich gelten lassen.[136]

Die Entdeckung gemeinsamer Grundlagen war ein konkreter Schritt europäischer Verständigung nach dem »Großen Krieg«, der bei dem aller hochherzigen Phraseologie der Völkerverständigung abgeneigten Rabel als Schlüsselerfahrung wirkte:[137] die internationale Rechtspflege halte zum Nachdenken über die gültigen Grundlagen des inneren Rechtsfriedens, die Lehre von den Rechtsquellen, das Verhältnis von Gesetz, Vertrag, rechtsanwendenden und rechtsvollziehenden Organen an.[138]

134 Vgl. ebd., S. 48; Rabel, Rechtsvergleichung 1923, S. 52.

135 Vgl. Rabel, Rechtsvergleichung und internationale Rechtsprechung 1927, S. 19.

136 Vgl. ebd., S. 20.

137 Das konnte auch bedeuten, die Dominanz eines fremden Rechtssystems zu akzeptieren, wenn dies zur sachgemäßen Lösung von Problemen das IPR betreffend beitrug, vgl. ebd., S. 43: »Die kontinentalen Schiedsgerichte sind offenbar stark beeinflußt von dem überkommenen Dogma der französisch-rechtlichen Länder und halten dieses fälschlich für einen allgemein anerkannten Rechtssatz. Aber soweit sie sich in den Grenzen einer vernünftigen Vertragsauslegung – nach unserer Auffassung: einschließlich der Vertragsergänzung nach Treu und Glauben – halten, setzen sie den berechtigten Kern der romanischen Lehre durch und schaffen so zweierlei gleichzeitig, nämlich einen recht notwendigen internationalen Rechtssatz und eine Stärkung des gleichförmigen Rechtssatzes in den Landesrechten, in denen er noch in Wirklichkeit einer Anzweiflung, freilich mehr theoretischer als praktischer Natur, begegnet.«

138 Vgl. ebd., S. 21.

Die Praxis der internationalen Rechtsprechung rückte auch das IPR selbst in ein neues Licht: »Das heutige internationale Privatrecht ist selbst von Rechtsvergleichung erfüllt.«[139] Und auch wenn dabei nicht von »schrankenloser Rechtsvergleichung« auf dem Weg zur »Weltgerichtsbarkeit«[140] die Rede sein könne, sei es durchaus möglich, »in Fällen, in denen zwar bei genauer Betrachtung die beiderseitigen Kollisionsnormen nicht völlig übereinstimmen, dennoch ein ihnen näherliegendes und daher sicherer zu ermittelndes Ergebnis« zu finden.[141]

2.3.2 *Die institutseigene »Zeitschrift für ausländisches und internationales Privatrecht«*

Am Anfang der Veröffentlichungstätigkeit[142] hatte die Maßstabsbildung des Institutsgründers selbst gestanden. Die Produktivität Rabels als wissenschaftlicher Autor war enorm und prägte die Arbeitsatmosphäre des Instituts. Max Rheinstein rühmte rückblickend bei der Betrachtung von Rabels Werk neben der schieren Anzahl von Publikationen die Weite des Umfangs. In der zur Feier von Rabels achtzigstem Geburtstag erschienenen Festschrift nahm das Schriftenverzeichnis zwanzig Seiten in Anspruch. Dies sei vor dem Hintergrund der umfangreichen Lehr-, Richter- und Gutachtertätigkeit Rabels zu beurteilen: »bedenkt man das alles, so ist es schwer zu fassen, daß ein Mann nicht nur all diese Tätigkeiten vereinigen, sondern in jeder ein Höchstmaß an Leistung vollbringen konnte.«[143] Ein Höchstmaß an qualitativer und auch quantitativer Leistung forderte Rabel als Institutschef auch von der Mitarbeiterschaft. Gerhard Kegel hat anläßlich des fünfzigjährigen Gründungsjubiläums die Veröffentlichungspraxis unter Rabels strenger Leitung charakterisiert:

> »Die Gutachten und ein Großteil der Veröffentlichungen wurden bestritten von den Mitarbeitern des Instituts. Nur Tüchtige wurden auf-

139 Ebd., S. 32.
140 Ebd., S. 45.
141 Ebd.
142 Eine zeitgenössische Liste der »Institute und sonstige[n] Organisationen, deren Veröffentlichungen laufend über internationale Gesetzgebung berichten«, ist enthalten im Abschnitt »Internationale Quellensammlung« der Deutschen Landesreferate zum Internationalen Kongreß für Rechtsvergleichung in Haag 1932, vgl. die Sonderveröffentlichung ZIPR 6, 1932, auszugsweise Nachdruck in: Rabel, Gesammelte Aufsätze 1967, Bd. 3, S. 92-137, hier S. 94-97. Rabel benannte auf S. 95 knapp den Anspruch, den die Zeitschrift stellte: »Die Zeitschrift für ausländisches und internationales Privatrecht enthält Berichte über die Rechtsentwicklung zahlreicher Staaten, in denen die privatrechtliche Gesetzgebung vollständig erfaßt wird.«
143 Rheinstein, Gedächtnisrede 1956, S. 136.

genommen und konnten Schritt halten. Aber sie wußten das auch und verstanden sich als eine Elite. Daher staunten sie, als der ehrwürdige Max Planck, der als Präsident der Kaiser-Wilhelm-Gesellschaft das Institut besuchte und dem Rabel die Mitarbeiter vorstellte, sich erkundigte: ›Haben denn die Herren auch alle eine juristische Ausbildung?‹«[144]

Die weitgehende Unkenntnis des Physikers im Hinblick auf das Qualifikations- und Leistungsprofil internationalprivatrechtlicher Arbeit mit ihren über das Juristische weit hinausgehenden sprachlichen und auslandskundlichen Anforderungen deutet zugleich auf ein Grundproblem der Geisteswissenschaften in der KWG: sie blieben stets halbwegs exotische Ausnahmen in einem von den Natur- und Technikwissenschaften bestimmten Wissenschaftsmilieu und fühlten sich stets unter Rechtfertigungs- und Produktivitätsdruck. Rabels rigide Maßstabsbildung und strenge Führung in seinem Institut muß auch vor diesem Hintergrund gesehen werden.

Das Hauptmedium des KWI für ausländisches und internationales Privatrecht war seine Zeitschrift, sie spiegelte alle wesentlichen Interessengebiete und Schwerpunkte wider.[145] Sie bot neben den Standards der Länderberichte und Rezensionen ›großen‹ Aufsätzen ein Forum, z. B. Rabels einflußreichem Beitrag über »Das Problem der Qualifikation«[146] 1931 und seinem Bericht über den »Entwurf eines einheitlichen Kaufgesetzes« 1935.[147] 1934 schrieb Wilhelm Wengler einen über hundertseitigen Beitrag über »Die Vorfrage im Kollisionsrecht«,[148] 1936 Eduard Wahl »Zum internationalen Recht der freiwilligen Gerichtsbarkeit in Personen- und Familiensachen.«[149] 1938/1939 äußerte sich Ernst von Caemmerer über »Rechtsvergleichung und Reform der Fahrnisübereignung«,[150] Konrad Zweigert 1942 in der als Festschrift für Heinrich Titze herausgegebenen Ausgabe über »Nichterfüllung aufgrund ausländischer Leistungsverbote«.[151] Als Sonderveröffentlichung der Zeitschrift erschien die interna-

144 Kegel, 50 Jahre 1978, S. 305.
145 Vgl. ebd., S. 304 f. Auf S. 308-310 würdigt Kegel die Veröffentlichungen seit 1945/1949/1956.
146 Vgl. Rabel, Problem 1931; dazu Leser, Einleitung 1965, S. XXII.
147 Vgl. Rabel, Entwurf 1935.
148 Vgl. Wengler, Vorfrage 1934.
149 Vgl. Wahl, Zum internationalen Recht 1936.
150 Vgl. von Caemmerer, Rechtsvergleichung 1938/1939.
151 Vgl. Zweigert, Nichterfüllung 1942.

tionalprivatrechtliche Entscheidungssammlung »Die deutsche Rechtsprechung auf dem Gebiet des internationalen Privatrechts«.[152]

Es kann kein Zweifel daran bestehen, daß Rabel die Zeitschrift als das weltweit führende Organ auf dem Gebiet des rechtsvergleichenden IPR ansah. Auf dem Haager Internationalen Kongreß für Rechtsvergleichung 1932 präsentierte er die Institutspublikation, insbesondere deren Länderberichte, als internationalen Maßstab.[153]

Rabel selbst hat Aufgabe, Konzept und Reichweite, aber auch Probleme der Institutszeitschrift in der amerikanischen Emigration beschrieben:

> »A main task was to prepare and to publish the Review of the Institute, the ›Zeitschrift für ausländisches und internationales Privatrecht‹, which was to be developed to be the leading central organ of comparative law and international private law for Germany. It had more than a thousand pages of big size every year and was entirely either worked on or supervised in the institute. I had laid much stress, from the beginning, on an ample and reliable publication of materials, that is, an annual survey of the enactments, decisions, literature and business forms of the important countries. I wanted them reported as quickly, as precisely and as comprehensively as possible, having complained myself often that all tentatives of such kind either came too late or were too vague. And I thought indeed that the first task of such an institute, with its skilled and paid staff, was to collect the facts, a task too hard and annoying for the single student but indispensable for theory and practice. [...] Most of the job was therefore to be done within the Institute.«[154]

Bei Rabels Bewertung der Institutsveröffentlichungen fällt auf, daß für ihn der wissenschaftliche Dienstleistungscharakter der IPR-Berichterstattung auch unmittelbare Rückwirkungen auf das Wissenschaftsverständnis der Rechtsvergleichung hatte, die seiner Meinung nach viel zu lange viel zu generalisierend und typisierend betrieben worden war: »The comparative method is the most intricate sort of research; I think it gives us the crown of jurisprudence – yet there seemed not to be a lot of people aiming at that crown.«[155]

Ohne Zweifel sah Rabel in der sprachlich-stilistischen Gestaltung einen Qualitätsindikator. Der Wert einer konzisen juristischen Formulierung

152 Die deutsche Rechtsprechung auf dem Gebiet des internationalen Privatrechts 1926.

153 Deutsche Landesreferate 1932, S. 99.

154 Rabel, Vorträge 1986, 298 f.

155 Ebd., S. 299.

hatte sich in ihrer sprachlichen Präzision auszudrücken. Die Autoren zweier Bände aus der Reihe »Zivilgesetze der Gegenwart« beglückwünschte Rabel in einer Rezension von 1928 »zu ihren meisterhaften kurzen Bemerkungen«.[156] Dieses Beharren auf sprachlicher Präzision unterschied Rabel dann unüberwindlich von den Vertretern sprachlich-terminologischer ›Machtergreifung‹, den nationalsozialistischer Juristen.[157] Deren Bemühen um die ›völkische‹ Durchdringung und ›Aufladung‹ der juristischen Sprache[158] hatte das Ziel sprachlicher Entgrenzung als Voraussetzung für weite Interpretationsspielräume.[159]

2.3.3 Die Monographienreihe »Beiträge zum ausländischen und internationalen Privatrecht«

Seit 1928 erschien die vom KWI für ausländisches und internationales Privatrecht und von Rabel persönlich betreute Reihe »Beiträge zum ausländischen und internationalen Privatrecht«. Neben Arbeiten über das Kollisionsrecht wie der von Ludwig Raiser über »Die Wirkungen der Wechselerklärung im internationalen Privatrecht«[160] von 1931 und Wilhelm Wenglers »Beiträge[n] zum Problem der internationalen Doppelbesteuerung. Die Begriffsbildung im internationalen Steuerrecht«[161] von 1935 stand ein Schwerpunkt im ausländischen und vergleichenden Schuldrecht, insbesondere dem englischen und amerikanischen. 1928 schrieb u. a. Arthur Nußbaum über »Vertragliche[n] Schutz gegen Schwankungen des Geldwertes. Goldklauseln und andere Abreden zur Minderung des Valutarisikos«,[162] 1932 Friedrich Kessler über »Die Fahrlässigkeit im nordamerikanischen Deliktsrecht unter vergleichender Berücksichtigung des englischen und des deutschen Rechts«.[163] Der Schwerpunkt im angloamerikanischen Recht war ausgeprägt: 1930 erschien John Wolffs Heidelberger Dissertation von 1929, eine vergleichende haftungsrechtliche Stu-

156 Rabel, Zivilgesetze 1928, S. 765.

157 Vgl. Rüthers, Auslegung 1987, S. 101 f., 104-111.

158 Vgl. Stolleis, Gemeinschaft 1972/1994.

159 Vgl. Rüthers, Auslegung 1987, S. 111-117.

160 Vgl. Raiser, Wirkungen 1931 (Beiträge zum ausländischen und internationalen Privatrecht 4); Selbstanzeige in ZIPR 5, 1931, S. 522 f.

161 Vgl. Wengler, Beiträge 1935 (Beiträge zum ausländischen und internationalen Privatrecht 11); Selbstanzeige in ZIPR 9, 1935, S. 307 f.

162 Vgl. Nussbaum, Vertraglicher Schutz 1928 (Beiträge zum ausländischen und internationalen Privatrecht 1); Rezension in ZIPR 2, 1928, S. 771 f. (KWI für ausländisches und internationales Privatrecht).

163 Vgl. Kessler, Fahrlässigkeit 1932 (Beiträge zum ausländischen und internationalen Privatrecht 6); Selbstanzeige in ZIPR 7, 1933, S. 171-175, besonders S. 171.

die,[164] ebenfalls 1930 Wolfgang Gaston Friedmanns vergleichende Arbeit über Bereicherungshaftung.[165] 1932 präsentierte Max Rheinstein seine Monographie zum angloamerikanischen Schuldrecht,[166] 1935 erschienen der Beitrag von Clemens Schlink zur Ultra-Vires-Lehre im englischen Privatrecht[167] und Felix Ecksteins Gesamtdarstellung des englischen Konkursrechts.[168] Nach Rabels Rücktritt erschienen in der Monographienreihe des Instituts nur noch zwei Studien zum angloamerikanischen Recht, die Arbeit von Hildgard Abderhalden über »Vormund und Mündel im englischen Recht«[169] und die von Gerhard Kegel, Hans Rupp und Konrad Zweigert über »Die Einwirkung des Krieges auf Verträge in der Rechtsprechung«.[170]

164 Vgl. Wolff, Haftung 1930 (Beiträge zum ausländischen und internationalen Privatrecht 2); Selbstanzeige in ZIPR 4, 1930, S. 1044.

165 Vgl. Friedmann, Bereicherungshaftung 1930 (Beiträge zum ausländischen und internationalen Privatrecht 3); Selbstanzeige in ZIPR 4, 1930, S. 711 f., mit kurzem rechtsgeschichtlichem Überblick.

166 Vgl. Rheinstein, Struktur 1932 (Beiträge zum ausländischen und internationalen Privatrecht 5); Selbstanzeige in ZIPR 6, 1932, S. 265-268.

167 Vgl. Schlink, Ultra-Vires-Lehre 1935 (Beiträge zum ausländischen und internationalen Privatrecht 10); Selbstanzeige in ZIPR 9, 1935, S. 524-526, besonders S. 524.

168 Vgl. Eckstein, Das englische Konkursrecht 1935 (Beiträge zum ausländischen und internationalen Privatrecht 12); Selbstanzeige in ZIPR 10, 1936, S. 411 f.

169 Vgl. Abderhalden, Vormund 1939 (Beiträge zum ausländischen und internationalen Privatrecht 16).

170 Vgl. Kegel/Rupp/Zweigert, Einwirkung des Krieges 1941 (Beiträge zum ausländischen und internationalen Privatrecht 17); Selbstanzeige (Hans Rupp) in ZIPR 13, 1940/1941), S. 699-707.

III Das KWI für ausländisches und internationales Privatrecht im »Dritten Reich«.
Internationales Privatrecht und nationalsozialistisches Privatrecht 1933-1938/1939

1 Klimawechsel. Das KWI für ausländisches und internationales Privatrecht im »Führer«- und »Rechtswahrer«-Staat 1933-1939

1.1 Rabel und die Berliner Fakultät 1933-1935

> »Es erscheint angesichts der Haltung des nationalsozialistischen Staates und insbesondere des Rechtswahrerbundes in der Judenfrage auch nicht für erträglich, daß die Herren Prof. Rabel und Wolff in einem offiziellen Verhältnis zum Institut bleiben […].«[1]

Rabels internationale Verpflichtungen und seine Publikations- und Herausgebertätigkeit für die »Zeitschrift für ausländisches und internationales Privatrecht« sowie für die 1928 ins Leben gerufene institutseigene Monographienreihe führten scheinbar bruchlos über die Zäsur des 30. Januar 1933 hinweg: neben zahlreichen rechtshistorischen Arbeiten galt seine Arbeitskraft hauptsächlich der Vorbereitung seiner großen Arbeit »Das Recht des Warenkaufs« von 1936,[2] das eine wichtige Grundlage für das 1964 verwirklichte einheitliche Haager Kaufrecht abgab. Aber die Wirklichkeit des totalitären Universalrassismus holte Rabel, der im Wintersemester 1932/1933 als Dekan und Vorsitzender der Reichsfakultätenkonferenz[3] amtierte, ein. Er wurde zunächst durch den Reichs- und Preußischen Minister für Wissenschaft, Erziehung und Volksbildung zum 1. Oktober 1935 beurlaubt, dann »auf Grund des § 4 der Ersten Verordnung zum

1 Aufzeichnung über eine Besprechung zwischen Herrn Staatsminister Saemisch als Vorsitzendem des Kuratoriums des KWI für ausländisches und internationales Privatrecht und Rudolf Mentzel vom Reichsministerium für Wissenschaft, Erziehung und Volksbildung über die Regelung der Leitung des Instituts, an der auch Ernst Telschow teilgenommen hat, 12.12.1936, MPG-Archiv, Abt. II, Rep. 1 A, Personalia Ernst Heymann.

2 Rabel, Recht des Warenkaufs 1936; zur Entstehungs- und Rezeptionsgeschichte vgl. Rheinstein, Festvortrag 1967, S. 11 f.

3 Vgl. von Lösch, Geist 1999, S. 367, zu Rabels Rücktritt als Dekan S. 156 f. Nachfolger Rabels als Dekan wurde Ernst Heymann.

Reichsbürgergesetz vom 14.11.1935 [...] mit dem 31. Dezember 1935«[4] als ordentlicher Professor in den Ruhestand versetzt – das »Gesetz zur Wiederherstellung des Berufsbeamtentums« vom 7. April 1933 war auf ihn als »Vorkriegsbeamten« seit 1904 nicht anwendbar gewesen.[5]

Auslöser für diese nun sehr schnell durchgesetzte Beurlaubung bzw. Versetzung in den Ruhestand war eine Denunziation des scharf antisemitischen nationalsozialistischen Dekans der Rechts- und Staatswissenschaftlichen Fakultät, Professor Dr. Wenzeslaus Graf Gleispach.[6] Gleispach hatte am 26. Mai 1935 an den Reichserziehungsminister geschrieben:

> »Im nationalsozialistischen Staat ist es ein selbstverständlicher Grundsatz, dass nur arische Dozenten an den Hochschulen tätig sein sollen. Diesem Grundsatz ist durch das Gesetz zur Wiederherstellung des deutschen Beamtentums in weitem Umfange Geltung verschafft worden. Immerhin ist eine Reihe von Dozenten nichtarischer Abkunft auf ihren Lehrkanzeln verblieben. So in meiner Berliner Fakultät die ordentlichen Professoren Rabel und Wolff. Das Unterrichtsministerium hat nunmehr die Handhabe, auch in diesen Fällen, die durch das Beamtengesetz nicht ergriffen wurden, Abhilfe zu schaffen. Ich beantrage, dass in den zwei genannten Fällen entsprechende Verfügungen getroffen werden mögen. Es ist eine schwere Belastung für die deutsche Studentenschaft, wenn zwei wichtige Ordinariate von Nichtariern versehen werden. Dazu kommt, daß der an zweiter Stelle Genannte auf die akademische Jugend einen starken Einfluss und besondere Anziehungskraft ausübt und die Durchsetzung des nationalsozialistischen Geistes gerade im akademischen Nachwuchs durch ihn wesentlich erschwert wird. Die zweckmässigste Lösung würde darin gelegen sein, dass Professor Rabel dauernd beurlaubt würde, sodass er eine Vorlesungstätigkeit nicht mehr auszuüben hätte, jedoch die Leitung des Instituts für Internationales Privatrecht ihm weiterhin verbliebe [...].«[7]

Noch zum Wintersemester wurde Rabels Lehrtätigkeit beendet. Nachfolger auf Rabels Lehrstuhl war seit dem 1. April 1936 als Kompromißkandidat Paul Koschaker.[8] Es ist unübersehbar, daß die KWG, die sicher-

4 Verwaltungsdirektor an Rabel, 16.12.1935, UA HUB, Personalakte Rabel.

5 Vgl. von Lösch, Geist 1999, S. 368.

6 Vgl. ebd., S. 370, zum Verhältnis Gleispach-Rabel auch S. 369, zu Gleispach ausführlich die trotz ihres marxistischen Tenors aufschlußreiche Dokumentation von Rabofsky/Oberkofler, Verborgene Wurzeln 1985, passim.

7 Der Dekan an den Reichs- und Preußischen Minister für Wissenschaft, Erziehung und Volksbildung, 26.5.1935, UA HUB, Personalakte Rabel.

lich auch vor dem Hintergrund gesammelter Erfahrungen in der Abschirmung von »Nichtarier« u. a. im Umgang mit den Fällen Fritz Haber, Otto Meyerhof und Carl Neuberg im Unterschied zur Berliner Fakultät so lange wie irgend möglich zu Rabel als Institutsleiter gestanden hat.

Von unmittelbaren Entlassungen aufgrund des neuen nationalsozialistischen Beamtengesetzes waren im Privatrechtsinstitut der KWG insgesamt drei Personen betroffen: der Direktor Ernst Rabel 1937, der Referent Felix Eckstein 1933 und die Sekretärin Alice Breu[9] 1933. Max Rheinstein schied 1933 ›freiwillig‹ aus der Tätigkeit als Referent aus.[10]

1.2. Ausländische Gäste am Institut und Auslandskontakte vor und nach 1933

Die Auslandskontakte des KWI für ausländisches und internationales Privatrecht waren zwischen 1926 und 1937 stark durch Rabels internationale Verbindungen und Verpflichtungen geprägt. Als Indikator für diese Wissenschaftsbeziehungen kann man Rabels zahlreiche ausländische Auszeichnungen, Preise und Mitgliedschaften verstehen. Rabel führte den Titel eines Dr. iur. h. c. der Juristischen Fakultät der Universität Athen und der Katholischen Universität Leuven; er war Preisträger des Ames-Preises der Harvard Law School sowie des Antonio Feltrinelli-Preises für Rechtswissenschaft; er war Mitglied der Academia dei Lincei, Rom, korrespondierendes Mitglied der Akademien von Turin und Bologna, der rechtsvergleichenden Institute in Mexiko und Córdoba, Argentinien, Ehrenmitglied der *American Foreign Law Association*.

Durch die Wahl zum Mitglied des Rates und des Exekutivausschusses des Römischen Internationalen Instituts für die Vereinheitlichung des Privatrechts 1927, die Tätigkeit als Mitglied in den ständigen Schiedskommissionen Deutschland-Italien und Italien-Norwegen zwischen 1929 und 1936 und für den Haager Ständigen Gerichtshof knüpfte Rabel vielfältige Beziehungen, die dem KWI für ausländisches und internationales Privatrecht dann zugute kamen. Rabel nannte in der Institutszeitschrift später neben vielen anderen die befreundeten Gastwissenschaftler

8 Vgl. von Lösch, Geist 1999, S. 390-394, besonders S. 392; zu Koschaker auch Simon, Die deutsche Wissenschaft 1989, S. 169-172.

9 Rabel hatte ohne Erfolg versucht, sich für die beliebte Mitarbeiterin bei Planck einzusetzen, deren Verwandte ihm private »Führungszeugnisse« zugesandt hatten, vgl. Rabel an den Präsidenten der KWG, 1.8.1933 (Bestätigung der Kündigung), MPG-Archiv, Abt. I, Rep. 1 A, Nr. 533.

10 Angaben nach Albrecht/Hermann, Kaiser-Wilhelm-Gesellschaft 1990, S. 364, Tab. 3.

Charles Evans Hughes,[11] Frank B. Kellogg, Max Huber,[12] Dionisio Anzilotti.[13] Den menschlichen Netzwerk-Charakter der Arbeit am römischen Institut hat er in der amerikanischen Emigration rückblickend beschrieben.[14] Auch diese fast ausschließlich persönlich über Rabel vermittelten Kontakte konnten über manche ideologischen Einschränkungen des wissenschaftlichen Handlungsspielraums zunächst hinwegtäuschen. Sie brachten nach 1933 ein Stück ›Welt‹ in das nationalsozialistische Berlin.

Die Beschäftigung ausländischer Gastwissenschaftler und die Einladung zur Publikation in der institutseigenen Zeitschrift entwickelten sich zu festen Bestandteilen des Arbeitsstils: »Das Kaiser-Wilhelm-Institut errang sich nicht nur sehr schnell einen vorzüglichen Namen im In- und Ausland, sondern erwies sich im Berlin der zwanziger Jahre auch bald als geistiger Sammelpunkt einer Gruppe junger, hervorragender Juristen, die dort eine einmalige Schulung genossen, die sie später in Lehre und Praxis weitergaben.«[15] Neben seinen römischrechtlichen Anfängen in der Rechtsgeschichte, denen er stets verbunden blieb,[16] waren Rabels geltendrechtliche wissenschaftliche Hauptinteressengebiete ursprünglich die Schweiz, Frankreich und Italien gewesen. Seine internationalen Verpflichtungen, die vor allem mit seinen zahlreichen internationalen Ämtern zusammenhingen, brachten eine Ausweitung der Interessengebiete und Kontakte, aus denen wiederum publizistische Berichtspflichten und eine intensive Vortragsreisetätigkeit erwuchsen. Tatsächlich war Ernst Rabel zwischen 1926 und 1937 Spitzenwissenschaftler und Wissenschaftsmanager in einer Person: seine wissenschaftliche Produktion wurde durch seine auswärtigen Verpflichtungen nicht eingeschränkt, sondern beflügelt. Hinzu kam Rabels feines Sensorium für die Bedeutung des Themas ›Wissenschaft und Öffentlichkeit‹. Rechtswissenschaftliche Grundlagenforschung im Bereich des IPR hatte für ihn immer einen Öffentlichkeits- und Dienstleistungsbezug: Rechtsvergleichung war für ihn keine esoterische Geheimlehre, sondern ein streng leistungsorientiertes Prinzip der Wissenschaftsorganisation und der wissenschaftlichen Profilierung in der internationalen Wissenschaftslandschaft. Das KWI für ausländisches und internationales Privatrecht besaß zumindest im nationalen Rahmen, im Hinblick auf die Produktivität – die Zeitschrift des Instituts war im Hin-

11 Vgl. Tauber, Charles Evans Hughes 1995.
12 Vgl. Künzle, Max Huber 1995.
13 Vgl. Rabel, Vorträge 1986, S. 287-295, besonders S. 289 f.; zu Anzilotti siehe Lingens, Dionisio Anzilotti 1995; Jayme, Dionisio Anzilotti 1990.
14 Vgl. Rabel, Vorträge 1986, S. 296-302, besonders S. 301.
15 Vgl. Leser, Einleitung 1965, S. XX.

blick auf ihren Anspruch und Umfang mit keinem anderen Organ vergleichbar – wohl auch im internationalen Vergleich, ein Forschungsmonopol, das auf ausländische Wissenschaftler in hohem Maß anziehend wirkte. Wer IPR auf rechtsvergleichender Grundlage betreiben wollte, kam an Rabels Institut nicht vorbei.

Rabels Vortragsreisen auch nur annähernd empirisch vollständig nachzuvollziehen, ist in diesem Rahmen nicht möglich: hier kann es nur um diejenigen Hauptlinien seines ›Bewegungsbildes‹ gehen, die zu langfristigen Auslandskontakten des KWI führten.

So berichtete Rabel in drei Beiträgen in italienischer Sprache zwischen 1927 und 1930 über »Le vicende del codice civile tedesco dal 1900 al 1925«.[17] Zusammen mit Ludwig Raiser schrieb Rabel 1929 über »Eine Entscheidung des Deutsch-Englischen Gemischten Schiedsgerichts über den Versendungskauf«,[18] 1931 über »Ein neues Urteil des Deutsch-Rumänischen Schiedsgerichts über internationales Privatrecht.«[19] 1931 referierte Rabel auf einem Kongreß in Madrid über »El formento internacional del derecho privado«,[20] 1934 leitete er eine neue privatrechtliche griechische Zeitschrift mit einem Beitrag über »Das griechische Privatrecht und die Umwelt«[21] ein. Der Kontakt zu Griechenland blieb eng: 1935 wurde Rabel einer der höchsten griechischen Orden verliehen, griechische Autoren waren in der Institutszeitschrift auch nach Rabels Rücktritt 1937 häufig vertreten. Für den I. Internationalen Kongreß für Rechtsvergleichung in Den Haag 1932 erstattete Rabel drei Referate.[22]

Jürgen Thieme hat im Zusammenhang mit der Herausgabe von Schriften aus Rabels Nachlaß 1986 dessen Kontakte zum *American Law Institute* in Philadelphia seit Anfang der 1920er Jahre und sein sich daraus entwickelndes Engagement für die deutsche Übersetzung des *Restatement of Contracts* und des *Restatement of Conflict of Laws* dokumentiert.[23] Im Hinblick auf die deutsche Ausgabe der *Restatements* nutzte Rabel die Zeitschrift des Instituts, um die amerikanische fachwissenschaftliche Arbeit durch Beiträge von Referenten des KWI für ausländisches und inter-

16 Zusammen mit Ernst Levy war er Bearbeiter und Herausgeber des »Index interpolationum«.
17 Vgl. Rabel, Le Vicende 1927/1929; Rabel/Wahl, Le Vicende 1930.
18 Vgl. Rabel/Raiser, Entscheidung 1929.
19 Vgl. Rabel, Ein neues Urteil 1931.
20 Vgl. Rabel, El Fomento 1931.
21 Der Beleg bei Leser, Einleitung 1965, S. XXIII.
22 Vgl. Rabel, Internationale Quellensammlung 1932; Rabel, Grundzüge des Rechts 1932; Rabel, Zustandekommen 1932.
23 Vgl. Thieme, Ernst Rabel 1986, S. 263 f.

nationales Privatrecht[24] und die ausführliche Vorstellung des *Restatement of Conflict of Laws* von Fowler V. Harper 1935[25] bekannt zu machen: »My keenest and most eager care was devoted to the United States. I set not less than three men at the same time in charge of studying American law, which was almost totally unknown at the time when we began. That was where Mr. Kessler functioned eight years.«[26]

1934 referierte Rabel auf einem Romanisten-Kongreß in Bologna über »Die Rezeption des römischen Rechts in Deutschland«.[27] Diese breite geltendrechtliche- und rechtsgeschichtliche Vortrags- und Veröffentlichungstätigkeit lief seit Anfang der 1930er Jahre parallel zu den umfangreichen Vorarbeiten für das Großprojekt »Recht des Warenkaufs«, das aus der Tätigkeit für das römische Privatrechtsinstitut hervorgegangen war.[28]

In der Regel betrug der Anteil der Beiträge ausländischer Gastautoren für die Abhandlungen der institutseigenen Zeitschrift zwischen 1927 und 1937 ein Viertel bis ein Drittel,[29] Schwerpunkte bildeten dabei Italien, Griechenland, die skandinavischen Staaten, Großbritannien und die USA. Der Jahresband 1937, bereits von Heymann herausgegeben, ist insofern nicht repräsentativ, als hier zahlreiche ausländische Länderreferate des II. Haager Kongresses für Rechtsvergleichung abgedruckt oder zusammengefaßt wurden.[30] Im Zeitschriftenband 1938/1939 stammten noch

24 Außerhalb des KWI für ausländisches und internationales Privatrecht Neuner, Einführende Bemerkungen 1931; im KWI für ausländisches und internationales Privatrecht Kessler, Uniform State Laws 1927; Mueller, Renvoi 1932.

25 Vgl. Harper, Restatement 1935.

26 Rabel, Vorträge 1986, S. 296-303, besonders S. 298.

27 Vgl. Rabel, Rezeption 1935.

28 Vgl. Rabel, Entwurf 1935.

29 ZIPR 1, 1927: von zwölf Abhandlungen kommen zwei aus Dänemark und ein Beitrag aus den USA; 2, 1928: von 17 Abhandlungen, kommen zwei aus Italien und je ein Beitrag aus Großbritannien sowie Frankreich; 3, 1929: von zwanzig Abhandlungen kommt je ein Betrag aus Italien, Schweden und Griechenland; 4, 1930: von insgesamt 14 Abhandlungen kommen zwei aus Griechenland und einer aus Großbritannien; 5, 1931: von 19 Abhandlungen kommen zwei aus Ungarn und je einer aus Großbritannien sowie Lettland; 6, 1932: von 14 Abhandlungen kommen zwei Beiträge aus Großbritannien und einer aus Kanada; 7, 1933: von elf Abhandlungen kommt je einer aus Dänemark und den USA; 8, 1934: von 18 Abhandlungen kommt je einer aus Chile, Griechenland und der CSR; 9, 1935: von 18 Abhandlungen kommen zwei aus Griechenland, je einer aus den USA, der Schweiz, Österreich und Lettland; 10, 1936: von 15 Abhandlungen sind acht ausländische Beiträge aus Schweden, Finnland, der CSR, Lettland, Japan, den USA und Griechenland.

30 ZIPR 11, 1937: von 14 Abhandlungen sind acht ausländische Beiträge aus Brasilien, Griechenland, Rumänien, Lettland, Großbritannien und der Schweiz.

vier von elf Abhandlungen von ausländischen Gastautoren,[31] in der Ausgabe 1940/1941 waren es noch drei,[32] darunter ein amerikanischer,[33] die letzte Kriegsausgabe von 1942 enthielt keinen ausländischen Beitrag.

Noch bunter war das Bild bei den Länderberichten. Hier mußten sich die »Berichte des Instituts« gegenüber den Berichten auswärtiger Fachleute erst durchsetzen. In der ersten Ausgabe der »Zeitschrift für ausländisches und internationales Privatrecht« kamen acht Länderberichte zum Abdruck, nur zwei davon wurden vollständig im Institut von angestellten Länderreferenten erstellt,[34] der Länderbericht »England« wurde zur Hälfte von einem Auswärtigen verfaßt.[35] Die übrigen Berichte über Frankreich,[36] Memelland,[37] Österreich,[38] die Schweiz[39] und die USA[40] stammten von Gastautoren. Aufgrund der Ausweitung und Intensivierung der Länderberichte nach dem Muster Gesetzgebung/Rechtsprechung/Literatur blieb, wie ein Vergleich mit dem letzten unter Rabel erschienenen Jahrgang 1936 zeigt,[41] der Anteil ausländischer Spezialisten auch nach 1933 hoch,[42] zugleich spe-

31 ZIPR 12, 1938/1939: von elf Abhandlungen kommen drei aus Griechenland und einer aus Ungarn.

32 ZIPR 13, 1940/1941: von 13 Abhandlungen kommen zwei aus Griechenland und einer aus den USA.

33 Vgl. Verplaetse, Qualifikationskonflikte 1940/1941.

34 Vgl. Wahl, Gesetzgebung 1927; Rheinstein, Gesetzgebung, Rechtsprechung und Literatur Italiens im ersten Halbjahr 1927; Rheinstein, Gesetzgebung, Rechtsprechung und Literatur Italiens im zweiten Halbjahr 1927.

35 Vgl. Goldschmidt, Gesetzgebung Englands 1927; Arndt, Übersicht 1927.

36 Vgl. Esmein, Gesetzgebung 1927.

37 Vgl. Hesse, Entwicklung des Privatrechts 1927.

38 Vgl. Ratzenhofer, Gesetzgebung 1927.

39 Vgl. Strebel, Das schweizerische Zivilgesetzbuch 1927; Fritzsche, Gesetzgebung 1927; Haab, Gesetzgebung 1927.

40 Vgl. Chamberlain, Entwicklung 1927.

41 ZIPR 10, 1936: 15 Länderberichte, davon neun mit Beteiligung des KWI für ausländisches und internationales Privatrecht.

42 ZIPR 1, 1927: acht Länderberichte (Belgien, Großbritannien, Frankreich, Italien, Memelland, Österreich, Schweiz, USA), davon drei mit Beteiligung des KWI für ausländisches und internationales Privatrecht; 2, 1928: 14 Länderberichte (Belgien, Dänemark, Großbritannien, Estland, Frankreich, Lettland, Norwegen, Österreich, Rumänien, Schweden, Schweiz, Spanien, Tschechoslowakei, USA), davon sechs mit Beteiligung des KWI für ausländisches und internationales Privatrecht; 3, 1929: zwölf Länderberichte (Argentinien, Danzig, Großbritannien, Irischer Freistaat, Italien, Niederlande, Österreich, Palästina, Rumänien, Schweiz, Spanien, Tschechoslowakei), davon drei mit Beteiligung des KWI für ausländisches und internationales Privatrecht; 4, 1930: neun Länderberichte (Belgien, Großbritannien, Finnland, Frankreich, Italien, Niederlande, Österreich, Schweden, Schweiz), davon fünf mit Beteiligung des KWI für ausländisches und

zialisierte sich das Institut in den Länderreferaten vor allem auf die skandinavischen Länder, Großbritannien, Frankreich, Italien und die USA. Auch nach Rabels Ausscheiden und bis zur letzten Ausgabe der Zeitschrift 1942 schrieben Ausländer Länderberichte; das Interesse konzentrierte sich nun auf den Kontinent, nach 1937 erschien kein Länderbericht mehr zu Großbritannien oder den USA.

Zwischen 1933 und 1936 beschäftigte das KWI für ausländisches und internationales Privatrecht einen Gastassistenten und einen Gastreferenten: 1933 Dr. Peter Vallindas,[43] 1935/1936 cand. iur. Lars Uddgren. Sie arbeiteten im Institut mit und übernahmen Berichterstatteraufgaben. Üblich war auch, daß zumindest die Berliner Autoren von Mitteilungen und Rezensionen vorübergehend im Institut arbeiteten, vor allem, um die ausgezeichnet sortierte Bibliothek zu nutzen.[44] Rabel beabsichtigte wohl, vor allem im Blick auf ausländische Gäste eine Art *Fellowship* einzurichten, woraus allerdings bis 1937 nichts wurde: die Arbeit am »Warenkauf«

internationales Privatrecht; 5, 1931: zwölf Länderberichte (Belgien, Danzig, Deutsches Reich, Großbritannien, Frankreich, Italien, Niederlande, Österreich, Schweiz, Tschechoslowakei, Ungarn, USA), davon sechs mit Beteiligung des KWI für ausländisches und internationales Privatrecht; 6, 1932: 13 Länderberichte (Belgien, Großbritannien, Frankreich, Italien, Memelgebiet, Niederlande, Norwegen, Österreich, Rumänien, Schweiz, Spanien, Tschechoslowakei, USA), davon fünf mit Beteiligung des KWI für ausländisches und internationales Privatrecht; 7, 1933: zwölf Länderberichte (Dänemark, Danzig, Großbritannien, Finnland, Frankreich, Griechenland, Italien, Norwegen, Österreich, Schweden, Schweiz, USA), davon sechs mit Beteiligung des KWI für ausländisches und internationales Privatrecht; 8, 1934: zehn Länderberichte (China, Finnland, Frankreich, Griechenland, Niederlande, Österreich, Rumänien, Schweiz, Tschechoslowakei, USA), davon drei mit Beteiligung des KWI für ausländisches und internationales Privatrecht; 9, 1935: sechs Länderberichte (Großbritannien, Frankreich, Italien, Österreich, Schweiz, Tschechoslowakei), davon drei mit Beteiligung des KWI für ausländisches und internationales Privatrecht; 10, 1936: 15 Länderberichte (Belgien, Dänemark/Norwegen/Schweden, Danzig, Großbritannien, Finnland, Frankreich, Griechenland, Italien, Memel, Österreich, Schweiz, Tschechoslowakei, USA), davon neun mit Beteiligung des KWI für ausländisches und internationales Privatrecht; 11, 1937: sechs Länderberichte (Großbritannien, Frankreich, Niederlande, Schweiz, Tschechoslowakei, Ungarn), davon zwei mit Beteiligung des KWI für ausländisches und internationales Privatrecht; 12, 1938/1939: sieben Länderberichte (Belgien, Danzig, Finnland, Italien, Memelgebiet, Österreich, Schweiz), davon drei mit Beteiligung des KWI für ausländisches und internationales Privatrecht; 13, 1940/1941: sechs Länderberichte (Dänemark/Schweden/Norwegen, Italien, Memelgebiet, Österreich, Schweiz, Ungarn), davon zwei mit Beteiligung des KWI für ausländisches und internationales Privatrecht; 14, 1942: keine Länderberichte.

43 Vgl. Vallindas, Vorbereitungsarbeiten 1933.

44 Vgl. Rabel, Vorträge 1986, S. 296-302, besonders S. 297.

und seine anderweitigen Verpflichtungen nahmen ihn auch organisatorisch ganz in Anspruch.

1.3 Die gutachterliche Tätigkeit vor und nach 1937 – »im Interesse der Partei gebührenfrei«

1.3.1 Die Gutachtenpraxis und das Institutsprofil

Über die Gutachtenpraxis des Instituts hat Rabel im Anhang zu seinem großen Portrait »Die Fachgebiete des Kaiser-Wilhelm-Instituts für ausländisches und internationales Privatrecht« 1936 berichtet.[45] Doch konnte dieser summarische Überblick im Rahmen der 25-Jahres-Festschrift der KWG nicht vermitteln, welchen Stellenwert die gutachterliche Tätigkeit an sich für das wissenschaftliche Profil und Selbstverständnis dieses Instituts »großwissenschaftlicher« Spitzenforschung mit internationalem Anspruch hatte: Die Erstellung von Gutachten war unter Rabels Führung ein »nobile officium«, in Verbindung mit der Veröffentlichungskultur des KWI für ausländisches und internationales Privatrecht bildete die Gutachtenpraxis den innersten Kern der Identität von Rabels Institut.[46] Wer unter Rabel wissenschaftlich Fuß fassen wollte, mußte sich in diesen beiden Bereichen gleichermaßen bewähren. Die Veröffentlichungskultur wirkte auf die Gutachtenpraxis zurück, oft konnte in den Gutachten auf die ›Hausprodukte‹ verwiesen werden, wie ein von Rabel bearbeitetes Gutachten für die Vereinigten Stahlwerke von 1936 zeigte:

> »Dem Institut ist von den Vereinigten Stahlwerken die Frage vorgelegt worden, ob ein in New York gegen eine deutsche Firma ergangenes Urteil in England vollstreckt werden könne. Es handelt sich um ein Urteil in personam. [...] Im Jahre 1923 ist in England ein Gesetz über die Anerkennung und Vollstreckung ausländischer Urteile ergangen: Foreign Judgments (Reciprocal Enforcement) Act, 1933 [...]. (Vgl. Einleitung zu dem Gesetz, Text und Übersetzung in unserer Z. 9, S. 442 ff.)[47]«[48]

45 Vgl. das Kapitel III 2.3.

46 Aufgrund der Größe des erhaltenen Bestandes kann im Zusammenhang dieser Institutsstudie nur eine allgemeine Charakterisierung der Gutachtenpraxis im Hinblick auf Veränderungen vor und nach 1933 bzw. 1937 u. a. mit dem Hinweis auf bestimmte Fallgruppen und Auftraggeber erfolgen. Eine systematische Erschließung aller Gutachteninhalte würde andere Fragestellungen in einem anderen Projektrahmen erfordern und bleibt ein zivilrechtsgeschichtliches Forschungsdesiderat.

47 Vgl. Arndt, Englische Gesetzgebung 1935, S. 442-461 mit Nachweisen und Literatur.

48 Vierseitiges von Rabel unterzeichnetes Gutachten vom 13.2.1936, MPIIPR-Archiv, Nr. 624.

Die Gutachten waren zwischen 1926 und 1945 ›Chefsache‹: nur in Ausnahmefällen wurden sie nicht vom Direktor persönlich unterzeichnet, bis Februar 1937 von Rabel, danach von Heymann.

Aus der vollständig erhaltenen Auftraggeberkartei des KWI/MPI für ausländisches und internationales Privatrecht der Jahre 1926 bis 1955 geht hervor, daß in diesem Zeitraum Gutachten für 2.026 Auftraggeber erstellt wurden, darunter waren vor allem Anwälte, Banken, Firmen, Gerichte, Institutionen und Verbände.[49] Schon die äußere Form der Gutachtendokumentation ist aufschlußreich: sie zeigt einen hohen, stilistisch am Vorbild der Rechtsabteilungen der Großindustrie und nicht der Gerichtsbürokratie orientierten Standardisierungsgrad des Wissenschaftsbetriebs in Rabels Institut: Das entscheidende Dokumentationskriterium war die systematische Effizienz der gutachterlichen Dienstleistung, nicht die chronologische Lückenlosigkeit des »Vorgangs«. Alle Gutachten wurden seit der Institutsgründung und bis 1955 in Indexheftern – eine Spezialanfertigung von Grünewalds Registrator Co. in Berlin-Neukölln – aufbewahrt, die zugleich »hängeregistraturfähige« Laufmappen zur Verwendung im Institut als auch Sammelmappen für die Archivierung in Leitz-Ordnern waren. Hefter und Akten wurden durchnumeriert, sie waren durch eine Sach- und Auftraggeberkartei erschlossen. Auch der Aktenaufbau veränderte sich in den ersten dreißig Jahren gutachterlicher Tätigkeit nicht. Auf dem Indexhefter war in Stichworten für die Stichwortkartei der Gutachteninhalt zusammengefaßt,[50] auf dem ersten Blatt wurden als Grundlage für die Gebührenrechnung die aufgewendeten Arbeitsstunden, das Ausgabedatum und die mit dem Gutachten beschäftigten Referenten verzeichnet. In der Regel enthielt jeder Indexhefter, wenn auch nicht immer in chronologischer Reihenfolge, die Korrespondenz mit dem Auftraggeber des Gutachtens, dazu gehörte auch der Kostenvoranschlag des Instituts,[51] das Gutachten selbst sowie teilweise umfang-

49 Alte Auftraggeberkartei bis 1955, drei Schuber aa-ho, i-st, t-z, Karteikartenformat MPIIPR-Archiv. Ebenfalls erhalten und für die Erschließung zentral ist eine Stichwort-Sachkartei für den Zeitraum 1926-1955.

50 Unter »M« wurden in der Sachkartei auch die Gutachten des Münchner Universitäts-Instituts für Rechtsvergleichung aus der Zeit von 1916 bis 1926 geführt, die in Form und Aufbau das Vorbild für die Gutachten des KWI für ausländisches und internationales Privatrecht darstellten.

51 KWI für ausländisches und internationales Privatrecht/Rupp an das Landgericht Hamburg, 20.9.1940, MPIIPR-Archiv, Nr. 1216: »Das Institut ist zur Erstattung der Rechtsauskunft bereit. Vorsorglich bemerke ich, dass für Rechtsauskünfte nach anerkannter Institutspraxis Gebühren nach § 3 Abs. 1 Satz 2 der Gebührenordnung für Zeugen und Sachverständige zu einem Mindeststundensatz von 5.– RM

reiche begleitende und ergänzende Materialien wie ausländische Gesetzestexte, Sonderdrucke aus der institutseigenen Zeitschrift, Kopien aus der einschlägigen Fachliteratur. Eher selten erschienen die Auftraggeber persönlich, um ihr Anliegen vorzutragen.[52] Üblicherweise erfolgte die Gutachtenabwicklung schriftlich.

Jedes Gutachten hatte drei Teile: auf eine Schilderung des Sachverhalts, gegliedert nach Frage- bzw. Problemkomplexen, folgte die Rechtsauskunft Frage für Frage mit Belegstellen aus der Rechtsprechung und Literatur, am Ende stand eine Bewertung der Prozeßaussichten mit einem Ausblick auf das einschlägige ausländische Prozeßrecht. Größere Schwierigkeiten ergaben sich häufig im Bereich unklarer Sachverhalte: »Die Firma Joens & Co., Düsseldorf, bittet um Begutachtung ihrer Rechtsbeziehungen zu der Firma S. I. S. (Società Anonima Strumenti Industriali e Scientifici), Mailand. Aus der übersandten Korrespondenz entnimmt das Institut folgenden Sachverhalt.«[53] Daß die Gutachten ein hohes fachliches Ansehen genossen, zeigt sich u. a. an der Häufigkeit der justizinternen Verweisung an das Institut. Häufig finden sich in der Gutachtendokumentation entsprechende Hinweise: »In der Erbauseinandersetzungsangelegenheit Luckhaus bitte ich auf Anregung des Amtsgerichts Berlin um Erstattung eines Gutachtens über folgenden Tatbestand.«[54] An den Gebührenrechnungen war bemerkenswert und für das Institutsklima bezeichnend, daß eine Arbeitsstunde des Direktors für den Auftraggeber nicht teurer war als eine Referenten-Arbeitsstunde: »7 Arbeitsstunden des zuständigen Sachbearbeiters, eines wiss. Beraters und des Direktors à 5.– (35.–), 5 Schreibseiten à 30 (1,50), Porto 16 (36,66).«[55]

berechnet werden. Obwohl sich die Zahl der erforderlich werdenden Arbeitsstunden erfahrungsgemäss nicht mit Sicherheit vorhersagen lässt, rechnet das Institut nach einer vorläufigen Schätzung mit etwa 4-5 Arbeitsstunden.«

52 Eine Ausnahme stellt daher das Gutachten Nr. 839 im MPIIPR-Archiv dar, auf dessen Deckblatt eigens vermerkt wurde: »Aktenvermerk. Es erscheint Herr Menzelopoulos und bittet das Institut um eine Rechtsauskunft über die Frage, ob der am 30. Juli 1937 geschlossene aussergerichtliche Vergleich (vgl. die Beiakten) nach griechischem Recht der vormundschaftsgerichtlichen Genehmigung bedarf. Er und sein Sohn sind Griechen […]. Ich teilte mit, daß das Institut zur Erstattung der Rechtsauskunft bereit sei und daß die Gebühr bei einem Objekt von 550.– RM 29.– RM betragen, sich aber bei besonderer Schwierigkeit der Sache auch erhöhen könnte […].«

53 14seitige Rechtsauskunft vom 2.12.1941, gez. Müller, MPIIPR-Archiv, Nr. 1378.

54 Rechtsanwalt Kurt Behling an das KWI für ausländisches und internationales Privatrecht, 24.9.1941, MPIIPR-Archiv, Nr. 1372.

55 KWI für ausländisches und internationales Privatrecht an das Amtsgericht Berlin-Neukölln, 10.12.1935, ebd.

1.3.2 Häufige Fallgruppen und Veränderungen vor und nach 1933 und 1937

Die erste Gutachtenakte aus dem Jahr 1926 mit dreizehn Gutachten ist im Hinblick auf die Breite der behandelten Themen bereits charakteristisch für den Alltag im Institut. In den Gutachten ging es um folgende Gegenstände: den Vertrag nach niederländischem Recht, die Definition der Enteignung vor dem Hintergrund deutscher Ansprüche in Polen, patentrechtliche Fragen des Erfindungsschutzes im Rechtsverkehr mit Großbritannien, eine italienische Schiedsgerichtsfrage, Interpretationsfragen von Artikel 299a des Versailler Vertrages, die Gültigkeit einer Eheschließung in »Kongreßpolen«, Fragen der Aktienrechtsreform, Fragen deutscher und russischer Staatsangehörigkeit, die Rückwirkung der nach englischem Recht erfolgten Bestellung eines Administrators auf den Zeitpunkt des Erbfalls, das anzuwendende IPR bei der Beerbung eines australischen Staatsangehörigen, das Ehescheidungsrecht in Virginia, Fragen des Versendungskaufs, das Armenrecht in New Jersey für Ausländer.

Die mit Abstand ›gutachtenintensivste‹ Fallgruppe war das Eherecht, wie es sich schon in der ersten Akte aus dem Jahr 1926 abzeichnete. Das war auch im Nationalsozialismus unter Rabel bis 1937 und unter Heymann ab 1937 nicht anders, wobei aufgrund der Fallkonstellationen – fast immer ging es um Fragen der Gültigkeit der Eheschließung, der Scheidungsmodalitäten und des Ehegüterrechts, also um reine Sachfragen des geltenden Auslandsrechts – eine ideologische Überformung im ›rassischen‹ Sinn selbst durch symbolische terminologische Anpassung in den Gutachten wenn nicht praktisch ausgeschlossen, dann doch erheblich erschwert war.[56] Die Veränderung in der juristischen Kultur zeigte sich weniger an den Fällen und in den Gutachten selbst als vielmehr, erstens, im Wechsel der Auftraggeber und ihrer juristischen Aufträge, die ihrerseits von ›strukturellem Rassismus‹ gekennzeichnet sein konnten,[57] und,

56 Das gilt um so mehr für andere, weniger ideologienahe Rechtsgebiete wie beispielsweise das Scheck- und Wechselrecht, siehe Dresdner Bank an das KWI für ausländisches und internationales Privatrecht, 12.10.1940, MPIIPR-Archiv, Nr. 1219: »Herr Rechtsanwalt Dr. Schäfer von der Dresdner Bank möchte wissen, ob das russische Scheckgesetz Vorschriften enthält, die den Artt. 48 und 58 des deutschen Scheckgesetzes entsprechen.« Das KWI für ausländisches und internationales Privatrecht erstellte am 12.11.1940 ein Gutachten von einer Seite, das die sowjetische Rechtslage referierte.

57 NSDAP-Auslandsorganisation an das KWI für ausländisches und internationales Privatrecht, 9.8.1939, MPIIPR-Archiv, Nr. 989: »In der Anlage überreiche ich Ihnen einen Vorgang, in dem der Gesuchssteller darum bittet, ihm bei der Scheidung seiner in Russland mit einer Nichtarierin geschlossenen Ehe behilflich zu sein. Die Frage, um die es sich hier handelt, ist die, ob eine Möglichkeit besteht, daß

zweitens, im Umgang des KWI für ausländisches und internationales Privatrecht mit diesen neuen nationalsozialistischen Auftraggebern. Im Begleitschreiben Heymanns zu einem Gutachten vom Januar 1939 heißt es: »Diese Auskunft ergeht wie üblich [...] im Interesse der Partei gebührenfrei.«[58]

Gerade bei den Ehesachen war ein häufiger Auftraggeber nach 1933 die NSDAP-Auslandsorganisation, die »Rechtsbetreuungsgesuche« von »Volksgenossen« im Ausland bearbeitete.[59] In einem Schreiben an die NSDAP-Auslandsorganisation zur Bestätigung des Eingangs einer Gutachtenanfrage von Anfang Februar 1938 wies Heymann darauf hin, daß die Bearbeitung einige Zeit in Anspruch nehmen könne: Das KWI für ausländisches und internationales Privatrecht »ist zur Erstattung der Rechtsauskunft bereit, bittet aber mit Rücksicht auf eine anhaltende

der Gesuchssteller vor einem deutschen Gericht geschieden wird, ohne die Heiratsurkunde vorlegen zu müssen. Wie Sie aus dem Vorgang ersehen, bestehen erhebliche Schwierigkeiten, diese Urkunden zu beschaffen. [...].« Schon am 14.9.1939 übersandte das KWI für ausländisches und internationales Privatrecht das von Heymann gezeichnete dreiseitige Gutachten, demzufolge die Scheidung auch ohne Heiratsurkunde grundsätzlich möglich sei. Amtsgericht Neustadt/Waldnaab an das KWI für ausländisches und internationales Privatrecht, 4.3.1943, MPIIPR-Archiv, Nr. 1539: »Am 30. November 1942 hat die ledige Landarbeiterin Katharina Buczkowska, geb. 29.10.1919 in Borlka, Kreis Lesko (Ukraine), z. Zt. Ellenbach (Landkreis Neustadt a. d. Waldnaab) ein Kind geboren. Es wird um Mitteilung ersucht, ob nach dem Heimatrecht der Kindsmutter ein Fürsorgebedürfnis besteht und eine Vormundschaft angeordnet werden kann oder ob nach dem Heimatrecht der Kindsmutter das uneheliche Kind unter der elterlichen Gewalt der unehelichen Mutter steht und die Anordnung einer Vormundschaft überflüssig [ist].« Das Gutachten verwies auf die einschlägige Verordnung des Reichskommissars für die Ukraine.

58 KWI für ausländisches und internationales Privatrecht, Heymann, an die NSDAP-Auslandsorganisation, 11.1.1939, MPIIPR-Archiv, Nr. 915. Heymann wies bei seinen Begleitschreiben an Parteistellen stets ausdrücklich darauf hin, daß man »im Interesse der Partei« oder »im Interesse der Bewegung« keine Gebühren erhebe. Üblich war diese Gleichstellung von »Staat- und Parteistellen« schon seit 1933, war also schon unter Rabel eingeführt worden.

59 Vgl. im MPIIPR-Archiv die Gutachtenakten Nr. 838: NSDAP-Auslandsorganisation, Niederländisch-Indien, Anerkennung ausländisches Scheidungsurteil; Nr. 915: NSDAP-Auslandsorganisation, Scheidungssache, sowjetisches Ehescheidungsrecht; Nr. 944: NSDAP-Auslandsorganisation, Scheidungssache, amerikanisches Recht; Nr. 989: NSDAP-Auslandsorganisation, Scheidungssache, sowjetisches Recht; Nr. 1033: NSDAP-Auslandsorganisation, Eheschließung zaristisches Rußland, Ehescheidung Österreich; Nr. 1118: NSDAP-Auslandsorganisation, Ehescheidung, spanisches Recht; Nr. 1163: NSDAP-Auslandsorganisation, Ehescheidung, peruanisches Recht; Nr. 1212: NSDAP-Auslandsorganisation, Eheschließungsrecht USA/Mass.

Überlastung durch Anfragen von Reichs- und Parteistellen mit dem Eingang der Auskunft nicht vor Ende Februar rechnen zu wollen«.[60] Der typische Eherechtsfall spiegelt sich in der Anfrage eines Berliner Rechtsanwalts aus dem Jahr 1941:

> »Hierdurch bitte ich um Beantwortung folgender das italienische Recht betreffende Fragen:
> 1. Bedarf ein italienischer Staatsbürger, der nicht eine unmittelbare Staatsstellung bekleidet, zur Eheschliessung mit einer deutschen Staatsangehörigen staatlicher Genehmigung?
> 2. Erwirbt durch die Eheschließung mit einem Italiener eine Deutsche die italienische Staatsangehörigkeit?
> 3. Kennt das italienische Recht die Zivilehe und erkennt es eine von einem italienischen Staatsangehörigen vor einem deutschen Standesbeamten geschlossene Ehe als rechtsgültig an?
> 4. Kann eine solche Ehe durch ein deutsches Gericht geschieden werden? Wird das Scheidungsurteil in Italien anerkannt und welches materielle Ehescheidungsrecht ist bei der Ehescheidung anzuwenden?«[61]

Zu den von Heymann angesprochenen »Reichs- und Parteistellen«[62] gehörten das Auswärtige Amt,[63] der Nationalsozialistische Rechtswahrerbund,[64] das Preußische Justizministerium,[65] das Reichsbankdirektorium,[66] die Reichsfilmkammer,[67] der Reichsfinanzhof,[68] das Reichsfinanzministerium,[69] das Reichsgericht,[70] die Reichsgruppe Industrie,[71]

60 KWI für ausländisches und internationales Privatrecht, Heymann, an die NSDAP-Auslandsorganisation, 3.2.1938, MPIIPR-Archiv, Nr. 838.

61 Rechtsanwalt Dr. Zahn an das KWI für ausländisches und internationales Privatrecht, 25.10.1941, MPIIPR-Archiv, Nr. 1373.

62 Im folgenden werden aus Übersichtsgründen sämtliche Gutachten für die genannten Auftraggeber aus dem Zeitraum 1926-1945 angeführt.

63 Vgl. die Gutachtenakten im MPIIPR-Archiv, Nr. 519, 539, 778, 1027, 1202, 1220, 1221, 1288, 1519, 1628.

64 Vgl. die Gutachtenakte im MPIIPR-Archiv, Nr. 1217.

65 Vgl. die Gutachtenakten im MPIIPR-Archiv, Nr. 86, 132.

66 Vgl. die Gutachtenakten im MPIIPR-Archiv, Nr. 50, 73, 81, 123, 262, 352, 359, 406, 424, 479, 508, 516, 538, 565, 589, 623, 659, 696, 767, 815, 829, 842, 885, 914, 985, 998, 1113, 1196, 1262, 1273, 1278, 1307, MA 42, 1480, 1487, MA 46, 1644, 1661.

67 Vgl. die Gutachtenakten im MPIIPR-Archiv, Nr. 996, 1410.

68 Vgl. die Gutachtenakten im MPIIPR-Archiv, Nr. 333, 387, 470, 731.

69 Vgl. die Gutachtenakten im MPIIPR-Archiv, Nr. 93, 431, 460, 717, 1530.

70 Vgl. die Gutachtenakte im MPIIPR-Archiv, Nr. 1487.

71 Vgl. die Gutachtenakten im MPIIPR-Archiv, Nr. 33, 129, 133, 277, 279, 1016, 1605.

das Reichsjustizministerium,[72] der Reichskommissar für die Festigung des deutschen Volkstums,[73] der Reichskommissar für die Preisbildung,[74] das Reichsluftfahrtministerium,[75] das Reichsinnenministerium,[76] das Reichsministerium für Volksaufklärung und Propaganda,[77] der Reichsminister für Wissenschaft, Erziehung und Volksbildung,[78] das Reichswirtschaftsministerium[79] und die Kanzlei des Führers des NSDAP.[80] Die nationalsozialistische Außen-[81] und schließlich Eroberungspolitik im Krieg spiegelte sich auch in den um Gutachten ersuchenden »Reichsstellen« wie dem Reichsprotektor in Böhmen und Mähren[82] und dem Reichsstatthalter im Warthegau/Litzmannstadt[83] wider. Auch bei den Parteistellen standen Sachfragen praktischer Rechtsvergleichung im Vordergrund, so z. B. bei einer Anfrage von Hermann Görings Preisbildungsbehörde vom April 1939:

> »Im Reichsgesetzblatt 1939, Teil I, Seite 799, ist meine ›Verordnung über Massnahmen der Preisbehörden bei Kündigungen von Miet- und Pachtverhältnissen vom 19. April 1939‹ veröffentlicht. In der zu erlassenden Durchführungsverordnung soll die Frage der Entschädigung für Umzugskosten und andere dem Mieter durch die Kündigung

72 Vgl. die Gutachtenakten im MPIIPR-Archiv, Nr. 7, 14, 149, 395, 416, 421, 423, 528, 558, 747, MA 23, 1192, 1324, 1445, 1508, 1614, 1620, 1625, 1645, 1652, 1675, 1696, 1914.

73 Vgl. die Gutachtenakte im MPIIPR-Archiv, Nr. 1586.

74 Vgl. die Gutachtenakte im MPIIPR-Archiv, Nr. 969.

75 Vgl. die Gutachtenakte im MPIIPR-Archiv, Nr. 1293.

76 Vgl. die Gutachtenakte im MPIIPR-Archiv, Nr. 1691.

77 Vgl. die Gutachtenakte im MPIIPR-Archiv, Nr. 436.

78 Vgl. die Gutachtenakte im MPIIPR-Archiv, Nr. MA 49.

79 Vgl. die Gutachtenakten im MPIIPR-Archiv, Nr. 121, 131, 198, 255, 274, 287, 513, 1126, 1188, 1390.

80 Verzeichnet in der Auftraggeberkartei, die Akte ist allerdings im MPIIPR-Archiv nicht erhalten.

81 Nationalsozialistischer Rechtswahrerbund an das KWI für ausländisches und internationales Privatrecht, 25.10.1940, MPIIPR-Archiv, Nr. 1217: »Frage der Aufhebung eines Verlöbnisses zwischen einer Südtirolerin und einem Südtiroler. Frl. X wird von der Rechtsbetreuung betreut. Sie verfolgt gegen den Herrn Y einen Anspruch auf Entschädigung für einen Aufwand von 4500,– Lire, den sie zur Beschaffung von Wäsche mit Rücksicht auf die beabsichtigte Heirat gemacht hat. Nach Rücksprache mit Herrn Y, der jetzt in Magdeburg wohnt, habe ich den Eindruck gewonnen, dass er die Verlobung mit Frl. X Anfang Juni 1940 ohne triftigen Grund aufgelöst hat, sodass die Sache so angesehen werden muss, dass er einseitig und schuldhaft der Verlobung ein Ende bereitet hat.«

82 Vgl. die Gutachtenakte im MPIIPR-Archiv, Nr. 1379.

83 Vgl. die Gutachtenakte im MPIIPR-Archiv, Nr. 1529.

möglicherweise entstehenden wirtschaftlichen Nachteile geregelt werden. Ich beabsichtige zu diesem Zweck die im französischen und englischen Privatrecht getroffene Regelung vergleichsweise heranzuziehen. Ich bitte um ein kurzes Gutachten über folgende Fragen:

1.) Unter welchen Umständen wird im englischen und französischen Privatrecht eine Entschädigung gewährt, wie sie § 4 meiner Verordnung oder von älteren Bestimmungen § 4 Absatz 3 des Mieterschutzgesetzes vorsieht?

2.) Welchen Umfang haben diese Entschädigungen?«[84]

Heymann bestätigte einen Tag später bereits den Eingang bei Görings Behörde:

> »Das Schreiben vom 24. d. Mts. zu der Frage der Entschädigung für Umzugskosten und andere dem Mieter durch eine Kündigung möglicherweise entstehenden wirtschaftlichen Nachteile im französischen und englischen Recht ist heute hier eingegangen. Ich werde die notwendigen Feststellungen mit der grösstmöglichen Beschleunigung treffen lassen und die einschlägigen Gesetzesstellen in Form von Photokopien beilegen. Gebühren werden nicht in Anrechnung kommen.«[85]

Bereits am 3. Mai lag das fertige, zwölfseitige Gutachten vor und wurde, ergänzt durch Kopien der Gesetzestexte und Sonderdrucke mit einschlägigen Länderberichten aus der Institutszeitschrift, abgeschickt. Heymann vergaß nicht zu betonen: »Die Auskunft ergeht im Interesse des Vierjahresplans gebührenfrei.«[86] Die Preisbildungsbehörde dankte für diese Kooperationsbereitschaft ausdrücklich und freundlich:

> »Die eingehenden und aufschlußreichen Ausführungen haben mir bei der Ausarbeitung der Durchführungsverordnung wertvolle Dienste geleistet. Für die ausserordentlich schnelle Anfertigung bin ich Ihnen und Ihren Herrn Sachbearbeitern zu besonderem Dank verpflichtet. Ich darf gewiß der angenehmen Hoffnung Ausdruck geben, daß ich auch künftig in ähnlichen Fällen auf Ihre wertvolle Mitarbeit rechnen kann.«[87]

84 Der Reichskommissar für die Preisbildung, Ministerialrat Schmidt, an das KWI für ausländisches und internationales Privatrecht, 24.4.1939, MPIIPR-Archiv, Nr. 969.

85 KWI für ausländisches und internationales Privatrecht, Heymann, an den Reichskommissar für die Preisbildung, 25.4.1939, ebd.

86 Gutachten vom 3.5.1939, S. 12, ebd.

87 Der Reichskommissar für die Preisbildung, Ministerialrat Schmidt, an das KWI für ausländisches und internationales Privatrecht, Heymann, 28.7.1939, ebd.

Angesichts der Entwicklung des »rassischen« Eroberungskrieges im »Ostraum«, der von dem als »kriegwichtig« eingestuften KWI für ausländisches und internationales Privatrecht theoriebildend juristisch begleitet wurde, mußten manche Gutachtenersuchen geradezu wie Belege für die Gleichzeitigkeit des Ungleichzeitigen wirken. Im September 1942 hatte das Institut in einem Gutachten auf Anfrage der Auslandsorganisation der Deutschen Arbeitsfront zum iranischen Recht Stellung zu nehmen: »Es handelt sich um einen deutschen Arbeitskameraden, der am 13.2.1942 in Teheran durch den Chauffeur der dortigen Niederlassung einer Prager Firma angefahren und schwer verletzt worden ist.«[88]

Eine weitere große Fallgruppe waren Erbschaftssachen mit Bezug zum IPR. Auch das Gutachten für die Dienststelle des Reichsprotektors in Böhmen und Mähren von 1940[89] war eine Erbsache: die im Protektorat lebenden Erben einer ehemals tschechoslowakischen, in New York City verstorbenen Erblasserin, fochten das Testament an. Im Oktober 1940 wandte sich eine Berliner Sozietät mit einem internationalprivatrechtlichen Lehrbuchfall an das KWI für ausländisches und internationales Privatrecht.[90]

Im Februar 1943 erhielt das SS-Hauptamt eine Rechtsauskunft in einer erbrechtlichen Frage: »Das SS-Hauptamt (Untersturmführer Zietlow) hat telefonisch um Auskunft gebeten, ob ein niederländischer Staatsangehöriger durch Testament seine Frau zur Alleinerbin einsetzen und sie im Wege einer Auflage verpflichten kann, einen Onkel und eine Tante im Falle der Not zu unterstützen; das Vermögen des Testators soll hauptsächlich in niederländischem Besitz bestehen.«[91] Im folgenden entspann sich noch ein Briefwechsel zwischen dem KWI für ausländisches und internationales Privatrecht und dem SS-Hauptamt, weil Heymann den Eindruck gewonnen hatte, der Untersturmführer habe eine private Rechts-

88 Gutachten vom 12.9.1942, S. 1, MPIIPR-Archiv, Nr. 1470: Das Gutachten übernahm aus der Sachverhaltsschilderung der DAF (Deutsche Arbeitsfront)-Auslandsorganisation den Begriff »Arbeitskamerad«.

89 Vgl. die Gutachtenakte Nr. 1379 im MPIIPR-Archiv.

90 Rechtsanwälte H. F. Albert, C. W. Hauss, H. F. Albert an das KWI für ausländisches und internationales Privatrecht, 31.10.1940, MPIIPR-Archiv, Nr. 1218. Das fünfseitige Gutachten wurde am 7.11.1940 gegen eine am Streitwert ausgerichtete Gebühr von 280,– RM versandt: das Amtsgericht Berlin war für die Erteilung des Testamentsvollstreckerzeugnisses zuständig. Rechtsanwalt Thiesing mußte die Annahme des Testamentsvollstreckeramtes gegenüber dem deutschen Nachlaßgericht ebensowenig erklären wie die New Yorker Bank ihre Ablehnung. Thiesing war kraft des Rechts des Staats New York befugt, über den Nachlaß zu verfügen, wie das Gutachten mit Gesetzestexten ausführlich dokumentierte.

91 Rechtsauskunft vom 16.2.1943, S. 1, MPIIPR-Archiv, Nr. 1532.

angelegenheit unter Verweis auf seine SS-Zugehörigkeit kostenlos klären wollen, was Heymann sich verbat.

Unter dem Stichwort »Judentreuhänder deutschen Rechts (Nichtanerkennung)« war in der Gutachtenkartei ein »Arisierungs«-Fall verzeichnet. Im Januar 1940 wandte sich der »arische« Inhaber einer »arisierten« Wiener Firma Achsenwerke »Jos. Heiser vormals J. Winter's Sohn (I. Winter Schutzmarke)« an das Institut:

> »Meine Firma ist im Jahre 1939 arisiert. Der frühere jüdische Besitzer ist beim Anschluss im Jahre 1938 geflüchtet. Gleichzeitig hat dieser als Mitinhaber der Firma eine Forderung bei einem schweizer Kunden für sich in Anspruch genommen, sodass die schweizer Firma den Betrag beim Amtsgerichts-Präsidenten der Stadt Luzern, Grabenstrasse 2, hinterlegt hat. Eine Klage auf Freigabe gegen den früheren Besitzer anzustrengen, ist wohl kaum möglich, da dieser inzwischen nach London geflüchtet ist. Ich wäre Ihnen für eine kurze Mitteilung, ob und gegebenenfalls was in dieser Angelegenheit zu tun ist, sehr dankbar. Gleichzeitig bitte ich auch um folgende Auskunft: Die früheren Besitzer meiner Firma haben bei einem schweizer Bank-Institut eine ungesicherte Schuld in lfd. Rechnung genommen. Das schweizer Bankhaus hat die Schuld weder zum Zins- noch zum Abzahlungs-Transfer angemeldet. Kann sich das schweizer Bankhaus nachträglich noch dem Stillhalte-Abkommen anschließen? Oder kann das Bankhaus jederzeit Rückzahlung fordern, d. h. Einzahlung bei der Reichsbank-Stelle Berlin?«[92]

Mitte Februar erteilte das Institut seine Rechtsauskunft, deren Argumentation und Stil im Hinblick auf die Normalisierung der juristischen Operationalisierung des universalen Rassismus bemerkenswert sind:

> »Was zunächst die Frage anlangt, wie Sie an den von Ihrem Schweizer Schuldner beim Amtsgerichtspräsidenten in Luzern hinterlegten Betrag herankommen, ist Folgendes zu sagen: Sie könnten entweder gegen den Schweizer Kunden oder gegen den nach London geflüchteten Juden vorgehen. Gegenüber dem Schweizer Kunden könnten Sie geltend machen, dass kein Grund zur Hinterlegung bestanden habe, da Sie zweifelsfrei Gläubigerin der Forderung seien. Doch werden Sie damit voraussichtlich keinen Erfolg haben, da bereits eine Schweizer

92 Achsenwerke Jos. Heiser vormals J. Winter's Sohn (I. Winter Schutzmarke) an das KWI für ausländisches und internationales Privatrecht, 24.1.1940, MPIIPR-Archiv, Nr. 1087.

Entscheidung vorliegt, die die Rechtmässigkeit der Hinterlegung in einem solchen Fall ausspricht; Urteil des Gerichtspräsidenten in Horgen vom 25.1.1939 in Sachen Brauerei Wädenswil, Weber & Cie. ./. Firma Edmund Stern (in diesem Falle hatte der Jude gegenüber dem Schweizer Schuldner die Rechtmässigkeit der Hinterlegung bestritten, wurde aber abgewiesen). Andererseits hat es auch keinen Zweck, gegen den Juden zu klagen und Einwilligung in die Freigabe zu verlangen, ganz abgesehen davon, ob Ihnen ein solcher Prozess überhaupt möglich ist. Nach einem uns vorliegenden Urteil des Bezirksgerichts Zürich, 6. Abt., vom 7.12.1938 in Sachen 1. des Bankhauses M. Thorsch Söhne, 2. Des Wiener Giro- & Cassen-Vereines ./. Dr. Alfons Thorsch wird die Klage des deutschen Kommissars, des Klägers zu 2, abgewiesen. Die Gründe führen aus, dass die Einsetzung eines Kommissars als öffentlichrechtliche Massnahme nur innerhalb des Deutschen Reichsgebiets wirken kann, und nehmen auf den schweizerischen ordre public Bezug. Dasselbe wie für den deutschen Kommissar wird für den arischen Inhaber des früher jüdischen Geschäfts angenommen werden. Es wird auch keinen Unterschied begründen, ob Sie in der Schweiz oder im Auslande gegen den Juden klagen; denn ein erfolgreiches Urteil im Auslande würde von der Schweiz nicht anerkannt werden. Wir halten daher den Prozessweg für aussichtslos, weisen Sie aber vorsorglich darauf hin, dass Sie für einen Prozess der Zustimmung des Reichswirtschaftsministers bedürfen. Vielleicht besteht die Möglichkeit, dass Sie über die schweizerische Clearingbehörde vorankommen. Wir stellen Ihnen anheim, sich deswegen an die für Sie zuständige Aussenhandelsstelle zu wenden […].«[93]

Im Januar 1940 hatte sich das KWI für ausländisches und internationales Privatrecht in einem Gutachten mit dem Privatrecht im besetzten Polen zu beschäftigen. Eine sächsische Maschinenbaufirma hatte angefragt, wie sie sich im Hinblick auf Forderungen in den »Ostgebieten« verhalten solle:

»Wir haben eine Forderung über RM 10.500,– an unseren bisherigen polnischen Vertreter, der diese Gelder offensichtlich unterschlagen hat. Zur gütlichen Beilegung bot uns der in Warschau ansässige Vertreter als Sicherung eine Hypothek auf ein Grundstück in Lodz an, doch handelt es sich nach unserer Überzeugung nur um ein Scheinangebot, so daß wir gezwungen sind zu klagen. Da der Vertreter kein sonstiges Vermögen hat, liegt uns daran, die Hypothek in Lodz für uns zu sichern. Bitte raten Sie uns, ob es zweckmäßig ist, die Klage in War-

93 Dreiseitiges von Heymann unterzeichnetes Gutachten, ebd.

schau durchzuführen und dann unser Recht auf Lodz zu übertragen oder ob wir besser z. B. einen Arrest direkt auf die Lodzer Hypothek ausbringen. In Lodz besteht z. Zt. ein deutsches Amtsgericht. Ist dieses zur Durchführung eines solchen Arrests befugt? Kann der Vertreter von Warschau aus z. Zt. über die Hypothek in Lodz verfügen?«[94]

Anfang Februar 1940 äußerte sich das Institut zur Rechtslage im besetzten Polen und sah sich bereits im April gezwungen, die gegebene Auskunft durch Verweis auf die neue Gerichtsbarkeitsverordnung für das Generalgouvernement zu ergänzen. Das war ein Reflex des exemplarischen NS-Hierarchienstreits um die Einführung des Zivilrechts in Polen. Die Februar-Auskunft bezog sich noch auf das fortgeltende polnische Recht:

»Zur Sicherung eines zur gerichtlichen Vollstreckung geeigneten und der Entscheidung eines ordentlichen Gerichts unterliegenden Anspruchs kann nach Art. 837 der polnischen Zivilprozeßordnung von 1932, die noch auf dem gesamten ehemals zu Polen und jetzt zum Deutschen Reiche und zum Generalgouvernement gehörenden Gebiet gilt, das ordentliche Gericht auf Antrag des Gläubigers eine einstweilige Anordnung erlassen, wenn der Anspruch glaubhaft ist und ohne seine Sicherung die Befriedigung des Gläubigers vereitelt werden könnte. In besonders berücksichtigenswerten Fällen kann diese einstweilige Anordnung auch schon vor der Erhebung der Klage erfolgen (Art. 838 poln. ZPO); zuständig ist dafür das Gericht, das in erster Instanz zur Entscheidung des Rechtsstreites zuständig wäre (Art. 841, poln. ZPO). In Ihrem Falle ist also das sachlich zuständige Gericht in Warschau zu einer Entscheidung über den Antrag auf Erlass einer solchen einstweiligen Anordnung berufen, da nach Art. 24 poln. ZPO das Gericht erster Instanz, in dessen Bezirk der Beklagte seinen Wohnsitz hat, für die Klage örtlich zuständig ist [...].«[95]

Im April 1940 hatte sich die Rechtslage geändert:

»Durch die Verordnung über die deutsche Gerichtsbarkeit im Generalgouvernement vom 19. Februar 1940 [...] ist die deutsche Gerichtsbarkeit im Generalgouvernement Polen eingeführt worden. Der deutschen Gerichtsbarkeit unterliegen u. a. alle bürgerlichen Streitsachen und Zwangsvollstreckungssachen, wenn auch nur ein deutscher Staatsangehöriger als Partei an dem Verfahren beteiligt ist (Art. 19).

94 Fa. Arthur Stahl an das KWI für ausländisches und internationales Privatrecht, 22.1.1940, MPIIPR-Archiv, Nr. 1086.

95 Zweiseitiges Gutachten vom 9.2.1940, ebd.

Auf das Verfahren vor den deutschen Gerichten sind grundsätzlich die im Lande Preußen geltenden reichs- und landesrechtlichen Verfahrensvorschriften anzuwenden (Art. 25) [...].«[96]

1.3.3 Fallnormalität nach 1933. Das Gutachten des KWI für ausländisches und internationales Privatrecht zu einer Kollektivbeleidigungsklage 1934

Wenn es Normalfälle des IPR gab und gibt, dann sind diese durch außerordentliche Vielfältigkeit gekennzeichnet, die mit der mehr oder minder gegebenen Kompatibilität der Rechtskreise und Rechtssysteme in der ›Vor-Globalisierungsepoche‹ zusammenhängt: an dieser Grundvoraussetzung änderte sich auch unter Hitlers Herrschaft nichts. Der ideologische Impetus der Durchdringung, ›ungegrenzten Auslegung‹ und gegebenenfalls Ersetzung bezog sich auf das deutsche Recht, nicht auf irgendein Auslandsrecht, ja bezog aus der Abgrenzung einen Teil seiner Identität. Gleichwohl gab es trotz dieser strukturellen Voraussetzung, wie der Wiener »Arisierungs«-Fall von 1939 zeigt, neben dem internationalprivatrechtlichen Alltagsgeschäft Berührungspunkte des IPR mit Hitlers Herrschaft und, wie der Fall der sächsischen Firma von 1940 zeigt, auch mit Hitlers Krieg im Osten. Wenn man von einer Normalität des institutionalisierten IPR zwischen 1933 und dem »totalen Krieg« sprechen kann, dann lag sie in dieser Gleichzeitigkeit, und, wie zu ergänzen ist: in der professionellen Selbstverständlichkeit der Gleichbehandlung aller Fälle. Abbilden ließe sich diese Gleichzeitigkeit mit ihren unterschiedlichen ›Geschwindigkeiten‹ allein in einer Mikrostudie zu den Gutachtenfallgruppen und Bewertungsprofilen von 1933 bis 1937 und von 1937 bis 1945, was in diesem Rahmen nicht zu leisten ist. Hier soll die Spannbreite des Normalitätsbegriffs in den Gutachten des KWI für ausländisches und internationales Privatrecht zwischen 1933 und 1945 vor dem Hintergrund ihrer Entwicklung seit 1926 anhand der Fallgruppe Klagen wegen »rassischer« Beleidigung 1933/1934 aufgezeigt werden. Der im Institut behandelte Beleidigungsfall steht für eine frühe, noch unter dem Direktor Rabel erfolgende und im Kern politische Auseinandersetzung mit dem für Hitlers Herrschaft konstitutiven Antisemitismus.

Die Gutachtentätigkeit des KWI für ausländisches und internationales Privatrecht fand auch unter Rabel bis zum Februar 1937 – unter Heymann ist im Vergleich zu Rabels Führung ein deutlich offensiveres Zugehen auf die »Reichs- und Parteistellen« in der Korrespondenz zu beobachten – nicht in einem politikfernen wissenschaftlichen Binnenmilieu

96 Zweiseitige Ergänzung zum Gutachten vom 9.2.1940 vom 1.4.1940, ebd.

statt, das allein von den Maßstäben strenger juristischer Sachlogik einer stark internationalen *scientific community* geprägt wurde. Noch stärker als die Publikationstätigkeit führte die Gutachtenpraxis sehr schnell auf den Boden der totalitären und universalrassistischen Tatsachen nach 1933 zurück: das Institut war keine ›Insel der Seligen‹, auf der man vermeiden konnte, von Antisemitismus und der terroristischen Besatzungspraxis im eroberten Polen zu wissen.

Im Zusammenhang mit Hitlers Machtübernahme im Januar 1933 entfalteten die deutschen Nationalsozialisten im Ausland eine umfangreiche und extrem antisemitische Propagandaaktivität, die nicht unwidersprochen blieb und in verschiedenen Ländern, u. a. in Frankreich, zu Beleidigungs- und presserechtlichen Prozessen führte. Der Hintergrund für zwei mit diesem Komplex befaßten Gutachten war die Klage eines jüdischen Franzosen in Frankreich gegen eine drastische Hetz-Broschüre mit dem deutschen Titel »Die Juden in Deutschland«, die von Nationalsozialisten im »Deutschen Verein« in Kairo verbreitet worden war.[97] Am 27. September 1933 ging ein Schreiben des Goebbels-Ministeriums für Volksaufklärung und Propaganda im KWI für ausländisches und internationales Privatrecht ein:

> »Der Senatspräsident am Kammergericht Geheimer Justizrat Dr. Huecking ist von mir mit der Ausarbeitung eines Gutachtens beauftragt, das seinen Gegenstand im wesentlichen auf dem Gebiete des ausländischen Privatrechts hat. Es handelt sich um die Frage, wieweit nach den führenden westeuropäischen Rechten Schadenersatzansprüche von Privatpersonen, welche Angehörige grosser Bevölkerungsgruppen sind, wegen abfälliger Urteile über eben diese Bevölkerungs-

97 Belegexemplar, 14seitige Broschüre, ohne Autor, MPIIPR-Archiv, Nr. 436, Zwischenüberschriften: »Die jetzigen Vorgänge in Deutschland«, »Die Vermehrung der Juden«, »Die Konzentration in den Großstädten«, »Der jüdische Anteil an den einzelnen Berufsgruppen«, »Juden in hohen Staatsämtern«, »Juden als Hochschullehrer«, »Juden als Rechtsanwälte«, »Juden als Ärzte«, »Die Juden im Bankwesen«, »Der Jude im Handel«, »Der Jude im Gewerbe«, »Der Jude im Theater«, »Der Jude im Film«, »Juden als Verbrecher«, »Rassische Degeneration«, »Deutsche Wiedergeburt und völkische Erneuerung«, »Gesetz zur Wiederherstellung des Berufsbeamtentums vom 7. April 1933 und Durchführungsverordnungen vom 11. April, 4. und 6. Mai«, »Gesetz über die Zulassung zur Rechtsanwaltschaft«. Aus der Gutachtenakte geht hervor, daß es auch eine französische Übersetzung gab. Bei den Kollektivbeleidigungsklagen spielte vor allem der Abschnitt »Juden als Verbrecher« eine zentrale Rolle, vgl. ebd., S. 10 f.: »Die nachstehende Zusammenstellung zeigt auf, wie volkszerstörend das Judentum sich auswirkt. Das Judentum ist führend bei allen Verbrechen und Vergehen, die vom Täter besondere Gerissenheit und skrupellose Übervorteilung des anderen erfordern.«

gruppe erhoben werden können, wenn der Beklagte sich damit verteidigt, dass sein abfälliges Urteil lediglich seine allgemeine aus dem Verlauf der Geschichte und der Beobachtung der Volkswirtschaft hergeleitete Meinung sei, dass etwaige von ihm in Verbindung mit seiner abfälligen Meinung und zu deren Stützung vorgetragenen Tatsachen wahr seien, dass ferner seine solchermassen vorgebrachte Meinung keineswegs frivol, sondern in Literatur und Wissenschaft von ernst zu nehmenden Stimmen geteilt werde. Es läge im Reichsinteresse und wäre besonders erwünscht, wenn das Institut für ausländisches und internationales Privatrecht den Geheimrat Huecking bei seiner Arbeit unterstützen wolle. Gedacht wäre dabei in erster Linie daran, dass das Institut dem Geheimrat Huecking mit Literaturangaben über in Betracht kommende Quellen der führenden westeuropäischen Rechte und ihre wissenschaftliche Erläuterung zu Hilfe käme. Des weiteren wäre aber auch besonders erwünscht, wenn der innerhalb des Instituts für die Bearbeitung von Wünschen der vorgetragenen Art zuständige Herr Dezernent sich zu persönlichem Zusammenwirken – soweit erforderlich – bereitfinden liesse. Herr Geheimrat Huecking würde in solchem Falle den ständigen dortigen Bearbeiter aufzusuchen sich erlauben. Ich spreche die Bitte aus, dass das Institut seine Bereitwilligkeit zu einem Eingehen auf die vorgetragene Anregung ausspricht und in Verfolg dieser Bereitwilligkeit seinerseits Fühlung mit Herrn Geheimrat Huecking aufnimmt.«[98]

Die im Institut zuständigen Referenten waren Konrad Duden und Eduard Wahl. Das Institut erteilte zwei Gutachten: in Form einer undatierten 43seitigen Rechtsauskunft über die französische Rechtslage[99] und – dies bereits mit Bezug auf das erstinstanzliche Urteil zur strafrechtlichen Seite der Kollektivbeleidigung und vor der zweitinstanzlichen Entscheidung des Appellhofs – in Form eines 14seitigen Gutachtens von Eduard Wahl,[100] das am 17. Oktober 1934 an das Goebbels-Ministerium und in Kopie an das Auswärtige Amt versandt wurde:

»Die prozessuale Lösung des erstinstanzlichen Urteils, d. h. die Klageabweisung wegen mangelnden Interesses der Kläger, lässt sich aufrecht erhalten. Der Hinweis des Urteils darauf, dass die inkriminierte Schrift

98 Der Reichsminister für Volksaufklärung und Propaganda, Abt. VII, an das KWI für ausländisches und internationales Privatrecht, 27.9.1933, MPIIPR-Archiv, Nr. 436.

99 Rechtsauskunft in Sachen Jabès gegen van Meteren und Safarowsky, ebd.

100 Ebd.

nur zu Verteidigungszwecken erschienen sei, ist als Eingehen auf die Tat selbst vielleicht nicht sehr glücklich, übrigens auch entbehrlich, lässt sich aber durchaus zu der Frage des mangelnden intérêt de l'action ziehen. Das Gericht will sagen: Gegenstand der Diskussion, zu der die inkriminierte Schrift einen Beitrag liefert, war die Judenfrage in Deutschland. Infolgedessen bedeutet die Antwort auf die Angriffe der diesbezüglichen deutschen Politik keine Beschimpfung der ägyptischen Juden. Dass bei prozessualen Vorfragen zugleich auch auf die Sache selbst eingegangen wird und unter Umständen eingegangen werden muss, ist ein bei der Prüfung der sog. Prozessvoraussetzungen häufiger Vorgang. So hat z. B. das Reichsgericht in RGZ 129, 179 bei der Prüfung der Zuständigkeit des angerufenen Gerichts als forum delicti eingehend die Frage erörtert, ob bei richtiger Würdigung des Vorbringens des Klägers ein Delikt vorliege, und dann die Klage wegen Unzuständigkeit des angerufenen Gerichts abgewiesen. In der französischen Prozessrechtswissenschaft, die nicht sehr ausgebaut ist, lässt sich allerdings eine Erörterung dieses allgemeinen Problems (Wie weit kann zur Entscheidung prozessualer Vorfragen in die rechtliche Würdigung der vorgebrachten Tatsachen eingetreten werden, wenn von der gleichen rechtlichen Würdigung dieser Tatsachen auch die Entscheidung der Hauptsache abhängt?) nicht nachweisen. Dagegen ist es in der deutschen Prozesswissenschaft bekannt.

Dass der Satz: Pas d'intérêt, pas d'action zum eisernen Bestand des französischen Rechts gehört, ist völlig sicher und wird in Dalloz, Répertoire pratique unter action civile Nr. 39 ff., wie auch in allen anderen Lehrbüchern ausführlich behandelt (Dabei ist man sich übrigens darüber klar, dass die Interessenfrage mit dem Problem, ob ein Schaden im Sinne des Rechts der unerlaubten Handlungen vorliegt, eng verwandt, aber doch von ihm zu trennen ist, da an den Schaden, der actuel und certain sein müsse, noch schärfere Anforderungen zu stellen sind als an das Interesse (Dalloz, Répertoire pratique a. a. O. Nr. 51 [...]). Gerade in Diffamationsprozessen ist von zwei Zivilgerichten auf das mangelnde Interesse abgestellt worden: In Trib. Civ. Seine 9.7.1862 Dalloz 62.3.64 handelte es sich um eine Beschimpfung der Angestellten der Magasins de nouveauté, in Trib. Civ. Seine 19.8.1863 Dalloz 63.3.67 um eine Beschimpfung der dramatischen Künstler. Aber auch für die Zulassung der action civile im Strafprozess [...] ist das intérêt personnel selbstverständliche Voraussetzung (Garraud, Traité théorique et pratique d'instruction criminelle et de procédure pénale, Bd. 1, Paris 1907, Nr. 107, S. 240), und zwar handelt es sich hierbei um dasselbe Interesse wie im Zivilprozess, weil ja die action civile nur der partie lésée (Art. 2 II C instr. Crim.) zusteht, sodass insoweit zwischen der Behandlung der Zivil- und Strafklage kein Unterschied besteht. Das zeigt sich insbesondere auch darin, dass in Dalloz Rép. prat. Unter action civile Nr. 25 ff. auf die Frage des Interesses eingegangen wird, bevor das Wahlrecht des Klägers zwischen Zivilprozess und Strafprozess behandelt wird.«[101]

Im folgenden ging Wahl dann auch auf die Prozeßaussichten der zweiten Instanz ein. Der Genfer Professor Erich Hans Kaden faßte vor dem Hintergrund dieser Fallgruppe in seinem Beitrag »Nichtvermögensrechtlicher Kollektivschaden und zivilrechtliche Schadenersatzklagen von Einzelpersonen nach französischem Zivilrecht«[102] in der Institutszeitschrift von 1935 die grundsätzlichen Rechtsfragen zusammen und bestätigte Wahls Bewertung in allen Punkten:

»Ergebnis. 1. Im Falle einer nichtvermögensrechtlichen kollektiven Schädigung stehen zivilrechtliche Einzelklagen auf Schadenersatz nur denjenigen zu, die durch die schuldhafte Handlung ›persönlich verletzt‹ wurden. Klagen anderer Personen sind unzulässig (›irrecevables‹).
2. Die ›persönliche Verletzung‹ setzt im Falle einer nichtvermögensrechtlichen kollektiven Schädigung voraus: 1. eine gegen die Mitglieder der Kollektivität gerichtete Handlung, 2. die Zugehörigkeit des Klägers zu der angegriffenen Kollektivität, und 3. die Richtung der Tat auf den Kläger.
3. Die ausreichende Individualisierung der Handlung ist nur dann gegeben, wenn die angegriffene Person entweder genau bezeichnet ist oder doch wenigstens einem genau und eng umgrenzten Personenkreise angehört. Sie ist ausgeschlossen, wenn der vom Täter bezeichnete Personenkreis diese engen Grenzen überschreitet.«[103]

Im Ergebnis war dies ein rechtsstaatlicher Paravent für extremistisch antisemitische nationalsozialistische Auslandspropaganda und somit durchaus im Sinne dessen, was im Goebbels-Ministerium als »Reichsinteresse« verstanden wurde. Daß der gesamte Vorgang selbstverständlich von Anfang an mit der antisemitischen »Auslandsarbeit« des nationalsozialistischen Deutschland zu tun gehabt hatte, dokumentierte ein Schreiben des deutschen Rechtsanwalts Fritz W. Dahm in Kairo an Huecking vom 8. Oktober 1933:

101 Ebd., S. 1-3.
102 Vgl. Kaden, Nichtvermögensrechtlicher Kollektivschaden 1935.
103 Ebd., S. 585.

»Mit dem Versuch, jedes Eingehen auf die politische und sittliche Grundlage der nationalen Erhebung und der judenfeindlichen Haltung des dritten Reiches zu vermeiden, bin ich selbstverständlich durchaus einverstanden. Diese Absicht liegt ja durchaus in der Richtung, dem Gegner die politische Propaganda unmöglich zu machen. Dabei weise ich darauf hin, dass es unter allen Umständen tunlich ist, das Wort ›Antisemitismus‹ durch ›Judenfeindlichkeit‹ und ähnliches zu ersetzen. Die Araber sind ja auch Semiten und dies wird von den Juden in Ägypten entsprechend ausgenutzt. Ob sich allerdings die Absicht, dem Gegner die propagandistische Gelegenheit zu nehmen, dadurch verwirklichen lässt, erscheint mir zweifelhaft. [...] Ich bin der Überzeugung, dass wir auch in diesem Fall unsere Ausführungen nur auf das Gericht abstellen und eine Diskussion der deutschen Innenpolitik vermeiden.«[104]

Aus Dahms rhetorischen Argumentationshilfen zur taktischen Betonung der Beschränkung des nationalsozialistischen Antisemitismus auf die deutschen Juden schien erst recht die universalistische Qualität des nationalsozialistischen Rassismus durch:

»Wenn der Zweck der Broschüre war, dem Leser die Möglichkeit zu verschaffen, sich selbst ein Urteil über die Gründe der deutschen Massnahmen gegen deutsche Juden in Deutschland selbst zu machen, so ist ohne weiteres anzunehmen, dass sich der Inhalt der Broschüre nur auf die deutschen Juden, auf deren Charakter und deren Einfluss sowie auf die Folgen ihres Wirkens im Leben der deutschen Nation bezieht. Allerdings hat die Gegenseite gerade die Punkte aus der Broschüre herausgenommen, deren Text einen kleinen Zweifel darüber belassen kann, ob nicht das gesamte Judentum gemeint ist. Es genügte eine nur geringe Verdrehung des Textes durch die Gegenseite, um die Behauptung zu ermöglichen, die gesamte Judenschaft der Welt sei gemeint.«[105]

Dieses Schreiben gehörte zur Gutachtenakte: auch wenn Rabel es nicht kannte, mußte er den gesamten Vorgang kennen, da kein Gutachten das Institut ohne seine Prüfung verließ. Festzuhalten bleibt, daß das KWI für ausländisches und internationales Privatrecht in einem seiner ersten Gutachten für ein exponiert nationalsozialistisches Ministerium noch im Jahr 1933 mit einem zentralen Identitätsbereich von Hitlers Herrschaft unmittelbar in Berührung kam: dem radikalen Antisemitismus.

104 Rechtsanwalt Fritz W. Dahm an den Geheimen Justizrat Huecking, 8.10.1933, S. 1 f., MPIIPR-Archiv, Nr. 436.
105 Ebd., S. 11.

1.4 Veränderungen in den Veröffentlichungen des KWI für ausländisches und internationales Privatrecht. Die Institutszeitschrift

Im Hinblick auf die Bedeutung der Institutszeitschrift als Spiegel der Institutstätigkeit, deren fachliche Ausrichtung und wissenschaftliche Maßstabsbildung sowie im Hinblick auf ihren Anspruch als das weltweit führende Organ des IPR auf rechtsvergleichender Grundlage ist es aufschlußreich, die Veröffentlichungspraxis zwischen 1933 und dem Rücktritt Rabels von der Institutsleitung 1937 näher zu untersuchen.[106] Dabei ist nicht allein und nicht in erster Linie die völkische oder nationalsozialistische Tendenz[107] einzelner Abhandlungen, Rezensionen und Mitteilungen von besonderem Interesse, also das Ausfindigmachen von ›braunen Stellen‹, sondern die über mehrere Jahre erkennbar werdende Klimaveränderung in einem stark international ausgerichteten und international wahrgenommenen Wissenschaftsdiskurs, die Veränderung in der Wahl der Themen und in der sprachlichen Gestaltung, die Präsenz völkischer Denkfiguren und nationalsozialistischer Schlüsselbegriffe, schließlich das unverbundene Nebeneinander von rassistisch-totalitären Unrechts-Fakten jenseits aller juristischen Integrationsmöglichkeit in Hitlers Ostkrieg einerseits und theoretischer rassistischer Konzeptbildung z. B. im Personenrecht andererseits: Diese Endphase im totalen Krieg war schließlich ein Zustand der Desintegration, der bereits gar nicht mehr als Wissenschaftsdiskurs beschrieben werden kann. Insgesamt geht es also bei einer genauen Durchleuchtung der ›Hausprodukte‹ um die Beschreibung der spezifischen »Fließgeschwindigkeit«[108] des veröffentlichten IPR im Nationalsozialismus.

Blickt man auf die Entwicklung einer wissenschaftlichen Veröffentlichung wie der »Zeitschrift für ausländisches und internationales Privatrecht« in den fünf Jahren zwischen 1933 und 1937, ist auch die Frage der Gewichtung der verschiedenen Textsorten von Interesse. Hier läßt sich feststellen, daß sich an der grundsätzlichen Struktur der Zeitschrift bis in den Krieg hinein nichts änderte, nur verschoben sich allmählich – und besonders deutlich nach Rabels Rücktritt als Direktor – die inhaltlich-thematischen Akzente und die Koordinaten der ideologischen Geogra-

106 Vgl. auch Rüthers/Schmitt, Fachpresse 1988.

107 Eine Zusammenfassung der völkisch-nationalsozialistischen Vorstellungshorizonte bei Stolleis, Gemeinschaft 1972/1994, S. 101 f.

108 Vgl. Stolleis, Recht im Unrecht 1981/1994, S. 12: »Ebenso ist evident, daß […] die einzelnen Rechtsgebiete und Gerichtszweige, an denen das Regime in unterschiedlicher Weise interessiert war, auch unterschiedliche ›Fließgeschwindigkeiten‹ hatten.«

phie. Hatten die Länder des *common law*-Rechtskreises bis 1937 stark im Mittelpunkt vor allem von Rabels wissenschaftlichem Interesse gestanden, setzte sich nun – abgesehen von einem klar ideologisch motivierten Interesse an ›nordischem‹ und faschistischem Recht – ein genereller Perspektivenwechsel zum ›kontinentalen‹ Eurozentrismus durch: die »Zeitschrift für ausländisches und internationales Privatrecht« verstand sich nicht mehr als publizistische Brücke über den Kanal und vor allem über den Atlantik.[109] Allerdings war dies im Blick auf die europäische rechtsvergleichende Forschungslandschaft keineswegs spezifisch nationalsozialistisch: vielmehr war Rabels dezidiertes Interesse für den angloamerikanischen Rechtskreis die frühe Ausnahme von der ›kontinentaleuropäischen‹ Regel gewesen, zu der man im KWI für ausländisches und internationales Privatrecht nach 1937 zurückkehrte – gleichwohl wurde noch 1938, nach Rabels Rücktritt von der Institutsleitung, Hans Rupp als Nordamerika-Referent eingestellt und veröffentlichte noch bis zur letzten Ausgabe der Zeitschrift Artikel über amerikanisches Recht.

Nationalsozialistische Bekenntnisse blieben in der Institutszeitschrift noch bis Mitte der 1930er Jahre die Ausnahme von der Regel,[110] und sie erschienen zunächst auch nicht in den zum Teil immer noch ausführlichen Abhandlungen, sondern in den Rezensionen und Mitteilungen. Bei den Abhandlungen brachte erst die Ausrichtung auf die »Kriegswichtigkeit« nach 1938/1939 den Durchbruch. Bei Kriegsbeginn lagen dann die Stichworte bereit, die es dem KWI für ausländisches und internationales Privatrecht erleichterten, privatrechtliche Dienstleistungen für den nationalsozialistischen »Großraum« zu erbringen; Stichworte, die allerdings, wie z. B. Hedemanns »Wirtschaftsrecht«[111] zeigt, zum großen Teil

109 Vgl. Duden, Max Rheinstein 1969, S. 4: »Er selbst [Max Rheinstein, R.-U. K.] hat immer wieder Rabel und dem Berliner Institut dafür gedankt, daß die dort empfangene Ausbildung im Verständnis des fremden Rechts und besonders des anglo-amerikanischen ihm den Übergang so verhältnismäßig rasch ermöglicht habe.« Im Hintergrund stand Rabels Engagement für eine Übersetzung des *Restatement of Contracts* und des *Restatememt of Conflict of Laws* ins Deutsche, vgl. Thieme, Ernst Rabel 1986, S. 262.

110 Das ist im Privatrecht auch zunächst nicht erstaunlich, obwohl verschiedene Gebiete des IPR aufgrund ihrer bi- und/oder multilateralen Bedeutung in den zwischenstaatlichen und internationalen Beziehungen staatsnäher sind als andere Bereiche des Privatrechts. Doch liegt möglicherweise eben darin ein wesentliches Motiv von deutschen Internationalen Privatrechtlern nach 1933, sich, soweit möglich, fachlich-inhaltlich, zumindest aber rhetorisch-kompensatorisch als ›national zuverlässig‹ erweisen zu wollen.

111 Vgl. die 32seitige Abhandlung von Hedemann, Grundzüge 1922; und Hedemann, Deutsches Wirtschaftsrecht 1939.

bereits aus der rechtswissenschaftlichen Systematisierung der Erfahrungen des Ersten Weltkrieges stammten.

Wenn sich an der »Zeitschrift für ausländisches und internationales Privatrecht« zwischen 1933 und 1937 ein altbekannter Befund zur NS-Systemintegration exemplarisch einmal mehr validieren läßt, dann ist es die schiefe Ebene der aus unterschiedlichsten Motivationslagen vom Konsens bis zum getarnten Dissens erfolgenden ideologischen Konzessionen im totalitären Staat:[112] sie schaffen keine wirklichen Freiräume. Der durch die ideologische Konzession mit *reservatio mentalis* ›erkaufte‹ Freiraum – Gerhard Kegel drückte es in der Erinnerung so aus: »der Einbruch des dritten Reiches änderte am *Klima* nichts«[113] – war und ist bei auch nur leichter Ausweitung der Betrachtungsperspektive eine Selbsttäuschung,[114] sowohl im Hinblick auf den »Einbruch« des Nationalsozialismus als auch im Hinblick auf die Konstanz des »Klimas«. Aufgrund der unterschiedlichen »Fließgeschwindigkeiten« in den Forschungen zur Wissenschaftsgeschichte der NS-Zeit ist es daher keineswegs trivial, darauf hinzuweisen, daß eine historische Spiegelung, die an einen Ausschnitt der NS-Wissenschaftsgeschichte mit der Prämisse des Ausnahme-Regel-Verhältnisses von unmittelbarem nationalsozialistischem Aktivismus und ideologiefernem ›Normal‹-Wissenschaftsbetrieb[115] herangeht, eine zeitgenössische subjektive Selbsttäuschung bestätigt und damit implizit ein Stück NS-Geschichte normalisiert.[116]

112 Vgl. beispielsweise Gruchmann, Justiz 1988, S. 1144-1146; ein Überblick zum Diskussionsstand in der Totalitarismusdiskussion bei Jesse (Hg.), Totalitarismus 1996.

113 Kegel, 50 Jahre 1978, S. 306, Hervorhebung im Original.

114 Vgl. Stolleis, Recht im Unrecht 1981/1994, S. 12: »Daß es Gebiete gegeben habe, die gänzlich unberührt vom politischen Anspruch des Systems geblieben seien, ist allerdings eine Legende. Weder das oft zitierte Grundbuchrecht noch das Sozialversicherungs- oder Steuerrecht, weder Schuld- noch Sachenrecht, Familien- oder Erbrecht waren in irgendeiner Weise ›immun‹.«

115 Vgl. Kegel, 50 Jahre 1978, S. 306: »Fast alle waren sich einig in unversöhnlicher Ablehnung. Jeweils einer hielt den Kopf hin und deckte die anderen.« Wo liegt bei der Formulierung »fast alle« der Akzent? Wie »unversöhnlich« ist »unversöhnlich«? Was heißt es, »den Kopf hinzuhalten«? Wer hielt 1934 für Rheinstein und Eckstein, 1937 für Rabel »den Kopf hin«?

116 Zur Ebene der persönlichen Betroffenheit und der interpretativen ›Musterbildung‹ Stolleis, Vorurteile 1982/1994, S. 41 f.

1.4.1 Der Jahrgang 1933 – »ein wichtiger Abschnitt der deutschen Rechtsgeschichte«

Der siebte Jahresband 1933 der »Zeitschrift für ausländisches und internationales Privatrecht« unterschied sich rein äußerlich nicht vom sechsten des Jahres 1932: der Herausgeberkreis – Ernst Heymann, Heinrich Titze, Martin Wolff, Franz Schlegelberger, Hans Lewald, alle Berlin, Max Pagenstecher, Hamburg, und der Direktor des KWI für ausländisches und internationales Privatrecht Ernst Rabel – war identisch, das Titelblatt unter dem Symbol der KWG, dem Haupt der Minerva, kennzeichnete die eine wie die andere Publikation als institutsamtlich – dies würde bis zur letzten Kriegsausgabe 1942 so sein –, der Umfang war vergleichbar groß: 1.068 Seiten 1932, 1.032 Seiten 1933, die seit 1926 entwickelte Struktur war identisch: auf die »Abhandlungen« zu Problemen des IPR folgten – soweit möglich – nach Gesetzgebung, Rechtsprechung und Literatur geordnete Länderberichte, Mitteilungen zu einzelnen Gesetzen und zahlreiche Buchbesprechungen. Alle Abteilungen der Zeitschrift stellten einen internationalen Anspruch, allein der Band 1933 behandelte in den Mitteilungen IPR-relevante Fragen u. a. des griechischen, sowjetischen, britischen, schweizerischen, polnischen, luxemburgischen, ungarischen, französischen, finnischen, niederländischen, belgischen, mexikanischen, nicaraguanischen, spanischen, argentinischen, tasmanischen, US-amerikanischen, dänischen, norwegischen, persischen und guatemaltekischen Rechts.[117]

Die Ausgabe 1933 enthielt Länderberichte zu Dänemark,[118] Danzig, Großbritannien,[119] Finnland, Frankreich, Griechenland, Italien,[120] Norwegen,[121] Österreich, Schweden,[122] der Schweiz und den USA.[123]

117 Belege mit Seitenangaben ZIPR 7, 1933, S. IV f.

118 Im KWI für ausländisches und internationales Privatrecht bearbeitet von Gerichtsassistent Dr. Joachim-Dieter Bloch. Sofern die Länderberichte nicht von Referenten aus dem Institut erstellt werden konnten, wurden dafür auswärtige und ausländische Spezialisten herangezogen.

119 Im KWI für ausländisches und internationales Privatrecht bearbeitet von den Gerichtsassessoren Dr. Karl Arndt, Dr. Felix Eckstein und Dr. Rudolf Mueller.

120 Im KWI für ausländisches und internationales Privatrecht bearbeitet von Dr. Ernst von Caemmerer, Gerichtsassistent Fritz Deike, Privatdozent Dr. Max Rheinstein.

121 Im KWI für ausländisches und internationales Privatrecht bearbeitet von Gerichtsassistent Dr. Joachim-Dieter Bloch.

122 Im KWI für ausländisches und internationales Privatrecht bearbeitet von Gerichtsassistent Dr. Joachim-Dieter Bloch.

123 Im KWI für ausländisches und internationales Privatrecht bearbeitet von Gerichtsassistent Dr. Rudolf Mueller.

Auch die Abhandlungen boten 1933 ein breites internationales Spektrum. Für das KWI für ausländisches und internationales Privatrecht schrieb der Institutsreferent, Gerichtsassessor Dr. Rudolf Mueller, auf Grundlage der gutachterlichen Tätigkeit des Instituts,[124] über den »Erbanfall nach dem Recht der Vereinigten Staaten und die deutsche Nachlaßbesteuerung«,[125] Professor Dr. Ernst Jacobi, Münster, über »Lorenzo Mossas Wechselrechtstheorie«,[126] der Yale-Professor Ernest G. Lorenzen über »Probleme des internationalen Erbrechts in den Vereinigten Staaten«,[127] Professor Dr. Robert Neuner, Prag, »Zur internationalrechtlichen Behandlung synallagmatischer Verträge«,[128] der Kieler Professor und Geheime Justizrat Dr. Max Pappenheim[129] den dritten Bericht über »Die Neuordnung des schwedischen Erbrechts«.[130] Direktor Rabel äußerte sich zum Thema »Unwiderruflichkeit der Vollmacht. Generalstatut des Vollmachtrechts. Objektivierter Begriff des Wirkungslands«,[131] Rabels ehemaliger Münchner Kollege und Mitgründer des dortigen Instituts für Rechtsvergleichung, Professor Dr. Erwin Riezler, auf über siebzig Seiten zum »Entwurf eines neuen italienischen Zivilgesetzbuches«,[132] Jörgen Trolle, Kopenhagen, zum »Außervertragliche[n] Schadenersatz nach dänischer Lehre«,[133] der Prager Professor Dr. Egon Weiss zum »Entwurf eines Bürgerlichen Gesetzbuches für die Tschechoslowakische Republik«,[134] Rabels Berliner Kollege und Konkurrent Martin Wolff zur »Übertragung

124 Das hob Rabel ausdrücklich hervor, vgl. Ernst Rabel, zitiert in Anm. 1 zu Mueller, Erbfall 1933, S. 808: »Der Aufsatz faßt eine Reihe von gutachterlichen Äußerungen des Instituts zusammen. Daher sei die Mitverantwortlichkeit des Institutsleiters besonders vermerkt, obwohl sie sich bei allen aus dem Institut hervorgehenden Abhandlungen und Berichten von selbst versteht. E. R.«

125 Ebd.

126 Vgl. Jacobi, Lorenzo Mossas Wechselrechtstheorie 1933.

127 Vgl. Lorenzen, Probleme 1933.

128 Vgl. Neuner, Behandlung 1933.

129 Zu einem charakteristischen, schließlich von Hitler entschiedenen NS-Chargen-Konflikt aus dem Jahr 1937 zwischen Walter Frank, Reinhard Höhn und Karl August Eckhardt anläßlich eines Nachrufs Eckhardts auf Pappenheim, der jüdischer Abstammung war, vgl. von Lösch, Geist 1999, S. 421-424; zu Karl August Eckhardt im Zusammenhang mit der ›Eckhardtschen Studienreform‹ vom Juli 1934 siehe Stolleis, Fortschritte 1989, S. 70-72.

130 Vgl. Pappenheim, Die Neuordnung des schwedischen Erbrechts III 1933; Pappenheim, Die Neuordnung des schwedischen Erbrechts 1927; Pappenheim, Die Neuordnung des schwedischen Erbrechts II 1931.

131 Vgl. Rabel, Unwiderruflichkeit 1933.

132 Vgl. Riezler, Entwurf 1933.

133 Vgl. Trolle, Außervertraglicher Schadenersatz 1933.

134 Vgl. Weiss, Entwurf 1933.

von Forderungen aus Rektapapieren«,[135] der Hamburger Handelsrechtler und Seerechtsspezialist Professor Dr. Hans Wüstendörfer stellte »Rechtsvergleichende Betrachtungen zum Entwurf eines italienischen Codice Marittimo«[136] an.

Im Band 1933 wurden insgesamt 83 Titel rezensiert. U. a. stellte Martin Wolff in einer Selbstanzeige seinen sich schnell als Standardwerk durchsetzenden Grundriß »Internationales Privatrecht« vor, der in Kohlrausch-Peters »Enzyklopädie der Rechts- und Staatswissenschaften« erschien[137] und sich von den zeitgenössischen Überblicksdarstellungen von Karl Neumeyer,[138] Max Gutzwiller,[139] Ernst Frankenstein,[140] Arthur Nußbaum,[141] Hans Lewald[142] und George Melchior[143] durch die klare didaktische Zielsetzung unterschied, »Studierende in die Wissenschaft des internationalen Privatrechts« einzuführen.[144] Eine Gemeinsamkeit von Rabel und Wolff war ihr strenger schuld- und sachenrechtlicher Konstruktivismus, von dem aus sie auf das IPR beurteilten. Das zeigte sich beispielsweise in Wolffs Besprechung des ersten Teils der Neubearbeitung des sachenrechtlichen Bandes im Kommentar zum Schweizerischen ZGB von Robert Haab.[145] Robert Haab selbst besprach in der Ausgabe 1933 die ersten vier Beiträge[146] der von ihm und seinen Basler Kollegen herausgegebenen Basler Studien zur Rechtswissenschaft.[147]

135 Vgl. Wolff, Übertragung 1933. Rabel wies ebd., S. 791 darauf hin, daß es sich bei dem Beitrag um die Fortsetzung einer Reihe zur »Einzelbehandlung von Fragen« handele, »die durch praktische Rechtsfälle angeregt werden«.

136 Vgl. Wüstendörfer, Rechtsvergleichende Betrachtungen 1933.

137 Vgl. Wolff, Internationales Privatrecht 1933, Selbstanzeige in ZIPR 7, 1933, S. 732 f..

138 Vgl. Neumeyer, Internationales Privatrecht 1923.

139 Vgl. Gutzwiller, Internationalprivatrecht 1930; Gutzwiller, Deutsches Internationalprivatrecht 1932.

140 Vgl. Frankenstein, Internationales Privatrecht 1926-1935.

141 Vgl. Nussbaum, Deutsches internationales Privatrecht 1932.

142 Vgl. Lewald, Das deutsche internationale Privatrecht 1931; zu Lewald siehe Flessner, Hans Lewald 1989.

143 Vgl. Melchior, Grundlagen 1932.

144 Wolff, Internationales Privatrecht (Selbstanzeige) 1932, S. 732.

145 Kommentar zum Schweizerischen Zivilgesetzbuch, Bd. 4: Sachenrecht 1929-1933, hg. von Haab; Wolff, Kommentar zum Schweizerischen ZGB, Bd. 4, Rezension in ZIPR 7, 1933, S. 750-752. Wolff arbeitete auf S. 750 f. auch den Unterschied zwischen deutschen und schweizerischen Kommentaren heraus.

146 Vgl. Sandreuter, Rechtliche Natur 1932 (Basler Studien zur Rechtswissenschaft 1); Küry, Lebensversicherung 1932 (Basler Studien zur Rechtswissenschaft 2); Staehlin, Zur Frage der Bilanzfähigkeit 1932 (Basler Studien zur Rechtswissenschaft 3); Herzfeld, Kauf 1933 (Basler Studien zur Rechtswissenschaft 4).

147 Vgl. Haab, Rezension zu den Basler Studien zur Rechtswissenschaft 1933.

Mit dem Eherecht der europäischen Staaten,[148] einem internationalprivatrechtlichen Thema, das aufgrund seiner »völkischen« Funktionalisierbarkeit im »Dritten Reich« besondere »rasse-«ideologische Aufmerksamkeit auf sich zog,[149] befaßte sich der Genfer Internationalprivatrechtler Erich Hans Kaden in seiner Besprechung des vierten Bandes von Franz Leske und William Loewenfelds »Rechtsverfolgung im internationalen Verkehr«: Der Entstehungshintergrund der Neubearbeitung war, wie Kaden nüchtern ausführte, zeitbedingt:

> »Die erste Auflage des Eherechts der europäischen Staaten und ihrer Kolonien, bearbeitet von J[ulius] Hahn, erschien im Jahre 1904. Eine Neuauflage war seit einer Reihe von Jahren eine Notwendigkeit geworden. Sie mußte unvermeidlich zu einer völligen Neubearbeitung führen. Es galt einerseits die politischen Veränderungen zu berücksichtigen, die der Weltkrieg herbeigeführt hatte und die den Rechtszustand in den einzelnen Staaten, in den neugeschaffenen sowohl wie in den durch Gebietserweiterung vergrößerten alten Staaten höchst unübersichtlich und kompliziert hatten werden lassen. Es galt andererseits die tiefgreifenden, oftmals umwälzenden Veränderungen darzustellen, die auf dem hier behandelten Rechtsgebiet in den vom Krieg nicht berührten Staaten eingetreten waren.«[150]

Was Kaden beschrieb, entsprach in funktionaler Problemorientierung und sachlicher Diktion dem internationalprivatrechtlichen Standard. Weitere Besprechungen zu dezidiert auslandsrechtlichen oder ausgeprägt internationalen Themen behandelten u. a. Einzelfragen des US-amerikanischen Rechtssystems[151] und der Rechtstheorie[152] oder Spezialfragen des IPR mit rechtsgeschichtlichen Ausblicken.[153]

Der später durch scharf nationalsozialistische Sprache in der Zeitschrift auffallende Wolfgang Siebert (1905-1959)[154] setzte sich in einer Be-

148 Vgl. Leske/Loewenfeld, Rechtsverfolgung 1932 f.; Kaden, Rezension zu Franz Leske/William Loewenfeld 1933.

149 Vgl. Rüthers, Auslegung 1987, S. 400-429.

150 Kaden, Rezension zu Franz Leske/William Loewenfeld 1933, S. 736.

151 Vgl. Wüstendörfer, Rezension zu Karl Nickerson Llewellyn 1933; Leverkuehn, Rezension zu Johannes C. D. Zahn 1933.

152 Vgl. Neuner, Sinn 1932, Selbstanzeige in ZIPR 7, 1933, S. 733-735; Ficker, Rezension zu Alexandre C. Angelesco 1933.

153 Vgl. Staedler, Rezension zu Kurt Pierburg 1933, mit einer ausführlichen Begriffs- und Instituts-Geschichte des Postschecks seit 1908.

154 1932 Privatdozent in Heidelberg, 1935 außerordentlicher Professor in Kiel, 1937 ordentlicher Professor in Kiel, 1938-1945 ordentlicher Professor in Berlin, 1950

sprechung ausführlich mit einem dogmatischen Detailproblem auseinander, wobei seine Rezension geradezu mustergültig an dem Schema von Inhaltsangabe – detailorientierter Sachargumentation – Bewertung orientiert war und in seinem Urteil betont ausgewogen erschien.[155]

Die Dynamik der »nationalen Revolution« sprachlich abzubilden,[156] zeigte sich hingegen Eduard Wahl in seiner Besprechung des »Neuen deutschen Reichsrechts«[157] bemüht:

> »Die große Staatsumwälzung hat naturgemäß zu einer überaus reichen gesetzgeberischen Tätigkeit geführt; schon jetzt ist die Sammlung zu einem stattlichen Band geworden; galt es doch neben der Bekämpfung der wirtschaftlichen Not, die in allen Ländern den Gesetzgeber nicht zur Ruhe kommen läßt, auch die grundlegenden Reformideen des neuen Deutschlands, bald in großen Gesetzen, bald in mühsamer legislatorischer Kleinarbeit zu verwirklichen. Diese Aufgabe ist zwar schon in staunenswertem Umfang gemeistert, wird aber bei den weitgesteckten Zielen, die nicht mehr und nicht weniger als einen Neubau unseres gesamten Rechtswesens anstreben, noch lange Zeit in Anspruch nehmen. So ist das Bedürfnis nach einer systematischen Sammlung der neuen Gesetze, die einen wichtigen Abschnitt der deutschen Rechtsgeschichte einleiten, heute größer denn je.«[158]

Eher konventionell völkisch und ›überfremdungs‹-ängstlich, eher mit antikapitalistischem Unterton als nationalsozialistisch – in der Herrschaftspraxis nach dem 30. Januar 1933 sank die Bedeutung dieser Motivunterscheidung für die »nationale Revolution« allerdings zunehmend – waren die Perspektiven, die Walter Hamel zum Thema »Wanderungen gewerblicher Körperschaften von Staat zu Staat« entwickelte.[159] Nach einem kritischen wirtschaftsgeschichtlichen Überblick zur Relevanz des Phänomens kam Hamel zum IPR-Bezug: »Durch welche Rechtsordnung wird das rechtliche Wesen einer Körperschaft bestimmt?«[160] Generell blieb Hamel skeptisch gegenüber der marktorientierten Ansiedlung ausländischer Unternehmen nach dem freien Spiel der Kräfte:

Lehrauftrag in Göttingen, 1953 ordentlicher Professor in Göttingen, 1957-1959 ordentlicher Professor in Heidelberg.

155 Vgl. Siebert, Rezension zu Walter Fulterer 1933.

156 Ganz anders, trotz eines Themas mit germanischrechtlichem Bezug, Würdinger, Geschichte der Stellvertretung 1933, Selbstanzeige in ZIPR 7, 1933, S. 969-971.

157 Vgl. Das neue deutsche Reichsrecht 1933.

158 Wahl, Rezension zu »Das neue deutsche Reichsrecht« 1933, S. 749 f.

159 Walter Hamel, Rezension zu Joachim von Spindler 1933.

160 Ebd., S. 996.

»In allen Fällen, in denen ausländisches Kapital in inländische juristische Personen investiert ist, wird die Gesetzgebung allmählich dazu gelangen, dem Kontrollprinzip in gewissem Umfange auch in Friedenszeiten Geltung zu verschaffen. Die Idee einer planvollen Wirtschaft der Nation bringt es mit sich, daß die Eingliederung von ausländischem Kapital in das Gefüge der nationalen Wirtschaft stets einer besonderen Rechtfertigung bedarf. Denn jedes Kapital gewährt Macht über wirtschaftliche Beziehungen, und eine Macht, die nicht der Nation zu dienen bereit ist, wird in einer nach der Idee der Nation errichteten Wirtschaft nur insoweit zugelassen sein, als es durch die Verflechtung der verschiedenen Volkswirtschaften miteinander notwendig wird. [...] Der Aufbau eines nationalen Wirtschaftskörpers wird indessen einen grundsätzlichen, gesetzlichen Schutz vor Überfremdung des Kapitalbesitzes erforderlich machen. Der Gesetzgeber wird in diesem Zusammenhang zu prüfen haben, ob es nicht angebracht erscheint, Wirtschaftsbehörden ein allgemeines Einspruchsrecht sowohl gegen die wirtschaftliche Betätigung ausländischer juristischer Personen im Inlande, als auch gegen die Zuerkennung der Rechtsfähigkeit an inländische gewerbliche Körperschaften mit ausländischem Kapital zu geben.«[161]

1.4.2 Der Jahrgang 1934 – »weltanschaulich als richtig empfundenes Recht«

Die Beiträge der Ausgabe 1934 der »Zeitschrift für ausländisches und internationales Privatrecht« waren »dem Institutsdirektor und Herausgeber dieser Zeitschrift zu seinem 60. Geburtstag am 28. Januar 1934 überreicht«[162] worden. Diese ›kleine Festschrift‹ umfaßte 18 Abhandlungen, von denen sich nicht weniger als elf mit unmittelbar auslandsrechtlichen Themen,[163] schwerpunktmäßig mit angloamerikanischem Recht,[164] Rabels Hauptinteressengebiet in den 1930er Jahren, befaßten. Eine weitere Gruppe von Aufsätzen handelte grundsätzliche Fragen zum IPR ab, Rabels Schüler Max Rheinstein »Die inländische Bedeutung einer ausländischen Zwangsvollstreckung in Geldforderungen«;[165] der Institutsreferent Arwed Blomeyer griff ein altes Lieblingsthema Rabels im Zuge seines er-

161 Ebd., S. 999.

162 Anmerkung der Schriftleitung, in: ZIPR 8, 1934, S. 1.

163 Vgl. Alessandri, Vorbehaltsgut 1934; Hallstein, Aktienrecht 1934; Pappenheim, Blutgruppenuntersuchung 1934; Perdikas, Reformversuche 1934; Rukser, Obligationenrecht 1934; Wahle, Scheidungsrecht 1934; Zoll, Anerkennung 1934.

164 Vgl. Ficker, Ansprüche 1934; Mueller, Geschäftsfähigkeit 1934; Raiser, Freizeichnung 1934.

165 Vgl. Rheinstein, Bedeutung 1934.

folgreichen Bemühens um die Professionalisierung der Rechtsvergleichung auf und grenzte in einem rechtstheoretischen Beitrag die vergleichende Rechtswissenschaft von der Rechtsphilosophie ab;[166] Felix Eckstein formulierte Prinzipielles zur »Frage des anzuwendenden Kollisionsrechts«.[167] Robert Neuner behandelte »Die Anknüpfung im internationalen Privatrecht«.[168] Der Landgerichtsrat Dr. Ernst Letzgus präsentierte einen praktischen Fall des Eherechts mit IPR-Bezug.[169] Der Institutsmitarbeiter Wilhelm Wengler schrieb in monographischer Ausführlichkeit über »Die Vorfrage im Kollisionsrecht«.[170]

Alexander Elster, der Direktor des De Gruyter-Verlages,[171] in dem u. a. die Zeitschrift erschien, äußerte sich zur Frage der Übertragung des Urheberrechts oder des Erfinderrechts.[172] Verteilt über seinen gesamten Artikel waren Topoi des »völkischen« und nationalsozialistischen Denkens vom Anti-Individualismus bis zum »volksgemeinschaftlichen« Anti-Kapitalismus. Jedoch überwog in seinem Beitrag von 1934 trotz einer Neigung zum ›fußnotenfreien‹ Raisonnieren in »einleitenden Worten«[173] noch das Bemühen um eine wissenschaftlich-intersubjektive Textgestaltung, ja Elster zog sogar – wenn auch eher dekorativ als evident – mathematische Modelle und Formeln zur Veranschaulichung seiner Argumentation heran. Am Beispiel Elsters, der sich in der Zeitschrift noch mehrfach mit dem Urheberrecht befaßte und der 1937 in der ersten Ausgabe nach Rabels Rücktritt einen in seinem nationalsozialistischen Bekenntnischarakter isoliert stehenden Beitrag veröffentlichte, läßt sich die

166 Vgl. Blomeyer, Frage der Abgrenzung 1934.
167 Vgl. Eckstein, Frage des anzuwendenden Kollisionsrechts 1934.
168 Vgl. Neuner, Anknüpfung 1934.
169 Vgl. Letzgus, Ehenichtigkeitsklage 1934.
170 Vgl. Wengler, Vorfrage im Kollisionsrecht 1934, S. 250 f.: »Jede Rechtsordnung, jede ›lex fori‹, will gleichsam ein geschlossenes Mosaik aus verschieden geformten Figuren bilden; entnimmt sie diese Figuren ihrem eigenen materiellen Recht, so wird sie ohne Schwierigkeiten ein lückenloses harmonisches Nebeneinander schaffen; verwendet sie Inhalte aus anderen Rechtsordnungen, so passen die Figuren u. U. nicht aneinander, es entstehen Lücken und Störungen. Daß ein solches Problem nicht verstanden, geschweige denn gelöst werden kann, wenn man den Blick nur auf das materielle Recht der lex fori richtet, das hat gerade Ernst Rabel in hervorragender Weise dargetan.«
171 Geboren 1877, Verlagsmitarbeiter bei Gustav Fischer in Jena, 1898-1914 bei Walter de Gruyter in Berlin, seit 1914 hatte er die Leitung der rechts- und staatswissenschaftlichen Abteilung inne. Elster war u. a. 1926-1936 Mitherausgeber des bei De Gruyter erscheinenden Handwörterbuchs der Rechtswissenschaft, vgl. Kürschners Deutscher Gelehrten-Kalender 1940/1941, S. 367.
172 Vgl. Elster, Übertragung des Urheberrechts 1934; ferner Elster, Ontologie 1932.
173 Elster, Übertragung des Urheberrechts 1934, S. 321 f., auch S. 340 f.

graduelle Veränderung im Hauptmedium des KWI für ausländisches und internationales Privatrecht erkennen. Schon 1934 war Elsters »völkisch«-metaphernreicher,[174] zugleich apodiktischer und wolkiger Sprachstil[175] vollkommen entwickelt:

> »Das Gesetz soll auch bei uns der neuen Erkenntnis von den Bestandteilen des Urheberrechts Rechnung tragen, ihre feinsinnige Berücksichtigung offen halten, die Persönlichkeit des Urhebers schützen, aber es darf nicht den Schnitt zwischen den Bestandteilen, die häufig sich nicht ganz scharf trennen lassen, mit rauher Hand wagen. Individualistischen und kapitalistischen Gedanken zu dienen, hat aber der neue deutsche Entwurf doch wohl am wenigsten Anlaß, und wenn wir auf den königlichen Richter rechnen dürfen, müssen wir ihm gute Werkzeuge in die Hand geben, aber seinen Urteilen nicht in jedem Fall vorgreifen, wo er die Einzel- und Allgemeininteressen abzuwägen hat.«[176]

Die Länderberichte des Bandes 1934 standen denen des Jahrganges 1933 zwar geringfügig an Anzahl, nicht aber im globalen Anspruch nach.[177] Sie bezogen sich auf China,[178] Finnland, Frankreich, Griechenland, die Niederlande,[179] Österreich, Rumänien, die Schweiz, die Tschechoslowakei und die USA.[180] Die Mitteilungen betrafen u. a. die skandinavischen Länder, Bulgarien, die Niederlande, Belgien, Großbritannien, Lettland, China, Frankreich, Polen, Österreich, Ägypten und die Mandschurei. Eine gesonderte Mitteilung über nationalsozialistische Gesetzesinitiativen im Inland erfolgte in dieser Rubrik über ein Jahr nach der »Machtergreifung« nicht.

Der Band 1934 enthielt 43 Rezensionen, deutlich weniger als der vorherige. Das war eine auffällige Veränderung, im Gegensatz zu einer ande-

174 Vgl. ebd., S. 335.
175 Vgl. ebd., S. 341: »Denn diese Dinge [Übertragung des Urheberrechts, R.-U. K.] entbehren jener absoluten Einheitlichkeit, die eine gesetzliche Regelung leicht erscheinen lassen; sie sind vielmehr von richtigen Einblicken in die rechtliche Lagerung des Falles in höchstem Maße abhängig und haben in dieser Einsicht den Blick nicht nur auf die Erkenntnis absoluter und dinglicher Rechte, sondern auf die Würdigung der Vertragsabsichten und deren berechtigten Umkreis zu richten.«
176 Ebd., S. 334.
177 Zwölf Länderberichte 1933 gegenüber zehn Länderberichte 1934.
178 Im KWI für ausländisches und internationales Privatrecht bearbeitet von Gerichtsassistent Dr. Karl Bünger.
179 Im KWI für ausländisches und internationales Privatrecht bearbeitet von Gerichtsassistent Dr. Konrad Duden.
180 Im KWI für ausländisches und internationales Privatrecht bearbeitet von Gerichtsassistent Dr. Rudolf Mueller.

ren, weitaus weniger auffälligen. In den Besprechungen fand sich, kaum bemerkbar in der Fülle rein sachlich-fachwissenschaftlicher Beiträge, nun eine unmißverständlich nationalsozialistische Einlassung. Wolfgang Siebert, mittlerweile schon nach Kiel berufen, stellte seine eigene Monographie »Verwirkung und Unzulässigkeit der Rechtsausübung« vor.[181] Nach einer knappen Einführung in den Aufbau seiner Arbeit – erster Teil: Entstehungsgeschichte der Verwirkungslehre im bürgerlichen Recht, zweiter Teil: Rechtsvergleich, vor allem mit dem schweizerischen ZGB, dritter Teil: Anwendung auf den gewerblichen Rechtsschutz – kam Siebert zur Relevanz des Themas für eine nationalsozialistische Auslegung:

> »unzulässige Rechtsausübung ist also nur scheinbare Rechtsausübung, in Wahrheit Handeln ohne Recht, und Rechtsmißbrauch ist nicht etwa Rechtsendigungsgrund, sondern Rechtsüberschreitung. Die Haupttatbestände dieser unzulässigen Rechtsausübung sind die §§ 826, 242 BGB und § 1 UWG; § 226 BGB (Schikane) tritt mit seinem überängstlich gefaßten Tatbestand praktisch ganz in den Hintergrund. Was die ›guten Sitten‹ und was ›Treu und Glauben mit Rücksicht auf die Verkehrssitte‹ inhaltlich bedeuten, bestimmt sich nach der herrschenden Volksauffassung, d. h. für Deutschland nach der nationalsozialistischen Weltanschauung.«[182]

Dann bettete Siebert sein methodisches Vorgehen in einen Entwurf kommender nationalsozialistischer Rechtswissenschaft in der ›Wir‹-Form ein:

> »Wenn die Rechte nach unserer nationalsozialistischen Anschauung zum Dienst am Volke bestimmt sind, so muß die bisherige, mehr äußerliche und mehr auf das Haben abstellende Betrachtungsweise auch methodisch-dogmatisch überwunden werden. Dann aber erscheint es nicht zutreffend, eine Schranke der Ausübung anzuerkennen, die das Recht ›an sich‹ nicht berühren soll. Unsere Rechtsauffassung drängt vielmehr auch hier zur Einheit, zur Bezogenheit und zur Einreihung in eine lebensvolle Ordnung, in der ›richtiges Recht‹ nicht in einem Gegensatz zum ›positiven Recht‹ steht, sondern in der das positive Recht in möglichst dauernder Übereinstimmung mit dem weltanschaulich als richtig empfundenen Rechte gehalten wird.«[183]

181 Vgl. Siebert, Verwirkung und Unzulässigkeit 1934, Selbstanzeige in ZIPR 8, 1934, S. 998-1001.

182 Ebd., S. 1000.

183 Ebd.

Abschließend kam Siebert zu einer charakteristisch nationalsozialistischen Ableitung des gewünschten dogmatischen Ergebnisses aus der ›unbegrenzten‹ Auslegung:

»Der dogmatischen Sicherheit in der Beurteilung des Verwirkungsgedankens soll die Einordnung in die Lehre von der Unzulässigkeit der Rechtsausübung dienen, aus der sich ergibt, daß die Verwirkung nur einen Ausschnitt aus einem umfassenden Rechtsgedanken darstellt, nämlich eine Folgerung aus dem durch Treu und Glauben bestimmten und begrenzten Inhalt der Rechte.«[184]

Eine nicht namentlich gekennzeichnete Notiz, für die, wie bei allen nicht mit vollem Namen gekennzeichneten Beiträgen, nach redaktioneller Mitteilung »die Institutsleitung die Verantwortung« trägt,[185] wies auf der letzten Seite des Jahrgangsbandes 1934 auf das »Jahrbuch des Jugendrechts« hin:

»Wenn der verdiente Herausgeber Dr. Heinrich Webler im Vorwort betont, daß auch in einer Zeit äußerster Sparsamkeit die Fortsetzung der im Jahrbuch enthaltenen Stoffsammlung geboten erscheine, so kann dem nur beigepflichtet werden. Auch für diesen neuen Band gilt das in dieser Z. 6, 285 zu Band I-III Ausgeführte.[186] In gewohnter umfassender Zusammenstellung aus Gesetzgebung, Rechtsprechung und Literatur gewinnt der Leser ein Bild von der neuen Entwicklung des deutschen Jugendrechts unter einschlägiger Berücksichtigung des neugestalteten Beamten- und Erbhofrechts und des Gesetzes zur Verhütung erbkranken Nachwuchses. Besonders hingewiesen sei wieder auf die Fortsetzung des Materials zum internationalen und ausländischen Privatrecht.«[187]

Das war die ›Normalität‹ des Jahres 1934: der sachliche Hinweis auf die eugenische nationalsozialistische Politik und Praxis stand neben dem Hinweis auf den IPR-Bezug des Jugendrechts. In derselben Ausgabe be-

184 Ebd., S. 1001.
185 Ernst Rabel, Redaktionelle Mitteilung zu »Literatur«, in: ZIPR 8, 1934, S. 998.
186 Vgl. Rabel, Rezension des Jahrbuchs des Jugendrechts 1932, S. 285: »Unter der Leitung des um das deutsche Jugendrecht hochverdienten Geschäftsführers des Archivs Deutscher Berufsvormünder, Dr. Heinrich Webler, erscheint ein neues Jahrbuch des Jugendrechts, das nunmehr für die Jahre 1928/29 und 1930 vorliegt. Das Jahrbuch stellt den gesamten im Laufe eines Jahres veröffentlichten Stoff des deutschen Jugendrechts aus Gesetzgebung, Rechtsprechung und Literatur in kurzen Auszügen systematisch zusammen.«
187 Rabel, Rezension des Jahrbuchs des Jugendrechts 1934, S. 1008.

kannte sich u. a. Max Gutzwiller in einer Besprechung von Arthur Nußbaums »Deutschem internationalen Privatrecht« zur selbstverständlichen Vereinbarkeit nationaler Interessenwahrung und internationaler Perspektiven im Blick auf andere Rechtsordnungen:

> »Wir alle stellen uns in den Dienst des geltenden Rechts; ebenso selbstverständlich aber beobachten wir die Entwicklung der ausländischen Rechte und der völkerrechtlichen Grundsätze, in der Meinung, daß ein solches Studium die Rechtsanwendung, die das EGBGB vorschreibt, erleichtere und daß die Mitwirkung an der wissenschaftlichen Diskussion der zwischenstaatlichen Probleme und die Möglichkeit zur Vertretung unseres eigenen Standpunktes gibt.«[188]

Der Yale-Professor Ernest G. Lorenzen besprach eine deutsche Arbeit über »Die lex loci contractus im amerikanischen Internationalprivatrecht« und nutzte die Gelegenheit, um auf Grundprobleme des *Conflict of Laws* im amerikanischen Rechtssystem hinzuweisen;[189] der englische Text der Besprechung war im Original abgedruckt. Erich Hans Kaden nahm sich der amerikanischen Rechtsordnung aus kontinentaleuropäischer Perspektive in der Besprechung einer Darstellung des »Community Property System of Louisiana with comparative studies« an.[190] In einer 15seitigen Rezension würdigte Prof. Dr. Herbert Dorn, ehemaliger Präsident des Reichsfinanzhofs, kritisch Hermann Isays »Internationales Finanzrecht«.[191] Seine abschließende Einschätzung ließ bei aller Kritik an Isays Argumentation im Detail einen liberalen Glauben an Marktwirtschaft und die Wirksamkeit internationaler Verträge erkennen:

> »Die Annahme, daß die völkerrechtlichen Grenzen der Steuerhoheit bisher verkannt worden seien, verdient ernstliche Nachprüfung. Für Staat und Wirtschaft würde es gleichermaßen wesentlich sein, wenn wirklich dem geltenden Völkerrecht Abwehrkräfte gegen Steueransprüche bestimmter Art innewohnten, die bis jetzt unbeachtet geblieben sind. Demgegenüber mußte offen dargelegt werden, daß die von Isay hierfür angetretenen Beweise[192] versagen. Diese Feststellung ist für die Zukunftsarbeit derer wichtig, die nationales Steuerrecht vorzubereiten

188 Gutzwiller, Rezension zu Arthur Nussbaum, 1934, S. 653.
189 Vgl. Lorenzen, Rezension zu Annemarie Hinrichsen 1934.
190 Vgl. Kaden, Rezension zu Harriet Spieller Dagget 1934.
191 Vgl. Dorn, Rezension zu Ernst Isay 1934.
192 Vgl. Isay, Internationales Finanzrecht 1934, S. 111 ff., Doppelbesteuerung; vgl. auch Wengler, Beiträge 1935 (Beiträge zum ausländischen und internationalen Privatrecht 11).

und zu gestalten haben. Für die Weltwirtschaft aber steht die ihren Lebensraum einengende Doppelbesteuerung, deren Völkerrechtsmäßigkeit auch von I[say] nicht bestritten ist, im Vordergrunde. Nach wie vor bedarf es des Kampfes um ein internationales Vertragssystem, das diese Wirtschaftshemmung durch gegenseitige Steuerverzichte der beteiligten Staaten mildert. In diesem Kampfe ist das Buch von Isay Bundesgenosse.«[193]

Alexander N. Makarov stellte vollkommen vorurteilslos eine Hamburger Dissertation vor, die sich mit der »Anwendung sowjetrussischen Rechts in der Praxis der deutschen, englischen und französischen Gerichte« befaßte:[194]

> »Die Schrift [...] bringt eine sorgfältig zusammengestellte Übersicht der Rechtsprechung in ›russischen‹ Sachen in Deutschland, England und Frankreich. Leider hat sich der Verf. genau auf diese drei Länder beschränkt und nicht einmal die wichtigsten Urteile der anderen Länder erwähnt, obwohl z. B. die schweizerische Rechtsprechung zur Frage der Anwendung des Sowjetrechts trotz der Nichtanerkennung der Sowjetregierung und die italienische zur Frage der Rechtsstellung der Handelsvertretung recht interessantes Material bietet. Nach Behandlung einiger Probleme, die er als Vorfragen bezeichnet (Anerkennung der Sowjetregierung, Immunität des Sowjetstaates, Prozeßfähigkeit der Handelsvertretung), berichtet der Verf. über die Anwendung der sowjetrussischen Enteignungs- und Nationalisierungsdekrete, über die Behandlung der vorrevolutionären Verträge, über die Anwendung des sowjetrussischen Erb- und Personenrechts. Verf. meint[195] (S. 30-31), daß die Anwendung der erwähnten Dekrete grundsätzlich nicht gegen den Ordre public verstößt, und dies ohne Unterschied zwischen der präjudiziellen und der unmittelbaren Anwendung.«[196]

Der Referent im KWI für ausländisches und internationales Privatrecht, Konrad Duden, faßte seine im Institut entstandene Untersuchung »Der Rechtserwerb vom Nichtberechtigten an beweglichen Sachen und Inhaberpapieren im deutschen internationalen Privatrecht«[197] zusammen.[198]

193 Dorn, Rezension zu Ernst Isay 1934, S. 678.
194 Vgl. Makarov, Rezension zu Franz Breer 1934.
195 Vgl. Breer, Anwendung sowjetrussischen Rechts 1933, S. 30 f.
196 Makarov, Rezension zu Franz Breer 1934, S. 882.
197 Vgl. Duden, Rechtserwerb 1934 (Beiträge zum ausländischen und internationalen Privatrecht 8).
198 Vgl. ebd., Selbstanzeige in ZIPR 8, 1934, S. 642 f.

1.4.3 Der Jahrgang 1935 – »die Idee des Führertums« und »veredelte Kartellpolitik«

Der neunte Jahrgang der »Zeitschrift für ausländisches und internationales Privatrecht« von 1935, dem Jahr der »Nürnberger Gesetze«, enthielt 18 Abhandlungen, 13 davon hatten einen auslandsrechtlichen Schwerpunkt. Wiederum befaßten sich mehrere Beiträge mit US-amerikanischem Recht. Fowler V. Harper, Professor an der *University of Texas at Austin*, veröffentlichte auf englisch eine Zusammenfassung »Das ›Restatement of Conflict of Laws‹ des amerikanischen ›Law Institute‹«,[199] der im Institut lediglich eine deutsche Einleitung zur Geschichte des *American Law Institute*[200] und zum »Restatement of Conflict of Laws« vorangestellt wurde.[201] Für das Institut beschrieb Konrad Duden »Die internationalrechtliche Tragweite des amerikanischen Gesetzes über die Aufhebung der Goldklauseln«,[202] ebenfalls als Institutsarbeit der Referent Clemens Schlink »Die internationalprivatrechtliche Behandlung der Verjährung in den Vereinigten Staaten«.[203]

Ernst Rabel berichtete über die Entstehungs- und Entwicklungsgeschichte des »Entwurfs eines einheitlichen Kaufgesetzes«[204] im Auftrag und unter der Regie des Internationalen Instituts für die Vereinheitlichung des Privatrechts in Rom. So zurückhaltend Rabel sich auch über die politischen Begleitumstände äußerte,[205] so klar zeigte sich seine Einstellung zum deutschen Rückzug aus internationalen Gremien in seiner fachlichen wie kollegialen Hochschätzung der UNIDROIT-Arbeit:

199 Vgl. Harper, Restatement 1935.

200 Rabel war nach seiner Emigration in die USA dort tätig.

201 KWI für ausländisches und internationales Privatrecht, Einleitung zu Fowler V. Harper, in: ZIPR 9, 1935, S. 821-825.

202 Vgl. KWI für ausländisches und internationales Privatrecht/Duden, Tragweite 1935; KWI für ausländisches und internationales Privatrecht/Duden, Neue Urteile über Goldklauseln 1935.

203 Vgl. KWI für ausländisches und internationales Privatrecht/Schlink, Behandlung 1935. Zum amerikanischen Schwerpunkt dieses Bandes gehörte auch die Besprechung von Becker, Rezension zu Ernst Basch 1935, S. 324 f.; ebenso Rabels Nachruf auf Oliver Wendell Holmes 1935.

204 Vgl. Rabel, Entwurf 1935.

205 Ebd., S. 3 f.: »Das Komitee versammelte sich in den Jahren 1930-1934 elfmal in verschiedenen Ländern zu jeweils etwa eine Woche dauernden Arbeitstagungen. An der letzten Sitzungsperiode im Juni 1934 im Haag habe ich nicht teilgenommen, da ich nach dem Austritt des Deutschen Reichs aus dem Völkerbund meine Stellungen an dem römischen Institut niedergelegt hatte.«

»Nun ist doch bis auf ganz wenige, obwohl wichtige Punkte in dem engen internationalen Kreis der Bearbeiter ein gemeinsamer Vorschlag entstanden, in den meisten Punkten aber aus der fruchtbaren Zusammenarbeit nicht nur ein Kompromiß, sondern geradezu eine gemeinsame Überzeugung von dem wünschenswerten Rechtszustand hervorgewachsen. [...] Wer diese Meinungsbildung während der ganzen Jahre erleben und sich der zunehmenden inneren Teilnahme der verschiedenen Beteiligten erfreuen durfte, kann nicht umhin, in dem Entwurf ein Ereignis zu sehen, einen Markstein in der Entwicklung des Privatrechts und des internationalen Rechts.«[206]

In dieser Bewertung steckte eine implizite Spitze gegen die national verengten Reformbemühungen um ein »arteigenes« nationalsozialistisches Privatrecht, die ab Mai 1939 dann in die Arbeit am »Volksgesetzbuch« münden würden.[207]

Der Reichsgerichtsrat i. R. Dr. Erich Brodmann erläuterte »Das belgische Gesetz über Gesellschaften m. b. H.«.[208] Der Professor an der Universität Thessaloniki Charalambos N. Fragistas führte in »Das Eherecht im Entwurf des griechischen BGB«[209] ein; im Bereich der Ehehindernisse wies Fragistas eigens darauf hin, daß »die Verschiedenheit der Rasse [...] der Eheschließung nicht im Wege [steht]. Gesundheitliche Voraussetzungen der Eheschließung werden im Entwurf nicht aufgestellt.«[210] Erich Hans Kaden untersuchte den »Nichtvermögensrechtlichen Kollektivschaden und zivilrechtliche Schadenersatzklagen nach französischem Zivilrecht«,[211] der Berliner Rechtsanwalt Dr. Ernst Katinszky die »Unterbrechung der Verjährung durch Klageerhebung vor ausländischen Gerichten«.[212] Der Präsident des Reichspatentamtes, Georg Klauer, referierte über »Die Londoner Konferenz über den gewerblichen Rechtsschutz«,[213] der Greifswalder Professor George A. Löning über das entlegene Thema der »Ehescheidung von Isländern vor deutschen Gerichten«.[214] Der Athener Rechtsanwalt Themistokles D. Macris stellte »Die Grundgedanken für die Ausarbeitung des Entwurfs eines griechischen Zivilgesetzbuchs«[215]

206 Ebd., S. 5.
207 Vgl. Schubert, Einleitung 1988.
208 Vgl. Brodmann, Das belgische Gesetz 1935.
209 Vgl. Fragistas, Eherecht 1935.
210 Ebd., S. 390.
211 Vgl. Kaden, Nichtvermögensrechtlicher Kollektivschaden 1935.
212 Vgl. Katinszky, Unterbrechung der Verjährung 1935.
213 Vgl. Klauer, Londoner Konferenz 1935.
214 Vgl. Löning, Ehescheidung von Isländern 1935.
215 Vgl. Macris, Grundgedanken 1935.

vor, der Berliner Ministerialrat Dr. Otto Riese gab einen Problemaufriß zur »Internationalen Vereinigung des Luftprivatrechts«.[216] Der Wiener Privatdozent Karl Satter behandelte »Die Anerkennung ausländischer Urteile in Ehesachen nach dem neuen österreichischen Eherecht«.[217] Verlagsdirektor Elster handelte »Gewerbliches Schutzrecht zur Lösung strittiger urheberrechtlicher Grenzfragen«[218] ab und knüpfte an seine Ausführungen von 1934 an: dies sowohl in stilistischer als auch in methodischer Hinsicht, nur stülpte Elster nun seinen Vorstellungen von »Kunstschaffen« und »Gemeinwohl« »Elemente der soziologischen Funktion«[219] über und entwickelte ein Schema zum »Schrift-«, »Musik-« und »Bildwerkrecht«.[220]

Der Rigaer Professor Carl von Schilling berichtete über die »Rechtsangleichung im Baltikum« und die Konferenzen deutsch-baltischer Juristen seit 1928.[221] Von Schilling beklagte die »Rechtszersplitterung« durch die nicht koordinierte estnische und lettische Gesetzgebung: »Der Grund für diese bedauernswerte Erscheinung liegt zum Teil in national-politischen Gegebenheiten. [...] In wirtschaftlichen Fragen ist eine Einigung auch durch Parteimachenschaften und Parteidiktate hintangehalten worden; eine Lage der Dinge, die nunmehr fortgefallen ist, da Lettland seit dem 15. Mai 1934 die Vorzüge eines autoritären Staatswesens genießt.«[222] Die baltische Rechtseinheit sei daher vor allem das Anliegen des »baltische[n] Deutschtum[s], das immer bestrebt gewesen ist, die gemeinsamen Grundlagen zu pflegen, insbesondere auch in rechtlicher Beziehung«.[223]

216 Vgl. Riese, Vereinheitlichung 1935.
217 Vgl. Satter, Anerkennung 1935.
218 Vgl. Elster, Gewerbliches Schutzrecht 1935.
219 Vgl. ebd., S. 376 f.: tatsächlich handelte es sich nur um eine von Elster entwickelte Typologie der Funktionen des Verlagsrechts.
220 Vgl. ebd., S. 383.
221 Vgl. von Schilling, Rechtsangleichung im Baltikum 1935, S. 558: »Die während des Weltkrieges aus dem Bestande des Zarenreichs ausgeschiedenen Republiken Lettland und Estland umfassen die historischen Landschaften Kur-, Liv- und Estland, die wohl auch als baltische ›Ostseeprovinzen‹ oder ›Baltikum‹ bezeichnet werden. Aus deutschen Kolonien entstanden, die bis 1561 dem Römischen Reich deutscher Nation angehörten, hatten die ›Ostseeprovinzen‹ von jeher ihr eigenes ›ostseeprovinzielles‹ Privatrecht, das autonom aus deutsch-baltischen und römischen Rechtsquellen erwachsen, nichts anderes ist als deutsches gemeines Recht eigenartiger Färbung. Polnische und schwedische Einflüsse haben dieses Recht nur wenig berührt, und auch die russische Herrschaft, der Kur-, Liv- und Estland im 18. Jahrhundert anheimfielen, hat den höheren Rechtszustand geachtet, den es in den neu erworbenen Provinzen vorfand. So gab es in Kur-, Liv- und Estland bis zum Weltkrieg ein wesentlich einheitliches Recht.«
222 Ebd., S. 558 f.
223 Ebd., S. 559.

Im Jahresband 1935 erschienen sechs Länderberichte für Großbritannien,[224] Frankreich, Italien,[225] Österreich, die Schweiz und die Tschechoslowakei,[226] wobei die Berichte für Großbritannien und die Schweiz Schwerpunkte bildeten. Die Mitteilungen referierten zwei internationale Abkommen[227] und ein internationales Schiedsurteil,[228] weitere 37 Einzelmitteilungen bezogen sich auf die USA, die skandinavischen Länder, Großbritannien, Italien, Rumänien, Spanien, Chile, Costa Rica, die Dominikanische Republik, Guatemala, Japan, die Tschechoslowakei, Jugoslawien, Ägypten und Österreich.

Erstmalig seit 1933 wies eine nicht namentlich gekennzeichnete Mitteilung auf »Das deutsche Privatrecht seit der nationalsozialistischen Revolution« hin:

> »Für ausländische Leser, die sich über die Umgestaltung des deutschen Privatrechts während der letzten zwei Jahre zu unterrichten wünschen, (vergl. dazu auch schon diese Z. 7, 749),[229] sei auf zwei Aufsätze hingewiesen, die die ›Deutsche Justiz‹, das amtliche vom Reichsminister der Justiz herausgegebene Blatt der deutschen Rechtspflege, aus der Feder von zwei Sachbearbeitern des Ministeriums veröffentlicht. Ministerialdirektor Dr. [Erich] Volkmar[230] behandelt die Umgestaltung des Privatrechts im allgemeinen, während Ministerialrat Dr. [Ernst] Brandis[231] die Gesetzgebung auf dem Gebiet des Familienrechts darstellt. Das Heft, in dem die Aufsätze enthalten sind (97. Jahrg. Nr. 10 S. 364 und 368) ist zu beziehen durch R. v. Decker's Verlag, G. Schenck, Berlin W 9, Linkstr. 35 (Preis 50 Pf.).«[232]

224 Im KWI für ausländisches und internationales Privatrecht bearbeitet von Amts- und Landrichter Dr. Karl Arndt.

225 Im KWI für ausländisches und internationales Privatrecht bearbeitet von Gerichtsassistent Dr. Konrad Duden und Dr. Ruby Freiin von Wintzingerode.

226 Im KWI für ausländisches und internationales Privatrecht bearbeitet von Gastreferent Dr. Fritz Korkisch.

227 Im KWI für ausländisches und internationales Privatrecht bearbeitet von Gastreferent cand. iur. Lars Uddgren, Die nordische Konvention über Erbe 1935; Wolff, Internationales Privatrecht 1935.

228 Im KWI für ausländisches und internationales Privatrecht bearbeitet von Referent Dr. Gerhard Schröder, Entscheidung des Schiedsrichters 1935.

229 Das bezog sich auf die Besprechung des »Neuen Deutschen Reichsrechts« von Eduard Wahl.

230 Vgl. auch Volkmar/Elster, Rechtsentwicklung 1937 (Handwörterbuch der Rechtswissenschaft 8, Supplement 2).

231 Vgl. auch Brandis/Maßfeller, Personenstandsgesetz 1937.

232 KWI für ausländisches und internationales Privatrecht, Das deutsche Privatrecht 1935, S. 274.

In dieser Formulierung war der Muß-Charakter des Hinweises offensichtlich: hier wurde ein Minimum an Systemintegration nach außen dokumentiert, das bei nationalsozialistischen Radikalen eher Stirnrunzeln als Beifall gefunden haben dürfte.

Der Band von 1935 enthielt wiederum 87 Rezensionen. Rudolf Reinhard (1902-1976),[233] Privatdozent in Köln, besprach den ersten Band von Theodor Kuhr, »Die Trennung der Gewalten und das germanische Recht«.[234] Daß Kuhrs gewagte Verbindung von »germanischem Recht« und Monopolproblem nicht unbedingt von selbst einleuchtete, war auch Reinhard aufgefallen: »Vom germanischen Recht ist hauptsächlich deshalb die Rede, weil sich die Darstellung, wie es heißt, auf die wichtigsten germanischen Länder, England, Nordamerika und Deutschland beschränkt.«[235] Die Verbindung von Gewaltenteilung im Ober- und richterlicher Rechtsschöpfung im Untertitel erklärte sich der Rezensent so: »Veranlassung, die Betrachtungen unter den Obertitel: Die Trennung der Gewalten, zu stellen, gibt dem Verfasser der Umstand, daß der rechtsschöpferische Richter bis zu einem gewissen Grade Rechtssetzung und Rechtsanwendung in einer Person vereinigt.«[236] Eine Auseinandersetzung mit der Gewaltenteilungslehre hingegen sei gar nicht angestrebt gewesen. Reinhard ließ keinen Zweifel daran, was er von der Gewaltenteilung hielt:

> »Die Darstellung geht aus von einer Bestimmung des Wesens richterlicher Rechtsschöpfung überhaupt: Diese wird einmal in Gegensatz gestellt zu der unschöpferischen Tätigkeit des Richters bei absoluter Trennung von Rechtssetzung und Rechtsanwendung – im Sinne der Lehre von der Trennung der Gewalten –; es wird aber auch ein Gegensatz zu jener Auffassung herausgearbeitet, nach der die Volksüberzeugung oder der sogenannte Volksgeist die wahre Rechtsquelle sei. Das Wesen richterlicher Rechtschöpfung liege demgegenüber darin, daß sie ›formell rechtlich‹ durch die Idee des Führertums, ›materiell rechtlich‹ durch die Idee der Förderung des Staatszwecks bestimmt werde. In der Förderung des Staatszwecks bestehe auch das Kriterium des richtigen Rechts, dessen Verwirklichung eben am besten durch das Führerprinzip garantiert sei.«[237]

233 1935 außerordentlicher Professor in Halle, 1939 ordentlicher Professor in Königsberg, 1940 ordentlicher Professor in Marburg.
234 Vgl. Reinhard, Rezension zu Theodor Kuhr 1935.
235 Ebd., S. 321.
236 Ebd.
237 Ebd.

Zuviel richterliche Freiheit war, so Reinhard, allerdings auch nicht wünschenswert: »Man wird so z. B. gerade den Umstand nicht unterschätzen dürfen, daß sich die Idee des Führertums auch wieder gegen den rechtsschöpferischen Richter auswirken muß. Die Anerkennung eines Führers verlangt unzweifelhaft eine ganz besonders starke Bindung der Richter an das vom Führer gesetzte Recht.«[238] Faßt man Reinhards Ausführungen bis dahin zusammen, ergeben sich folgende beiden Sätze: Das Wesen richterlicher Rechtsschöpfung wird, im Gegensatz zur strikten, gewaltenteilungsbedingten Bindung des Richters an das Gesetz, durch das »Führerprinzip« und die Staatsräson bestimmt. Das Wesen richterlicher Rechtsschöpfung wird zugleich begrenzt durch die dem »Führerprinzip« immanente Bindung des Richters an das vom »Führer« gesetzte Recht. Zwar räumte Reinhard ein, daß »ferner die Bestimmung des richtigen Rechts [im Letzten ungeklärt bleibt], wenn diese auf die Förderung des Staatszwecks abgestellt wird. Es müßte dann weiter gesagt werden, welches dieser Staatszweck ist.«[239] Dies zu bestimmen, sei allerdings leicht, denn den Maßstab dafür bilde wiederum bei Kuhr »die Einheitlichkeit der Weltanschauung«.[240] Abschließend beschrieb Reinhard, nun in Abgrenzung von Kuhr, den er für einen zu ausgeprägten »Bewunderer der amerikanischen Rechtsprechung zu den Fragen der Marktregulierung« hielt, »die aus einer völlig liberalen Grundanschauung erwachsen ist«,[241] seine Vorstellungen von »veredelter« nationalsozialistischer Kartellpolitik entgegen:

> »Gewiß entspricht keinesfalls ein rein vom privatwirtschaftlichen Gewinnstreben beherrschtes Kartell den Anforderungen einer richtigen, Staat und Gemeinschaft dienenden Wirtschaftsgestaltung. Marktregelung und damit Beeinträchtigung der Konkurrenz durch Zusammenschließen braucht aber unsere heutige Wirtschaft trotzdem als erste Voraussetzung ihrer Existenz überhaupt. Nicht der Kampf gegen eine den Markt regulierende Organisation, sondern die Benutzung einer solchen Organisation im Kampfe um die Erhaltung der nationalen Wirtschaft (man kann auch von einer veredelten Kartellpolitik sprechen) ist auch der Sinn der einschlägigen Maßnahmen des nationalsozialistischen Staates.«[242]

Der Senatspräsident Dr. Huecking, Berlin, äußerte sich zu einem in der Schriftenreihe der Akademie für Deutsches Recht gedruckten Vortrag

238 Ebd.
239 Ebd.
240 Ebd., S. 322.
241 Ebd., S. 324.
242 Ebd.

von Hans-Otto de Boor über »Die Methode des englischen Rechts und die deutsche Rechtsreform«.[243] De Boor, so Huecking, komme zu dem Schluß, daß das englische und deutsche Rechtssystem unvereinbar seien. Dieser Befund, so Huecking weiter,

> »zwingt den Verfasser, das Wesen der Volksverbundenheit des Rechts zu bestimmen, obwohl er sie im wesentlichen für einen Erlebniswert hält. Er verlangt zunächst von volksverbundenem Recht soziale Richtigkeit; auf die Methode bezogen findet er darin das Problem: wie weit soll das Gesetz strikt, wie weit soll es anpassungsfähig sein, wie weit soll es abstrakt, wie weit soll es konkret sein, wie weit soll es Rechtssicherheit (durch Voraussehbarkeit und Festlegung der zivilrechtlichen Entscheidung) verbürgen, wie weit Erlaubnis zur freien Rechtsgestaltung sein. Der Verfasser findet: Anpassungsfähig habe sich das englische Recht nicht selten gezeigt, doch eigentlich gerade dann, wenn es mit seiner eigenen Methode es nicht ernst genommen habe. Bei der Frage, ob die Norm abstrakt oder konkret sein solle, tritt der Verfasser für einen Mittelweg ein und findet, daß von diesem Standpunkt aus das englische Recht, dem jegliche Neigung zur Abstraktion fehle, uns nicht fördern könne. Bei der Frage der Rechtssicherheit müßte scheinbar das englische Recht vor dem unsrigen einen Vorsprung haben, da das englische Recht von der sogenannten ›precedent‹ Methode beherrscht wird, wonach jeder erstinstanzliche Richter an die tragenden Entscheidungsgründe jeder Entscheidung eines höheren Gerichts und die höchsten Gerichte an ihre eigenen Entscheidungen gebunden sind. Aber auch hier kommt der Verfasser zu dem Ergebnis, daß infolge des ›Deutens und Distinguierens‹ der Juristen die englische Methode eine erhöhte Rechtssicherheit nicht gewährleistet.«[244]

De Boor, so Huecking weiter, »findet, daß die verständnisvolle Erfassung der tatsächlichen Seite und ihre dramatische Darstellung im englischen Zivilrechtsfall zeitungsmäßiger Behandlung und dem Interesse des Publikums zugänglich mache. Darauf gründet er Reformwünsche hinsichtlich der deutschen Zivilrechtspraxis.«[245] Und Huecking lobte de Boor in warmen Worten dafür, daß er nicht alles Ausländische sogleich für nachahmenswert oder gar besser halte.

243 Vgl. Huecking, Rezension zu Hans-Otto de Boor 1935.

244 Ebd., S. 320; vgl. die so nüchterne wie kritische Darstellung der Eigenarten bei Zweigert/Kötz, Einführung 1971, S. 311-328; zeitgenössisch auch die Rezension von Philbrick, Zivilgesetze der Gegenwart 1935.

245 Huecking, Rezension zu Hans-Otto de Boor 1935, S. 320.

Der Öffentlichrechtler und Völkerrechtler Ulrich Scheuner, Jena,[246] besprach den siebten Band von Franz Leske und William Loewenfeld, »Das Recht der Staatsangehörigkeit der europäischen und der außereuropäischen Staaten«:[247] »Bemerkenswert ist, daß sich im neueren Recht die Erleichterung der Einbürgerung für Personen gleicher Volkszugehörigkeit immer weiter verbreitet (Jugoslawien, Rumänien, Griechenland, Albanien), fast der einzige Punkt, an dem sich das Prinzip der Anerkennung des Volkstums im heutigen europäischen Rechtsdenken durchzusetzen beginnt.«[248]

Der Gießener Zivilrechtler Otto Eger legte dar, wie Ernst Swoboda, der sich schon seit Ende der 1920er Jahre mit der Privatrechtsreform beschäftigt hatte,[249] sich die »Dynamisierung« des Privatrechts unter Rückgriff auf Kant vorstellte. Positiv hob Eger hervor, daß es Swoboda nunmehr gelungen sei, »tiefer in die neueste Phase der Rechtsentwicklung in Deutschland einzudringen«[250] und u. a. die Errungenschaften des »Reichserbhofgesetzes« erkannt zu haben. Swoboda gehe davon aus, so Eger, daß ein nach Kants Rechtsidee gestaltetes Privatrecht »getragen [werde] durch die leitenden Grundsätze der Gerechtigkeit, der durch die Zwecke der Gesamtheit eingeschränkten Freiheit des Einzelnen und die Gleichheit aller vor dem Gesetz, wozu noch als weiteres, regulatives Prinzip die Forderung nach der Harmonie des Rechts hinzutrete«.[251] Daraus lasse sich unmittelbar ableiten:

> »der dynamische Persönlichkeitsbegriff (jedermann ist kraft seiner Menschenwürde als Person und im Rahmen des auf Grund der Verfassung festgelegten Rechtsbereiches fähig, Träger von Rechten zu sein. Das Recht der Persönlichkeit wird eingeschränkt durch die Pflichten, die dem Einzelnen gegenüber der Gesamtheit obliegen),[252] der dynamische Sachbegriff (Sache im rechtlichen Sinn ist alles, was von der Person verschieden ist, der menschlichen Herrschaft unterliegt und Gegenstand von Rechten sein kann), der dynamische Eigentums-

246 Vgl. Stolleis, Bauch des Leviathan 1989/1994, S. 140 f.

247 Vgl. Scheuner, Rezension zu Franz Leske/William Loewenfeld 1935.

248 Ebd., S. 800.

249 Vgl. Swoboda, Neugestaltung 1929; Swoboda, Privatrecht der Zukunft 1932.

250 Eger, Rezension zu Ernst Swoboda 1935, S. 801.

251 Ebd.; Rüthers, Auslegung 1987, S. 340: »Der Volksgenosse soll nicht mehr Subjekt von subjektiven Rechten und Pflichten, sondern Träger einer Gliedstellung in der Volksgemeinschaft sein.«

252 Vgl. ebd., S. 335: »Nur das Volksgenosse-Sein bedeutet dann Person-Sein im Sinne von Rechtsgenosse-Sein.«

> begriff (Eigentum im weiteren Sinn und vollständiges Eigentum),[253] Gesamtsachen (mit Ausführungen über das Unternehmen als Rechtsobjekt), Unterschied zwischen Miete und Pacht (Betriebspflicht des Pächters und bei Pacht eines Unternehmens), Auftrag und Vollmacht, dynamische Gestaltung des Schadensersatzrechts.«[254]

Einen Ausblick auf den ideologisch korrekten »nordischen« Raum gab Rechtsanwalt Dr. Helmuth Dix in seiner Besprechung des von ihm mitherausgegebenen zehnten Bandes der im KWI für ausländisches und internationales Privatrecht bearbeiteten »Zivilgesetze der Gegenwart« über »Das Zivilrecht der nordischen Länder«.[255] Hier handelte es sich also um ein ›Produkt des Hauses‹. Besonders aufschlußreich fand Dix in der Darstellung des schwedischen Rechts »die – für uns Deutsche überhaupt und vor allem im Hinblick auf die Inflationszeit und ihre Folgen besonders interessanten – Beschränkungen der Rechte des Ausländers [...], der ohne Genehmigung der Regierung in Schweden weder Grundbesitz erwerben noch ein Gewerbe betreiben darf«.[256]

1.4.4 Der Jahrgang 1936 – »ein rückhaltloses Bekenntnis zur Zeitenwende«

Auf der letzten Seite der elften Ausgabe der »Zeitschrift für ausländisches und internationales Privatrecht« stand jene fünfzeilige Notiz, mit der Rabel seinen Rücktritt von der Direktion bekanntgab:[257] formal und inhaltlich war das eine Zäsur.

Die Ausgabe umfaßte fünfzehn Abhandlungen. Algot Bagge, Mitglied des Höchsten Gerichts in Stockholm und Rabel aus Rom bekannt, berichtete über frachtvertragliche Probleme des »Durchfrachtverkehr[s], insbesondere d[er] gemischte[n] Beförderung«[258] auf dem Land-, See- und Luftweg. Der finnische Staatssekretär Dr. Yrjö J. Hakulinen führte in »Die finnische Aktienrechtsnovelle vom 15. November 1935«[259] ein. Der frühere schwedische Außenminister und Präsident des Svea Hovrätt, Freiherr Erik Marks von Württemberg (1861-1937),[260] präsentierte »Die gemeinsame nordische Gesetzgebung«[261] Dänemarks, Norwegens und

253 Ebd., S. 351-356, 354: »Der konkrete Eigentumsinhalt wurde je nach der besonderen Funktion der betreffenden Sachgüter in der Volksordnung bestimmt [...].«
254 Eger, Rezension zu Ernst Swoboda 1935, S. 801.
255 Vgl. Dix, Rezension zu den Zivilgesetzen der Gegenwart 1935.
256 Ebd., S. 304.
257 Vgl. Rabel, An die Mitarbeiter und Leser 1936, S. 1978.
258 Vgl. Bagge, Durchfrachtverkehr 1936.
259 Vgl. Hakulinen, Aktienrechtsnovelle 1936.
260 Vgl. den Nachruf von Rabel, Erik Marks von Württemberg 1937, S. 1078.
261 Vgl. von Württemberg, Die gemeinsame nordische Gesetzgebung 1936.

Schwedens. Sein Plädoyer für eine pragmatische internationale Kooperation in der Gesetzgebung war deutlich und entzog sich einer »nordischen« Ideologisierung vollkommen:

> »Warnende Stimmen haben von Anfang an laut verkündet oder auch geflüstert, daß die Zusammenarbeit zu einem verderblichen Kompromiß, zu einer Aufopferung nationaler Werte oder auch einer Vernachlässigung von Problemen führen würde, die gelöst werden müßten. Diese Befürchtungen haben sich jedoch als wenig begründet erwiesen. [...] Eine andere Sache ist, daß man vielfach in dem einen oder anderen Land zu der Ansicht gelangte, daß die bei den Nachbarn gefundene Lösung der einen oder anderen Frage erhebliche sachliche Vorzüge vor der im eigenen Land eingebürgerten hätte und daß man die letztere ohne Schaden aufgeben könnte. Nicht selten ist auf diese Weise die Zusammenarbeit der Hebel zu einer Gesetzesverbesserung geworden, die Vorurteil oder Beharrungsvermögen wahrscheinlich sonst verhindert hätten.«[262]

Marks von Württemberg wurde noch deutlicher. Nach diesem Bekenntnis zum Wert der klassisch-legislatorischen Rechtsvergleichung bekannte er sich zum Parlamentarismus als Motor der zwischenstaatlichen Kooperation. Das dürfte den Internationalprivatrechtlern des »Führerstaats« in den Ohren geklungen haben: »Ich bin kein Antiparlamentarier und ich will mich nicht des Mangels der schuldigen Ehrfurcht vor dem schwedischen Reichstag oder den entsprechenden Instanzen in den Nachbarstaaten schuldig machen.«[263]

Der Rechtsanwalt Dr. Oswald, Tachau bei Marienbad, handelte »Zuständigkeitsfragen im Verhältnis zwischen Deutschland und der Tschechoslowakei«[264] ab. Ernst Rabel äußerte sich zusammenfassend zu »Golddollar-Anleihen mit Vereinbarung des New Yorker Rechts«,[265] Harald R. Topken, *Attorney* und *Counsellor at Law* in New York, »Zum Kauf von Ware unter ihrem Patentnamen oder ihrer Handelsbezeichnung«.[266] Der Athener Professor Konstantinos Triantafylloppulos[267] stellte »[Den] griechische[n] Entwurf eines Obligationenrechts«[268] vor; der Lörracher

262 Ebd., S. 715.
263 Ebd., S. 716.
264 Vgl. Oswald, Zuständigkeitsfragen 1936.
265 Vgl. Rabel, Golddollar-Anleihen 1936, S. 492-522; siehe auch III 2.4.
266 Vgl. Topken, Kauf von Ware 1936.
267 Vgl. Argyriadis-Kervégnan, Konstantinos Triantafylloppulos 1995.
268 Vgl. Triantaphyllopoulos, Entwurf 1936, S. 53-66.

Rechtsanwalt Friedrich Vortisch ausgewählte Probleme »Gegenseitige[r] Anerkennung der Gerichtsbarkeit in Ehesachen zwischen dem Deutschen Reich und der Schweizerischen Eidgenossenschaft«.[269] Eduard Wahl schrieb »Zum internationalen Recht der freiwilligen Gerichtsbarkeit in Personen- und Familiensachen«.[270]

Der Diktion nach ›weltanschaulich‹ angepaßt war der Artikel des Berliner Amtsgerichtsrats Dr. Siegfried Boschan über »Die Tätigkeit der deutschen Konsulate in Vormundschafts- und Pflegschaftsachen«: [271] der sachliche Regelungsbedarf stand im Vordergrund, so daß Boschan nur auf das »Schutzbedürfnis der deutschen Volksgenossen im Ausland«[272] einging, das »auch hinsichtlich der Einleitung und Führung von Vormundschaften und Pflegschaften einheitliche reichsgesetzliche Regelungen« erfordert.[273] Ebenso moderat zeigte sich Georg Klauer in seiner Einführung zum »Neue[n] italienische[n] Gesetz zum Schutze des gewerblichen Eigentums«.[274] Klauer verwies lediglich knapp auf die bei der Akademie für Deutsches Recht laufenden Beratungen über die Angestelltenerfindung.[275]

Verlagsdirektor Alexander Elster setzte sich einmal mehr mit urheberrechtlichen Fragen auseinander, in dieser Ausgabe mit dem »Änderungsrecht des Verlegers und des Herausgebers nach deutschem und österreichischem Recht«.[276] Elster kam in dem gesamten Beitrag ohne eine einzige Fußnote aus, lediglich die Schriftleitung ergänzte, daß das KWI für ausländisches und internationales Privatrecht zu diesem Thema »eine rechtsvergleichende Übersicht«[277] vorbereite. Elsters Anliegen war die Betonung des Problems, »daß sachlich begründete Gemeinschaftsbelange Berücksichtigung zu finden haben gegenüber einem eng formalistischen Verbietungsrecht eigensinniger oder kurzsichtiger Werkschöpfer, kurzum in der gegebenenfalls möglich zu machenden Heraushebung des Werkes sogar über seinen Autor«.[278] Eine Auslegung »nach Treu und Glauben« müsse hier zu den gewünschten Ergebnissen führen können.[279] Elster charakte-

269 Vgl. Vortisch, Anerkennung 1936.
270 Vgl. Wahl, Zum internationalen Recht 1936.
271 Vgl. Boschan, Tätigkeit 1936.
272 Ebd., S. 95.
273 Ebd.
274 Vgl. Klauer, Gesetz 1936.
275 Vgl. ebd., S. 2.
276 Vgl. Elster, Änderungsrecht 1936.
277 Anmerkung der Schriftleitung, in: ZIPR 10, 1936, S. 732, Anm. 1.
278 Elster, Änderungsrecht 1936, S. 725.
279 Vgl. ebd.

risierte selbstbewußt den Idealtypus des nationalsozialistischen Verlegers als eines Mittlers zwischen Werksinteresse und »volksgemeinschaftlichem«[280] Interesse:

»Der Verleger ist nicht einem beliebigen Erwerber von Urheberrechten oder Werknutzungsrechten an einem fremden Werk gleichzustellen. [... A]bgesehen davon, daß ernste Bestrebungen, gerade bei der Gestaltung des neuen deutschen Rechts, obwalten, eine Übertragung des Urheberrechts gänzlich auszuschließen und nur die Einräumung von Nutzungsrechten, zu denen ja auch das Verlagsrecht gehört, zu gestatten, so beruht doch die für eine geläuterte Rechtsauffassung besondere Rechtsstellung des Verlegers darin, daß er Pflichten für das Werk übernimmt. Gerade er also ist nicht ein beliebiger ›Dritter‹, sondern ein verantwortlicher ›Zweiter‹; und dies gibt einem in seine Hände nach Treu und Glauben gelegten Mitwirkungsrecht ein ganz anderes Gesicht. [...] Es mag zwar noch Zeit und Mühe kosten, diesen Gedanken für das Verhältnis von Autor und Verleger allgemein durchzusetzen [...]; aber wenn es wahr ist, daß das Verlagsverhältnis ein Treueverhältnis ist – und ohne eine solche Überzeugung geht es nun einmal nicht –, so muß der Hinweis auf ›Treu und Glauben‹ bei der Auslegung des Änderungs›verbots‹ gerade mit diesem Treueverhältnis rechnen.«[281]

Einen betont antiemanzipatorischen Akzent, der gut in das nationalsozialistische Frauenbild paßte,[282] setzte Carl von Schilling in seinem kurzen Hinweis auf den »Lettländische[n] amtliche[n] Entwurf zu einer Reform des Ehegüterrechts und der persönlichen Beziehungen der Ehegatten«.[283] Von Schilling stieß sich an dem hinter dem Entwurf stehenden, für seinen »völkisch«-autoritären Geschmack zu freizügigen Rollenbild der Frau:

»Im Entwurf ist bloß gesagt, daß die Frau berechtigt sein soll, selbständig ihre Interessen zu vertreten, falls der Mann dies unterläßt oder ohne der Frau Einwilligung über ihr oder das Gemeingut verfügt [...]. Das ist wenig. Nicht nur nach bestehendem Gesetz, sondern auch nach tief eingewurzelter Rechtsauffassung des Volks ist die Vertretung der Interessen der Frau ›in allen Vorfällen des Lebens‹ die zweite fun-

280 Vgl. ebd., S. 731: »[E]s ist der Gemeinschaftsrechtsgedanke, der alles dies, was ich hier fordere, für den ein Werk redlich betreuenden Verleger oder Herausgeber rechtfertigt.«

281 Elster, Änderungsrecht 1936, S. 727.

282 Vgl. Frevert, Frauen 1997, mit weiteren Nachweisen.

283 Vgl. von Schilling, Der lettländische amtliche Entwurf 1936.

damentale Hauptpflicht des Ehemannes, eine der wichtigsten Grundlagen der Ehe, in der die Frau Schutz und Halt am Manne finden soll, zumal in ihrer schweren Zeit und im Interesse einer gesunden und ersprießlichen Kindererziehung. [...] Ein Rückblick auf den Gesamtinhalt des Entwurfs drängt unwillkürlich noch eine Schlußbemerkung auf: Es ist, als ob der Entwurf von frauenrechtlerischer Seite her verfaßt oder doch beeinflußt worden wäre. Die Lehre ist etwa: die Frau soll selbständig sein, sie braucht mithin keinen Schutz und keine Vertretung durch den Mann. Auch die Unterhaltspflicht des Mannes erübrigt sich, denn die Frau erwirbt eben selbst. Gleichstellung des natürlich Ungleichen bedeutet aber höchste Unbill für beide Teile. Daher ist denn auch die rechtliche Gleichstellung nichts anderes als tiefste Ungerechtigkeit.«[284]

Eine im Gegensatz zu der so kritisierten Aufweichung traditioneller Rollenbilder heile »völkische« Welt präsentierte T. Taniguchi, Professor an der Handelsuniversität Osaka, in seinem Artikel »Über das heutige japanische ›Familien-System‹«:[285] »Alle japanischen Staatsangehörigen müssen als Mitglied einem Haus (Familie, japanisch ie) angehören. Auch ein Ausländer, der in Japan naturalisiert wird, soll ein neues ›Haus‹ begründen [...]. Die japanische Volksgemeinschaft ist daher tatsächlich auf der Hausgemeinschaft, der Familie, gegründet.«[286] Taniguchi führte allerdings weiter aus, daß das Nebeneinander von »individualistischem« japanischem BGB und dem in seiner Substanz gesellschaftlich akzeptierten »Familiensystem« einen erheblichen rechtspolitischen Reformdruck erzeuge:

»Das Verhältnis zwischen Eltern und Kindern wird durch das Familiensystem wesentlich beeinflußt. Rein individualistisch, nämlich da, wo ein Familiensystem nicht besteht, und rein theoretisch betrachtet, sollen der Vater und die Mutter ihre minderjährigen Kinder pflegen, beaufsichtigen und erziehen und ihr Vermögen verwalten und betreuen. Im Gegensatz dazu stehen bei dem Familiensystem die Eltern und Kinder gleicherweise unter der ›kontrollierenden Gewalt‹ des Hausherrn, und die Frage, wie das Verhältnis zwischen Eltern und Kindern geregelt werden soll, taucht grundsätzlich gar nicht auf.«[287]

Rechtsvergleichend argumentierte Taniguchi indessen nicht, sein Aufsatz hatte eher den Charakter eines Länderberichts.

284 Ebd., S. 735.
285 Vgl. Taniguchi, Über das heutige japanische »Familien-System« 1936.
286 Ebd., S. 477.
287 Ebd., S. 483.

Ein Institutsbeitrag von Wilhelm Wengler thematisierte »Die Kollisionsnormen im Recht der italienischen Kolonien«.[288] Wengler interessierte neben Aspekten »des aktuellen Aufschwungs des italienischen Kolonialwesens«[289] die Frage des »gestaffelten« Personen- und Familienrechts für die Kolonisierten im Verhältnis zu den Vertretern der Kolonialmacht:

> »Die im Mutterlande und in den Kolonien geltenden Sachnormen, deren Verschiedenheit zu interregionalen und intergentilen Konflikten führen kann, lassen sich in vier große Gruppen einteilen: Einmal das örtlich auf die europäischen Staatsteile beschränkte Recht des Mutterlandes (der ›Metropole‹), sodann die für das Kolonialgebiet bestimmten und für alle Bevölkerungsklassen in den Kolonien gemeinsamen Rechtsnormen, dann die nur für die italienischen Staatsbürger in den Kolonien bestimmten Rechtssätze und schließlich das Recht der Eingeborenen.«[290]

Wengler beschrieb, wie diese »Rechtspyramide« funktionierte, welches Recht für wen galt, und wie die Kolonialmacht ihre Interessen dabei vertreten konnte:[291]

> »Besondere Rechtsformen, die nur für die Eingeborenen bestimmt sind, finden sich vor allem auf dem Gebiete des Personen-, Familien- und Erbrechts. So gilt insbesondere in Libyen für die Mohammedaner ihr religiöses Personen- und Familienrecht. [...] Die Anwendung des Eingeborenenrechts ist ausgeschlossen, sobald es mit den fundamentalen Rechtsprinzipien des kolonisierenden Staates im Widerspruch steht; dieser koloniale ordre public findet in dem oben zitierten Art. 31 Ord. Afr. Orient. sowie in Ord. Giud. Eritr. Art. 112 seinen gesetzlichen Ausdruck.«[292]

Weniger die »rassische« als vielmehr die Zuordnung zu religiösen Gruppen sei für die Anwendung des Kollisionsrechts ausschlaggebend: es sei »von Wichtigkeit, daß bei allen Personen, die in der Kolonie residenza haben, die Eigenschaft eines italienischen Eingeborenen, und zwar offenbar ohne Rücksicht auf die rassische Zugehörigkeit, vermutet wird. [...] Die Regelung der Zugehörigkeit zu den nach religiösen Gesichtspunkten ge-

288 Vgl. Wengler, Kollisionsnormen 1936.

289 Ebd., S. 71.

290 Ebd., S. 73.

291 Ebd., S. 79: »Im übrigen wird bei Statusprozessen zwischen Weißen und Eingeborenen meist schon der koloniale ordre public zur Anwendung des italienischen Rechts führen.«

292 Ebd., S. 74 f.

bildeten Bevölkerungsklassen ist offenbar dem betreffenden religiösen Recht selbst überlassen.«[293] Schließlich fragte Wengler nach dem Vorbildwert der italienischen kolonialen Regelungen für die Rechtsvergleichung:[294]

> »Der Inhalt der gesetzten Kollisionsnormen im Recht der italienischen Kolonien ist sicher besonders interessant: die Behandlung der farbigen Ausländer, die Einordnung von Ausländern einer bestimmten Religion in die interne religiöse Rechtsordnung, die freiwillige Unterwerfung der Eingeborenen unter europäisches Recht, die parteiautonome Vereinbarung von Eingeborenenrecht, und schließlich die Präsumptionen zugunsten des Eingeborenenrechts sind Fragen, mit denen sich eine nähere Beschäftigung durchaus lohnt. Für den Rechtsvergleicher wäre es auch sicher aufschlußreich zu wissen, wie die Judikatur die dem Eingeborenenrecht ›eigentümlichen‹ Rechtsgeschäfte von solchen abgrenzt, welche zwar im italienischen Recht und Eingeborenenrecht verschieden geregelt sind, die aber doch ihrem Wesen nach in beiden Rechten vorhanden sind.«[295]

In den Länderberichten ging es 1936 um Belgien, Dänemark, Norwegen, Schweden, Großbritannien, Finnland, Frankreich, Griechenland, Italien, Memel, Österreich, die Schweiz, die Tschechoslowakei und die USA. Der Bericht für Danzig erwähnte die modifizierte Übernahme der »Erbhof«-Gesetzgebung:

> »Erbhof-VO vom 15.5.1935 (Gbl. S. 696). Die VO schließt sich in weitgehendstem Maße an das Vorbild des deutschen Erbhofgesetzes vom 29.9.1933 an. Es sind auch die drei Durchführungs-Verordnungen zu diesem Gesetz in die Danziger Erbhofverordnung eingearbeitet worden. Abweichungen ergaben sich namentlich daraus, daß im Hinblick auf die Danziger Verfassung, die mit dem Gleichheitsgrundsatz die Berücksichtigung von Rasseunterschieden verbietet, die rassenpolitischen Bestimmungen fortbleiben mußten; ebenso mußten wegen der Verfassungsbestimmungen über den Eigentumsschutz, der auch dem Gesetzgeber Eingriffe in das Eigentum untersagt, einige besonders tiefgehende Eingriffe des deutschen Erbhofgesetzes gemildert werden. Der privatrechtliche Teil des Inhalts der VO wird dadurch aber nur

293 Ebd., S. 78.
294 Vgl. Hedemann, Volksgesetzbuch 1988.
295 Wengler, Kollisionsnormen 1936, S. 84.

unwesentlich berührt und hält sich daher in nahezu völliger Übereinstimmung mit dem deutschen Erbhofgesetz.«[296]

Die Mitteilungen betrafen u. a. das Deutsche Reich, Schweden, Italien, Österreich, die Balkanstaaten, China, die USA, Ägypten, Kolumbien, Großbritannien, Britisch-Indien, Australien, Guatemala, Jugoslawien, die Niederlande, Palästina, Portugal, die Schweiz und die Tschechoslowakei.

Der Jahresband 1936 enthielt 81 Rezensionen. Heinrich Mitteis besprach Hedemanns »Fortschritte des Zivilrechts im XIX. Jahrhundert«[297] – das Buch war seinem Doktoranden Roland Freisler gewidmet – und charakterisierte dabei zugleich den exemplarisch nationalsozialistischen Juristen: »Wer die geistige Entwicklung des Verf. an Hand der von ihm regelmäßig herausgegebenen, eine wertvolle juristische Zeitchronik bietenden ›Mitteilungen des Jenaer Instituts für Wirtschaftsrecht‹ verfolgt hat [...], konnte von ihm nichts anderes erwarten als ein rückhaltloses Bekenntnis zur Zeitenwende.«[298] Hedemann, so Mitteis, sei kein blasser Gelehrter, sondern ein politischer Vollblut-Jurist:

> »Das letzte Kapitel will unmittelbar am Neubau des deutschen Rechts mitwirken, indem es einen wissenschaftlichen Beitrag zu dem Neubau des Eigentumsbegriffs[299] leistet, und auch zu den bis Juli 1934 schon vorliegenden Ergebnissen der Gesetzgebung selbständig Stellung nimmt. All dies ist unterbaut durch die Mahnung zu nationaler Selbstbesinnung im deutschen Bodenrecht, zur Kräftigung des im Eigentum liegenden Pflicht- und Verantwortungsgedankens, zur Heilighaltung des Bodens als des Trägers nationaler Höchstwerte. Mit einem Appell zur persönlichen Leistung und ihrer Eingliederung in das Ganze von Staat und Volk klingt das Werk erhebend aus.«[300]

Der Tübinger Professor Walther Schönfeld kritisierte Walther Burckhardts »Methode und System des Rechts«,[301] sein Hauptvorwurf: Burckhardts

296 Vgl. Reiß, Gesetzgebung 1936, S. 106.

297 Vgl. Mitteis, Rezension zu Justus Wilhelm Hedemann 1936.

298 Ebd.

299 Vgl. Hedemann, Volksgesetzbuch 1988, Kap. »Die Grundregeln«, S. 475 »Jedem Volksgenossen sind Erwerbs- und Lebensmöglichkeiten nach seiner Leistung sicherzustellen. Seine Arbeitskraft und sein Werk genießen den Schutz der Gesetze. In diesem Zuge reiht sich das Eigentum an, anerkannt in den Grenzen des bekannten Zusatzes zu Punkt 17 des Parteiprogramms. Das Bodeneigentum wird gebührend vom gewöhnlichen Eigentum abgehoben.«

300 Mitteis, Rezension zu Justus Wilhelm Hedemann 1936, S. 413.

301 Vgl. Schönfeld, Rezension zu Walther Burckhardt 1936.

methodische Überlegungen erschöpften sich in »lebensordnungs«-fernen Differenzierungen und ließen die notwendige Identifizierung mit der »Gemeinschaft« vermissen:

> »Die Erkenntnis des Rechts in seiner Ganzheit erschöpft sich niemals in den Disjunktionen des Verf., darunter in der Disjunktion von Öffentlichem und Privatrecht, die bei ihm im Mittelpunkt steht. Denn diese ›äußerlichen‹ Unterscheidungen, die ihr bedingtes Recht haben, erweisen sich im Grunde, in der Tiefe allesamt als ›innerliche‹ Dreigliederungen, weil sonst die Lebensmitte, das lebendige Volk, zu Schanden wird, von dem der Verf. nirgends redet. Die einzige Dreigliederung aber, die der Verf. kennt, in Rechtssetzung, Rechtsanwendung und Rechtsvollstreckung [...] ist keine echte Dreigliederung, weil sie unpersönlich ist. In einer aus der Gemeinschaft, d. h. persönlich denkenden Rechtswissenschaft gibt es die ›Rechtsanwendung‹ überhaupt nicht, weil es in ihr keine Rechtsordnung gibt, die man ›als gegeben voraussetzt‹, um sie hernach ›anzuwenden‹, wie der Verf. meint [...]. In der Rechtswissenschaft der Gemeinschaft muß jede Voraussetzung je und je ›mitgesetzt‹, d. h. erfüllt und innerlich verwandelt werden [...].«[302]

Ulrich Scheuner entwickelte bei der Vorstellung eines weiteren Teils des siebten und achten Bandes von Franz Leskes und William Loewenfelds »Rechtsverfolgung«[303] eine politische Typologie Europas und entdeckte »völkische« Zielsetzungen auch in den gefestigten Demokratien Westeuropas:

> »Die drei Staaten England, Frankreich und Belgien[304] bilden durch ihre übereinstimmenden innerstaatlichen Grundsätze eine Gruppe von Staaten, deren übereinstimmende innerstaatlichen Grundsätze heute in einem Gegensatz zu dem mittel- und osteuropäischen Staatenkreise stehen, in dem fast überall – von Rußland abgesehen – ein System straffer nationaler Staatsführung herrscht. Bei der Gesamtbetrachtung des Rechts jener westlichen Staaten kann man indessen auch bei ihnen die gleichen Tendenzen der Entwicklung feststellen, die abzielen auf eine von völkischen und politischen Grundsätzen geregelte Lenkung der Einbürgerung und die Schaffung von Möglichkeiten für die strafweise Ausbürgerung (oder den Widerruf der Einbürgerung) gegen-

302 Ebd.
303 Vgl. Scheuner, Rezension zu Franz Leske/William Loewenfeld 1936, S. 689 f.
304 Merkwürdigerweise übersah Scheuner hier die Niederlande und die Schweiz.

über Personen, die sich gegen die politischen Grundlagen und die Sicherheit ihres Heimatstaates vergehen.«[305]

Professor Herbert Dorn rezensierte Gustav Lipperts »Deutsch, englisch, französisch abgefaßtes Rechtsbuch des Internationalen Finanzrechts«.[306] Freundlich würdigte Dorn Lipperts Engagement für die durch »Versailles« so mißachteten deutschen Interessen, der Pionier der »finanzrechtlichen Tatsachenforschung«[307] habe so »das finanzrechtliche Geschehen der Nachkriegszeit miterfaßt«:[308]

> »Das Rechtsbuch soll die Linienführung zeigen, die nach Überzeugung des Verfassers für dieses Recht durch Treu und Glauben im Völkerrecht geboten ist. Seine Zielsetzung entspringt dem Gedanken, daß gerade auf dem Gebiet des internationalen Finanzrechts mit am meisten gegen die Grundanschauungen einer höheren Rechtsordnung verstoßen worden ist, um deren Wiederherstellung es ihm geht. [...]. Er weist auf das immer wiederholte Unrecht hin, das Deutschland in und nach Versailles zugefügt worden ist. Was er dazu einleitend ausführt (S. 12/13), zeigt jene tiefe Verbundenheit mit dem Gefühl für das Rechte, aus dem letzthin allein der schöpferische Rechtsvorschlag stammt. So mag es auch verstanden werden, wenn er in einer Sammlung von Rechtssprichwörtern und Aussprüchen, die Bekenntnisse der Völker und ihrer Führer zum Gedanken des Rechts enthalten, den Ausgangspunkt und die innere Rechtfertigung für seine Arbeit sucht.«[309]

Der Gießener Professor Erich Bley nutzte seine Anmerkungen zu Robert Neuners »Grundriß des tschechoslowakischen Zivilprozeßrechtes«[310] zu Ausführungen über die Unhaltbarkeit des Rechtsschutzanspruchs, in denen er auf eine eigene Schrift von 1923 über »Klagrecht und rechtliches Interesse«[311] bezug nahm. Bley beanspruchte, maßgeblich durch seine Arbeit Adolf Wachs Institut dogmatisch »im deutschsprachigen Schrifttum«[312] zu Fall gebracht zu haben und lobte Neuner für seine Ablehnung der Lehre vom Rechtsschutzanspruch:

305 Scheuner, Rezension zu Franz Leske/William Loewenfeld 1936, S. 689 f.
306 Vgl. Dorn, Rezension zu Gustav Lippert 1936.
307 Ebd., S. 702; vgl. Lippert, Das internationale Finanzrecht 1912; Lippert (Hg.), Handbuch 1928.
308 Dorn, Rezension zu Gustav Lippert 1936, S. 702.
309 Ebd., S. 704.
310 Vgl. Bley, Rezension zu Robert Neuner 1936, S. 1052 f.
311 Vgl. Bley, Klagrecht 1923.
312 Bley, Rezension zu Robert Neuner 1936, S. 1053.

»Der letzte Grund für diese Tatsache ist der, daß die Idee des Rechtsschutzanspruches die Institution des Prozesses nicht von der Volksgemeinschaft, juristisch gefaßt, vom Staate aus sieht, sondern vom Standpunkt der Partei aus, und auch dies noch einseitig vom Kläger aus, da diesem nur bei einem Obsieg Rechtsschutz gewährt wird, der Prozeß bei Sachabweisung also sein Ziel verfehlt und damit streng genommen seinen Sinn verliert. Und dieser fundamentale, für das nationalsozialistische Rechtsdenken ohne weiteres einleuchtende Fehler hat seine Ursache wieder darin, daß man zwar als Sinn des Prozeßinstituts den Schutz der Privatrechtsordnung bezeichnet hat, aber – zufolge der Doppelbedeutung dieses Ausdrucks und befangen in dem Anspruchsbegriff – von der ursprünglich richtigen Bestimmung des Prozeßzwecks als Schutz des objektiven Rechts abgeglitten ist auf den Schutz des Berechtigten in seiner konkreten Rechtslage [...]. Rechtsordnungszweck des Prozesses ist aber die Bewährung des objektiven Rechts, insbesondere des bürgerlichen Rechts, von dem Neuner richtig sagt, daß seine Eigenschaft als ›Recht‹, vom Falle der Selbsthilfe abgesehen, nur darin zum Ausdruck kommt, daß es der Richter seiner Entscheidung zugrunde legen muß.«[313]

Den Wettbewerb und Wettkampf um die Begriffs- und Deutungshegemonie[314] bei der Neugestaltung der Privatrechtsordnung illustrierte die ausführliche Besprechung des Frankfurter Professors Friedrich Klausing[315] von Wolfgang Sieberts Arbeit »Das rechtsgeschäftliche Treuhandverhältnis«.[316] Klausing monierte, daß Siebert in der Behandlung des Themas die Zeichen der Zeit nicht verstanden habe: »Es läßt sich nicht leugnen, daß wir heute in Deutschland an Fragen, wie sie z. B. im Treuhandwesen begriffen sind, in wesentlichen Punkten doch wohl anders herangehen würden.«[317] Den qualitativen Unterschied zur Rechtswissenschaft von vor 1933 beschrieb Klausing als revolutionären Bruch, dessen Bedeutung er im Blick auf das Ausland ausdrücklich hervorhob, er betonte die Bedeutung der »Zeitschrift für ausländisches und internationales Privatrecht« als Sprachrohr nationalsozialistischer Rechtsumgestaltung:

313 Ebd.
314 Vgl. Rüthers, Auslegung 1987, S. 322 f.
315 Zu Klausings Entwicklung zwischen 1933 und seinem Selbstmord im August 1944 wegen der Beteiligung seines Sohnes, Friedrich Karl Klausing, am Attentat auf Hitler am 20. Juli 1944, vgl. Diestelkamp, Friedrich Klausing 1989.
316 Vgl. Klausing, Rezension zu Wolfgang Siebert 1936.
317 Ebd., S. 419.

»Gewiß wird vieles von dem, was seit dem politischen Umbruch erschienen ist, von einer späteren Zeit als Ausdruck eben eines Umbruchs und Übergangs gewertet werden, und manches, was heute für gänzlich überholt gilt, wird sich, wenngleich in anderer, wiederum zeitbedingter Lebenskraft erneut bewähren können. Dennoch dürfen wir uns keiner Täuschung darüber hingeben, daß zwischen der Jurisprudenz bis zum Jahre 1933 und derjenigen, die seit dieser Zeit in Deutschland anhebt, in der Tat so etwas wie zwei Welten liegt [sic!]. Man mag noch so viel von den wissenschaftlichen Bemühungen der drei letzten Jahre als Versuch ansehen, der neuem, endgültigem Werden nach aller geschichtlichen Erfahrung vorangehen muß: Der grundlegende Wandel kann einfach nicht übersehen werden. Das hervorzuheben, scheint mir gerade im Rahmen dieser Zeitschrift, nicht zuletzt auch im Hinblick auf ihre Leser im Ausland, von besonderer Wichtigkeit.«[318]

Im Detail vermißte Klausing bei Sieberts Herangehensweise an das Treuhandthema den rechten nationalsozialistischen Zugriff. Hier sparte er nicht mit rhetorischen ›Giftpfeilen‹:

»Dennoch vermag er [Siebert, R.-U. K.] auf Grund der Denkweise, die sein ganzes Buch beherrscht, den rechten Zugang zu dem geschichtlich bedingten, ›lebenden‹ Treuhandwesen in seiner vollen rechtlichen Bedeutsamkeit nicht zu finden. Seine Methode ist und bleibt in gewisser Hinsicht eine ›begriffsjuristische‹ trotz aller Berücksichtigung der Interessenlage und trotz deutlich erkennbaren Bestrebens, nicht in die typischen Fehler der Begriffsjurisprudenz zu verfallen [...]. Wenn man diesen Ausdruck, der wegen seiner traditionellen Belastung immerhin als unverdiente Unfreundlichkeit gegen S. gedeutet werden könnte, vermeiden will, so wird man doch feststellen müssen, daß er die konkreten Tatbestände unseres Gemeinschaftslebens, auf die der Ausdruck ›Treuhand‹ von jeher abgezielt hat, nicht so entschieden in den Mittelpunkt seiner Untersuchung stellt, wie es wünschenswert und möglich gewesen wäre, sondern von einer ›juristischen‹ Klassifizierung mit einer ganz bestimmten, typisch literarischen Sinngebung (Außenverhältnis bezw. dingliche Rechtszuständigkeit!) als dem Wesenskern der Treuhand ausgeht.«[319]

318 Ebd.
319 Ebd., S. 421.

Aus diesem Wettbewerb,[320] dessen persönliche Untertöne kaum überhörbar waren, ging Klausing als Sieger hervor. Klausing enthielt sich nicht eines triumphierenden »Nachtrag[s] zur Besprechung von Wolfgang Siebert, ›Das rechtsgeschäftliche Treueverhältnis‹«[321] noch in derselben Ausgabe:

> »Wie ich nach Drucklegung der oben S. 419 veröffentlichten Besprechung feststelle, will Siebert die einseitige Orientierung der Treuhanddogmatik auf das Außenverhältnis offensichtlich nicht mehr aufrechterhalten. [...] Diese Meinungsänderung bestätigt die von mir bereits zu Eingang unserer Besprechung geäußerte Vermutung, daß auch S., ebenso wie die gesamte deutsche Jurisprudenz, von dem inzwischen erfolgten grundsätzlichen Wandel der Anschauungen über das Verhältnis von Individuum und Gemeinschaft und die dogmatische Beurteilung schuld- und personenrechtlicher Beziehungen erfaßt worden ist und infolgedessen für den Begriff der Treuhand sowohl hinsichtlich des Innenverhältnisses als auch seiner Bedeutung für die Konstruktion des gesamten Rechtsinstituts zu Ergebnissen gelangt, die sich weitgehend mit der von mir für richtig gehaltenen Auffassung decken.«[322]

1.4.5 Der Jahrgang 1937 – »Hagen- und Volkertreue«

Die 15 Abhandlungen des Jahresbandes 1937 wurden durch ein Vorwort des neuen Institutsdirektors Ernst Heymann eingeleitet, in dem er auf den Wechsel in der Direktion einging.[323] Daß Heymann meinte, die »Zeitschrift für ausländisches und internationales Privatrecht« sei »nicht der Ort, Ernst Rabels große Verdienste um die Rechtsvergleichung und das internationale Privatrecht im Einzelnen zu würdigen«,[324] war eine geschickte Umschreibung der Tatsache, daß es im Deutschland des Jahres 1937 nicht mehr möglich war, die Verdienste des ›Nichtariers‹ Rabel angemessen zu würdigen. Heymanns Worte für seinen Vorgänger waren in diesem Kontext nicht nur Ausdruck eines Bewußtseins für ein Minimum

320 Die Zeitschrift dokumentierte, daß auch im IPR in der Sache um die Reichweite bzw. Einschränkung des »subjektiven Rechts« engagiert gestritten wurde und nationalsozialistische Durchdringungsversuche auf wissenschaftlichen Widerstand stießen. So kritisierte Max Gutzwiller in einer Besprechung ausdrücklich eine für sein Verständnis zu weitgehende Betonung des Grundsatzes des »wohlerworbenen Rechts«, vgl. Gutzwiller, Rezension zu Horst Müller 1936.

321 Vgl. Klausing, Nachtrag zur Besprechung von Wolfgang Siebert 1937.

322 Ebd.

323 Vgl. Heymann, Vorwort 1937.

324 Ebd.

an akademischem Selbstbewußtsein und menschlicher Solidarität, sie entbehrten sogar nicht eines gewissen, wenn auch ›sklavensprachlich‹ artikulierten Mutes, wenn er hervorhob, Rabel habe die Zeitschrift zu einem »weit über Deutschlands Grenzen hinaus«[325] führenden Organ des IPR gemacht.

Philadelpho Azevedo, Professor an der Universität Rio de Janeiro, schrieb über den »Verlagsvertrag nach brasilianischem Recht«.[326] Es handelte sich dabei um die überarbeitete, im Institut übersetzte Fassung seines Berichts für den zweiten internationalen Kongreß für Rechtsvergleichung in Den Haag 1937, der eine Hymne auf die brasilianische Gesetzgebung enthielt. Ebenfalls auf der Grundlage seines Haager Berichts nahm der Bukarester Oberlandesgerichtsrat Georges P. Docan zum »Verlagsvertrag nach rumänischem Recht«[327] Stellung, F. E. Scone James, *Barrister at Law* in London, zum »Verlagsvertrag nach englischem Recht«.[328]

Der Athener Rechtsanwalt Aristides Baltatzis erläuterte »Die Behandlung des ausländischen Rechts im griechischen Zivilprozeß«.[329] Der Grazer Rechtsanwalt Dr. Wolfgang Bauerreiß präsentierte »Das mexikanische Gesetz über den Versicherungsvertrag vom 31. August 1935«.[330] Für das Institut behandelte der Referent Dr. Gerhard Kegel das »Änderungsrecht des Verlegers und Herausgebers«.[331] Es handelte sich um eine konzise rechtsvergleichende Übersicht und die im engeren Sinn internationalprivatrechtliche Behandlung des Themas im Gegensatz zu dem nationalsozialistischen Großbekenntnis von Alexander Elster,[332] auf das noch zurückzukommen sein wird.

Der Leipziger Gerichtsassistent Dr. Horst Mannl handelte »Die Verletzung von Formvorschriften im Internationalen Privatrecht«[333] ab. Der Athener Professor Dr. Georg S. Maridakis, selbst Mitglied der Kommis-

325 Ebd.
326 Vgl. Azevedo, Verlagsvertrag 1937.
327 Vgl. Docan, Verlagsvertrag 1937.
328 Vgl. Scone James, Verlagsvertrag 1937.
329 Vgl. Baltatzis, Behandlung 1937.
330 Vgl. Bauerreiß, Gesetz 1937. Bauerreiß verwies auf den starken deutschen Einfluß, der die ausführliche Behandlung des Themas interessant erscheinen lasse.
331 Vgl. Kegel, Änderungsrecht 1937.
332 Kegel deutete die unterschiedlichen »Blickrichtungen« nur sehr verhalten an, ebd., S. 94: »Der Aufsatz über das Änderungsrecht des Verlegers und Herausgebers im deutschen und österreichischen Recht von Dr. Alexander Elster (diese Z. 10, 724 ff.) läßt eine kurze Übersicht über die Behandlung der Frage in anderen Rechten angezeigt erscheinen […].«
333 Vgl. Mannl, Verletzung 1937.

sion für die Ausarbeitung des Entwurfs eines griechischen bürgerlichen Gesetzbuches, berichtete über »Die internationalprivatrechtlichen Bestimmungen im Entwurf eines griechischen bürgerlichen Gesetzbuches«.[334] Der Mitherausgeber der Zeitschrift, der Hamburger Professor Dr. Max Pagenstecher,[335] zugleich Mitglied der Akademie für Deutsches Recht, veröffentlichte einen monographisch umfassenden Artikel von 150 Seiten über »Gerichtsbarkeit und internationale Zuständigkeit als selbständige Prozeßvoraussetzungen«.[336] Der Athener Rechtsanwalt Constantin J. Simantiras faßte »Das Personenrecht im griechischen Entwurf«[337] der entstehenden Privatrechtskodifikation zusammen. Dr. Alfred Wieland, Basel, kommentierte »Das neue schweizerische Aktienrecht«.[338]

Mit einem nationalsozialistischen Bekenntnis von außerordentlicher Schärfe meldete sich Verlagsdirektor Elster zu Wort. Obwohl gerade an Elsters ›weltanschaulicher‹ Position keinerlei Zweifel bestehen konnte, war dieser Text über »Persönlichkeit und Sozialgebundenheit im Urheberrecht nach deutscher und französischer Auffassung«[339] etwas qualitativ Neues für die Institutszeitschrift. Zunächst griff Elster die französische Urheberrechtslehre frontal mit dem gesamten Repertoire anti-westlicher, anti-individualistischer und anti-liberaler Vorwürfe an. Besonders motivierte ihn dabei eine hellsichtige Bemerkung in einer Darstellung des französischen Urheberrechts, die auf die totalitären Gemeinsamkeiten zwischen nationalsozialistischem und sowjetischem Urheberrecht abstellte:[340] »Auch dieses harte Urteil kann nur auf einem Mißverständnis der deutschen tiefinnerlichen Auffassung der Ganzheit beruhen, die weit

334 Vgl. Maridakis, Bestimmungen 1937.
335 Vgl. Wolf, Max Pagenstecher 1989.
336 Vgl. Pagenstecher, Gerichtsbarkeit 1937, Inhaltsübersicht, S. 337-339.
337 Vgl. Simantiras, Personenrecht 1937.
338 Vgl. Wieland, Aktienrecht 1937. Wieland kritisierte auf S. 83 moderat das parlamentarische Procedere: »Auf die Frage, warum die deutsche Aktienreform im Parlament noch nicht eingebracht worden sei, antwortete im Jahre 1930 ein in Theorie und Praxis des deutschen Aktienrechts gleich gut bewanderter deutscher Jurist, der Grund liege darin, daß man zwar wohl wisse, wie ein Gesetz in einer so viel umstrittenen Materie wie dem Aktienrechte aussehe, wenn es in ein Parlament eingebracht werde, unmöglich aber, in welcher Gestalt er herauskommen werde. Vom schweizerischen Aktienrechte läßt sich immerhin sagen, daß es im allgemeinen die Klippe der parlamentarischen Beratung ohne allzu große Havarien, wenigstens hinsichtlich seiner Grundgedanken, umschifft hat. [...] Andererseits wird allerdings auch für das schweizerische Aktienrecht zugegeben werden müssen, daß die parlamentarische Beratung ihm mehr Nach- als Vorteile gebracht hat.«
339 Vgl. Elster, Persönlichkeit 1937.
340 Vgl. Escarra u. a., La Doctrine Française 1937, Vorwort.

entfernt ist von einer Entrechtung des Urhebers zu Gunsten der Allgemeinheit und mithin auch nicht das geringste mit sowjetistischem [sic!] Urheberrecht zu tun hat. Auch hier zeigt sich also der individualistische Standpunkt […].«[341]

Und dann bot Elster einen nationalsozialistischen Besinnungsaufsatz mit dem Gegenstand der »Treue«-Kunde unter der Überschrift »Das Urheberpersönlichkeitsrecht und der Treuegedanke nach neuer deutscher Rechtsauffassung«:[342]

> »Volk, Gemeinschaft und Staat können sich nicht durchweg darauf verlassen, daß jeder Einzelne, sei es im Frieden, sei es im Kriege, sei es in Notwehr oder sei es im Glück, sei es als Wirtschaftender oder als geistig Schaffender, die Erfüllung der Treupflicht jeweils von seiner persönlichen Einstellung gesichert sein läßt. Denn dann könnte einer, der sich auf seine ›Eigentreue‹ ganz subjektiv beruft, zum Treulosen werden (wie etwa der ›Überzeugungsverbrecher‹ oder ähnliche individualistische Erscheinungen). Wer nur dem eigenen Ich treu zu sein wünscht, gibt irrtümlich Eigensinn, Eigennutz und Eigendünkel als ›Eigentreue‹ aus. Jener andere aber, dessen persönliche Einstellung den Anforderungen der Treupflicht gegenüber der Umwelt (Volk, Gemeinschaft, Vertragspartner usw.) voll entspricht, wird sowohl Konflikten leichter entgehen wie auch der in Wahrheit Treuere sein. Denn in ihm eint sich Hagen- und Volkertreue. […] Es ist vielmehr heute der rechtsethische Grundsatz auch im Geistesschaffensrecht aufzustellen, daß sowohl bei der Schöpfung wie bei der Verwertung des Werkes dem gemeinen Nutzen Rechnung zu tragen ist. Der geistig und künstlerisch Schaffende wäre im Irrtum, wollte er mit Eigentreue zu rechtfertigen versuchen, wenn er gegen den Sinn des Volkes, seines Staates, seiner Gemeinschaft schafft. Er kann unter Berufung auf das Recht solches nur dann mit Eigentreue rechtfertigen, wenn er für seine oder der Gemeinschaft Ehre kämpft. Die Ehre ist auch hier die Zwillingsschwester der Treue […]. Das ist ein in sich geschlossenes Gebilde: die Eigentreue als Ehre. Ist diese Eigentreue nicht ehrbedingt, so kann sie kein rechtliches Gehör finden, derweil sie dann aller Ethik entkleidet eben nur zum Eigensinn wird – ganz einfach deshalb, weil dann jede andere Treupflicht der Treue gegen sich selbst vorzugehen hat. Die Zuverlässigkeit des Einzelnen, auf die die ihn umhegende Gemeinschaft Anspruch hat, beruht auf seinem ehrenhaft-treu gegebenen Wort, das

341 Elster, Persönlichkeit 1937, S. 531.
342 Vgl. ebd., S. 533-536.

> von Anbeginn die Schwankungen der Umwelt wie auch der eigenen Entwicklung für unerheblich erklärt. Das ist der Sinn jedes Eides, jedes Ja-Wortes, jeder persönlichen Verpflichtung. Nur eines kann diese Starrheit lösen: der Konflikt mit dem Ehrenpunkt. Es können Wandlungen der Umwelt wie der Persönlichkeit eintreten – und sie treten eben manchmal aus natürlichen Gründen ein –, die die starre Einlösung des gegebenen Treuwortes unehrenhaft werden lassen können: etwa wenn der Gefolgsmann sich vom Herrn lossagt, weil dieser sich zum Unehrenhaften gewandelt hat; und ebenso der Herr von dem völlig gewandelten Gefolgsmann.«[343]

Und um dem SS-Motto »Meine Ehre heißt Treue« letzte Evidenz auch für den Anwendungsbereich des Urheberrechts zu verleihen, arbeitete Elster anhand der nationalsozialistischen Kunstauffassung den »rassischen« Kern von Treue als Ehre heraus: »somit ist es klar, daß das Werk die Rasse des Schaffenden widerspiegelt, daß man sie eben an ihren Früchten erkennen kann«.[344] Auch die Notwendigkeit der Zensur leitete Elster mühelos aus der »Treupflicht« ab.[345]

Gegenüber dieser Form wissenschaftsferner nationalsozialistischer Schwärmerei wirkte Ernst Heymanns Haager Referat über »Verlagsrechtsfragen«[346] gediegen und gemäßigt, auch wenn er sich im Hinblick auf die Sozialgebundenheit von Elster inhaltlich nicht unterschied:

> »Allen diesen verschiedenen Gestaltungen gegenüber ist für sämtliche Rechte der verschiedenen Staaten zu beachten, daß aller Urheberrechtsschutz zwischen den Interessen der Urheber, der Verleger oder sonstiger Rechtserwerber und vor allem der Volksgemeinschaft auszugleichen hat; ›das Allgemeininteresse des Volksganzen berührt die andern (Interessen) in allen Punkten‹, es ist das herrschende. Heute wird diese ›Sozialgebundenheit‹ mit Recht in Deutschland besonders betont; das Geistesgut stammt aus der Volksgemeinschaft, darum fällt es an diese auch nach einer Frist zurück.«[347]

Elsters nationalsozialistischer Vitalismus zeigte auch, daß ein Carl von Schilling, der in der Ausgabe 1937 über »Lettlands neues Zivilgesetzbuch«[348] berichtete, eher einen ›normalvölkischen‹ Habitus vertrat.

343 Ebd., S. 533 f.
344 Ebd., S. 535.
345 Vgl. ebd., S. 537.
346 Vgl. Heymann, Verlagsrechts-Fragen 1937.
347 Ebd., S. 6 f.
348 Vgl. von Schilling, Lettlands neues Zivilgesetzbuch 1937, S. 486: »So hat die bäuerliche Bevölkerung Westlettlands bereits seit langer Zeit ein wohlgeordnetes

Die Länderberichte des elften Bandes stellten Nachrichten über Großbritannien, Frankreich, die Niederlande,[349] die Schweiz, die Tschechoslowakei und Ungarn zusammen. Die Mitteilungen betrafen u. a. Frankreich, Griechenland, Ungarn, Schweden und Spanien, über das der Referent im KWI für ausländisches und internationales Privatrecht, Konrad Zweigert, mit Bezug auf den Spanischen Bürgerkrieg gesondert Bericht erstattete.[350]

Der elfte Jahresband enthielt 58 Rezensionen, generell war ein Trend zur stärkeren Berücksichtigung nationalsozialistischer Themen zu erkennen: so machte z. B. das Institut mit dem Hinweis auf die *Atti del Convegno Italo-Ungherese dei Studi sullo Stato Fascista*[351] aufmerksam, daß »die Beiträge, die in ungarischer, z. T. deutscher, sowie in italienischer Sprache abgedruckt sind, [...] innen- wie außenpolitische Fragen des Faschismus in ihren rechtlichen Ausprägungen« erörtern.[352] Ebenfalls vom Institut empfohlen wurde Hellmut Georg Isele, »Familie und Familienerbe«[353] als einführende Übersicht:

> »Der ausländische Leser, der sich kurz ein Bild über das gegenwärtige deutsche Familien- und Erbrecht machen will, wird im vorliegenden Grundriß eine vorzüglich gegliederte und zuverlässige Übersicht finden. Großes Gewicht ist auf die Reformgesetze seit 1933 gelegt, auch sind die Einwirkungen des neuen Rechtsdenkens da, wo noch keine Reform eingegriffen hat, klar hervorgehoben.«[354]

Der Marburger Professor Paul Gieseke besprach Johannes C. D. Zahns »Wirtschaftsführertum und Vertragsethik im neuen Aktienrecht«[355] und

Privatrecht, dessen Lettgallen bis zum heutigen Tag entbehrt – ein Vorteil, der sich deutlich im Unterschied des Kulturniveaus zwischen West- und Ostlettland zeigt. Lettgallen ist früh dem Einfluß des Ordens und damit des deutsch-baltischen Kulturkreises entzogen worden und polnisch-russischen Einflüssen unterlegen. Die Lettgaller sind größtenteils Katholiken und stehen auf einer erheblich niederigeren Kulturstufe als die Westletten.«

349 Vgl. Meyer-Collings, Rechtsprechung 1937, mit Bezug auf Fälle zum »Ehehindernis der Rassenverschiedenheit nach deutschem Recht«, S. 206 f., 239.

350 Vgl. Zweigert, Französische Urteile 1937.

351 KWI für ausländisches und internationales Privatrecht, Rezension zu Atti del Convegno Italo-Ungherese di Studi sullo Stato Fascista, in: ZIPR 11, 1937, S. 974.

352 Ebd.

353 Vgl. KWI für ausländisches und internationales Privatrecht, Rezension zu Hellmut Georg Isele 1937.

354 Ebd.

355 Vgl. Gieseke, Rezension zu Johannes C. D. Zahn 1937. Gieseke kritisierte auf S. 738 eine Tendenz zum »Wirtschaftsliberalismus« bei Zahn.

fand im »Obertitel des Buches [...] zwei Forderungen aus[gedrückt], die Verf. an die beim Erscheinen des Buches noch im Stadium der ersten Erörterungen stehende nationalsozialistische Aktienrechtsreform stellte«.[356] Der Ministerialrat im Reichsjustizministerium, Dr. Werner Vogels, äußerte sich zu den »Osservazioni intorno al terzo libro del progetto di codice civile«:[357] »Man sieht, daß der Faschismus sich vielfach vor dieselben Fragen gestellt sieht wie der nationalsozialistische Gesetzgeber. Die Gedankengänge der Vertreter der italienischen Rechtswissenschaft lassen sich daher in gewissem Sinne auch als Vorarbeiten für unsere eigene Rechtsprechung betrachten.«[358] Herbert Müller rezensierte Fritz Reu, »Die staatliche Zuständigkeit im Internationalen Privatrecht«[359] und sah nur noch enge Grenzen für die Berücksichtigung der »Parteiinteressen« im IPR:

> »Der im folgenden von Reu vorgenommene Versuch eines Neubaus [...] hat zum Ausgangspunkt die scharfe Trennung und unbedingte Voranstellung der Zuständigkeitsfrage vor die Frage nach dem anzuwendenden materiellen Recht. Zum Inhalt des Neubaus fordert Reu, die Eingliederung zwischenstaatlicher Fälle auszurichten an den Grundsätzen der Volksgemeinschaft, des Gemeinwohls und – soweit bei Beachtung dieser noch möglich – der Parteibestimmung.«[360]

Wilhelm Wengler beschäftigte sich anhand von Mohamed Abdel Moneim Riad, »La nationalité égyptienne«,[361] mit dem »rassischen« personenrechtlichen Integrationspotential im ägyptischen Staatsangehörigkeitsrecht:

> »Obwohl das moderne ägyptische Staatsangehörigkeitsgesetz in seinen Grundzügen sich kaum von den Staatsangehörigkeitsgesetzen anderer Länder unterscheidet, enthält es doch einzelne Bestimmungen, die besonderes Interesse erwecken müssen. Dazu gehört vor allem die Bestimmung des Art. 6 Abs. 4 des eben erwähnten Gesetzes [Gesetz Nr. 19/1929, R.-U. K.], in welcher der Rassebegriff und der großarabische Gedanke Eingang in das Staatsangehörigkeitsrecht gefunden haben. Nach der erwähnten Bestimmung erwerben die in Ägypten geborenen Kinder eines ebenfalls schon in Ägypten geborenen Ausländers

356 Ebd., S. 737.
357 Vgl. Vogels, Rezension zu den Osservazioni Intorno 1937.
358 Ebd.
359 Vgl. Müller, Rezension zu Fritz Reu 1937, S. 964 f.
360 Ebd.
361 Vgl. Wengler, Rezension zu Mohamed Abdel Moneim Riad 1937.

die ägyptische Staatsangehörigkeit, wenn der Vater seiner Rasse nach zu der Mehrheit der Bevölkerung eines Landes ›arabischer Sprache oder mohammedanischer Religion‹ gehört. Diese Beschränkung der Assimilation der in Ägypten lebenden Ausländer auf die den Ägyptern artgleichen Personen erklärt sich zunächst aus der Rücksichtnahme auf die Kapitulationsmächte, ist aber gerade deshalb bedeutsam, weil damit die Zugehörigkeit zu einer bestimmten Rasse zur Voraussetzung für den Erwerb der Staatsangehörigkeit gemacht worden ist. Der Verfasser erörtert die Auslegungsschwierigkeiten, die sich aus der nicht ganz glücklichen Abfassung des Textes ergeben; so ist es z. B. zweifelhaft, ob Marokkaner und Tunesier nach Art. 6 Abs. 4 des Staatsangehörigkeitsgesetzes Ägypter werden können.«[362]

Adolf Schönke würdigte die italienische Zivilprozeßrechtsreform mit bezug auf eine Zusammenfassung des italienischen Justizministers Arrigo Solmi, »La riforma del codice di procedura civile«.[363]

2 Personal, Projekte und Profil des KWI für ausländisches und internationales Privatrecht unter Ernst Rabel 1933-1937

2.1 Die Nachwuchsförderung. Karrieremuster und Musterkarrieren

2.1.1 Rabels Schule – Eliteauswahl, Profilierungschancen und Loyalität

Anläßlich des 25jährigen Institutsbestehens sprach Hans Dölle 1951 rückblickend von der zentralen Rolle der Nachwuchsförderung in der Tradition Rabels. Das KWI für ausländisches und internationales Privatrecht sei dem Anspruch nach eine Eliteschmiede gewesen, deren korporatives Bewußtsein an englische Elite-Colleges erinnert:

»Die Verbindung strenger juristischer Denkzucht mit weltumfassender Blickweite, das Zusammenwirken mehrerer Gleichgerichteter zu einem Ziel hin, die Heranbildung eines wissenschaftlichen ›team spirit‹, der ohne Disziplin und Einfügung ebensowenig denkbar ist wie ohne Bewußtsein vom Wert der Gemeinschaftsarbeit, all das wurde zu einem

362 Ebd. Wengler entwickelte sich zunehmend zum Spezialisten für ›rassische‹ Kolonialrechtsfragen, vgl. auch Wengler, Rezension zu Haraldo Valladao 1937, S. 973: »Hier hätte der Verfasser mit Nutzen insbesondere die nordafrikanischen Verhältnisse studieren können, wo die Judikatur eine Anzahl von Einzelfragen bei den gemischten Ehen zwischen mohammedanischen oder jüdischen Eingeborenen einerseits und Französinnen andererseits für jeden Ehegatten gesondert nach dessen Recht beurteilt, ohne daß diese Lösung zu Schwierigkeiten führt.«

363 Vgl. Schönke, Rezension zu Arrigo Solmi 1937.

wesentlichen Bildungselement für jeden, der dem Institut mit seiner Person und mit seiner Arbeitskraft gedient hat.«[364]

Daß das Institut eine so zentrale Rolle in der juristischen Nachwuchsförderung einnehmen konnte, hing wesentlich mit der Ausstrahlung Rabels zusammen, der wissenschaftliche Brillanz und Führungsfähigkeit vereinte. In seiner Gedächtnisrede von 1956 umriß Max Rheinstein die Bedeutung und Vorbildhaftigkeit Rabels für seine Juristengeneration: Rabel galt ihr als Wiederbegründer der juristischen Altertumskunde und Begründer einer neuen Rechtsvergleichung, vor allem als »der Mann, der die deutsche Rechtswissenschaft aus ihrer Isolierung herausgeholt, der den deutschen Juristen den Blick auf die modernen Rechte der Welt geöffnet und damit aufs nachhaltigste die Methoden des Rechtsdenkens und die Ausbildung des juristischen akademischen Nachwuchses beeinflußt hat«.[365]

Ernst Rabel war kein einfacher akademischer Lehrer und kein ausgeprägter Didaktiker: sein Lehrvortrag war, wie Max Rheinstein beschrieben hat, »elitenorientiert«:

> »In seiner Lehrtätigkeit nahm Rabel auf die Begrenztheit studentischer Aufnahmefähigkeit bewußt keine Rücksicht. Er war ein schwieriger Lehrer, und darum einer der besten. Allerdings die Masse fand es nicht immer leicht, ihm zu folgen. Er fing da an, wo das Lehrbuch aufhört, wo die Probleme liegen, die ewigen, sich immer aufs neue stellenden, vor allem aber die durch das Leben oder die letzte Forschung neu geschaffenen. Rabel präsentierte seinen Studenten das, was ihn interessierte, die Grenzprobleme. Seine Vorlesung war in ihrem Gesamtaufbau wohl gegliedert, aber sie zielte nicht darauf hin, den Studenten eine lückenlose Übersicht der geltenden Rechtssätze zu geben. Sie war kein rhetorisch durchgebildeter Vortrag. Sie war ein ›Vordenken‹ von Problemen, eine Kette beispielhafter Erörterung und Durchleuchtung von Aufgaben der Rechtsdogmatik, der Rechtsgeschichte, und, vor allem, der Rechtspolitik. Vielleicht ist es heute Allgemeingut deutscher Rechtslehre geworden, die rechtspolitische Bedeutung der Rechtssätze und Rechtsinstitute im akademischen Unterricht zu betonen. In den zwanziger Jahren war es das nicht.«[366]

Rabels Seminarstil war von der Dominanz seiner Forscherpersönlichkeit geprägt. Lehre war für ihn Forschungsimplementation, sein Selbstverständnis war nicht das eines ›Universitätslehrers‹:

364 Dölle, Fünfundzwanzig Jahre 1951, S. 337.
365 Rheinstein, Gedächtnisrede 1956, S. 135 f.
366 Ebd., S. 136.

»Er gab schwere Fälle, auch in der Anfängerübung, und er zensierte streng. Er tat das übrigens selber. Höchstpersönlich las er, wenigstens bis kurz vor seinem Weggang von München, jede der oft mehr als 200 Arbeiten, die sich alle zwei Wochen vor ihm auftürmten. In den Arbeiten, in denen er den Schimmer juristischer Begabung sah, drückte er seine Kritik aus durch kurze, prägnante und nebenbei nicht immer leicht leserliche Randbemerkungen. Der Höhepunkt der Übung war immer die von ihm mündlich vorgetragene Musterlösung, in der er zeigte, wie ein Fall von einem Meister des Rechts in souveräner Handhabung der Begriffe zu überzeugend richtigen Lösungen durchgedacht wird.«[367]

Rabels Loyalität zu den wenigen von ihm ausgewählten, seinen Maßstäben genügenden Schülern und Mitarbeitern am KWI für ausländisches und internationales Privatrecht war ausgeprägt. In einem intensiven Briefwechsel mit dem Präsidenten der KWG, Max Planck, hatte Rabel im Sommer 1933 erfolglos um zwei seiner Referenten gekämpft,[368] die nach dem »Gesetz zur Wiederherstellung des Berufsbeamtentums« aufgrund ihrer jüdischen Abstammung hatten ausscheiden müssen: den *common law*-Spezialisten Dr. Felix Eckstein und seinen Schüler und Vertrauten Max Rheinstein,[369] der sich allerdings bereits als Rockefeller-Stipendiat in den USA aufhielt und dort auch blieb.[370]

367 Ebd., S. 137.

368 Präsident der KWG, Max Planck, an Ernst Rabel, 27.6.1933, MPG-Archiv, Abt. I, Rep. 1 A, Nr. 533: »Ich habe dem Herrn Reichsminister des Innern über die Anwendung des Gesetzes zur Wiederherstellung des Berufsbeamtentums vom 7. April 1933 auf die Angestellten der Kaiser-Wilhelm-Institute berichtet und hierbei mich für den Angehörigen Ihres Instituts, Herrn Dr. Rheinstein besonders verwendet, indem ich mich auf Ihre schriftlichen bezw. mündlichen Ausführungen stützte. Ob diese Verwendung Erfolg haben wird, vermag ich nicht zu sagen. Sobald die Entscheidung des Herrn Reichsministers vorliegt, werde ich Ihnen weitere Nachricht zugehen lassen.«

369 Vgl. Duden, Max Rheinstein 1969, S. 3 f. Von 1926 bis 1933 war Rheinstein Referent im KWI für ausländisches und internationales Privatrecht. 1932 wurde er in Berlin aufgrund der Studie »Die Struktur des vertraglichen Schuldverhältnisses im anglo-amerikanischen Recht« habilitiert. 1933 ging er zu einem Studienaufenthalt in die USA und war dort zwei Jahre Rockefeller-Stipendiat an der *Columbia Law School* (u. a. mit Elliot E. Cheatham) und in Harvard (vor allem bei Roscoe Pound und Joseph H. Beale). 1935 wurde er durch Vermittlung von Dean Harry Bigelow Gastprofessor in Chicago und bekam 1936 die neue Max-Pam-Professur für Rechtsvergleichung.

370 KWG an das Reichsministerium des Innern, 31.7.1933, MPG-Archiv, Abt. I, Rep. 1 A, Nr. 533: Mitteilung, daß Rheinstein als Rockefeller-Stipendiat in die USA gegangen ist.

Ein zeitgeschichtliches Kuriosum stellt die Korrespondenz im Dreieck Rheinstein-Rabel-Planck dar: Rheinstein mußte von der anderen Seite des Atlantiks für seine von Rabel gewünschte Weiterbeschäftigung den Nachweis erbringen, daß er, obwohl er seit 1928 SPD-Mitglied war,[371] 1919 in München in einem Freikorps gegen die Bolschewisten gekämpft hatte.[372] Tatsächlich genehmigte der Reichsinnenminister aufgrund dieser hohen ›weltanschaulichen‹ Verläßlichkeit ausnahmsweise die weitere Tätigkeit Rheinsteins im Institut,[373] wovon dieser allerdings keinen Gebrauch machte. Hier hatte also der Direktor eines Kaiser-Wilhelm-Instituts von seinem Ermessensspielraum Gebrauch gemacht.[374]

2.1.2 Karrieremuster – vom Länderbericht zur Abhandlung. Die Referate des KWI für ausländisches und internationales Privatrecht

Regelmäßig mußten sich alle Mitarbeiter, abgesehen von auswärtigen Spezialisten, in Länder-, Rechtsprechungs- und Sachberichten bewähren, bevor sie eigene »Abhandlungen« in der Institutszeitschrift und Qualifikationsarbeiten in der Beitrags-Reihe veröffentlichen konnten. Die strenge ›Institutszucht‹ beruhte auf der Notwendigkeit zu einer grundsätzlich hierarchieunabhängigen Arbeitsteilung: das bedeutete Kooperation bei der sprachlichen Bereitstellung und Aufbereitung des empirischen Materials, eigenverantwortliche Spezialisierung bei der Analyse. Aufgrund dieser Besonderheit der Arbeitsform im rechtsvergleichenden IPR zeigt sich am KWI für ausländisches und internationales Privatrecht die sonst in der Bibliometrie der KWG zu beobachtende Verteilung – extrem viele Publikationen der Direktoren und einiger weniger Spitzenwissenschaftler gegenüber einer vergleichsweise geringen Anzahl von Publikationen der Institutsangehörigen[375] – nur bedingt. Generell galt eine Einteilung des

371 Von Lösch, Geist 1999, S. 209, Anm. 398.

372 Max Rheinstein an das KWI für ausländisches und internationales Privatrecht, 20.7.1933, MPG-Archiv, Abt. I, Rep. 1 A, Nr. 533: Beschreibung der Teilnahme an antibolschewistischen Aktionen im Freikorps Regensburg, München 1919.

373 Reichsministerium des Innern an den Präsident der KWG, Max Planck, 16.3.1934, ebd.: »Gegen die Weiterbeschäftigung des Privatdozenten Dr. Max Rheinstein als Referenten am Institut für ausländisches und internationales Privatrecht habe ich mit Rücksicht darauf, dass er als Angehöriger der Zeitfreiwilligen Kompanie Regensburg des Detachments Schaaf an den Kämpfen gegen die Spartakisten teilgenommen hat, auf Grund der Ziffer 3 (3) zur § 3 der 3. Verordnung zur Durchführung des Gesetzes zur Wiederherstellung des Berufsbeamtentums, vom 6. Mai 1933 […] keine Bedenken.«

374 Vgl. Weber, Harnack-Prinzip 1996, S. 410.

375 Vgl. Parthey, Quantitative Methoden 1996; Parthey, Bibliometrische Profile 1995.

Arbeitsprozesses im Institut in »Länderreferate«,[376] denen einzelne Referenten – übrigens ausschließlich auf Zeitvertragsbasis – zugeordnet waren. Ihre Aufgabe war die selbständige Beobachtung und Dokumentation des ihnen zugewiesenen Landes- bzw. Rechtskreises, deren Ergebnisse sich dann in der institutseigenen Zeitschrift abbildeten. Neben die Einteilung der Referate nach Ländern trat nach Bedarf der jeweiligen Projekte eine Referentenzuständigkeit für einzelne Sonderrechtsgebiete wie das Aktienrecht, wie Rabel es 1940 beschrieb:

»My staff consisted of about a dozen junior jurists and a dozen aides, secretaries, etc. All members of the staff were specially selected, particularly talented and knew several languages. They were partly educated in my own seminary and trained in the institute as helpers, in research work, as well as in preparing opinions and reports. Professor Rheinstein, whom I brought with me (from Munich), and Kessler were on this staff, likewise the actual German professors Kipp, Hallstein, Wahl, Blomeyer, etc. It was a privilege to be accepted (as a member of the staff), and this was nearly my only helping factor in order to bear the competition of the rich industrial legal departments, for we had no means to employ assistants in a regular lifelong career. Every one of the staff members had a special field. For instance there was one person for France, one too for Scandinavia, another for Italy, etc. [...]. Each of them had to keep well informed about the actual state of law in the country assigned to him; he had to read every incoming issue of the reviews and decisions of his country and to take notes for our current reports and also for our archives which had to constitute a mighty source of information in addition to the printed library books. Especially, however, they had to be prepared for the various questions arising continuously.«[377]

Bei der Institutszeitschrift stand die Dienstleistung regelmäßiger Informationssammlung zum IPR und zum Zivilrecht auf hohem Niveau im Vordergrund,[378] nicht die programmatische individuelle wissenschaftliche

376 Diese Einteilung wurde vom nachfolgenden MPI für ausländisches und internationales Privatrecht übernommen und dann erweitert, vgl. die Niederschrift über die Sitzung des Kuratoriums am 2. Juli 1954 in Bonn, S. 9, MPG-Archiv, Abt. II, Rep. 1 A, Institutsbetreuerakten, Privatrecht 7, 1952-1972.

377 Rabel, Vorträge 1986, S. 296-302, das Zitat S. 297 f.

378 Typisch ist beispielsweise die mit enormem Rechercheaufwand erstellte Übersicht des KWI für ausländisches und internationales Privatrecht, Besetzung der Richterbänke 1928, für Belgien, Dänemark, Großbritannien, Frankreich, Griechenland, Italien, die Niederlande, Norwegen, Österreich, Schweden, die

Profilierung, die der Institutsreihe vorbehalten war. Auch der Institutsdirektor schrieb Länderberichte, rezensierte Neuerscheinungen und äußerte sich zur Gesetzgebung in seinen Interessengebieten. Darin zeigte sich der Dienstleistungscharakter eines ›B-Instituts‹ öffentlich-privater Mischfinanzierung, wobei Rabel in der gründlichen Berichterstattung immer auch die Plattform der Grundlagenforschung sah. Die Qualität der Großprojekte wie das »Recht des Warenkaufs« waren von der Qualität der Berichterstattungsroutine abhängig.

Die Veröffentlichungspraxis spiegelt das leistungsorientierte ›Karrieremuster‹, das es für die Nachwuchswissenschaftler gab. Die bereits zum Zeitpunkt ihrer Einstellung im Institut sprachlich und fachlich spezialisierten Referendare und Assessoren mußten ihre Qualitäten in Berichterstattung und begleitenden Arbeiten für die Projekte vertiefen. Dabei hatten sie darauf zu achten, daß die Tätigkeit ihrem wissenschaftlichen Profil und Qualifikationsarbeiten, in der Regel der Habilitation, zugute kam. Gerade die Habilitation war zügig anzugehen, da es das Berufsbild ›Referent‹ mit der Absicherung einer Lebenszeitstelle bei Rabel nicht gab. Der unfreiwillige, aber schnelle Wechsel von ehemaligen Referenten wie von Caemmerer und Raiser in die Privatwirtschaft macht deutlich, daß diese hochqualifizierten Spezialisten durchaus Alternativen zur rechtswissenschaftlichen ›Grundlagenforschung‹ hatten und sich ganz bewußt für die Wissenschaft entschieden hatten. Nach 1933 konnte diese Entscheidung im Einzelfall auch eine bewußte Entscheidung gegen eine Tätigkeit als beamteter Jurist in der gleichgeschalteten NS-Justiz und für den im ›Führerstaat‹ ungewöhnlich autonomen Binnenraum von Rabels Institut sein, in dem eine ganze Reihe von Fachkollegen tätig war, die dem Nationalsozialismus zumindest ansatzweise distanziert gegenüberstanden. ›Richterbriefe‹ zur nationalsozialistischen Formierung der juristischen Praxis erhielt man im KWI für ausländisches und internationales Privatrecht nicht.

Typische Qualifikationskarrieren im Institut waren die von Arwed Blomeyer – eingestellt 1932, habilitiert 1936 – , Walter Hallstein – eingestellt 1927, habilitiert 1933 –, Ludwig Raiser – eingestellt 1927, Habilitationsverfahren 1933 begonnen, aus politischen Gründen erst 1935 abgeschlossen –, Eduard Wahl – eingestellt 1927, habilitiert 1932.

Rabels Institut war nachwuchsfreundlich, wenn auch auf extrem leistungsbezogene Weise:[379] praktisch alle erkennbar produktiven Nach-

Schweiz, Serbien, die Sowjetunion, die Tschechoslowakei, Ungarn, die USA (Bundesgerichte, Massachusetts, New York State).

379 Dies war nicht in jedem Institut der Fall und seitens der KWG auch kaum korrigierbar, vgl. Laitko, Persönlichkeitszentrierte Forschungsorganisation 1996, S. 616 ff.

wuchskräfte blieben – wenn auch gegen politische Behinderung und auf Umwegen wie z. B. bei von Caemmerer,[380] Raiser, Wengler und Zweigert – in der Wissenschaft und ihren Fachgebieten treu, und dies auf beiden Seiten des Atlantik.

2.1.3 Musterkarrieren – vom KWI für ausländisches und internationales Privatrecht in die Wissenschaft und Politik. Beispiele

Im folgenden werden einige besonders prominente Nachwuchsjuristen vorgestellt, deren Karrieren das KWI für ausländisches und internationales Privatrecht kreuzten.[381]

Walter Hallstein

Walter Hallstein wurde am 17. November 1901 als Sohn eines Regierungsbaurates in Mainz geboren.[382] Dort besuchte er das humanistische Gymnasium und legte 1920 das Abitur ab. Er studierte Rechtswissenschaften in Bonn, München und Berlin, 1923 bestand er dort das Referendarexamen.

380 Von Caemmerer habe, so Helmut Coing in einer Würdigung, »die Habilitation […] unter den Verhältnissen der dreißiger Jahre in Berlin nicht gesucht. Erst nach dem Kriege hat er sich 1946 an der Frankfurter Fakultät habilitiert, wo er einen Rechtsvergleicher der Berliner Schule wiederfand, Professor Hallstein.« Helmut Coing, Ernst von Caemmerer 1978, S. 1.

381 Ein vollständiger Überblick der Referenten des KWI für ausländisches und internationales Privatrecht findet sich bei Kegel, 50 Jahre 1978, S. 305. Zur wissenschaftlichen Laufbahn des Referenten Arwed Blomeyer, siehe von Lösch, Geist 1999, S. 344 f.: Geboren 1906, erstes Staatsexamen 1927, Promotion 1929, zweites Staatsexamen 1932, ab 1932 Assistent, dann Referent am KWI für ausländisches und internationales Privatrecht, 1936 Habilitation, 1937/1938 Vertretung in Tübingen, 1939 außerordentlicher Professor in Tübingen. Weitere Referenten mit wissenschaftlichen Karrieren: Ernst von Caemmerer, geboren 1908, von 1937-1947 Banksyndikus, 1939-1945 Wehrdienst, Habilitation 1946 in Frankfurt/Main, 1947 ordentlicher Professor in Freiburg, 1956/1957 Rektor der Universität Freiburg, Mitglied des Ständigen Schiedsgerichtshofes in Den Haag. – Konrad Duden, geboren 1907, 1953 Honorarprofessor in Heidelberg, 1959 Lehrbeauftragter in Heidelberg, 1965 ordentlicher Professor in Mannheim. Duden war ein Enkel des Geheimrats Konrad Duden. – Gerhard Kegel, geboren 1912, 1946 Privatdozent in Köln, 1950 ordentlicher Professor in Köln. – Friedrich Kessler, geboren 1901, Privatdozent der Handelshochschule Berlin von 1931-1934, Instructor in Yale von 1935-1938, *Assistant Professor* in Chicago 1938, 1938-1942 Professor in Chicago, seit 1947 Professor in Yale. – Karl Theodor Kipp jun., geboren 1896, Sohn des gleichnamigen ordentlichen Professors an der Berliner Juristischen Fakultät, habilitierte sich 1927 für Bürgerliches Recht, Rechtsvergleichung und Internationales Privatrecht, seit 1932 ordentlicher Professor in Bonn.

382 Vgl. den biographischen Abriß des Deutschen Historischen Museums unter www.dhm.de/lemo/html/biografien/HallsteinWalter.

1925 wurde er mit einer wirtschafts- und völkerrechtlichen Arbeit ebenfalls in Berlin promoviert.[383] Nach der Promotion wurde Hallstein Assistent bei Martin Wolff, 1927 legte er das Referendarexamen ab. Bis zu seiner Aufnahme als Referent im KWI für ausländisches und internationales Privatrecht war Hallstein vorübergehend stellvertretender Amtsrichter in Berlin-Schöneberg. Im Winter 1929/1930 habilitierte er sich in Berlin mit unpublizierten »Studien zum italienischen Aktienrecht« für Bürgerliches und Handelsrecht;[384] die Ergebnisse dieser Arbeit gingen in eine 1931 vom Reichsjustizministerium und vom Institut herausgegebene Studie über »Die Aktienrechte der Gegenwart«[385] ein.

Bereits 1928 und 1929 veröffentlichte Hallstein aus seiner Arbeit hervorgegangene Teilberichte zu Neuerungen des niederländischen Aktienrechts.[386] Ebenfalls 1928 stellte Hallstein ausführlich seine Arbeit über den »Lebensversicherungsvertrag im Versailler Vertrag«[387] vor:

> »Der Versailler Vertrag ordnet die durch Krieg und Kriegsrecht beeinflußten Lebensversicherungsverhältnisse neben den anderen Arten der Versicherungsverträge in den §§ 11-15 der Anlage zu Teil X Abschnitt V in Abhängigkeit ebensowohl von belgischen und französischen Bedürfnissen wie von Vorbildern des französischen oder angloamerikanischen Rechtskreises; seine Regelung ist im allgemeinen brauchbar und bedeutsam (S. 1 ff.).«[388]

Hallstein verfaßte zwischen 1928 und 1939 zahlreiche Beiträge für das vom Institut betreute »Rechtsvergleichende Handwörterbuch«.[389] Zum 1. Oktober 1930 wurde Hallstein Extraordinarius für Bürgerliches Recht, deutsche Rechtsgeschichte, deutsches und mecklenburgisches Privatrecht, Handelsrecht mit See- und Wechselrecht in Rostock. Am 1. April 1932 wurde er zum Ordinarius befördert. Mit den Mitgliedschaften im BNSDJ, im NSRB und NSV erfüllte er ein Mindestmaß an formaler Systemintegration.[390] 1934 schrieb Hallstein in der Institutszeitschrift über

383 Vgl. Hallstein, Lebensversicherungsvertrag 1925/1926; ferner van Gestel, Walter Hallstein 1965.

384 Vgl. von Lösch, Geist 1999, S. 62, Anm. 260.

385 Vgl. Hallstein, Aktienrechte der Gegenwart 1931, Selbstanzeige hierzu in der ZIPR 5, 1931, S. 742-751.

386 Vgl. Hallstein, Entwurf 1928; Hallstein, Änderung des Bilanzrechts 1929.

387 Vgl. Hallstein, Lebensversicherungsvertrag, Rezension in ZIPR 2, 1928, S. 312-316.

388 Ebd., S. 312.

389 Vgl. das Kapitel III 2.2.

390 Weitere Einzelheiten Nicolaysen, Europäische Gemeinschaft 1981; Loth (Hg.), Walter Hallstein 1995.

jugoslawisches Aktienrecht,[391] 1938/1939 ausführlich rechtsvergleichend über das GmbH-Recht.[392] 1935 meldete er sich zum freiwilligen Wehrdienst. 1940 erfolgte die Berufung auf die Nachfolge Friedrich Klausings an die Universität Frankfurt am Main. Am 2. April 1941 wurde Hallstein dort ordentlicher Professor für Handels-, Arbeits- und Wirtschaftsrecht sowie Direktor des Instituts für Rechtsvergleichung. Im August 1942 erfolgte die Einberufung als Leutnant der Artillerie. Hallstein geriet 1944 in amerikanische Kriegsgefangenschaft, die er in den USA verbrachte. Dort beteiligte er sich aktiv an der »Lageruniversität«.[393] Schon bald nach seiner Heimkehr im November 1945 wurde Hallstein zum Rektor der Universität Frankfurt gewählt. Er amtierte von 1946 bis 1948 und setzte wesentliche Akzente beim Wiederaufbau und bei der Herstellung akademischer Kontakte in die USA.[394] 1948/1949 nahm er eine Gastprofessur an der Washingtoner *Georgetown University* wahr.

Wenig später, 1950, begann die spektakuläre politische Karriere des Privatrechtsspezialisten. Auf Empfehlung Wilhelm Roepkes ernannte Bundeskanzler Konrad Adenauer Hallstein zum Leiter der deutschen Delegation bei den Verhandlungen zum Schuman-Plan; im August 1950 wurde er bereits zum Staatssekretär im Bundeskanzleramt ernannt und entwickelte sich schnell zu einem der wichtigsten Vertrauten des Kanzlers. Ein Jahr später wurde Hallstein zugleich Staatssekretär im neuen Auswärtigen Amt. Hier profilierte er sich u. a. in den Verhandlungen um die Montanunion, bei der Vorbereitung der prekären und schließlich an Frankreich scheiternden Europäischen Verteidigungsgemeinschaft, mit Adenauers Hauptanliegen der Wiedergutmachung gegenüber Israel, der Saarfrage und der Deutschlandpolitik, die ihn berühmt machte. Hans-Peter Schwarz hat in seiner Adenauer-Biographie mehrfach hervorgehoben, daß Adenauer Hallsteins ausgeprägte juristische Härte in internationalen Verhandlungen schätzte und kalkuliert einsetzte.[395] Daß ein deutscher Internationalprivatrechtler mit dem wissenschaftlichen Hintergrund u. a. der Schulung in Rabels Institut zum ersten Präsidenten der Kommission der Europäischen Wirtschaftsgemeinschaft berufen wurde,[396] war nicht nur eine politische Richtungsentscheidung – Hallstein war bis

391 Vgl. Hallstein, Aktienrecht 1934.
392 Vgl. Hallstein, Gesellschaft 1938/1939.
393 Vgl. Nicolaysen, Europäische Gemeinschaft 1981; Loth (Hg.), Walter Hallstein 1995.
394 Vgl. Hallstein, Wissenschaft und Politik 1949.
395 Vgl. Schwarz, Adenauer 1994, S. 693.
396 Vgl. Nicolaysen, Europäische Gemeinschaft 1981; Loth (Hg.), Walter Hallstein 1995.

1967 im Amt –, sondern prägte auch diese Zentralinstitution europäischer Integration in internationalprivatrechtlicher Hinsicht:[397] es ist nicht übertrieben, in Walter Hallstein die einflußreichste ›strukturbildende‹ wissenschaftlich-politische Verkörperung von Rabels Konzept universalistischer Rechtswissenschaft zu sehen.

Ludwig Raiser

Ludwig Raiser wurde 1904 in Stuttgart geboren. Er studierte Rechtswissenschaften in München, Genf und Berlin und war von 1927 bis 1930 Assistent am KWI für ausländisches und internationales Privatrecht. Bereits 1927 veröffentlichte Raiser eine erste eigene Abhandlung,[398] 1929 dann zusammen mit Rabel einen Artikel in der Institutszeitschrift: das war eine seltene Ehre, hinter der die hohe fachliche Anerkennung Rabels stehen mußte, da dieser bei der Verfassung von Beiträgen ›Gemeinschaftsarbeit‹ grundsätzlich ablehnte.[399] Wie üblich, hatte sich Raiser auch in Länderberichten[400] und Rezensionen[401] üben müssen. Die Promotion erfolgte 1931 – die Dissertation erschien in der Monographienreihe –[402] die Habilitation im Alter von 29 Jahren 1933 wurde durch Denunziation und Verzögerungstaktik des als konfliktscheu und anpassungsbereit bekannten Berliner Dekans Ernst Heymann[403] massiv behindert und konnte erst 1935 abgeschlossen werden.[404] Die Ausübung des Lehramts war Raiser wegen des Vorwurfs »politischer Unzuverlässigkeit« zunächst verweigert

397 Vgl. beispielsweise Hallstein, Wiederherstellung 1946.
398 Vgl. Raiser, Recht der Wertpapiere 1927.
399 Vgl. Rabel/Raiser, Entscheidung 1929.
400 Beispielsweise Raiser/Rheinstein, Rechtsprechung 1930.
401 Zum Beispiel Raiser, Rezension zu Francesco Messineo 1929.
402 Vgl. Raiser, Wirkungen 1931 (Beiträge zum ausländischen und internationalen Privatrecht 4), Selbstanzeige in ZIPR 5, 1931, S. 522 f.
403 Zum Charakterbild Ernst Heymanns von Lösch, Geist 1999, S. 158 f.: »Heymann […] war eines der dienstältesten Mitglieder der Fakultät. Er hatte ihr von 1899 bis 1903 angehört und wurde 1914 aus Marburg zurück nach Berlin berufen. 1921 hatte er das Institut für Ausländisches und Wirtschaftsrecht gegründet. Für das Jahr 1932/33 war er eigentlich als Rektor vorgesehen, hatte sich jedoch mit Krankheitsgründen entschuldigt. […] Nach eigenen Angaben war Heymann seit 1918 nicht mehr politisch tätig; ursprünglich hatte er der Nationalliberalen Partei angehört, dann bis 1930 der DVP. Er galt allgemein als alter Reaktionär; in der Erinnerung seiner Studenten hinterließ er keinen ›großen Eindruck‹, galt vielmehr als langweilig, uninteressant oder ›ganz schlechter Dozent‹; nur als Mitglied der Akademie der Wissenschaften habe er eine ›prominente Stelle‹ gehabt.« Heymann war Mitglied des BNSDJ, nicht aber der NSDAP gewesen, vgl. ebd., S. 381, Anm. 772.
404 Dazu von Lösch, Geist 1999, S. 227-230.

worden.[405] Raiser wurde daher 1934 frustriert Rechtsanwalt und trat 1937 in den Vorstand der Magdeburger Feuerversicherungsgesellschaft ein. Im Jahr 1935 erschien sein berühmtes und nachhaltig einflußreiches Standardwerk über »Das Recht der allgemeinen Geschäftsbedingungen«.[406] Im Jahr 1942 erhielt er einen Ruf an die Universität Straßburg, mußte allerdings kurz darauf zur Wehrmacht einrücken. Von 1943 an war Raiser als Militärverwaltungsrat im Wirtschaftsrat Ost in Berlin tätig. Seit 1945 lehrte er als ordentlicher Professor in Göttingen Bürgerliches, Handels- und Wirtschaftsrecht, von 1948 bis 1950 war er Rektor der Universität Göttingen. Zwischen 1955 und 1973 lehrte Raiser als ordentlicher Professor in Tübingen.[407] Seine wissenschaftspolitische Karriere begann Anfang der 1950er Jahre: 1951 bis 1955 war er Präsident der Deutschen Forschungsgemeinschaft in Bad Godesberg. 1957 gehörte er zu den Mitgründern des Deutschen Wissenschaftsrats, dem er von 1961 bis 1965 vorsaß. Darüber hinaus gehörte Raiser zu den zentralen Integrationsfiguren des evangelischen Nachkriegsdeutschland:[408] seit 1950 war er Mitglied der EKD-Synode, von 1970 bis 1973 deren Präses.

Hans Rupp

Hans Rupp wurde 1907 in Stuttgart geboren. Er studierte Rechtswissenschaften in Tübingen und Berlin, war 1929 bis 1933 Gerichtsreferendar in Berlin und Tübingen, 1934/1935 stellvertretender Amtsrichter in Stuttgart und Reutlingen. Nachdem er zwischen 1935 und 1937 als *Research Fellow* nach Harvard gegangen war, wurde Rupp 1938 Hauptreferent für angloamerikanisches Recht am Institut. Bei diesem Rechtskreis handelte es

405 Vgl. ebd., S. 230-232; ferner »Ludwig Raiser« in der Deutschen Biographischen Enzyklopädie 1998; beispielsweise Rabello, Preface 1994, S. 3: »Infusing private law with principles of justice and equity has always been considered essential. History has witnessed that, even under the most repressive regimes, jurists have resorted to these principles in order to protect the oppressed. For example, Ludwig Raiser, a democratic jurist in Nazi Germany, dedicated essays to the principle of equality in private law, to limitations of the freedom of contract, and to the relationship between constitutional principles and private law.«

406 Vgl. Raiser, Recht der allgemeinen Geschäftsbedingungen 1935; Wahl, Rezension zu Ludwig Raiser 1936, S. 1021: »Alles in allem: eines der interessantesten Bücher, die in den letzten Jahren geschrieben worden sind.«

407 Eine Veröffentlichungsliste findet sich in Baur u. a. (Hg.), Funktionswandel der Privatrechtsinstitutionen 1974, S. 727-734; vgl. ferner die Ansprachen in dem Sammelband der Juristischen Fakultät der Universität Tübingen (Hg.), Ludwig Raiser zum Gedächtnis 1982.

408 Vgl. u. a. das Geleitwort Raisers in Seetzen (Mitarb.), Nichtverbreitung von Kernwaffen 1968.

sich um eines der wesentlichen Interessengebiete Rabels und einen Schwerpunkt der Forschungstätigkeit am Institut. Zugleich praktizierte er als Anwalt in Berlin. Kegel zählte Rupp zur zeitlich »dritten Gruppe« von Referenten, zu der er selbst gehört hatte.[409] 1941 veröffentlichte Rupp zusammen mit Gerhard Kegel und Konrad Zweigert in der Monographienreihe eine rechtsvergleichende Studie über »Die Einwirkung des Krieges auf Verträge in der Rechtsprechung Deutschlands, Frankreichs, Englands und der Vereinigten Staaten von Amerika«.[410] Bemerkenswert allein schon aufgrund der Themenwahl war Rupps Beitrag zur Rechtsanwendung vor US-Bundesgerichten in der »Zeitschrift für ausländisches und internationales Privatrecht« 1941.[411] Nach Kriegsende wurde Rupp Ministerialrat im Kultusministerium von Württemberg-Baden und gehörte von 1951 bis 1975 dem Zweiten Senat des Bundesverfassungsgerichts an. Seit 1955 lehrte er als Honorarprofessor in Tübingen. Rupp war nach 1945 aktiver Sozialdemokrat.

Gerhard Schröder

Gerhard Schröder wurde 1910 in Saarbrücken geboren und besuchte das Gymnasium in Trier.[412] In Königsberg, Edinburgh, Berlin und Bonn studierte er Rechtswissenschaften und wurde 1934 promoviert. Von 1934 bis 1936 war er als Assistent am KWI für ausländisches und internationales Privatrecht tätig. Dort war er u. a. für die Großbritannien-Berichterstattung zuständig.[413] 1936 wechselte Schröder in ein Anwaltsbüro und ließ sich 1939 in Berlin als Rechtsanwalt nieder. Seit 1933 NSDAP-Mitglied, nahm er an der nationalsozialistischen Kirchenpolitik Anstoß und engagierte sich in der Bekennenden Kirche. Nach 1945 gehörte Schröder zu den Gründern der CDU, deren evangelischen Flügel er als Vorsitzender des Evangelischen Arbeitskreises der CDU zwischen 1955 und 1978 vertrat.[414] Von 1949 bis 1980 gehörte er dem Bundestag an, von 1969 bis 1973 war er stellvertretender CDU-Bundesvorsitzender. Von 1953 bis 1961 war Schröder Bundesinnenminister unter Adenauer,[415] von 1961 bis 1966

409 Vgl. Kegel, 50 Jahre 1978, S. 305.
410 Vgl. Kegel/Rupp/Zweigert, Einwirkung des Krieges 1941 (Beiträge zum ausländischen und internationalen Privatrecht 17).
411 Vgl. Rupp, Rechtsanwendung 1940/1941.
412 Vgl. »Gerhard Schröder« in der Deutschen Biographischen Enzyklopädie 1998.
413 Vgl. Arndt/Schröder, Englische Rechtsprechung 1935; Arndt/Schröder, Englische Rechtsprechung 1936. Zu Adolf Arndt siehe auch von Lösch, Geist 1999, S. 238.
414 Vgl. Kunst (Hg.), Dem Staate verpflichtet 1980.
415 Vgl. beispielsweise Schröder, Elitebildung 1955.

Bundesaußenminister,[416] in der großen Koalition von 1966 bis 1969 Verteidigungsminister. Er unterlag 1969 Gustav Heinemann bei der Wahl zum Bundespräsidenten. Bis 1980 leitete er den Auswärtigen Ausschuß des Bundestages. Von allen Referenten des KWI für ausländisches und internationales Privatrecht erreichte Schröder als Bundesminister das höchste politische Amt. In seiner vorsichtigen handelspolitischen Öffnungspolitik gegenüber dem Warschauer Pakt Anfang der 1960er Jahre mag man das internationalprivatrechtliche Grundvertrauen auf die krisenüberbrückende Wirkung des Welthandels und seiner rationalen Regelung erkennen.

Eduard Wahl

Eduard Wahl wurde 1903 in Frankfurt am Main geboren. Dort sowie in Heidelberg, Marburg und Paris studierte er Rechtswissenschaften und promovierte 1923.[417] Nach dem Assessorexamen kam Wahl 1927 als Mitarbeiter an das KWI für ausländisches und internationales Privatrecht. 1932 in Berlin mit einer rechtsvergleichend internationalprivatrechtlichen Arbeit für Bürgerliches Recht habilitiert,[418] erhielt er 1935 einen Ruf auf eine außerordentliche Professur in Göttingen, wo er seit 1938 ein ordentliches Ordinariat bekleidete. Seit 1941 lehrte er als ordentlicher Professor für Bürgerliches Recht, Zivilprozeß, ausländisches- und internationales Privatrecht in Heidelberg.[419] Nach dem 20. Juli 1944 wurde Wahl zur Wehrmacht eingezogen. Nach 1945 setzte er seine Lehrtätigkeit in Heidelberg fort. 1947/1948 trat er als Spezialverteidiger im I.G. Farben-Prozeß auf.[420] Wahl wurde CDU-Mitglied und gehörte von 1949 bis 1965 dem Bundestag an. Weiterhin war er Mitglied der Beratenden Versammlung des Europarats und der Versammlung der Westeuropäischen Union.

416 Vgl. zum Beispiel Schröder, Deutschland 1962.

417 Vgl. »Eduard Wahl« in der Deutschen Biographischen Enzyklopädie 1999.

418 Vgl. Wahl, Vertragsansprüche Dritter (Beiträge zum ausländischen und internationalen Privatrecht 9), Rezension in ZIPR 9, 1935, S. 792-794; der Berliner Antrittsvortrag wurde in der institutseigenen Zeitschrift veröffentlicht, siehe Wahl, Zum internationalen Recht 1936; ferner von Lösch, Geist 1999, S. 62, Anm. 265.

419 Vgl. die Festschrift zum 70. Geburtstag von Eduard Wahl von Müller (Hg.), Rechtswissenschaft und Gesetzgebung 1973; Juristische Fakultät der Universität Heidelberg (Hg.), In memoriam Eduard Wahl 1988.

420 In Zusammenarbeit mit Rudolf Müller, Heinrich von Rospatt, Helmut Hentze und Ernst Achenbach. Angeklagt waren Carl Krauch, Max Brüggemann (wegen Krankheit von der Anwesenheit befreit), Walter Dürrfeld, Heinrich Gattineau, Hans Kugler, Erich von der Heyde aus dem Aufsichtsrat und sämtliche Vorstandsmitglieder – insgesamt 23 Personen, vgl. Hayes, I.G. Farben und I.G. Farben-Prozeß 1997.

Wilhelm Wengler

Wilhelm Wengler wurde 1907 in Wiesbaden geboren.[421] Nach dem Studium der Jurisprudenz erfolgte 1933 die Promotion zum Dr. iur. und zusätzlich zum Dr. rer. pol. Im selben Jahr erhielt er eine Stelle als Referent im KWI für ausländisches und internationales Privatrecht,[422] wechselte dann aufgrund eindeutiger Beziehungen zum Widerstand 1938 zum völkerrechtlichen Schwesterinstitut. Darin äußerte sich auch eine Kritik an dem noch von Rabel praktizierten Anpassungskurs des Privatrechtsinstituts, in dem für Widerstand im engeren Sinn kein Platz war. Während des Krieges war Wengler völkerrechtlicher Berater des Oberkommandos der Wehrmacht. Als Angehöriger des Moltke-Kreises wurde Wengler 1944 mehrere Monate in Untersuchungshaft genommen.[423] Wengler hat über diese Erfahrungen im Vorwort seines »Internationalen Privatrechts« berichtet:

> »So hatte auch der junge Jurist, der im letzten Studiensemester einen Seminarvortrag über das selbstgewählte Thema der Vorfrage im internationalen Privatrecht hielt,[424] zunächst damit fertig zu werden, daß ihm nach glänzend bestandenen Examina erklärt wurde, angesichts der vorliegenden Informationen über seine politische Einstellung sei ihm der Staatsdienst, damit auch eine Habilitation, verschlossen. Aber auch der, der im NS-Staat mit einem Minimum an Tarnung auskommen wollte, konnte dann von seinem Institutschef zu hören bekommen, daß dieser sich selbst gefährdet fühle, wenn der junge Mann sich nicht *mehr* in nationalsozialistischen Organisationen betatige.«[425]

Wengler, bei dem im Rückblick auf den für ihn persönlich unerträglichen Anpassungskurs ein starker Affekt gegen die KWG/MPG erkennbar blieb,[426] war von 1945 bis 1948 stellvertretender Leiter der Rechtsabteilung der Zentralverwaltung für Verkehr in Berlin, nach der Habilitation 1948 dann 1948/1949 Professor »mit Lehrauftrag« an der Humboldt-Universität. Seit 1949 lehrte Wengler an der Freien Universität Berlin als ordent-

421 Vgl. die Angaben zu Wilhelm Wengler in Kürschners Deutscher Gelehrten-Kalender 1980, S. 4228.

422 Vgl. Wengler, Beiträge 1935 (Beiträge zum ausländischen und internationalen Privatrecht 11), Selbstanzeige in ZIPR 9, 1935, S. 307 f.

423 Vgl. auch die Angaben zu Wilhelm Wengler in Habel (Hg.), Wer ist Wer? 1967, S. 2148; ferner von Klemperer, Die verlassenen Verschwörer 1994, S. 283 f.

424 Vgl. Wengler, Vorfrage 1934.

425 Wengler, Vorwort 1981, S. X; dazu Thieme, Ernst Rabel 1986, S. 279, Anm. 137.

426 Vgl. Wengler, Vorwort 1981, S. IX.

licher Professor Internationales Recht, Rechtsvergleichung und Allgemeine Rechtslehre und leitete als Direktor das Institut für ausländisches und internationales Recht.[427]

Konrad Zweigert

Konrad Zweigert wurde 1911 in Posen geboren. Er studierte seit 1929 Rechtswissenschaften in Grenoble, London, Barcelona, Berlin und Göttingen.[428] Von 1937 bis 1945 war er wissenschaftlicher Mitarbeiter am KWI für ausländisches und internationales Privatrecht, 1942 wurde er promoviert. 1941 bis 1944 nahm er einen Lehrauftrag an der Berliner Fakultät für französisches Zivilrecht wahr. Zusammen mit Hans Rupp betrieb er maßgeblich die Verlagerung des Instituts von Berlin nach Tübingen, wo er 1946 für Bürgerliches Recht habilitiert wurde.[429] 1948 übernahm er dort den Lehrstuhl für Bürgerliches Recht, Prozeßrecht, Rechtsvergleichung, ausländisches und internationales Privatrecht. Von 1951 bis 1956 amtierte Zweigert als Richter im ersten Senat des Bundesverfassungsgerichts. Seit 1953 war er Wissenschaftliches Mitglied des MPI für ausländisches und internationales Privatrecht in Tübingen[430] und erhielt 1956 einen Lehrstuhl für Rechtsvergleichung, internationales Privatrecht, bürgerliches Recht und Prozeßrecht in Hamburg. Von 1962 bis 1978 leitete Zweigert als Direktor das dorthin verlegte Institut,[431] seit 1964 gab er die »Zeitschrift für ausländisches und internationales Privatrecht heraus«.[432] Konrad Zweigert verkörperte anders als sein wesentlich älterer Vorgänger Hans Dölle – Dölle, Jahrgang 1893, hatte 1921 bei Martin Wolff promoviert, wurde 1923 in Berlin habilitiert, 1924 nach Bonn, 1941 nach Straßburg, 1946 nach Tübingen, 1956 nach Hamburg berufen, von 1946 bis 1963 leitete er das MPI für ausländisches und internationales Privatrecht in Tübingen und Hamburg –[433] durch seine fachliche Ausrichtung die Kontinuität zwischen dem Kaiser-Wilhelm- und Max-Planck-Institut.

427 Vgl. auch Wengler, Anpassung 1954; ders., Begriff des Politischen 1956.

428 Vgl. »Konrad Zweigert« in der Deutschen Biographischen Enzyklopädie 1999, S. 707.

429 Zum späten Habilitationstermin siehe die Einschätzung von Hans Dölle zu den Habilitationen Raiser und Zweigert vgl. das Kapitel III 2.1.3, die in beiden Fällen von einem politischen Hintergrund ausgehen.

430 Vgl. u. a. Zweigert, Abschlußort 1954.

431 Vgl. die Festschriften zum 70. Geburtstag Zweigerts von Bernstein u. a. (Hg.), Festschrift 1981; Rechtseinheit für Europa 1981.

432 Vgl. u. a. den Artikel zum MPI für ausländisches und internationales Recht in den Berichten und Mitteilungen der MPG, 1987, Heft 3, S. 13-19.

433 Vgl. Zweigert, Hans Dölle 1980.

2.2 Gegen die »Enge eines Materialien- und Buchstabenkultus«. Langfristige Projekte des KWI für ausländisches und internationales Privatrecht vor und nach 1933

2.2.1 Das »Rechtsvergleichende Handwörterbuch«

Neben den praktischen Daueraufgaben wie der Länderberichterstattung im Hinblick auf Gesetzgebung, Rechtsprechung und juristische Literatur hatte das KWI für ausländisches und internationales Privatrecht seit seiner Gründung Großprojekte[434] wie das monumentale »Rechtsvergleichende Handwörterbuch« und die Reihe »Zivilgesetze der Gegenwart« übernommen. Hinter beiden Vorhaben stand ein enzyklopädischer Anspruch, der in der internationalprivatrechtlichen Forschungslandschaft der Zwischenkriegszeit weltweit wohl nur von Rabels Institut erhoben und eingelöst werden konnte: schon die regelmäßige Sichtung ausländischer Gerichtsurteile und Fachliteratur war außerordentlich aufwendig,[435] die systematische rechtsvergleichende Strukturierung des IPR war ein Projekt im fortschrittsgläubigen Geist der ersten Hälfte des 19. und in der Form der Akademie-Unternehmungen des 18. Jahrhunderts von unübersehbaren Ausmaßen. Zeitgenössische Vorbilder waren u. a. das »Handwörterbuch der Rechtswissenschaft«,[436] Holtzendorffs »Rechtslexikon«,[437] dessen Abschnitt über »Grundzüge des Römischen Privatrechts« Rabel im Jahr 1915 geschrieben hatte,[438] das »Handwörterbuch der Staatswissenschaften«,[439] das »Wörterbuch der Volkswirtschaft«,[440] das

434 Vgl. den Abschnitt »Internationale Quellensammlung« der Deutschen Landesreferate zum Internationalen Kongreß für Rechtsvergleichung im Haag 1932, Sonderveröffentlichung ZIPR 6, 1932, auszugsweise Nachdruck in Rabel, Gesammelte Aufsätze 1967, Bd. 3, S. 92-137, S. 93. Rabel nennt die »Opera Academiae Universalis jurisprudentiae comparativae« von 1929 ff.; das »Rechtsvergleichende Handwörterbuch«, seit 1927 in Berlin erschienen; die seit 1927 in Mannheim erscheinende Reihe »Zivilgesetze der Gegenwart«; die von Franz Leske und William Loewenfeld seit 1904 ff. herausgegebenen Bände »Die Rechtsverfolgung im internationalen Verkehr«; die von Adolf Wach seit 1923 ff. herausgegebene Reihe »Das Zivilprozeßrecht der Kulturstaaten«; die von Julius Magnus seit 1926 ff. edierten »Tabellen zum internationalen Recht«; und das seit 1924 in Paris publizierte »Répertoire de Droit International« von Albert Geouffre de Lapradelle und Jean Paulin Niboyet.

435 Vgl. Wengler, Vorwort 1981, S. VII.

436 Vgl. Elster/Stier-Somlo (Hg.), Handwörterbuch der Rechtswissenschaft 1926-1937.

437 Vgl. von Holtzendorff (Hg.), Rechtslexikon 1880 ff.

438 Vgl. Rabel, Grundzüge des Römischen Privatrechts 1915.

439 Vgl. Conrad u. a. (Hg.), Handwörterbuch der Staatswissenschaften 1890-1897.

440 Vgl. Elster (Hg.), Wörterbuch der Volkswirtschaft 1931-1933.

»Wörterbuch des Völkerrechts«,[441] das »Répertoire Pratique« Dalloz',[442] das »Dictionnaire Pratique de Droit« Dalloz',[443] »Wharton's Law-Lexicon«.[444] Bezeichnenderweise konnte keines der beiden Vorhaben im Sinne Rabels zuende geführt werden – das »Weltbürgerkriegsjahrhundert« unterbrach hier eine Forschungskontinuität,[445] an die das Nachfolgeinstitut, das MPI für ausländisches und internationales Privatrecht in den 1970er Jahren mit der Herausgabe der »Encyclopedia of Comparative Law« anknüpfte.[446]

Im Vorwort zum ersten Band des 1929 erschienenen »Rechtsvergleichenden Handwörterbuchs« erläuterten die Herausgeber Carl Heinrici, Julius Magnus, Oscar Mügel, Walter Simons, Heinrich Titze und Martin Wolff unter Federführung von Franz Schlegelberger ihr Konzept und ihre Motivation. Das »Rechtsvergleichende Handwörterbuch« brachte im ersten Band eine nach Erdteilen und Ländern geordnete Übersicht über die Rechtsquellen der einzelnen Staaten. Daran sollte sich eine nach Themen geordnete rechtsvergleichende Darstellung des deutschen und ausländischen Zivil- und Handelsrechts anschließen, die sich gleichermaßen an die Rechtswissenschaft und an die Praxis richten sollte: »Allein nicht nur der Heimat soll das Verständnis für die Unterschiede fremder Rechte vom deutschen, sondern auch dem ausländischen Juristen und Kaufmann soll die Erkenntnis der ihm fremden Rechte, insbesondere des deutschen, erschlossen werden [...].«[447] Das Handwörterbuch wolle nicht einfach deutsche und ausländische Gesetze aneinanderreihen, sondern vielmehr die Rechtsmaterien rechtsvergleichend ordnen und nach Problem- und Lösungsgruppen zusammenfassen. Diese rechtsvergleichende Methodik sahen die Herausgeber in der Tradition der BGB-Entstehung. Gegenüber den »Gefahren« der Rechtsvergleichung wie der »Verwischung nationaler Eigenart durch Übertreibungen der Rechtsangleichungsbestrebungen«[448] sahen die Herausgeber vor allem Vorteile für die Praxis und die juristische Ausbildung: wie Rabel sahen sie in der »blickerweiternden und aufgabenerneuernden Funktion«[449] der Rechts-

441 Vgl. Strupp (Hg.), Wörterbuch des Völkerrechts 1924-1929.
442 Dalloz Répertoire de Législation de Doctrine 1910-1931.
443 Vgl. Griolet (Hg.), Dictionnaire Pratique de Droit 1902-1917.
444 Vgl. Smith/Lely (Hg.), Wharton's Law-Lexicon 1902.
445 Vgl. Stolleis, Nationalität 1998, S. 8-14.
446 Vgl. den Artikel zum MPI für ausländisches und internationales Recht in den Berichten und Mitteilungen der MPG, 1987, Heft 3, S. 24-26.
447 Schlegelberger u. a., Vorwort 1929, S. III f.
448 Ebd., S. III.
449 Ebd.

vergleichung ein probates Mittel gegen die »Verknöcherung der Jurisprudenz, die in der selbstgenügsamen Enge eines Materialien- und Buchstabenkultus zu versinken droht«.[450]

Am ersten Band hatte Ludwig Raiser mitgearbeitet.[451] Den deutschen Länderbericht hatte Franz Schlegelberger selbst verfaßt.[452] Die Länderberichte waren im wesentlichen von Fachleuten der jeweiligen Länder bearbeitet worden, erst bei den systematischen Artikeln war das KWI für ausländisches und internationales Privatrecht stärker beteiligt. Diese Konzeption würdigte der Mitherausgeber Heinrich Titze im zweiten Jahresband der Institutszeitschrift. Titze formulierte dabei zugleich Qualitätsstandards für Rechtsvergleichung. Die Länderberichte sollten zunächst über das geltende Recht des Auslands informieren, dazu gehörten, so Titze, auch Ausführungen über »den Geist, den diese atmen; über die Umstände, unter denen sie geschaffen wurden; über den Standpunkt, den sie in wichtigen und prinzipiellen Fragen einnehmen; über die verwandtschaftlichen Beziehungen, in denen sie zu den Gesetzgebungen anderer Länder stehen, und über die Literatur, die sie hervorgebracht haben«.[453] Ferner seien das jeweilige internationale Privatrecht und die relevanten völkerrechtlichen Verträge zu thematisieren. Für den Sachartikelteil sah Titze besondere Darstellungsschwierigkeiten. Die Aufteilung eines ganzen Rechtsgebietes in Wörterbuchartikel sei selbst dann nicht ganz einfach, wenn es sich nur um eine einzige Rechtsordnung handele. Die Komplexität der Aufgabe steigere sich außerordentlich, wenn es gelte, für eine große Anzahl von Rechtsordnungen die Gegenstände des Privatrechts in alphabetisch geordnete Einzelbeiträge zu fassen. Zur Wahrung der Übersichtlichkeit und Einheitlichkeit des Werkes sei eine einheitliche Terminologie erforderlich: »Und diese konnte in unserem Falle nur die deutsche sein.«[454] Rechtsbegriffe, für die das deutsche Recht keine adäquaten Begriffe aufzuweisen habe, seien darum im »Rechtsvergleichenden Handwörterbuch« durch eigene Artikel nicht vertreten, sondern denjenigen Materien zugeordnet, mit denen sie in engem systematischem Zusammenhang stünden. Die Herausgeber betonten weiterhin, daß auf jeden Fall bei der Bearbeitung der Beiträge jeweils der deutschsprachige, der romanische und der englisch-amerikanische Rechtskreis Berücksich-

450 Ebd., S. IV.
451 Vgl. ebd.
452 Vgl. Schlegelberger, Deutsches Reich 1929.
453 Heinrich Titze, Rezension zum Rechtsvergleichenden Handwörterbuch 1928, S. 305.
454 Ebd.

tigung gefunden habe: »ob es geboten, ratsam oder überhaupt möglich ist, darüber hinaus die nordischen, die slawischen und Rechte fremderer Kulturen in die Darstellung einzubeziehen, hängt von der betreffenden Materie und ihrem Bearbeiter ab«.[455]

Titze wies ausdrücklich darauf hin, daß es sich bei dem »Rechtsvergleichenden Handwörterbuch« um das Projekt einer jungen Juristengeneration handele, was die nähere Betrachtung eindrucksvoll bestätigt.

Im zweiten, 1929 erschienenen Band war das KWI für ausländisches und internationales Privatrecht stark präsent: Karl Arndt schrieb den Artikel »Abzahlungsgeschäft«,[456] Eduard Wahl über »Adoption«,[457] »Ausstattung, Aussteuer«[458] und »Ehe«,[459] Walter Hallstein über »Anerbenrecht«,[460] »Anfall der Erbschaft«,[461] »Annahme und Ausschlagung der Erbschaft«,[462] »Anwachsung im Erbrecht«[463] und den »Dreißigsten«,[464] Ludwig Raiser schrieb den allgemeinen Teil zum Artikel »Eigentum«.[465] Im dritten Band von 1931 schrieb Eduard Wahl über »Familie«,[466] Ernst von Caemmerer über »Gesetzliche Erbfolge der Verwandten«,[467] Walter Hallstein, mittlerweile Ordinarius in Rostock, über »Gesetzliche Erfolge der Ehegatten«.[468] Der vierte Band von 1933 mit seinen Zentralbegriffen Haftung, IPR und Kaufvertrag war die Summe der Forschungstätigkeit des Instituts, in die auch die gutachterliche Erfahrung einfloß. Ernst von Caemmerer bearbeitete innerhalb des Beitrages zur Haftung den Abschnitt »Haftung für Aufsichtsbedürftige«[469] und »Haftung für Gebäudeeinsturz«,[470] Max Rheinstein die »Haftung für Kraftfahrzeuge«[471] und für »Haftung für Tiere«.[472] Von Caemmerer schrieb außerdem über »Höhere Gewalt«.[473]

455 Ebd., S. 305 f.
456 Vgl. Arndt, Abzahlungsgeschäft 1929.
457 Vgl. Wahl, Adoption 1929.
458 Vgl. Wahl, Ausstattung, Aussteuer 1929.
459 Vgl. Wahl, Ehe 1929.
460 Vgl. Hallstein, Anerbenrecht 1929.
461 Vgl. Hallstein, Anfall der Erbschaft 1929.
462 Vgl. Hallstein, Annahme und Ausschlagung der Erbschaft 1929.
463 Vgl. Hallstein, Anwachsung im Erbrecht 1929.
464 Vgl. Hallstein, Dreißigster 1929.
465 Vgl. Raiser, Eigentum 1929.
466 Vgl. Wahl, Familie 1931.
467 Vgl. von Caemmerer, Gesetzliche Erbfolge der Verwandten 1931.
468 Vgl. Hallstein, Gesetzliche Erbfolge der Ehegatten 1931.
469 Vgl. von Caemmerer, Haftung für Aufsichtsbedürftige 1933.
470 Vgl. von Caemmerer, Haftung für Gebäudeeinsturz 1933.
471 Vgl. Rheinstein, Haftung für Kraftfahrzeuge 1933.
472 Vgl. Rheinstein, Haftung für Tiere 1933.
473 Vgl. von Caemmerer, Höhere Gewalt 1933.

Zum Artikel »Internationales Privatrecht« trug Eduard Wahl eine Übersicht zu den »Allgemeinen Lehren«[474] bei, von Caemmerer eine Zusammenfassung zum »Internationalen Personenrecht«.[475] Der Artikel »Kaufvertrag«[476] entstand unter Rabels Federführung »vom Institut für ausländisches und internationales Privatrecht« als Teamleistung. Am fünften Band von 1936, dem letzten unter Rabels Direktorat, war Walter Hallstein mit Beiträgen über »Miterben«[477] und »Pflichtteilrecht« beteiligt,[478] der 1933 aufgrund seiner jüdischen Herkunft am Institut nicht weiterbeschäftigte Felix Eckstein schrieb über »Mündelsicherheit«,[479] Max Rheinstein, bereits Professor in Chicago, über »Nießbrauch«.[480] Eduard Wahl, inzwischen nach Göttingen berufen, und Arwed Blomeyer schrieben über das »Pfandrecht an beweglichen Sachen und Rechten«,[481] Walter G. Becker behandelte die »Rechtsgemeinschaft, Bruchteilsgemeinschaft«.[482] Die selbstverständliche Einbindung der »Nichtarier« Eckstein und Rheinstein, letzterer zudem Emigrant, war in menschlicher Hinsicht eine Aussage Rabels zur Loyalität gegenüber seinen Mitarbeitern, in fachlicher Hinsicht eine Demonstration der Selbstbehauptung eines eigengesetzlichen Wissenschaftsraums.

Im sechsten und letzten vollständigen Band – der Krieg verhinderte die Fortsetzung des Großprojekts, vom siebten Band erschienen 1940 nur noch drei Lieferungen[483] – waren Artikel von dem Referenten Karl Bünger[484] über »Schadenersatz«, Walter Hallstein über »Schuldenhaftung der Erben«,[485] eines Autorenteams, bestehend aus Arwed Blomeyer, Konrad Duden, Eduard Wahl, Felix Eckstein und Herbert Müller, über das »Schuldverhältnis«,[486] von Wilhelm Wengler über »Surrogation« enthalten. Die Arbeiten für das Rechtsvergleichende Handwörterbuch bildeten zugleich einen Materialhintergrund für Rabels Hauptwerk, das »Recht des Warenkaufs«.

474 Vgl. Wahl, Internationales Privatrecht 1933.
475 Vgl. von Caemmerer, Internationales Personenrecht 1933.
476 Vgl. KWI für ausländisches und internationales Privatrecht, Kaufvertrag 1933.
477 Vgl. Hallstein, Miterben 1936.
478 Vgl. Hallstein, Pflichtrechtsteil 1936.
479 Vgl. Eckstein, Mündelsicherheit 1936.
480 Vgl. Rheinstein, Nießbrauch 1936.
481 Vgl. Wahl/Blomeyer, Pfandrecht an beweglichen Sachen 1936.
482 Vgl. Becker, Rechtsgemeinschaft, Bruchteilsgemeinschaft 1936.
483 Vgl. Schlegelberger (Hg.), Rechtsvergleichendes Handwörterbuch 1940, Bd. 7.
484 Geboren 1903, Referent im KWI für ausländisches und internationales Privatrecht von 1938-1941, Lehrbeauftragter an der Universität Tübingen 1948.
485 Vgl. Hallstein, Schuldenhaftung der Erben 1940.
486 Vgl. Blomeyer u. a., Schuldverhältnis 1940.

2.2.2 Das *»Recht des Warenkaufs«*

»An dem Beginn des Werkes stand die Frage, ob und inwieweit das Kaufrecht einer einheitlichen Regelung in allen Ländern der Erde fähig ist. Der gewichtige Anlaß mußte sich bei der Stoffauswahl und bei der Anlage aufs stärkste geltend machen. Doch ist die Vereinheitlichung nicht der einzige Zweck dieser Rechtsvergleichung gewesen. Es galt vielmehr, zum ersten Mal im Mittelpunkt des Schuldrechts Gedanken und Ergebnisse der heutigen Rechtsordnungen miteinander in Bezug zu setzen, ein Beginnen, das allen theoretischen und praktischen Bestrebungen, die nur immer sich an die Rechtsvergleichung knüpfen, Förderung verspricht.«[487]

Die Vorgeschichte des monumentalen rechtsvergleichenden Hauptwerks begann mit der Ernennung Rabels zum Mitglied des Römischen Internationalen Instituts für die Vereinheitlichung des Privatrechts 1927. Rabel regte an, mit der Vereinheitlichung des Rechts des Warenkaufs zu beginnen und sicherte die Zuarbeit des KWI für ausländisches und internationales Privatrecht zu, ohne welches das rechtsvergleichende Großprojekt gar nicht realisierbar gewesen wäre.[488] Bereits 1929 konnte Rabel eine im Institut erarbeitete Zustandsbeschreibung – eine Art kommentierten Super-Länderbericht – vorstellen, den »Rapport sur le Droit en Matière de Vente par l'Institut für ausländisches und internationales Privatrecht de Berlin«, der in den Drucksachen des Völkerbunds erschien.[489] Auf dieser Grundlage begannen die Beratungen des römischen Instituts, über die Rabel die Fachöffentlichkeit in der Institutszeitschrift auf dem laufenden hielt.[490] 1931 berichtete Rabel über den Fortgang der Beratungen vor der Juristischen Gesellschaft zu Berlin[491] und ein Jahr später in der Juristischen Wochenschrift[492] für ein breites Fachpublikum. Ebenfalls in den

487 Rabel, Recht des Warenkaufs 1936, S. V.

488 Vgl. Rabel, Vorträge 1986, S. 296-302, insbesondere S. 300.

489 Vgl. KWI für ausländisches und internationales Privatrecht (Hg.), Rapport sur le Droit Comparé 1929.

490 Vgl. die nicht namentlich ausgewiesenen Berichte in der ZIPR 1, 1927, S. 498-500, 882; 2, 1928, S. 477-480; ferner Rabel, Internationales Institut 1929, hier auch die Ankündigung des Rapport; Rabel, Internationales Institut 1931. Hier findet sich eine Aufzählung der Materien, die im Institut rechtsvergleichend vorbereitet worden waren: Zustandekommen und Form des Kaufvertrages, Pflichten des Käufers und die Folgen ihrer Nichterfüllung, Eigentumsvorbehalt, Übergang von Eigentum.

491 Vgl. Rabel, Arbeiten zur Vereinheitlichung 1932.

492 Vgl. Rabel, Zwei Rechtsinstitute 1932.

Zusammenhang der römischen Beratungen gehörte seit Beginn der 1930er Jahre parallel zum Recht des Warenkaufs das Kaufrecht. 1935 faßte Rabel die wiederum von der Arbeit im Institut getragenen Vorstellungen in einem Kaufgesetzentwurf[493] zusammen, ebenfalls 1935 veröffentlichte er zwei begleitende Studien für das römische Institut.[494] 1936 erschien schließlich der erste Band von Rabels »Warenkauf«,[495] den Hans G. Leser als den »Höhepunkt rechtsvergleichender Forschung«[496] beschrieben hat: »Der im Berliner Institut entstandene Band[497] behandelt einen Großteil der Lehren des allgemeinen Schuldrechts in weltweiter Sicht und reicht in seiner Bedeutung weit über den Entwurf des internationalen Kaufrechts hinaus, dessen Grundlage und Begründung er bildete.«[498] Der im Vorwort des ersten Bandes angekündigte zweite Teil konnte von Rabel in Deutschland nicht mehr bearbeitet werden. Er entstand mit aktiver Unterstützung des MPI für ausländisches und internationales Privatrecht in Tübingen und Hamburg und wurde 1958, zweieinhalb Jahre nach Rabels Tod, veröffentlicht.[499]

493 Vgl. Rabel, Entwurf 1935.

494 Vgl. Rabel, Observations 1935; Société des Nations 1935.

495 Vgl. Rabel, Recht des Warenkaufs 1936.

496 Leser, Einleitung 1965, S. XXIV.

497 Der Titel lautete vollständig: »Kaiser-Wilhelm-Institut für ausländisches und internationales Privatrecht. Das Recht des Warenkaufs. Eine rechtsvergleichende Darstellung von Ernst Rabel unter Mitwirkung der früheren und jetzigen wissenschaftlichen Mitarbeiter des Instituts«. Im Vorwort hob Rabel, Recht des Warenkaufs 1936, S. V f. besonders die Mitarbeit der Referenten Ernst von Caemmerer und Arwed Blomeyer hervor.

498 Leser, Einleitung 1965, S. XXIV.

499 Vgl. Rabel, Recht des Warenkaufs 1958, vollständiger Titel: »Max-Planck-Institut für ausländisches und internationales Privatrecht. Das Recht des Warenkaufs. Eine rechtsvergleichende Darstellung von Ernst Rabel. 2. Band unter Mitwirkung von Klaus v. Dohnanyi und Jörg Käser«. Dölle, Vorwort, ebd., S. III f.: »Ernst Rabel ist es nicht vergönnt gewesen, das Erscheinen des zweiten Bandes seines ›Warenkaufs‹ zu erleben. Er ist am 7. September 1955 gestorben. Bis zu seinen letzten Lebenstagen beschäftigte ihn das Werk, dessen erster Teil eine so weltweite Wirkung hervorgerufen hat, und mit dessen Fortsetzung er auf die Vereinheitlichung des internationalen Kaufrechts Einfluß zu nehmen hoffte. Der erste Band des Warenkaufs ist erstmals im Jahre 1936 veröffentlicht worden. Auf die Ausführung des damals bestehenden Plans, einen zweiten Teil folgen zu lassen, mußte Rabel verzichten, als er genötigt wurde, seine Arbeitsstätte aufzugeben und Deutschland zu verlassen. Aber an dem Plan selbst hat er immer festgehalten. In den Vereinigten Staaten unternahm er es, eine umfangreiche Skizze zu entwerfen, obwohl er mit größten Schwierigkeiten zu kämpfen hatte. Mit Hilfe der Herren Dr. Klaus v. Dohnanyi und Dr. Jörg Käser baute er nach dem Kriege diesen Entwurf im Max-Planck-Institut für ausländisches und internationales

Schon der Aufbau des ersten Bands des »Warenkaufs« verdeutlicht Rabels funktional rechtsvergleichende Methodik:[500] der I. Teil von 1936 beschreibt »Umfang und Ziele der Vereinheitlichung«,[501] der II. Teil systematisiert »Abschluß und Form des Kaufvertrages«,[502] der III. Teil leitet als allgemeiner Teil (»Allgemeines über die Kaufvertragspflichten«)[503] die eigentliche Rechtsvergleichung des IV. Teils »Pflichten des Verkäufers«[504] ein. Hier schloß 1958 der zweite Band mit dem V. Teil »Pflichten des Käufers«[505] an, der VI. Teil behandelt »Die Haftung wegen Sachmangels und verwandte Lehren«,[506] der VII. Teil die »Gefahrtragung«.[507]

2.2.3 Die Reihe »Zivilgesetze der Gegenwart«

»Die Zivilgesetze der Gegenwart. Sammlung europäischer und außereuropäischer Privatrechtsquellen mit deutscher Übersetzung und Bearbeitung« wurden seit 1928 von einem Herausgeberkreis betreut, dem u. a. Ernst Heymann, Ernst Rabel und Franz Schlegelberger, ferner die Berater des KWI für ausländisches und internationales Privatrecht Heinrich Titze und Martin Wolff angehörten und dem der Direktor des Heidelberger Instituts für ausländisches Recht, Prof. Dr. Karl Heinsheimer, vorstand. Heinsheimer, Jahrgang 1869, hatte dort, seit 1907 ordentlicher Professor des Zivilprozeß- und badischen Landesprivatrechts, 1917 auf der Grundlage einer Stiftung ein Seminar für Wirtschaftsrecht gegründet, das als Institut für ausländisches und internationales Privat- und Wirtschaftsrecht der Universität Heidelberg bis heute existiert.[508] Bis zu seinem Tod 1929 war er Hauptherausgeber der »Zivilgesetze der Gegenwart«. Die er-

Privatrecht in Tübingen zu jenem Manuskript aus, das er im Herbst 1951 der Haager Konferenz über die Vereinheitlichung des internationalen Kaufrechts vorgelegt hat. Das Manuskript sollte noch einmal überarbeitet und dann gedruckt werden. Widrige Umstände, darunter vor allem auch Schwierigkeiten bei der Beschaffung der für die Publikation erforderlichen Geldmittel, verzögerten das Vorhaben mehrere Male. Erst jetzt konnte daran gedacht werden, es bis einschließlich Teil VII zu vollenden.«

500 Zur Gliederung siehe auch die Selbstanzeige zu Rabel, Recht des Warenkaufs, in der ZIPR 10, 1936, S. 408-411.

501 §§ 2-9.

502 §§ 10-16.

503 §§ 17-19.

504 §§ 20-66.

505 §§ 67-74.

506 §§ 75-109.

507 §§ 110-117.

508 Vgl. Wadle, Einhundert Jahre 1994, S. 49.

schienenen Bände der Reihe wurden zum Teil vom Institut mitherausgegeben, dessen Bibliothek auch den Autoren offenstand.[509] Letzteres galt auch für andere Fachpublikationen: so entstand beispielsweise die von Erich Hans Kaden herausgegebene, umfangreiche »Bibliographie rechtsvergleichender Literatur 1870-1928« im Institut und mit der Unterstützung der Länderabteilungen.[510] Hier waren allein über 4.000 Titel zur auslandsrechtlichen Forschung bis 1928 verzeichnet.

Ernst Rabel äußerte sich zu dem gesamten Vorhaben der »Zivilgesetze« anläßlich einer Besprechung zweier neuer Bände der Reihe über das sowjetische[511] und brasilianische Zivilrecht[512] in der Institutszeitschrift. Seine Besprechung war zugleich ein Exkurs zu Methoden praktischer Rechtsvergleichung: Rabel zählte die »Zivilgesetze« mit dem »Rechtsvergleichenden Handwörterbuch« und der »Zeitschrift für ausländisches und internationales Privatrecht« zu den Hauptprojekten seines Hauses. Ein Vorbild sah er in Borchardts »Geltenden Handelsgesetzen des Erdballs«, einer Sammlung, die kurz vor dem Ersten Weltkrieg erschienen war.[513] Rechtsvergleichung in Rabels Sinn mußte vor allem kurz sein und in der Kürze das Wesentliche erfassen:

> »Für die Wissenschaft besonders wertvoll und glücklich erscheint die rechtsvergleichende Methode der Anmerkungen zu dem brasilianischen Gesetzbuch, deren allgemeine Befolgung das gesamte Unternehmen vor unnötigen Wiederholungen schützt. Es reicht z. B. völlig aus, wenn zu Art. 159 nur gesagt wird: ›Allgemeines deliktisches Verschuldensprinzip wie Code civil Art. 1382/83‹, oder wenn zu Art. 1363 ff. darauf hingewiesen wird, daß das brasilianische Gesetz den deutschen Gesellschaftsbegriff und nicht den engeren französischen übernommen hat.«[514]

Teile der erschienenen Bände der Reihe wurden im Institut bearbeitet: am ersten Teil des ersten Bandes »Frankreich, Code Civil« war der Berater

509 So beispielsweise dem Mitherausgeber und Übersetzer von Teilbeiträgen des »Zivilrechts der nordischen Länder«, dem Berliner Rechtsanwalt Dr. Hellmuth Dix.

510 Vgl. Kaden (Hg.), Bibliographie 1930; KWI für ausländisches und internationales Privatrecht, Rezension zu Erich Hans Kaden 1930.

511 Vgl. Freund (Hg.), Zivilrecht in der Sowjetunion 1927 (Die Zivilgesetze der Gegenwart 4).

512 Vgl. Miranda (Hg.), Brasilien, Codigo Civil 1928 (Die Zivilgesetze der Gegenwart 3).

513 Vgl. Borchardt (Hg.), Die geltenden Handelsgesetze des Erdballs 1883-1896; Borchardt u. a. (Hg.), Die Handelsgesetze des Erdballs 1912-1914.

514 Rabel, Rezension zu »Die Zivilgesetze der Gegenwart« 1928, S. 765 f.

des Instituts und Reihen-Mitherausgeber Martin Wolff als Autor beteiligt.[515] Im Titel des zweiten Bandes »Das Zivilrecht Englands«[516] wurde das KWI für ausländisches und internationales Privatrecht ausdrücklich aufgeführt. Der dritte Band »Brasilien«[517] entstand ohne dessen Beteiligung. Die Teilbände des zehnten Bandes »Das Zivilrecht der nordischen Länder«[518] wurde federführend vom Institut herausgegeben. Der Krieg verhinderte schließlich die Fortführung und Vervollständigung der »Zivilgesetze der Gegenwart«.

2.3 Der »Atlantiker« Rabel. Das Institutsporträt in der Festschrift zum 25. Gründungsjubiläum der KWG 1936 und Rabels Einsatz für die Erforschung des amerikanischen Rechts

Helmuth Albrecht und Armin Hermann haben die Bedeutung des 25jährigen Gründungsjubiläums 1936 für die Geschichte der KWG im Nationalsozialismus am Ende ihres Kapitels über die Ära Planck beschrieben.[519] Schon die Kämpfe um die Nachfolge Plancks ließen ahnen, daß die Selbstbehauptungsspielräume für die KWG künftig enger werden würden, was auch zutraf. Im dritten Band der Jubiläums-Festschrift stellte Rabel das KWI für ausländisches und internationales Privatrecht vor. Rabel lag daran, wie schon seine Titelwahl zeigt, das Institut ausdrücklich in die internationale Forschungskontinuität der Rechtsvergleichung einzuordnen, das ergab den auf den ersten Blick verwirrenden Titel »Die Fachgebiete des Kaiser-Wilhelm-Instituts für ausländisches und internationales Privatrecht (gegründet 1926) 1900-1935«.[520] Rabels Bericht hatte zwei Teile, »Privatrechtliche Auslandsforschung und Rechtsvergleichung«[521] – dieser Teil enthielt eine knappe Wissenschaftsgeschichte der modernen Rechts-

515 Vgl. Heinsheimer u. a. (Hg.), Frankreich, Code Civil 1928 (Die Zivilgesetze der Gegenwart 1); Heinsheimer u. a. (Hg.), Frankreich, Code Civil, Sonderdruck 1932.

516 Vgl. Siegfried Goldschmidt u. a. (Hg.), Das Zivilrecht Englands in Einzeldarstellungen 1931 (Die Zivilgesetze der Gegenwart 2), »Unter Mitwirkung […] des Instituts für ausländisches und internationales Privatrecht in Berlin«.

517 Vgl. Miranda (Hg.), Brasilien, Codigo Civil 1928 (Die Zivilgesetze der Gegenwart 3).

518 Vgl. KWI für ausländisches und internationales Privatrecht u. a. (Hg.), Das Zivilrecht der nordischen Länder. Dänemark, Finnland, Island, Norwegen, Schweden 1933-1939 (Die Zivilgesetze der Gegenwart 10).

519 Vgl. Albrecht/Hermann, Kaiser-Wilhelm-Gesellschaft 1990, S. 381-384.

520 Vgl. Rabel, Fachgebiete 1937.

521 Ebd., S. 180-213.

vergleichung seit 1800 – und »Internationales Privatrecht«[522] – eine Darstellung der internationalen Forschungslandschaft zum IPR.

Rabels perspektivischer Kunstgriff lag darin, im ersten Teil seines Festschriftbeitrags die Institutsgründung als gleichsam notwendige Konsequenz der Erfolgsgeschichte der Rechtsvergleichung darzustellen und diese Erfolgsgeschichte im zweiten Teil als Institutsgeschichte fortzuschreiben. Darin lag auch ein Stück Selbstbehauptung gegenüber der durch Nobelpreise bestätigten natur- und technikwissenschaftlichen Dominanz innerhalb der KWG.[523] Seine rechtsgeschichtliche Skizze begann Rabel mit einer Schilderung der Bedeutung des BGB für die deutsche Rechtswissenschaft. An seiner Wertschätzung der intellektuellen Leistung der Großkodifikation ließ er keinen Zweifel:

> »Als Werke von unerhörter technischer Vollkommenheit und Gedankenfülle boten sie die Grundlage für eine sehr erhebliche Umgestaltung der Rechtsprechung zu höherer Sicherheit und zugleich Schmiegsamkeit und den Ausgangspunkt für eine zivilrechtliche Wissenschaft, durch deren Ausmaße und systematische Kraft alle Lehrgebäude in der langen Geschichte der Jurisprudenz übertroffen wurden. Es waren gewaltige Leistungen, gemessen an der Vergangenheit, wieviel daran auch aus dem Gesichtswinkel späterer Zeiten auszusetzen gewesen sein mag.«[524]

Mit dem Hinweis auf den ersten internationalen Kongreß für Rechtsvergleichung im Jahr 1900 unter Raymond Saleilles kam Rabel dann zur Rechtsvergleichung und Saleilles Feststellung: »Tout est à faire«.[525] Daher sei es auch nicht notwendig, die Rechtsvergleichung auf ein bestimmtes Ziel oder Programm zu verpflichten:

> »In Wahrheit sind die einzelnen Ziele der Rechtsvergleichung so mannigfaltig wie die der Rechtswissenschaft überhaupt. Man kann sie nicht erschöpfen und braucht es nicht. Sie liegen in der Aufklärung der Vergangenheit und Gegenwart und in der Vorbereitung der Zukunft. Sie liegen in der Höhe der Spekulation und Abstraktion und in der Tiefe jeder kleinsten praktischen Frage.«[526]

522 Ebd., S. 213-234, diesen Teil hatte Rabel zusammen mit den Referenten im KWI für ausländisches und internationales Privatrecht, Wilhelm Wengler, erarbeitet.

523 Vgl. Crawford/Heilbronn, Kaiser-Wilhelm-Institute 1990, S. 835-857, Übersicht über die Nobelpreisträger aus den Reihen der KWG, S. 842 f.

524 Rabel, Fachgebiete 1937, S. 180 f.

525 Ebd., S. 182.

526 Ebd., S. 183.

Rechtsvergleichung, so Rabel, müsse immer konkret und damit von der Rechtsphilosophie und Anthropologie verschieden sein. Praktische Rechtsvergleichung sei im »deutschen Privatrecht« vor 1900 der rechtswissenschaftliche Alltag gewesen und in Form der »internen Vergleichung« noch »gegenwärtig« in der US-amerikanischen Rechtsordnung. Aber mit praktischer Rechtsvergleichung in Gesetzgebung, Wissenschaft und, wo möglich, Rechtsprechung, sei lediglich die Grundlage für die systematische Rechtsvergleichung gelegt: »Die größte Befriedigung gewährt die Rechtsvergleichung aber, wenn sie die Ursachen der Rechtssätze und die Rückwirkungen der Rechtssätze auf das Leben zu erforschen imstande ist. Und viele sehen es nun ein, wie sie den Kern der Rechtserscheinungen von der Hülle der Paragraphen und Konstruktionen befreit.«[527] Erreichbar sei dies allein durch funktionale Vergleichung: »wir vergleichen nicht starre Daten und isolierte Paragraphen, wir vergleichen vielmehr, welche Lösungen sich aus der Gesamtheit des ganzen vollen Rechtslebens in dem einen und in dem anderen Staat in den gleichen Lebensfragen ergeben, und warum und mit welchem Erfolg sie sich ergeben«.[528] Im folgenden ging Rabel auf die »Leistungen der privatrechtlichen Auslandsforschung« nach dem Ersten Weltkrieg ein. Die Erfahrung mangelnder Kenntnisse im Umgang mit ausländischem Recht sei in Deutschland nach 1918 besonders drastisch spürbar geworden, die Institutsgründung erkläre sich als Reaktion darauf.[529]

An den ehrgeizigsten wissenschaftlichen Großprojekten der Rechtsvergleichung, die Rabel aufzählte, war das KWI für ausländisches und internationales Privatrecht bereits wenige Jahre nach seiner Gründung beteiligt: an der Reihe »Zivilgesetze der Gegenwart« und am »Rechtsvergleichenden Handwörterbuch«.[530] Diese Veröffentlichungen könnten, so Rabel, einen Beitrag dazu leisten, die zum Teil erstaunlichen Lücken in der Wissenschaft aufzudecken. So sei es beispielsweise immer noch nicht möglich, einem deutschen Kaufmann, der an den Eigentumsvorbehalt bei dem Verkauf von Waren in einem außerordentlich großen Umfang gewöhnt ist, für alle Länder zu sagen, ob seine Vertragsklausel Geltung habe oder nicht. Sogar für Frankreich sei das einzig Sichere die Unsicherheit, so Rabel. Dort sei der Eigentumsvorbehalt gegenüber Dritten im Konkurs nicht wirksam, weil das Erfordernis der Öffentlichkeit, das der *Code Civil* aufstellt, nicht gewahrt werde. Um auszuweichen, habe man

527 Ebd., S. 185.
528 Ebd., S. 187.
529 Vgl. Rabel, Fachgebiete 1937, S. 188 f.
530 Vgl. das Kapitel III 2.2.1.

die *location-vente* geschaffen, ähnlich der in Kauf und Miete verkleideten Sicherungsübereignung in der Anfangszeit des BGB. Die Folge sei Strafbarkeit des Käufers bei unbefugter Weiterveräußerung, Vindikation des Vermieters und Eigentümers im Konkurs des Käufers. Aber die Abneigung gegen die Erschleichung einer geheimen Sicherung sei so eingewurzelt, daß die Gerichte zumeist das Geschäft wegen Simulation oder wegen fraudulöser Schädigung des Gläubigers für nichtig erklärten. Ob die Verfallsklausel für den Pfandgläubiger zulässig sei, sei heute noch in den Vereinigten Staaten umstritten.[531]

Ein Hauptanliegen Rabels war ferner das Werben für die Erforschung des angloamerikanischen Rechts: »Unserer Arbeit im Berliner Institut habe ich daher von Anfang an die systematische Durchdringung des amerikanischen Privatrechts zur besonderen Aufgabe gesetzt [...]. Auf der anderen Seite wächst das Interesse der englischen und besonders der amerikanischen Juristen am ›civil law‹ zusehends.«[532]

In den Abschnitten »Leistungen der Rechtsvergleichung« und »Wechselwirkungen der Literaturen« ging Rabel auf einzelne im Institut entstandene Monographien der Institutsreihe, u. a. auf die von Rheinstein[533] und Kessler,[534] ein, wobei er einmal mehr seinen Einsatz für die Erforschung des angloamerikanischen Rechtskreises ausdrücklich betonte. Damit war Rabel beim eigentlichen Leitthema seines Institutsberichts. Auf einer Reihe von Gebieten sei die Zusammenarbeit im IPR so eng geworden, daß die vergleichende Betrachtung der Doktrinen sich in eine gemeinsame Wissenschaft auflöse. Vor allem werde das amerikanische Recht mehr und mehr bekannt:

> »Von der anderen Seite des Ozeans herüber verschaffen sich die neuen amerikanischen Strömungen bei uns zunehmende Bedeutung, und zwar nicht sowohl wegen ihrer Berührung mit deutschen literarischen Tendenzen, als gerade wegen ihrer amerikanischen Prägung, die sie durch ihre Herkunft aus dem Naturrecht, der Utilitaritätsphilosophie und dem Pragmatismus einerseits und andererseits aus dem System des Richterrechts durch die Auffassung erhalten, daß Recht sei, was der Richter als Recht sprechen würde.«[535]

531 Vgl. Rabel, Fachgebiete 1937, S. 193.
532 Ebd., S. 195.
533 Vgl. Rheinstein, Struktur 1932 (Beiträge zum ausländischen und internationalen Privatrecht 5).
534 Vgl. Kessler, Fahrlässigkeit 1932 (Beiträge zum ausländischen und internationalen Privatrecht 6).
535 Rabel, Fachgebiete 1937, S. 205 f.

Rabel scheute sich nicht, den Ort der »neuen« Privatrechtswissenschaft im »Führer«- und »Rechtswahrer«-Staat[536] durch die Lage »in der Mitte zwischen der romanischen, logisch-rationalen und der englisch-amerikanischen, kasuistischen Art«[537] zu charakterisieren, und, trotz aller Verschiedenheiten im Detail,[538] die Modernität gerade des amerikanischen Rechts zu betonen. Rabel beschrieb in diesem Abschnitt auch indirekt seine eigene Position als Internationalprivatrechtler:

> »Es war eben eine Wissenschaft in ersten Anfängen, ihre Vertreter waren Pioniere, zum Teil von großem Format, die aber das Neuland erst vorbereiten mußten. Das seltsamste ist, daß [...] auf diesem international gearteten und von den meisten damals [vor dem Ersten Weltkrieg, R.-U. K.] sogar für noch übernational gehaltenen Felde die alte Zusammengehörigkeit zerrissen und die Isolierung der landesrechtlichen Schriften kaum geringer war als sonst. Die Haager Konventionen bildeten auf diesem Hintergrund sonderbar einsame Inseln der Internationalität.«[539]

Am Ende formulierte Rabel die zukünftigen Aufgaben des Instituts: Die Arbeit müsse sich zunächst der vom Rechtsleben ausgehenden induktiven Methode bedienen, um ein lebensnahes und zweckmäßiges Netz von Kollisionsnormen aufzustellen. Darüber hinaus müsse die Arbeit der Grundaufgabe des IPR genügen und die Rechtsvereinheitlichung vorantreiben.

> »Es gilt, die räumlichen Grenzen der Rechtsordnungen durch die nationalen Rechtsquellen und trotz der innerstaatlichen Gesichtspunkte in *zunehmender Übereinstimmung* festzusetzen. Hierzu ist die Verwertung des materiellen Auslandsrechts, aber auch die vergleichende Würdigung der Kollisionssätze selbst Vorbedingung.«[540]

Rabel sollte zur Durchführung dieses weitgespannten Programms im nationalsozialistischen Deutschland keine Gelegenheit mehr haben: der

536 Ebd., S. 208: »Seit dem Kriege hat sich die privatrechtliche Wissenschaft in Deutschland beinahe in eine Reihe von einzelnen Lehren, von Institutionen, wenn nicht gar von Rechtsfällen aufgelöst, und erst seit einigen Jahren weisen wieder neue Wege zur Herrschaft allgemeiner, leitender Ideen, seit 1933 auch im Privatrecht unter der beherrschenden Einwirkung der grundsätzlich veränderten Staats- und Rechtsauffassung.«

537 Ebd.

538 Ebd.: »Immer wieder wird hervorgehoben, wie der amerikanische Jurist im Vergleich zum deutschen konkret denkt.«

539 Ebd., S. 220.

540 Ebd., S. 224 f., Hervorhebung im Original.

Bericht war seine letzte größere Publikation in Deutschland vor seinem Rücktritt von der Leitung des KWI für ausländisches und internationales Privatrecht. Rabel hatte, ohne es zu wollen, für sich selbst eine Brücke über den Atlantik gebaut.

2.4 Ein Fallgruppenbeispiel. Geldschulden und Goldklauseln und ihre Bewertung im KWI für ausländisches und internationales Privatrecht

Bei der Fallgruppe der Verträge mit Goldklauseln handelte es sich um ein typisches Weltkriegs- und Inflationsfolgenproblem,[541] das das Institut immer wieder beschäftigte.[542] Tiefsitzende Inflationsängste vor dem Hintergrund der Erfahrung der Hyperinflation hatten die Frage der Geldschulden nach 1923 in einem völlig neuen Licht erscheinen lassen. In zahlreichen Verträgen griffen die Vertragspartner zur Vermeidung des Inflationsrisikos auf Golddollar-Sicherungsklauseln zurück – in dem festen Glauben an die absolute und konjunkturunabhängige Wertbeständigkeit des Goldes. Diese Annahme hatte allerdings nicht die möglichen Schwankungen der amerikanischen Währung mit deren erheblichen Rückwirkungen auf die Weltwirtschaft einkalkuliert.

Der Berliner Landgerichtsdirektor Dr. Otto Sobernheim beschrieb die Problematik in seinem Artikel »Geld« für den dritten Band des »Rechtsvergleichenden Handwörterbuchs«. Den Beitrag hatte Sobernheim im Institut unter Nutzung der währungsrechtlichen Spezialliteratur geschrieben: Die Frage nach der rechtlichen Natur der Geldschulden habe sich aufgrund der bei Kriegsausbruch allgemein erfolgten Aufhebung der Goldwährung zum Hauptproblem des Geldrechts entwickelt. Während bis dahin die Banknoten und das staatliche Papiergeld in der Regel gesetzliche Zahlungskraft hatten, erhielten sie damals infolge der Einstellung der Einlösung einen Zwangskurs. Mit der wachsenden Inflation sei, so Sobernheim, wie anläßlich der Münzverschlechterungen früherer Jahrhunderte streitig, ob der Schuldner sich durch Zahlung von unterwertigem Geld zum Nennwert befreien könne:

> »Diese Frage berührt in Anbetracht der engen Verflochtenheit der verschiedenen nationalen Wirtschaften die zwischenstaatlichen Beziehungen aufs engste. Die deutsche Rechtsprechung hat, gestützt auf § 242 BGB, nach dem Verträge so auszulegen sind, wie Treu und Glauben

541 Zum Hintergrund Born, Geldtheorie und Geldpolitik 1981, S. 371-373.

542 Vgl. u. a. Nußbaum, Vertraglicher Schutz 1928 (Beiträge zum ausländischen und internationalen Privatrecht 1).

mit Rücksicht auf die Verkehrssitte es erfordern, den Nennwertszwangskurs seit Ende 1923 praktisch für die Zeit der Geldentwertung weitgehend außer Kraft gesetzt und diese Rechtsprechung ist von der Aufwertungsgesetzgebung anerkannt worden.«[543]

In einer zeitgenössischen, gleichfalls unter Benutzung der Institutsbibliothek erarbeiteten Monographie[544] beschrieben Alfons Sack und Joachim Meyer-Collings die weitreichenden währungsrechtlichen Folgen des Gegensatzes zwischen der Einstellung des Reichsgerichts, das seine goldwertklauselablehnende Einstellung 1924 nur mit Bedenken aufgegeben habe,[545] und dem Urteil des Ständigen Internationalen Gerichtshofs Den Haag in Sachen betreffend die Zahlung verschiedener in Frankreich ausgegebener serbischer Anleihen vom 12. Juli 1929.[546] In einer Rezension

543 Sobernheim, Geld 1931, Abschnitt »Geldschulden«, S. 660-662, Abschnitt »Geldwertschulden und Geldsortenschulden, Goldklausel, Speziesschulden«, S. 673-675, S. 674 f.: »Geldwertschulden und Geldsortenschulden. Goldklausel [...]. Im modernen Verkehr dient die Sortenschuld meist dazu, dem Gläubiger Zahlung in Goldmünzen zu sichern. In Deutschland enthielten Hypothekenschuldverschreibungen bis zum Kriege regelmäßig die Goldklausel. Sie diente nicht der Sicherung gegen Entwertung der Mark, an die man nicht dachte, sondern gegen die wenn auch unwahrscheinliche [...] Einführung der Doppelwährung. [...] Durch deutsche Verordnung vom 28. September 1914 wurde bestimmt, daß die vor dem 31. Juli 1914 getroffenen Vereinbarungen, nach denen eine Zahlung in Gold zu erfolgen hat, bis auf weiteres nicht verbindlich seien. Für später abgeschlossene Verträge wurde auf Grund von § 245 BGB, bestimmt, daß, wenn die bedungene Geldsorte sich zur Zeit der Zahlung nicht mehr im Umlaufe befindet, die Zahlung so zu leisten ist, wie wenn die Geldsorte nicht bestimmt wäre, die Erfüllung in Papier von der Rechtsprechung des Reichsgerichts mit der Begründung zugelassen, daß Goldmünzen nicht mehr im Umlauf seien. [...] Eine besondere Rolle spielt die Goldklausel in internationalen Anleihewesen. Der ständige Haager Gerichtshof ist mit der Frage befaßt worden, welche Bedeutung die Klausel der Zahlung in francs-or in serbischen und brasilianischen Anleihebedingungen der Vorkriegszeit haben könne. Er hat in einer Entscheidung vom Jahre 1929 abgelehnt, darin eine bloße Goldmünzklausel zu sehen, und hat sie als Goldwertklausel ausgelegt, entsprechend dem zur Zeit ihrer Entstehung gesetzlich festgelegten Goldgehalt des Franken.«

544 Vgl. Sack/Meyer-Collings, Gold- und Valutaklausel 1937, S. 4: »Das Kaiser-Wilhelm-Institut für ausländisches und internationales Privatrecht in Berlin hat in großzügiger Weise die Benutzung der Institutsbibliothek gestattet.«

545 Beschluß des Reichsgerichts vom 24. Mai 1924, Reichsgericht, Zivilsachen (RGZ) 108, 176 ff., 181.

546 Urteil des Ständigen Internationalen Gerichtshofs im Haag in Sachen betreffend die Zahlung verschiedener in Frankreich ausgegebener serbischer Anleihen vom 12. Juli 1929, zitiert nach Sack/Meyer-Collings, Gold- und Valutaklausel 1937, S. 12 f.

für die »Zeitschrift für ausländisches und internationales Privatrecht« faßte Konrad Zweigert die Bedeutung der Problematik zusammen.[547]

Währungsrechtliche Fragen hatten in der Arbeit des Instituts und dessen Berichterstattung seit 1926 immer wieder eine Rolle gespielt. So übersetzte 1928 Ludwig Raiser den Beitrag von Tullio Ascarelli, Professor der Rechte an der Universität Cagliari, über »Währungsrechtliche Fragen in der italienischen Rechtsprechung«.[548] Die Institutszeitschrift berichtete regelmäßig über Goldklauselfragen, so 1928 beispielsweise mit bezug auf belgisches,[549] französisches,[550] italienisches[551] und rumänisches[552] Recht.[553] Die Berichterstattung erreichte im Zusammenhang mit der *Joint Resolution* des US-Kongresses vom 5. Juni 1933 zur Außerkraftsetzung von Goldmünz- und Goldwertklauseln von Dollarschulden[554] einen Höhe-

547 Konrad Zweigert, Rezension zu Alfons Sack/Joachim J. Meyer-Collings 1937.

548 Vgl. Ascarelli, Währungsrechtliche Fragen 1928.

549 Vgl. Dantine, Gesetzgebung 1928, S. 916 f.

550 Vgl. Esmein, Gesetzgebung 1928, S. 675-678.

551 Vgl. Ascarelli, Währungsrechtliche Fragen 1928.

552 Vgl. Wahl, Gesetzgebung 1928, S. 292 f.

553 ZIPR 3, 1929: italienisches Recht, S. 284 f., tschechoslowakisches Recht, S. 365-367, Danziger Recht, S. 892; 4, 1930: französisches Recht, S. 116, 129-131, 951 f.; 5, 1931: französisches Recht, S. 452-454, österreichisches Recht, S. 977; 6, 1932: französisches Recht, S. 379-382, österreichisches Recht, S. 151, 969, schweizerisches Recht, S. 826 f.; 7, 1933: dänisches Recht, S. 924, 958-962, Danziger Recht, S. 902 f., britisches Recht, S. 326-329, französisches Recht, S. 385 f., 388, 467, österreichisches Recht, S. 38 f., litauisches Recht, S. 986, US-amerikanisches Recht, S. 489-494; 8, 1934: französisches Recht, S. 548-550, 876 f., niederländisches Recht, S. 639-641, 990 f., österreichisches Recht, S. 464-466; 9, 1935: britisches Recht, S. 467 f., 471, französisches Recht, S. 141-144, 198, italienisches Recht, S. 201-204, 815, 1001-1003, österreichisches Recht, S. 101, 736-742, 759 f., mit zahlreichen Sonderthemen (u. a. Dollaranleihen und zur Tragweite des US-amerikanischen Gesetzes zur Aufhebung der Goldklauseln, S. 615-632); 10, 1936: deutsches Recht, S. 730 f., finnisches Recht, S. 350, französisches Recht, S. 810 f., 839, 865, 868 f., 873 f., niederländisches Recht, S. 198-200, 302, 743 f., österreichisches Recht, S. 303, 335, 740, 874; schweizerisches Recht, S. 676, 679, tschechoslowakisches Recht, S. 701-705, ungarisches Recht, S. 683-693, mit zahlreichen Sonderthemen (u. a. Dollaranleihen, US-amerikanisches Recht, S. 282, Golddollaranleihen, *Joint Resolution*); in Band 11 der Aufsatz von Rabel, Golddollar-Anleihen 1937; 12, 1938/1939: brasilianisches Recht, S. 313, französisches Recht, S. 670 f., 899, griechisches Recht, S. 304, italienisches Recht, S. 145 f., 168, Recht im Memelgebiet, S. 126-129, österreichisches Recht, S. 224 f., 228, 361, schweizerisches Recht, S. 614, 616 f.; 13, 1940/1941: dänisches Recht, S. 825 ff., deutsches Recht, S. 692, norwegisches Recht, S. 849 ff., schwedisches Recht, S. 835 ff., schweizerisches Recht, S. 612-615.

554 Zu den amerikanischen Folgeprozessen um die Verfassungsgemäßheit der *Joint Resolution* vor dem *Supreme Court* (Norman versus *The Baltimore and Ohio*

punkt.[555] U. a. ersuchten die I.G. Farbenindustrie und die Dresdner Bank das Institut um ein Gutachten zur Goldklauselfrage. Sack und Meyer-Collings beschrieben die Auswirkungen auf Deutschland:

> »Als die Joint Resolution erging, glaubten eine Menge derjenigen Schuldner, welche Verbindlichkeiten eingegangen waren, in denen der Dollar eine Rolle spielte, es habe sich nunmehr ihre Rechtsposition gebessert. Von besonderer Bedeutung war der Dollar in Deutschland infolge der Dollargoldmark. Es beriefen sich eine Anzahl Schuldner von Dollargoldmark auf das Absinken des Dollars und die Joint Resolution. Eine Ausnahme bildete der Bayerische Staat als Schuldner; die bayerische Staatsregierung stellte sich auf den Standpunkt, daß die Dollarklausel grundsätzlich als Goldwertklausel auszulegen sei.«[556]

Welche Position das KWI für ausländisches und internationales Privatrecht in diesen schwierigen, politisch außerordentlich leicht zu funktionalisierenden Fragen des Währungsrechts beziehen sollte, stellte Ernst Rabel in seiner letzten großen, in der Institutszeitschrift erschienenen Abhandlung von 1936 über »Golddollar-Anleihen mit Vereinbarung des New Yorker Rechts« klar: das Institut sollte unter Berücksichtigung der jüngsten Rechts- und Wirtschaftsgeschichte durch nüchterne Analyse zu wissenschaftlich vertretbaren, nicht in nationaler Hinsicht wünschenswerten Lösungsvorschlägen kommen.

Wo diese Unterschiede lagen, führte Rabel aus. Auf der einen Seite sei es ein bisher unangefochtener und unanfechtbarer Grundsatz, der dem gesamten IPR zugrunde liege und ohne den dieses nicht leben könne, daß die Rechtsverhältnisse je nach ihrer territorialen Anknüpfung unter die landesrechtlichen Zuständigkeiten verteilt gedacht würden. Ein Vertragsverhältnis, das nach den deutschen Kollisionsrechtsnormen zur Rechtszuständigkeit der USA gehöre, müsse den Gesetzen der USA unterworfen bleiben, auch wenn sich auf deutschem Boden Reflexwirkungen ergäben. An die Ausnahmen von diesem Grundsatz habe die deutsche Rechtsprechung und Rechtslehre traditionell strenge Voraussetzungen

Railroad Co., U. S. Reconstruction Corp. versus *Bankers Trust Comp. and William Rixly*) vgl. Sack/Meyer-Collings, Gold- und Valutaklausel 1937, S. 73-75.

555 Vgl. Duden (für das KWI für ausländisches und internationales Privatrecht), Neue Urteile über Goldklauseln 1935; Wengler (für das KWI für ausländisches und internationales Privatrecht), Neue Gesetze 1936, u. a. auch zum Reichsgerichtsurteil vom 28.5.1936 in Sachen Kreissparkasse Aachen gegen Deutscher Sparkassen- und Giroverband, IV 272/35.

556 Sack/Meyer-Collings, Gold- und Valutaklausel 1937, S. 76, Teilabdruck einschlägiger deutscher Urteile, S. 76-211.

gestellt. Andererseits sei die Lehre von der Auslegung der Vertragserklärungen gerade in der deutschen Rechtsprechung und Lehre stärker als im Ausland fortgebildet und verfeinert worden: »Wir erkennen Vertragsergänzungen an, die im Ausland noch große Bedenken erwecken.«[557]

Die Verordnung über Fremdwährungsschulden vom 5. Dezember 1936[558] schuf dann eine neue Lage u. a. für die Bewertung von Goldklauseln. Aber auch nach Rabels Rücktritt im Februar 1937 hielt sich das Institut in seinen Berichten und Beurteilungen an Rabels Verpflichtung auf eine dogmatisch schlüssige Argumentation: die Professionalität stand in währungsrechtlichen Fragen auch unter dem streng deutschnationalen und im Nationalsozialismus anpassungsbereiten Heymann über dem ›nationalen Standpunkt‹.

3 Führungswechsel. Das KWI für ausländisches und internationales Privatrecht unter Ernst Heymann 1937-1939

3.1 Der Rücktritt Rabels von der Institutsleitung im Februar 1937 und Rabels Emigration 1939

> »Dem jüdischen ordentlichen Professor a. D. Dr. Ernst Israel Rabel, früher an der Universität in Berlin, habe ich durch Erlaß vom 30. Juni 1939 widerruflich die Genehmigung erteilt, daß er seinen Wohnsitz über Holland nach Brasilien verlegt.«[559]

557 Ebd., S. 493: »Dazu kommt aus den bitteren Erfahrungen aus der Zeit der Geldentwertung die besondere Empfindlichkeit gegenüber einer Schädigung der Gläubigerrechte durch Währungsenttäuschungen. Aus alledem ergibt sich ein volles Verständnis für die Vertragsabmachungen, in denen am Ende der Geldentwertungsepoche und unmittelbar nachher der deutsche Sparer in einer gewissen Verzweiflung nach einer absoluten Wertbeständigkeit suchte und sie in einer Golddollarklausel gefunden glaubte. Darum liegt es den deutschen Gerichten durchaus nahe, Verträge, die unter deutschen Parteien auf deutschem Boden mit einer Dollargoldklausel geschlossen wurden, nach dem Bekanntwerden der Joint Resolution so auszulegen, als ob sie auf Feingold lauteten. Daß es sich dabei um eine Auslegung handelt, muß im Bewußtsein bleiben. Der Wortlaut wird hier deshalb berichtigt, weil die Überzeugung gerechtfertigt ist, daß der Vertrag nach seiner wirtschaftlichen und nationalen Grundlage von vornherein nichts mit den Verhältnissen der Vereinigten Staaten zu tun hatte.«

558 RGBl. I, S. 515; ferner Wengler (für das KWI für ausländisches und internationales Privatrecht), Neue Gesetze 1936, S. 391-393 (Text und Kommentar); Duden (für das KWI für ausländisches und internationales Privatrecht), Neue Gesetze 1937; Duden, Französische Urteile 1937; Zweigert, Neue währungsrechtliche Gesetze 1937.

559 Reichswissenschaftsministerium an den Universitätskurator, 17.5.1940, UA HUB, Personalakte Rabel II.

Rabel war – im wesentlichen gedeckt durch den umtriebigen und eindeutig auf die Selbständigkeit seiner Institution bedachten Generaldirektor der KWG, den außerordentlichen Professor Dr. Friedrich Glum, aber auch in gewisser Weise geschützt durch sein großes internationales Ansehen[560] bis Anfang 1937 Institutsdirektor geblieben.[561] Die Überlieferung der KWG läßt jedenfalls den Schluß zu, daß die Aufforderung zum Rücktritt von der Institutsleitung wohl vor dem Hintergrund eines ›Klimawechsels‹ innerhalb der KWG im Hinblick auf die Gleichschaltungstendenz anläßlich des Präsidentenwechsels von Max Planck zu Carl Bosch sowie der Satzungs- und Verfassungsänderung der KWG zu verstehen ist.[562] Glum arrangierte, soweit sich die internen Personalfragen aus marginalen Aktenspuren rekonstruieren lassen, zumindest mit Wissen des KWG-Vorstandsmitgliedes Dr. Ernst Telschow und dem Chemiker und NS-Wissenschaftspolitiker Professor Rudolf Mentzel[563] im Reichswissenschaftsministerium nach Absprache mit Rabel eine – so weit man das mit aller gebotenen Vorsicht sagen kann – ›kleine‹, hausinterne Lösung, die den Eklat nach außen vermied und Rabel die Absetzung ersparte. Glums Handeln war wohl nicht nur dienstlich motiviert. Eine gewisse Bewunderung für die Persönlichkeit Ernst Rabels dürfte eine Rolle gespielt haben, die ihn seine dienstlichen Kontakte so weit wie möglich zu dessen Gunsten nutzen ließ.

560 Drei Monate nach seiner Beurlaubung erhielt Rabel einen griechischen Orden, vgl. Universitätsverwaltung an Ernst Rabel, 28.8.1935, UA HUB, Personalakte Rabel: »Der Führer und Reichskanzler hat durch die anliegende Urkunde vom 15.8.1935 die Genehmigung zur Annahme des Komturkreuzes des griechischen Erlöserordens erteilt.«

561 Diese sich aus der Überlieferung der KWG ergebende Interpretation bei vom Brocke, Kaiser-Wilhelm-Gesellschaft 1990, S. 305; dazu die Memoiren von Glum, Wissenschaft 1964, S. 440: »Das dringendste und schwierigste Problem bestand für mich darin, den rein wissenschaftlichen und neutralen Charakter der KWG zu bewahren. Es war mir bekannt, daß die Tatsache, daß unter unseren Professoren eine Reihe von Herren, darunter allerdings sehr bedeutende, Juden waren oder jedenfalls nichtarischer Abstammung, wie Haber, Goldschmidt, Herzog, Bergmann, Spielmeyer, Plaut, Neuberg, Rabel von seiten einiger Universitäten seit längerer Zeit kritisiert wurde.« Selbst wenn diese Stellungnahme eine genretypische Tendenz zur Selbstrechtfertigung aufweist, die der Komplexität der Situation nur bedingt gerecht wird, läßt sie Glums Respekt vor Persönlichkeiten wie Rabel durchscheinen.

562 Vgl. vom Brocke, Kaiser-Wilhelm-Gesellschaft 1990, S. 305; Kohl, Präsidenten 2002, S. 136-141.

563 Vgl. Albrecht/Hermann, Kaiser-Wilhelm-Gesellschaft 1990, S. 392 f., zum Streit zwischen Hermann Göring und Bernhard Rust um die Ernennung Mentzels zum zweiten Vizepräsidenten der KWG.

Vom 12. Dezember 1936 datiert die Aufzeichnung einer Besprechung über die Neuregelung der Institutsleitung zwischen dem Staatsminister und Senatsmitglied der KWG, Friedrich Saemisch,[564] und den Professoren Heymann, Titze und Glum von der KWG:

> »Herr Minister Saemisch machte Mitteilung von dem Ergebnis der Verhandlungen mit Herrn Prof. Mentzel. Herr Prof. Titze übernahm es, mit Herrn Geheimrat Rabel zu sprechen, um sein Einverständnis mit der vorgeschlagenen Regelung zu erhalten. Es ist beabsichtigt, Herrn Prof. Rabel nahezulegen, kurz vor der Sitzung des Kuratoriums, die am 25. Januar 1937 nachmittags um 4 Uhr stattfinden soll, zurückzutreten, ihn aber solange kommissarisch in der Leitung zu belassen, bis Herr Geheimrat Heymann die Leitung übernommen hat. [...] Herr Prof. Glum übernahm es, mit einigen Herren aus dem Kreise der Privatindustrie wegen der Aufbringung einer Summe von RM. 6000,- als Entschädigung für Herrn Prof. Rabel zu verhandeln.«[565]

Noch am selben Tag sprachen Saemisch in seiner Eigenschaft als Kuratoriumsvorsitzender des KWI für ausländisches und internationales Privatrecht und Telschow mit Mentzel vom Reichswissenschaftsministerium:

> »Als Ergebnis der längeren Aussprache kann festgestellt werden: Herr Prof. Rabel, dessen Verdienste um das Institut von Seiten des Kultusministeriums anerkannt werden, muß von der Leitung des Instituts zurücktreten, da es für den Staat nicht tragbar ist, daß an der Spitze eines KWI eine Persönlichkeit steht, die auf Grund der Nürnberger Gesetze in den Ruhestand versetzt werden muß. Es erscheint angesichts der Haltung des nationalsozialistischen Staates und insbesondere des Rechtswahrerbundes in der Judenfrage auch nicht für erträglich, daß die Herren Prof. Rabel und Wolff in einem offiziellen Verhältnis zum Institut bleiben. Dagegen bestehen keine Bedenken, daß Herr Prof. Rabel privat im Institut seine wissenschaftlichen Arbeiten fortsetzt und daß er dafür aus privaten Mitteln eine Entschädigung erhält. Mit der Ernennung des Herrn Geheimrat Heymann, der sich erfreulicherweise bereit erklärt hat, die Leitung des Instituts jedenfalls für eine Übergangszeit zu übernehmen, erklärte sich Herr Prof. Mentzel

564 Vgl. vom Brocke, Kaiser-Wilhelm-Gesellschaft 1990, S. 217-220.

565 Aufzeichnung über eine Besprechung über die Neuregelung der Leitung des KWI für ausländisches und internationales Privatrecht zwischen Herrn Staatsminister Saemisch und den Ernst Heymann, Heinrich Titze und dem Generalsekretär der KWG, Friedrich Glum, 12.12.1936, MPG-Archiv, Abt. II, Rep. 1 A, Personalia Ernst Heymann.

ausdrücklich einverstanden, wies aber darauf hin, daß man sich rechtzeitig um die Heranziehung jüngerer Gelehrter bemühen müsse. [...] Es soll versucht werden, auf dem Titel der Zeitschrift in Zukunft nur noch den Namen des Direktors zu führen, um Herrn Prof. Rabel das Peinliche des Verschwindens seines Namens zu erleichtern. Herr Prof. Mentzel erklärte, daß das Ministerium gern bereit sei, noch einmal zu prüfen, ob nicht die Höhe der Pension von Herrn Prof. Rabel verbessert werden könnte.«[566]

Rabels Nachfolger wurde Ernst Heymann. Der Präsident der KWG, Max Planck, teilte Rabel in einem sehr persönlich gehaltenen Schreiben am 4. Februar 1937 das Ergebnis offiziell mit:

»Herr Geheimrat Heymann hat sich nunmehr bereit erklärt, die Geschäfte des Direktors des Kaiser Wilhelm-Instituts für ausländisches und internationales Privatrecht vom 16. Februar ds. Jrs. ab zu übernehmen. Ich teile Ihnen dies mit, indem ich auf unsere Besprechung vom 12. vor. Mts. Bezug nehme, in der ich Ihr Entlassungsgesuch vom 7. Januar ds. Jrs. angenommen habe und Sie gebeten habe, einstweilen bis zur Übernahme der Geschäfte durch Herrn Geheimrat Heymann ihr Amt weiter zu versehen. Ich benutze die Gelegenheit, Ihnen, sehr verehrter Herr Kollege, noch einmal meine Dankbarkeit für Ihre aufopferungsvolle und hervorragende Tätigkeit im Dienste der deutschen Wissenschaft und im Interesse des von Ihnen geleiteten Instituts zum Ausdruck zu bringen. Sie haben dazu beigetragen, das Ansehen der Kaiser Wilhelm-Gesellschaft in der Welt zu vermehren. Daß Sie meiner Teilnahme gewiß sein können, jetzt aus Ihrem Wirkungskreis ausscheiden zu müssen, brauche ich Ihnen wohl nicht besonders zu versichern. Sie können überzeugt sein, daß von meiner Seite alles geschehen wird, um Ihnen ein stilles Weiterarbeiten im Institut zu ermöglichen. Mit dem Ausdruck meiner besonderen Hochschätzung [...].«[567]

Rabel gab seinen Rücktritt der Leserschaft der »Zeitschrift für ausländisches und internationales Privatrecht« in der zehnten Ausgabe von 1936

566 Aufzeichnung über eine Besprechung zwischen Herrn Staatsminister Saemisch als Vorsitzendem des Kuratoriums des KWI für ausländisches und internationales Privatrecht und Herrn Professor Mentzel vom Reichsministerium für Wissenschaft, Erziehung und Volksbildung über die Regelung der Leitung des Instituts, an der auch Ernst Telschow teilgenommen hat, 12.12.1936, MPG-Archiv, Abt. II, Rep. 1 A, Personalia Ernst Heymann; vgl. auch Thieme, Ernst Rabel 1986, S. 263 f., Anm. 64.

567 Präsident der KWG an Ernst Rabel, 5.2.1937, MPG-Archiv, Abt. II, Rep. 1 A, Personalia Ernst Heymann.

bekannt: »Ich bin von der Leitung des Instituts zurückgetreten und beende infolgedessen mit diesem letzten Hefte des Jahrgangs 1936 auch meine Tätigkeit als Herausgeber der Zeitschrift. Mein Nachfolger ist Herr Professor Ernst Heymann. Ich bitte die Freunde der Zeitschrift, ihm ihr volles Vertrauen zu schenken.«[568] Heymann stellte sich als neuer Direktor zu Beginn des elften Jahresbandes vor und würdigte dabei seinen Vorgänger Rabel auf eine Weise, die im Jahr 1937 ungewöhnlich war:[569]

> »Ernst Rabel hat die Direktion des Kaiser Wilhelm-Instituts für ausländisches und internationales Privatrecht und zugleich die Schriftleitung dieser Zeitschrift Mitte Februar dieses Jahres niedergelegt. Er hat Institut und Zeitschrift seit ihrer Begründung geleitet, das Institut elf Jahre, die Zeitschrift zehn Jahre. Den zehnten Band der Zeitschrift hat er noch abgeschlossen. Unter seiner Leitung haben Institut und Zeitschrift eine bedeutende, allgemein anerkannte Entwicklung erlebt und sind in wissenschaftlichen wie in praktischen Kreisen weit über Deutschlands Grenzen hinaus geschätzt worden. Es ist hier nicht der Ort, Ernst Rabels große Verdienste um die Rechtsvergleichung und das internationale Privatrecht im Einzelnen zu würdigen. Aber der hiermit beginnende elfte Band darf nicht ohne ein Wort des aufrichtigen Dankes für seine erfolgreiche Tätigkeit hinausgehen. Auf Wunsch der Kaiser Wilhelm-Gesellschaft und mit Zustimmung des Herrn Reichsministers für Wissenschaft, Erziehung und Volksbildung habe ich die Leitung des Instituts und der Zeitschrift vom 15. Februar ab übernommen, als ältestes wissenschaftliches Mitglied des Instituts, dem ich von seiner Begründung, 1926, an zugehöre. Ich werde mich bemühen, die guten Traditionen zu bewahren, und ich werde dankbar sein, wenn allen meinen Mitarbeitern und mir die Unterstützung der sachkundigen Kreise Deutschlands wie des Auslandes erhalten bleibt.«[570]

Nachdem Rabel noch bis 1939 in Berlin an verschiedenen Projekten gearbeitet hatte – er war zwar als inoffizieller Benutzer der Institutsbibliothek geduldet,[571] wurde ansonsten aber wissenschaftlich totgeschwiegen und menschlich ignoriert – emigrierte er im Sommer 1939 über Belgien in die USA, seine Familie folgte ihm nach Kriegsausbruch auf diesem Weg.[572] Am 10. Juni 1939 teilte die Abteilung II des Polizeipräsidenten in

568 Rabel, An die Mitarbeiter und Leser 1936.
569 Vgl. das Kapitel III 1.4.5.
570 Heymann, Vorwort 1937.
571 Dazu Thieme, Ernst Rabel 1986, S. 264-266.
572 Seine Tochter verließ Deutschland erst 1940, vgl. Kegel, Ernst Rabel 1990, S. 21.

Berlin dem Universitätskurator mit: »Der Jude R. hat hier am 1.6.1939 einen für ein Jahr gültigen deutschen Reisepaß zum Zwecke der Auswanderung mit Geltung für das In- und Ausland ausgestellt erhalten. Der Jude beabsichtigte, nach Brasilien auszuwandern und hat auch diese ernsthafte Absicht durch die Vorlage einer Bescheinigung der Auswandererberatungsstelle dargetan.«[573] Am 17. Mai 1940 wandte sich das Reichserziehungsministerium in derselben Sache an den Kurator: »Dem jüdischen ordentlichen Professor a. D. Ernst Israel Rabel, früher an der Universität in Berlin, habe ich durch Erlaß vom 30. Juni 1939 [...] widerruflich die Genehmigung erteilt, daß er seinen Wohnsitz über Holland nach Brasilien verlegt.«[574] Es ist sicher nicht übertrieben anzunehmen, daß Rabels eigene Erfahrungen im nationalsozialistischen Deutschland in einen frühen amerikanischen Vortrag »On an International Bill of Rights« eingeflossen sind:

> »There is no need to be afraid of proclaiming the trivial, if we repeat: that religion should be freely exercized – whereas Catholic and Evangelical churches are persecuted and Jewish synagogues set on fire;
> that the people be secure in their persons, houses, papers – whereas no person is safe from concentration camp, or torture, no house assured against nightly searches and violence;
> that no person shall be held for a crime without proper indictment – whereas thousands upon thousands are incarcerated, maimed and killed by licentious police;
> that in criminal prosecutions the accused shall enjoy the right to a speedy and public trial, an orderly defense and an impartial court, that confiscations are illicit – these are just distant dreams of innumerable victims.«[575]

Im April 1939 hatte die Berliner Rechts- und Staatswissenschaftliche Fakultät erörtert, ob einer Emigration Rabels zuzustimmen sei. Die Fakultät stimmte am Ende auf Betreiben Heymanns zu und konnte nicht umhin, Rabels außerordentliches Ansehen halb widerwillig anzuerkennen:

> »Prof. Rabel war 10 Jahre Direktor des Kaiser-Wilhelm-Instituts für ausländisches und internationales Privatrecht und während dieser Zeit lange ein außerordentlich tätiges Mitglied des Römischen [Völker-

573 Polizeipräsident in Berlin, Abt. II, an den Universitätskurator, 10.6.1939, UA HUB, Personalakte Rabel II.

574 Reichsministerium für Wissenschaft, Erziehung und Volksbildung an den Universitätskurator, 17.5.1940, UA HUB, Personalakte Rabel II.

575 Rabel, Vorträge 1986, S. 312-314, hier S. 313.

bunds-]Instituts für Vereinheitlichung des Privatrechts der Welt. Er hat infolgedessen vielfältige enge Auslandbeziehungen und erhebliches Ansehen in ausländischen Kreisen des internationalen wie des römischen Rechts – Angesichts der Vorgänge bei der endgültigen Loslösung aus dem Kaiser-Wilhelm-Institut [...] besteht die Möglichkeit der Gefahr, daß Prof. Rabel im Falle seiner Auswanderung durch ungünstige Urteile, die der Begründung entbehren, das Ansehen unserer Wissenschaft im Auslande schädigen könnte. Indessen ist dies auch von Berlin aus anläßlich der Besuche ausländischer, ihm nahestehender Juristen möglich, ganz abgesehen von etwaiger Korrespondenz.«[576]

Daß die Fakultät allein in der Anwesenheit eines in den Ruhestand versetzten Ordinarius und ehemaligen Direktors eines Kaiser-Wilhelm-Instituts mit internationalem Ansehen, der die Bibliothek seines eigenen Instituts nur noch unter konspirativen Umständen benutzen durfte, eine potentielle »Gefahr« sehen konnte, ist in sich eine Aussage über die akademische Selbstwahrnehmung sechs Jahre nach Hitlers Machtübernahme.

3.2 Völkische Profilierung unter Heymann. Das KWI für ausländisches und internationales Privatrecht und die deutschen Landesreferate zum II. Internationalen Kongreß für Rechtsvergleichung in Den Haag 1937

Bereits die 14 deutschen Landesreferate des ersten Internationalen Kongresses für Rechtsvergleichung[577] aus dem Jahr 1932, organisiert von der 1924 in Genf gegründeten *Académie Internationale de Droit Comparé* mit Sitz in Den Haag, waren als Sonderheft zum 6. Jahrgang der »Zeitschrift für ausländisches und internationales Privatrecht« erschienen.[578] Ernst Heymann war die zentrale deutsche Integrationsfigur des zweiten Kongresses in Den Haag 1937: Heymann, der den Vorsitz der deutschen Delegation schon 1932 innegehabt hatte, führte die deutschen Juristen auch 1937 an.[579] Er gab die deutschen Landesreferate als Sonderheft zum 11.

576 Friedrich-Wilhelms-Universität Berlin, Rektor, an den Universitätskurator, 27.4.1939, UA HUB, Personalakte Rabel.

577 Zu unterscheiden von den Haager Konferenzen für IPR, vgl. z. B. KWI für ausländisches und internationales Privatrecht, Sechste Haager Konferenz 1928.

578 Deutsche Landesreferate 1932.

579 Vgl. auch den Kongreßbericht von Ernst Heymann, in: Deutsches Recht 1937, S. 389-396; siehe dazu Wadle, Einhundert Jahre 1994, S. 70, Anm. 172. Wadles Bewertung, daß Heymanns Bericht »ein eher positives Bild [vermittelt, ...] aber weder die ausländische Kritik, noch die eigenen Besorgnisse« verschweige, geht

Jahrgang der Institutszeitschrift heraus,[580] außerdem die gesondert erscheinenden öffentlichrechtlichen »Generalreferate« von Reinhard Höhn,[581] Theodor Maunz und Ernst Swoboda.[582] Die gesamte Vor- und Nachbereitung des Kongresses lief über das KWI für ausländisches und internationales Privatrecht, das die Außendarstellung der deutschen Rechtswissenschaft gegenüber der internationalen Fachöffentlichkeit organisierte. Mitgereiste Referenten des Instituts, wie Herbert Müller, schrieben ausführliche Zusammenfassungen der deutschen Beiträge auf Protokollgrundlage.[583] Dem 18köpfigen deutschen »Nationalkomitee« gehörten u. a. an: Professor Viktor Bruns vom völkerrechtlichen Schwesterinstitut, Professor Carl August Emge aus Berlin, Professor Georg Dahm aus Kiel, Professor Erich Genzmer aus Frankfurt am Main, Professor Wenzeslaus Graf Gleispach und Professor Justus Wilhelm Hedemann, beide Berlin, Professor Reinhard Höhn und Professor Friedrich Klausing, beide Frankfurt am Main und Professor Paul Koschaker aus Berlin.[584] Eindeutig überwog die Zahl derjenigen, die positiv zum Nationalsozialismus eingestellt oder selber Nationalsozialisten waren.

Die Genfer *Académie* hatte seit Sommer 1935 fünf Sektionen für den Kongreß vorbereitet. In der ersten Sektion ging es um rechtsgeschichtliche Fragen im weitesten Sinn, auch unter Einschluß der Rechtsethnologie, -philosophie und -methodologie. Die zweite Sektion umfaßte Zivil- und Zivilverfahrensrecht und die dritte Sektion das Handels-, Wirtschafts- und Arbeitsrecht. Die vierte Sektion war dem öffentlichen Recht (Staatsrecht, Verwaltungsrecht, Strafrecht und Strafverfahrensrecht) gewidmet. Die fünfte Sektion behandelte die internationalen Rechtsbeziehungen. Die Vorbereitung der Beiträge zu den Sektionen und Be-

am Wesentlichen vorbei. Die deutsche Delegation unter Heymann instrumentalisierte den internationalen Kongreß konsequent zur Darstellung einer nationalsozialistischen deutschen Rechtswissenschaft und hielt auch gegen massive Widerstände und Abstimmungsniederlagen unbeirrt an ihren Auffassungen fest, hierzu weiter unten. Heymanns Kongreßbericht ist ein Musterbeispiel für ideologisch motivierte Schönfärberei.

580 Vgl. Heymann (Hg.), Deutsche Landesreferate 1937.

581 Vgl. Hausmann, »Deutsche Geisteswissenschaft« 1998, S. 248; Rüthers, Reinhard Höhn 2000/2001, Biographie Reinhard Höhn, S. 433 f.; zu den RSHA- und SD-Führungskreisen, zu denen Höhn gehörte, siehe Herbert, Best 1996, S. 12 ff.

582 Vgl. Heymann (Hg.), Generalreferate 1937; siehe auch Höhn/Maunz/Swoboda, Grundfragen der Rechtsauffassung 1938; zu ihrem Ort in der Staatsrechtslehre Stolleis, Recht im Unrecht 1981/1994, S. 20.

583 KWI für ausländisches und internationales Privatrecht/Müller, Deutsche Landesreferate 1937, Hinweis auf die »Résumés«, S. 722, Anm. 1.

584 Vollständige Liste ebd., S. 721.

nennung der »Generalreferenten« oblag den Nationalkomitees. Neben den »Generalreferaten« gab es »Referate« zu Einzelthemen sowie Gutachten, von denen ein großer Teil im KWI für ausländisches und internationales Privatrecht von Referenten erstellt wurde. Der über fünfhundertseitige Dokumentationsband der »Deutschen Landesreferate« umfaßte, so der Rezensent Herbert Müller in der Selbstanzeige für die Institutszeitschrift, »in seiner Auswahl die deutsche Stellungnahme zu allen wesentlichen Kongreßthemen und darüber hinaus zu denjenigen Fragen, bei denen auf eine Vertretung des deutschen Rechtsstandpunktes nicht verzichtet werden konnte«.[585] An der Vorbereitung im Institut waren u. a. Ernst von Caemmerer, Konrad Duden und Wilhelm Wengler, ferner die regelmäßigen Autoren in der Zeitschrift Alexander Elster und Wolfgang Siebert beteiligt. Professor Hans Kreller[586] aus Tübingen erstattete das deutsche Landesgutachten zum Kongreßthema »Die Theorie des Mißbrauchs der Rechts in der römischen Rechtslehre«.[587]

Zum Thema »Die antiken Grundlagen der Lehre vom gerechten Preis und der laesio enorma« referierte neben Sylverio Leicht aus Rom auch Erich Genzmer. Genzmer führte erst die Entwicklung des griechischen, dann ausführlicher die des klassischen römischen und nachklassisch-justinianischen Rechtszustandes im Hinblick auf die Kaufpreisregulierung vor. Der Dozent Dr. Gerhard Buchda aus Jena berichtete »Über Ursprung und Entwicklung des gemeinschaftlichen Eigentums« und gab »eine kurze Übersicht über die Theorie des gemeinschaftlichen Eigentums in Deutschland vom Mittelalter bis zur Gegenwart«.[588] Paul Koschakers »umfangreiche und eindringende Abhandlung« thematisierte »Eheformen bei den Indogermanen«:

> »Von dem Gedanken ausgehend, daß zur rechtlichen Erfassung der indogermanischen Eheformen auch die vergleichende Betrachtung nichtindogermanischer Rechte fruchtbar ist, begegnet Koschaker zunächst dem ethisch betonten Zweifel mancher, ob in der indogermanischen Kaufehe die Leistung des Mannes sich wirklich als Kaufpreis oder nicht vielmehr als Zweckgeschenk an den Muntwalt qualifiziere, mit dem Hinweis, daß der durch Kauf vermittelte Eigentumserwerb an der Frau nicht ein Eigentum wie an Sklaven oder Vieh (Eigentumsbegriff der Pandektenwissenschaft des 19. Jahrhunderts), sondern ein

585 Ebd.

586 Vgl. Stolleis, Fortschritte 1989, S. 76 f.

587 KWI für ausländisches und internationales Privatrecht/Müller, Deutsche Landesreferate 1937, S. 722.

588 Ebd., S. 723.

Eigentum im Sinne eheherrlicher Gewalt mit besonderem sippenrechtlichen Inhalt entstehen ließ.«[589]

Weitere Themen Koschakers waren neben der Kaufehe der Levirat – »die Pflicht, mit der Witwe des sohnlos verstorbenen Bruders diesem einen Erben zu zeugen«[590] –, die »muntfreie« Ehe und die »Raubehe«. Über »Volksrechtskunde« in methodischer Hinsicht sprach Professor Claudius Freiherr von Schwerin[591] aus München: »Um den Anschluß an allgemeine bekannte Gegenstände der Volkskunde wie Volkslied, Volkskunst, Volkstracht zu finden, hält es der Verf. für richtiger, von ›Volksrechtskunde‹ zu sprechen. So gewinnt von Schwerin den festen Ausgangspunkt, daß es sich um Beziehungen zwischen Recht und Volksbrauch handelt.«[592]

In der Abteilung Rechtsphilosophie hielt Reinhard Höhn das deutsche Gutachten über »Das Wesen des Rechts«: Höhns Ziel war eine »Überwindung des individualistischen Rechtssystems« insbesondere im öffentlichen Recht. Was Höhn damit meinte, zeigten seine Ausführungen über die »individualistische Rechtsauffassung«, Staatspersönlichkeit sowie über das Individuum als Träger von Rechten.

> »Im Anschluß hieran stellt Verf. dem gesamten überwundenen Gedankengut die Gemeinschaft als Rechtsbegriff gegenüber, im Hinblick auf Volksgemeinschaft und Rechtsgemeinschaft, Überwindung der Trennung von Recht und Soziologie und die Auswirkung in der Rechtslehre, um endlich die Führung als Rechtsbegriff zu behandeln, einmal in ihrer Eigenschaft als neues Gestaltungsprinzip der nationalsozialistischen Bewegung und weiter in der Bedeutung der staatsrechtlichen Stellung des Führers und Reichskanzlers. Das Gutachten schließt mit Betrachtungen über Volk und Staat in der theoretischen Auseinandersetzung.«[593]

Carl August Emge referierte in der rechtsphilosophischen Abteilung über »Rechtspflicht« und zeigte sich u. a. um eine Widerlegung der Anschauung bemüht, »daß die Vorstellung vom subjektiven Recht theologische

589 Ebd.; KWI für ausländisches und internationales Privatrecht/Zweigert, Deutsche Landesreferate 1937; zeitgenössisch Meyer, Rasse und Recht 1937.

590 KWI für ausländisches und internationales Privatrecht/Zweigert, Deutsche Landesreferate 1937, S. 724.

591 Vgl. Stolleis, Rechtsgeschichte 1989, S. 64.

592 KWI für ausländisches und internationales Privatrecht/Zweigert, Deutsche Landesreferate 1937, S. 725; zeitgenössisch von Schwerin, Freiheit und Gebundenheit 1933; von Schwerin, Germanische Rechtsgeschichte 1936.

593 KWI für ausländisches und internationales Privatrecht/Müller, Deutsche Landesreferate 1937, S. 726; zeitgenössisch Höhn, Rechtsgemeinschaft 1935.

Quellen habe«.[594] Der Berliner Rechtsanwalt Dr. Helmut Seydel gab eine »Übersicht über die Rechtsentwicklung im bürgerlichen Recht, Bauernrecht und Arbeitsrecht«. Einen Schwerpunkt bildete die Rechtsentwicklung seit 1933.[595]

In der zivilrechtlichen Sektion trug Wolfgang Siebert zur »Allgemeinen Entwicklung des Vertragsbegriffes« vor. Auch Siebert präsentierte auf dem internationalen Forum die Neuerungen des nationalsozialistischen Rechts.

> »Ausgehend von der Tatsache, daß die meisten Rechtssysteme zunächst einen ganz allgemeinen Vertragsbegriff aufstellen, der Verträge des Schuldrechts, des Sachenrechts, des Familienrechts, des Erbrechts, des Rechts der Handelsgesellschaften, des Verwaltungsrechts und des Völkerrechts in gleicher Weise umfaßt, zeigt Verfasser, daß sich immer wieder Ansätze zu einer Abkehr von einem so unbestimmten Vertragsbegriff finden, in dem man z. B. die Ehe, das Recht der Gesellschaften und die völkerrechtlichen Vereinbarungen dem schuldrechtlichen und sachenrechtlichen Vertrage des Vermögensverkehrs gegenüberstellt. Diese Einstellung findet sich in verstärktem Maße und mit vertiefter Begründung in der neuen deutschen Vertragstheorie. Diese Theorie geht für die Beziehung der Volksgenossen untereinander von dem neuen deutschen Rechtssystem aus, das auf der natürlichen Gliederung der Volksordnung (Familie, Erbhof, Betrieb usw.) aufbaut und daneben den volksgenössischen Rechtsverkehr stellt, dessen Eigenart und Aufgabe gerade darin besteht, den nicht durch die besonderen Ordnungen und Gemeinschaften gebundenen Bereich von der Gesamtordnung her auszufüllen und zu gestalten. Auf dieser Grundlage legt Siebert dar, daß die neue deutsche Vertragstheorie zu einer Wandlung des Vertragsbegriffes und zu einer Zurückführung dieses Vertrages auf den Bereich des Rechtsverkehrs durch die Unterscheidung zwischen Vertrag (Vertragsverhältnis) und personenrechtlichem Rechtsverhältnis notwendig kommen muß. Diese Wandlung des Vertragsbegriffes, die am deutlichsten wird beim Begriff der Vertragsfreiheit, beruht auf der Erkenntnis, daß der Vertrag ein Gestaltungsmittel der

594 KWI für ausländisches und internationales Privatrecht/Müller, Deutsche Landesreferate 1937, S. 726 f.

595 Zur Einschätzung der »Fallhöhe« solcher Ausführungen ist der Vergleich mit Rabels großem Bericht über die Fachgebiete des Instituts von 1936 aufschlußreich, der einen Abschnitt »Rechtsvergleichung und Rechtsphilosophie« enthielt und bis zu Fragen der Wissenschaftler-Mentalität, des Wertneutralitätsproblems und der Wissenschaftskommunikation in der Rechtsvergleichung vorgedrungen war, vgl. Rabel, Fachgebiete 1937, S. 210-213.

völkischen Ordnung ist, in deren Rahmen die Bindungen der Parteien an die Gesamtordnung keineswegs eine prinzipwidrige Annahme, sondern eine Bestätigung des wahren Wesens des Vertrages sind.«[596]

Zum Kongreßthema »La responsibilité du fait des choses« lagen zwei Gutachten von Konrad Duden, Referent im Institut, sowie von Professor Theodor Süß aus Berlin vor. Dudens rechtsvergleichendes Gutachten wies in seinem funktionalen Zugriff alle Stilelemente von Rabels Schule auf.[597]

Professor Karl Haff aus Hamburg behandelte das materielle deutsche Scheidungsrecht unter dem Konferenzthema »Auflösung kirchlicher und weltlicher Ehen durch die Zivilgerichte«.[598] Erwin Riezler aus München und der Leipziger Rechtsanwalt Dr. Willy Hoffmann, ein Kommentator des Berner Abkommens,[599] berichteten zum Thema »Verlagsvertrag«.[600]

Eine auffällige Methodenverschiedenheit – tatsächlich einen Professionalitätsunterschied – offenbarten zum Konferenzthema »Les abuses commis au moyen de la presse, [...] du cinéma, etc., et leurs remèdes« das Referat von Alexander Elster über »Urheberrechtsmißbrauch in Presse, Rundfunk und Film« und der Beitrag Ernst von Caemmerers über »Mißbräuche in Presse, Film und Rundfunk und ihre Bekämpfung«. Elster entwickelte seine bekannte nationalsozialistische »Treue«-Lehre des Urheberrechts, mittels derer die »Volksgemeinschaft« vor »Nicht-Artgerechtem« und gegebenenfalls der Autor vor »werksuntreuer« Verfälschung geschützt werden sollte.[601] Caemmerer dagegen bot eine kleine rechtsvergleichende Studie, die auf die strukturellen Besonderheiten der jeweiligen Medien und ihre gesellschaftliche Funktion abstellte.[602]

Adolf Schönke stellte in der rechtsvergleichenden Konferenzabteilung »Rechtsvergleichende Bemerkungen zum zivilprozessualen Beweisrecht«

596 KWI für ausländisches und internationales Privatrecht/Müller, Deutsche Landesreferate 1937, S. 727 f.

597 Ebd., S. 728.

598 Ebd.

599 Vgl. Hoffmann (Red.), Berner Übereinkunft 1935; Möhring, Rezension zur Berner Übereinkunft 1935.

600 KWI für ausländisches und internationales Privatrecht/Müller, Deutsche Landesreferate 1937, S. 728 f.

601 Ebd., S. 729: »Elster kommt im wesentlichen zu dem Ergebnis, daß die normalen Erfordernisse der großen kulturellen Verbreitungsmittel Presse, Rundfunk und Film aus sich heraus gewisse Beschränkungen des Individualrechts des für diese Verbreitungsmittel schaffenden Autors voraussetze. Mit diesen normalen Durchbrechungen des Individualrechts engerer Auffassung muß sich der Autor abfinden. Nicht jedoch mit überflüssigen Beschränkungen seines Rechts auf Integrität des Werkes, Art der Verbreitung und Höhe der Vergütung.«

602 Vgl. ebd., S. 729 f.

vor. In seinem Gutachten beschäftigte er sich damit, welche Beweismittel verschiedene Rechtsordnungen kennen, welche Beweismittel sie bevorzugen und welche Stellung das Gericht gegenüber den Beweismitteln hat: »Bei der zweiten Frage [...] geht das Gutachten insbesondere auf das Verhältnis zwischen Urkunden- und Zeugenbeweis ein. Es wird der Gegensatz dargestellt, der hier zwischen den romanischen Rechten und dem germanischen Rechtskreis besteht.«[603]

Der handelsrechtliche Konferenzpunkt[604] »L'influence de variation de la valeur des monnaies sur les rapports juridiques de caractère international« führte zu einem aufschlußreichen Konflikt zwischen der amerikanischen und der deutschen Position. Das »Generalreferat« hielt der New Yorker Rechtsanwalt und Lateinamerika-Spezialist Phanor James Eder. Er vertrat den Gläubigerstandpunkt und verteidigte die uneingeschränkte Aufrechterhaltung der Goldklausel. Obwohl die deutsche Delegation dagegen Sturm lief, konnte sie lediglich die Aufnahme ihrer Anschauung als Minderheitenvotum in die Kongreßresolution erreichen:

> »Le Congrès,
> 1° entérine la résolution proprosée par l'International Law Association à Budapest en 1934, soit:
> ›Au cas où un gouvernement jugerait nécessaire de restreinde les effets d'un contrat il serait désirable que lesdites restrictions ne s'appliquent au contrat concernant les conditions de crédit international.‹
> 2° recommande l'adoption de traités bilatéraux et multilatéraux gerantissant que les droit et les devoirs des créanciers et des débiteurs dans les rapports internationaux ne seront pas modifiés par la législation nationale des États contractants.
> 3° recommande l'insertion d'une clause d'arbitrage international dans les contracts privés d'ordre international comportant des engagements monétaires.
> 4° déclare, en outre, qu'il est essentiel dans l'intérêt du commerce international et de la paix du monde que le respect des clauses monétaires des contrats publics et privés soit maintenu scrupuleusement;
> que toute infraction unilatérale à ces clauses est contraire au droit et met en grave péril les relations internationales.
> (Adopté en séance de la Section de droit commercial par 15 voix contre 5. La minorité proposait pour la résolution 4°, le texte suivant: ›Pour toutes les mesures monétaires, le Congrès recommande aux législa-

603 Ebd., S. 730.
604 Vgl. Heymann, Beziehungen des Handelsrechts zum Zivilrecht 1932.

teurs nationaux de tenir compte tout particulièrement des besoins du commerce et du crédit international dont le fonctionnement normal présuppose le respect des contrats.‹)
5° émet le voeu que l'Académie Internationale de Droit comparé mette à l'ordre du jour de ses plus prochains travaux l'étude des clauses élaborées dont les différents pays pour parer aux conséquences des fluctuations monétaires.«[605]

Auf deutscher Seite hatten vor allem Friedrich Klausing und Eduard Wahl – er hielt auch das Landesreferat »Einfluß der Geldwertveränderung auf internationale Rechtsbeziehungen« – heftigen Einspruch erhoben.[606] Beeindrucken konnte Wahl die Vertreter der westlichen Gläubigerländer damit allerdings nicht.

Daß die Vertreter der »neuen« deutschen Rechtswissenschaft nicht nur bereit waren, im Bereich der internationalen Rechtsbeziehungen am Grundsatz *pacta sunt servanda* zu rütteln, sondern auch nicht davor zurückschreckten, die planwirtschaftliche Regulierung der deutschen, vielfältig international verflochtenen Privatwirtschaft zum Wohl der »Volksgemeinschaft« zu vertreten und diese Regulierung sogar zum Modell zu erklären, belegten die Gutachten von Professor Paul Gieseke aus Marburg und Professor Hermann Krause aus Heidelberg zum Konferenzthema »Les répercussions de l'économie dirigée sur les institutions de droit privé«.

»Das Gutachten von Gieseke beschränkt sich auf das deutsche Recht, und zwar auf die Planwirtschaft im engeren Sinn, also unter Weglassung der wirtschaftlichen Folgen rassischer, kultureller und sozialer Gesetze. Es behandelt nacheinander das Bodenrecht, das Recht des Betriebes und schließlich das Recht des Wirtschaftsverkehrs. Besonders eingehend wird das letztere erörtert, da hier die Planwirtschaft am stärksten in das frühere Recht eingreift. Am Recht des Warenverkehrs wird gezeigt, wie die einzelnen Aufgaben der Planwirtschaft den Abschluß und den Inhalt der Verträge beeinflussen. [...] Krause zeigt in mehr rechtspolitischen Ausführungen, daß die Rückwirkung der Planwirtschaft auf das Privatrecht in einem inneren Zusammenhang mit der Einstellung des Staates zur Wirtschaft steht. Entsprechend der Tatsache, daß sich diese Einstellung in Deutschland vor 1933 nicht auf einen einheitlichen Nenner bringen ließ, waren auch die Ausstrahlungen des Wirtschaftsrechts nicht einheitlich. Nachdem seit 1933 die

605 Académie Internationale de Droit Comparé, Voeux et Résulutions 1937, S. 59 f.
606 KWI für ausländisches und internationales Privatrecht/Müller, Deutsche Landesreferate 1937, S. 731.

Wirtschaft der Führung des Staates untergeordnet ist, lockert die Entstehung des ständischen Rechts den alten Gleichheitsbegriff der Person auf. Vertrag und Eigentum werden nicht beseitigt; sie erfahren aber eine innere Umgestaltung unter dem Gesichtspunkt des Gemeinschaftsinteresses. So mischen sich die Auswirkungen des Wirtschaftsrechts mit den neuen eigenen Tendenzen des Privatrechts.«[607]

Die Veränderungen im Bereich des Arbeitsrechts stellte Professor Alfred Hueck aus München in seinem Gutachten mit dem Titel »Methoden für die Festsetzung der Arbeitsbedingungen« vor. Das ergab einen Abriß zur Geschichte des Arbeitsrechts, die in die nationalsozialistische Neugestaltung münde: das Gutachten

»hebt hervor, wie in der Vorkriegszeit nach dem Grundsatz der Vertragsfreiheit die Vereinbarung des einzelnen Arbeitgebers mit dem einzelnen Arbeitnehmer im Vordergrund stand, wenn auch schon damals in steigendem Maße staatlicher Einfluß (zwingendes Gesetz) und kollektive Regelungen eine Rolle spielten, wie dann in der Nachkriegszeit die Regelung durch Kollektivvertrag (Tarifvertrag, Betriebsvereinbarung) vorherrschend wurde, und wie endlich das nationalsozialistische Recht ganz neue Formen schuf.«[608]

Die deutschen staatsrechtlichen Beiträge bezogen sich auf die Themen »Le corporatisme dans l'organisation de l'État moderne«, »Équilibre entre le pouvoir législatif et le pouvoir exécutif«, »Les relations d'ordre constitutionnel et administratif entre la métropole et: a) les territoires d'outre-mer qui en font parties composantes, b) les mandats et protectorats« und »Le contrôle du pouvoir central sur activités: a) du pouvoir local, b) des établissements publics«. Zumindest die drei letzten Themen ließen eindeutig den Erfahrungshintergrund der westlichen Demokratien und ihre typischen politischen Probleme der Zwischenkriegszeit erkennen. Mit dem Korporatismus befaßte sich der Dozent Dr. Herbert Krüger[609] aus Heidelberg in seinem Gutachten »Das korporative Element im Staatsgefüge«. Sein Beitrag war nicht, was vor allem im Hinblick auf die zentrale Bedeutung des Korporativismus im Faschismus nahegelegen hätte, rechtsvergleichend angelegt, sondern rein deskriptiv-geltendrechtlich. Krüger deklinierte die »berufsständischen Gemeinschaften« wie »Reichskulturkammer« und »Reichsärztekammer« usw. durch und listete

607 Ebd., S. 733.
608 Ebd.; zeitgenössisch Hueck u. a., Gesetz 1937.
609 Vgl. Stolleis, Bauch des Leviathan 1989/1994, S. 140.

die korporativen Strukturen in der Wirtschaft und im Handwerk auf. Welche staatsrechtliche Rolle die »Gemeinschaften« und »Stände« einnehmen sollten und wie sich Krüger zum faschistischen Modell des korporativen Staats verhielt, blieb undeutlich.[610] In seinem Landesreferat zum Thema des Gewaltengleichgewichts führte der Greifswalder Dozent Dr. Walter Hamel völkertypologisch aus, warum die Gewalteneinheit der Gewaltenteilung vorzuziehen sei.[611]

Mit dem kolonialrechtlichen Thema beschäftigte sich das Gutachten von Wilhelm Wengler.[612] Er stellte die Kolonien in den Mittelpunkt und verzichtete auf eine Bewertung von Sonderproblemen der Dominions und der Mandatsgebiete des Völkerbunds. Wengler diskutierte die Zuständigkeitsverteilung in der Gesetzgebung zwischen Mutterland und Kolonien und zeigte sich im Ergebnis unsicher, wo der Schwerpunkt der Kolonialgesetzgebung liegen solle: »dies hängt auch davon ab, ob die Kolonie ausschließlich von Beamten regiert wird, oder ob eine koloniale Volksvertretung besteht, und wie das Verhältnis zwischen den einzelnen Bevölkerungsgruppen sich gestaltet«.[613] Hier machte sich wohl ein deutsches Erfahrungsdefizit bemerkbar, da Wengler gar nicht darauf kam, daß ›direct rule‹ und ›indirect rule‹ Bestandteile ein und desselben Entwicklungskonzepts kolonialer Herrschaft sein konnten.

Professor Ernst Forsthoff[614] aus Königsberg trug sein Gutachten zum Konferenzthema »Kontrolle der Zentralmacht« vor:

> »Nach einer historischen Einleitung wird zunächst die Aufsicht über die regionale und die örtliche Verwaltung behandelt unter Berücksichtigung des sog. 2. Gesetzes zur Gleichschaltung der Länder mit dem Reich von 7. April 1933, des Gesetzes über den Neuaufbau des Reiches vom 30.11.1934, des Reichsstatthaltergesetzes vom 30.1.1935 und der Reichsgemeindeordnung vom gleichen Tage. Hieran schließt sich die Darstellung der Übersicht über die selbständigen Verwaltungsträger: Reichsnährstand, Reichskulturkammer, Reichsbank, Reichsbahngesellschaft und Reichsanstalt für Arbeitsvermittlung und Arbeitslosenversicherung.«[615]

610 KWI für ausländisches und internationales Privatrecht/Müller, Deutsche Landesreferate 1937, S. 731.

611 Ebd.

612 Ebd., S. 734 f.

613 Ebd., S. 735.

614 Zu Forsthoffs Rolle im Verwaltungsrecht vgl. Stolleis, Verwaltungsrechtswissenschaft 1985/1994, S. 161 f.; Herrmann, Ernst Forsthoff 1995.

615 KWI für ausländisches und internationales Privatrecht/Müller, Deutsche Landesreferate 1937, S. 735.

Daß Forsthoff den föderalen und dezentralen Aspekt des Themas lediglich im Rückblick als tiefe, glücklich überwundene Vergangenheit abhandelte und sein Referat dann auf detaillierte verwaltungstechnische Zuständigkeiten beschränkte, war charakteristisch für die ›Entpolitisierung‹ des Verwaltungsrechts, wie man aus verwaltungsrechtsgeschichtlicher Sicht festgestellt hat: »Nachdem die Verfassungsfrage der Dezision des Führers anheimgegeben und nicht mehr wissenschaftlich zu erörtern war, verlagerte sich das Interesse vieler Öffentlichrechtler auf Verwaltungsrecht und Verwaltungslehre.«[616]

Professor Friedrich Schaffstein[617] aus Kiel behandelte in seinem Gutachten die »Beziehungen zwischen zivil- und strafrechtlichen Unrechtsfolgen«.[618] Professor Karl Klee aus Berlin referierte zu »Organisation und Funktion der Staatsanwaltschaft«.[619] Das deutsche Landesreferat zum Thema »Maintien ou abandon la règle ›Nulla poena sine lege‹« hielt Georg Dahm.[620] Dahm faßte prägnant einen wesentlichen Ansatzpunkt zur Gestaltung eines nationalsozialistischen Strafrechts zusammen:

> »Dahm weist zunächst darauf hin, daß der Satz nulla poena sine lege zwei Rechtsgedanken umfaßt, einmal die Vorstellung, daß die Voraussetzungen für die Verhängung der Strafe im Gesetz eindeutig festgelegt werden müssen und somit für eine gewohnheitsrechtliche Entwicklung und die entsprechende Anwendung des Strafgesetzes kein Raum bleibt (nullum crimen sine lege), und weiter die Forderung, daß nur die im Gesetz angedrohten Strafen verhängt werden dürften (nulla poena sine lege im engeren Sinn). Im folgenden wird die wirkliche Tragweite des Satzes in seinem geschichtlichen und zeitlich bedingten

616 Stolleis, Verwaltungsrechtswissenschaft 1985/1994, S. 161 f.

617 Zeitgenössisch Schaffstein, Politische Strafrechtswissenschaft 1934; Schaffstein, Verbrechen als Pflichtverletzung 1935.

618 KWI für ausländisches und internationales Privatrecht/Müller, Deutsche Landesreferate 1937, S. 735: »Das Gutachten kommt zu dem Ergebnis, daß strafrechtliche und zivilrechtliche Unrechtsfolgen, insbesondere Strafe und Schadenersatz nicht nur ihrem äußeren Gegenstande, sondern auch nach Wesen und Sinn völlig voneinander verschieden sind. Diese Verschiedenheit schließt aber nicht aus, daß die Möglichkeit anzustreben ist, den aus der Straftat erwachsenden Schadenersatzanspruch schon im Strafverfahren geltend zu machen. Die geeignetste Form hierfür ist der sog. Adhäsionsprozeß. Die Entscheidung des Strafgerichts in diesem Prozeß, die auch im Anschluß an ein freisprechendes Urteil ergehen soll, schafft hinsichtlich der geltend gemachten zivilrechtlichen Ansprüche materielle Rechtskraft.«

619 Vgl. ebd.

620 Zeitgenössisch Dahm/Schaffstein, Methode 1937; Dahm, Methodenstreit 1938.

> Zusammenhange und seine Geltung in den verschiedenen Strafrechten ermittelt und nachgewiesen, daß die Durchführung des Satzes nullum crimen sine lege in Wahrheit einen Verzicht darstellt auf die Verwirklichung der materiellen Gerechtigkeit. Unter Berücksichtigung aller Gesichtspunkte kommt Dahm etwa zu der Lösung, wie sie das deutsche Gesetz vom 28.6.1935 in Gestalt des heute geltenden § 2 StGB gefunden hat.«[621]

Selbst die freundlich-ausführliche Berichterstattung durch die Referenten des KWI für ausländisches und internationales Privatrecht konnte keinen Zweifel daran lassen, daß die deutsche Delegation sich mit der von Dahm vertretenen hochtotalitären Anschauung nicht durchsetzen konnte:

> »Die Verhandlung dieses Gegenstandes erfolgte im Haag unter außerordentlich starker Beteiligung. Das Generalreferat wurde von Dahm unter eingehender Begründung des deutschen Standpunktes erstattet. Der Hinweis Dahms, daß die von vornherein beschlossene Fragestellung auf Beibehaltung oder Nichtbeibehaltung der Regel viel zu grob und feineren Überlegungen nicht zugänglich sei, war Anlaß zu einer erregten Diskussion. Die gewählte Fragestellung wurde jedoch beibehalten, ohne daß hiermit eine Herabsetzung des deutschen Rechtsstandpunktes verbunden war. Denn in die unter Stimmenthaltung der Deutschen gefaßte Resolution, die zwar zu einem großen Teil der deutschen Anschauung entgegenkam, jedoch die Beibehaltung der fraglichen Regel forderte, wurde auf Veranlassung des Vorsitzenden, Ministers Pella, Rumänien, ein Vorbehalt aufgenommen, wonach in dem Beschluß des Kongresses kein Urteil über weltanschauliche und politische Fragen liege.«[622]

Aber das waren rhetorische Konzessionen. Die deutsche Delegation unter Heymanns Führung hatte sich durch die akzentuierte Vertretung nationalsozialistischer Positionen trotz des Interesses der Kongreßleitung, »daß in den deutschen Gutachten auch die Neugestaltung des deutschen Rechts«[623] berücksichtigt werde, mehrfach und deutlich isoliert. Gerade die westeuropäischen und amerikanischen Teilnehmer gaben zu Protokoll, daß das Strafrecht für sie rechtsstaatlich unteilbar war.

Zu dieser Sektion, zu der man gerade aus dem KWI für ausländisches und internationales Privatrecht substantielle Beiträge hätte erwarten kön-

621 KWI für ausländisches und internationales Privatrecht/Müller, Deutsche Landesreferate 1937, S. 736.

622 Ebd.

623 Ebd., S. 721.

nen, bot lediglich der Breslauer Dozent Dr. Walter Krusch eine »Rechtsvergleichende Studie über die vor den internationalen Gerichten zugelassenen Beweise«: »Das Gutachten enthält einen Versuch der Stellungnahme zu schwierigen internationalrechtlichen Beweisfragen formeller Art, die einer sorgsamen Lösung zuzuführen, im Laufe der Zeit unausbleiblich sein wird. Nach Erörterung allgemeiner Grundsätze über die Zulässigkeit von Beweisen und einigen Ausblicken völkerrechtlicher Art werden die einzelnen Beweismittel behandelt.«[624] Das war eine blasse Stellungnahme angesichts der über zehn Jahre im Institut gesammelten Kompetenz, und ähnlich blaß fiel auch die Bilanz des Kongresses aus Sicht der Berichterstatter des KWI für ausländisches und internationales Privatrecht aus, die sich zudem auf die Bewertung des Kongreßteilnehmers Hedemann[625] beriefen:

> »Die Ausführungen Hedemanns sind ein Beispiel für die Fülle von Anregungen, die dem Juristen im Haag zuteil werden konnten. Solche Anregungen eröffnen die Möglichkeit, das eigene nationale Schrifttum mit den brauchbaren Ergebnissen internationaler Zusammenarbeit zu fördern, besonders durch Beiträge, die vom eigenen Rechtsdenken ausgehend, das international erarbeitete Gedankengut in national ungeeignetes und national brauchbares Rechtsgut scheiden.«[626]

Deutlicher ließ sich der Perspektivenwechsel nicht formulieren: »brauchbare Ergebnisse« entstanden nicht durch internationale Zusammenarbeit und den unvoreingenommenen Wettbewerb um die beste Lösung auf rechtsvergleichender Grundlage, sondern durch die Selektion in »national brauchbares« und »nicht brauchbares Rechtsgut« nach apriorischen Kategorien. Das bedeutete den Abschied von Rabels funktionaler Rechtsvergleichung und universaler Rechtswissenschaft. Das IPR war zum randständigen Wissenschaftsgebiet geworden.

624 Ebd., S. 736.
625 Vgl. Hedemann, Rechtsvergleichung 1937.
626 KWI für ausländisches und internationales Privatrecht/Müller, Deutsche Landesreferate 1937, S. 737.

IV Das KWI für ausländisches und internationales Privatrecht im Krieg.

Von der juristischen Selbstbehauptung durch privatrechtliche Dienstleistungen für den nationalsozialistischen »Großraum« bis zum Ende des wissenschaftlichen Diskurses 1938/1939-1942/1945

1 Kriegswichtiges Handels- und Wirtschaftsrecht, Recht für das »Großdeutsche Reich«. Das KWI für ausländisches und internationales Privatrecht 1939-1945

Ingo Hueck hat in seiner Kurzdarstellung zur Völkerrechtswissenschaft im Nationalsozialismus die Rolle des KWI für ausländisches öffentliches Recht und Völkerrecht darin gesehen, die nationalsozialistische Außenpolitik völkerrechtlich zu begleiten.[1] Diese Bewertung läßt sich auf dem Gebiet der Rechtsvergleichung und des IPR auch auf das KWI für ausländisches und internationales Privatrecht übertragen, allerdings mit einem anderen Akzent. Anders als das Völkerrechtsinstitut führte Hitlers Krieg im Osten im Privatrechtsinstitut keineswegs zur Ausbildung eines »Binnenklimas« grundsätzlicher Distanzierung von Hitlers Herrschaft und seinem ›persönlichen‹ Ost-Krieg. Im Gegenteil: trotz der zu beobachtenden Kontinuität eines ideologiefernen internationalprivatrechtlichen juristischen Alltagsgeschäfts nahm unter Heymann die nach außen erkennbare Identifizierung mit der totalen wirtschafts- und handelspolitischen Mobilisierung im neuen »Großdeutschland« im totalen Krieg zu.[2] Das Privatrechtsinstitut versuchte, sich nicht nur durch rhetorische und thematische Konzessionen, sondern durch »kriegswichtige« Dienstlei-

1 Vgl. Hueck, Völkerrechtswissenschaft 2000, S. 503.

2 Das schließt Wadles Betonung der Autonomie-Behauptung beider Institute nicht aus, vgl. Wadle, Einhundert Jahre 1994, S. 71: »Die beiden Berliner Kaiser-Wilhelm-Institute konnten die an Drangsalen reiche Zeit überstehen. Rabels Nachfolger in der Leitung des privatrechtlichen Instituts, Ernst Heymann, gelang es ebenso wie Viktor Bruns, dem Chef des Schwesterinstituts, die selbständige Existenz ihrer Häuser zu retten. Die Mitgliedschaft der Direktoren in der Akademie für Deutsches Recht war kaum mehr als eine unverzichtbare Konzession an die Machthaber; die Institute, namentlich das Institut für Völkerrecht, wurden gebraucht, gerade nach Ausbruch des Krieges.«

stungen wissenschaftlich in der rechts- und juristenfeindlichen Wissenschaftslandschaft des »Führerstaates« im Krieg zu behaupten. Nur von einer ideologiefreien Normalität des IPR mit nationalsozialistischen Ausnahmen zu sprechen, würde daher den Charakter und das Ausmaß der Veränderungen verfehlen, die im Institut seit 1939 festzustellen sind. Im Unterschied zur Direktion des Völkerrechtsinstituts bis zum Tod von Viktor Bruns 1943 war vor allem der Direktor des Privatrechtsinstituts, Ernst Heymann, neben dem internationalprivatrechtlichen Alltagsgeschäft »am Aufbau einer nationalsozialistischen, völkisch-rassistisch geprägten«[3] »großdeutschen« Privatrechtsordnung und der nationalsozialistischen Durchdringung des deutschen Rechts im – begrenzten – Rahmen der konzeptbildenden und beratenden Möglichkeiten des KWI für ausländisches und internationales Privatrecht beteiligt. Anhand der Entwicklung des KWI für ausländisches und internationales Privatrecht zwischen 1938/1939 und 1945 läßt sich an einem überschaubaren Beispiel einmal mehr zeigen, daß »die auch heute noch verbreitete Ansicht, es gebe unpolitische Rechtsgebiete, durch die Verformung der gesamten Rechtsordnung im Nationalsozialismus endgültig widerlegt ist«.[4]

1.1 Umstellung auf die Kriegswirtschaft 1938/1939

Zur Begründung der Kriegswichtigkeit des IPR und der Unabdingbarkeit der Forschungstätigkeit auch unter den Bedingungen des »Lebensraum«-Krieges gab es grundsätzlich zwei Strategien: eine sachlich-fachwissenschaftliche, die auf die auslandsrechtlichen Fragen der internationalen Kriegswirtschaft abstellte,[5] und eine ›weltanschauliche‹ Strategie, die den IPR-Bezug nationalsozialistischer Schlüsselthemen wie Rasse und Lebensraum betonte. Beide Strategien wurden im Institut ab 1939 parallel verfolgt, der weltanschauliche Aspekt trat jedoch schon bald nach Kriegsbeginn deutlich in den Vordergrund: allein die Berichterstattung

3 Hueck, Völkerrechswissenschaft 2000, S. 503.

4 Stolleis, Gemeinschaft 1972/1994, S. 110; vgl. z. B. den eisenbahnrechtlichen Beitrag von Staatssekretär Kleinmann, Reichsbahn 1942, S. 35: »So stehen heute die Eisenbahnen des Großdeutschen Reiches als einheitliches, leistungsfähiges und einsatzbereites Instrument für die großen Kriegs- und Wirtschaftsaufgaben der Führung des Reichs zur Verfügung.« Zu diesen »Transportaufgaben« zählte ab 1942 auch die »Endlösung der Judenfrage«.

5 Beispielsweise in der ausführlichen Selbstanzeige von Hans Rupp zu Kegel/Rupp/Zweigert, Einwirkung des Krieges 1941 (Beiträge zum ausländischen und internationalen Privatrecht 17) in ZIPR 13, 1940/1941, S. 699-707.

über »Rassefragen« in der Institutszeitschrift erreichte in der Ausgabe von 1940/1941 einen Höhepunkt.[6]

Am Anfang standen jedoch Fragen der Mittelzuwendung. Der Krieg setzte die nicht unmittelbar mit technisch-naturwissenschaftlicher und damit direkt oder indirekt kriegswichtiger Grundlagenforschung befaßten Kaiser-Wilhelm-Institute der Geisteswissenschaftlichen Sektion sofort stark unter Rechtfertigungsdruck.[7] Heymanns Tätigkeitsbericht für das KWI für ausländisches und internationales Privatrecht im Haushaltsjahr 1939 (1. April 1939 bis 1. März 1940) betonte daher auch deutlich die kriegswirtschaftlichen ›Schnittstellen‹ der internationalprivatrechtlichen Forschung:

> »In der ersten Hälfte des Berichtsjahres erfolgte die planmässige wissenschaftliche und praktische Weiterarbeit an den Forschungsdisziplinen des Instituts, die schon zuvor durch häufige Heranziehung seitens der Reichs- und Wirtschaftsstellen zu Fragen des Vierjahresplans, der Rechtserneuerung, des Währungs- und Devisenrechts eine starke Erweiterung erfahren und sodann neue Aufgaben durch den Anschluß Österreichs und des Sudetenlandes sowie durch die Errichtung des Protektorates Böhmen und Mähren erhalten hatten. [...] Die Kriegsaufgaben des Instituts gegenüber der deutschen Wirtschaft erstreckten sich seinem Arbeitskreis entsprechend auf das gesamte ausländische Privat- und Prozeßrecht, vor allem auf das internationale Handels- und Wirtschaftsrecht, sowie auf das deutsche und ausländische internationale Privatrecht. [...] Diese zivil- und handelsrechtlichen Disziplinen stehen in ihrer kriegsmäßigen Umbildung und Anwendung in der ständigen Beobachtung des Instituts. Die dem Institut nahestehenden Reichsstellen, desgleichen die zu seinen Förderern zählen-

6 ZIPR 13, 1940/1941, S. 184: Italien, mit Bezug auf die Rassegesetze von 1938, S. 245 (Italien), S. 258 (Ungarn), S. 474 (Italien, Rechtsprechung), S. 570-572 (Ungarn, Gesetzgebung, »Zweites Judengesetz« von 1939), S. 641 (Italien, Gesetzgebung, Personenrechtliche Bestimmungen des I. Buches des Codice Civile vom 1.7.1939): »Von den Neuerungen grundsätzlicher Art ist vor allem die Aufnahme einer rassenpolitischen Vorschrift hervorzuheben, nach der die Zugehörigkeit zu fremden Rassen zu einer Beschränkung der Rechtsfähigkeit führen kann«, ferner S. 833 (Schweden, Rechtsprechung). In der ZIPR 12, 1938/1939 finden sich auf S. 896, 900, 913 drei Einträge zu »Rassefragen«. Die ZIPR 11, 1937 enthält auf S. 206, 239 zwei Einträge zu »Rassenfragen«. Der zehnte Band von 1936 enthält auf S. 390 nur einen Beitrag.

7 Zur Kriegsumstellung vgl. Albrecht/Hermann, Kaiser-Wilhelm-Gesellschaft 1990, S. 391 f.

den Bank- und Industrieunternehmen sind hiervon besonders in Kenntnis gesetzt worden.«[8]

Heymann referierte weiter, daß die Arbeiten des Instituts »mit Genehmigung und Unterstützung der zuständigen Zentralbehörden des Reiches«[9] durchgeführt worden seien. Insgesamt zeigte sich eine Verlagerung von der Grundlagenforschung zur kriegswichtigen wissenschaftlichen Dienstleistung: Arbeitsschwerpunkte seien die kriegswichtigen Sonderdisziplinen des IPR sowie die Gutachtentätigkeit für die Wirtschaft:

> »Von den Sonderdisziplinen des internationalen Rechts verfügt das Institut nunmehr auf dem Gebiet des Währungsrechts über ein umfassendes Material, auf das es jederzeit sowohl in Gestalt gesammelter Gesetze und Entscheidungen, sowie des in- und ausländischen Schrift-

8 KWI für ausländisches und internationales Privatrecht, Tätigkeitsbericht für das Haushaltsjahr 1939, Typoskript, S. 1-3, MPG-Archiv, Abt. II, Rep. 1 A, Institutsbetreuerakten, Privatrecht 10, 1935-1955; Heymann bezieht sich auf ein Rundschreiben des Instituts an die Förderunternehmen, Mai 1939, ebd.: »Ihr Unternehmen, das in gleicher Weise wie andere führende Wirtschaftsunternehmen durch die Gewährung von Forschungsbeiträgen den wissenschaftlichen und praktischen Arbeiten des Instituts stets eine verständnisvolle und wesentliche Hilfe geleistet hat, beehre ich mich davon in Kenntnis zu setzen, daß mein Institut, nachdem es praktisch seit dem 1. September d. J. kriegswichtige Aufträge zahlreicher zentraler Reichs- und Wirtschaftsstellen bearbeitet hat, nunmehr auch formell durch Erlaß des Herrn Reichsministers für Wissenschaft, Erziehung und Volksbildung im Einvernehmen mit dem Generalbevollmächtigten für die Verwaltung zur Kriegsbedarfsstelle Erster Ordnung bestellt worden ist. Die Kriegsaufgaben des Instituts gegenüber der deutschen Wirtschaft erstrecken sich seinem Arbeitskreis entsprechend auf das gesamte ausländische Privat- und Prozeßrecht, vor allem auf das internationale Handels- und Wirtschaftsrecht, sowie auf das deutsche und ausländische internationale Privatrecht. [...] Diese zivil- und handelsrechtlichen Disziplinen werden vom Institut in ihrer kriegsmäßigen Umbildung und Anwendung laufend beobachtet. In ihrem Rahmen bearbeitet das Institut: Fragen aus dem Recht besetzter Gebiete, Fragen der Kriegsentschädigung, der in- und ausländischen Vermögensbeschlagnahme [im Original unterstrichen, R.-U. K.] (gerichtliche Arrestierung), des Handels- und Wirtschaftsverkehrs mit dem befreundeten oder neutralen Ausland, und schließlich des Kriegsnotrechts bei den Feindstaaten. Die dem Institut zugefallenen Aufgaben verpflichten es, seine internationalen Erfahrungen den ihm nahestehenden Wirtschaftsunternehmen in weitem Umfange zur Verfügung zu stellen. Mit diesem Hinweis darf ich zugleich der Hoffnung Ausdruck geben, daß es die bisher so bereitwillig gewährte Hilfe dem Institut auch in Zukunft ermöglichen möge, seinen neuen kriegs- und lebenswichtigen Aufgaben im Interesse der deutschen Wirtschaft gerecht zu werden.«

9 KWI für ausländisches und internationales Privatrecht, Tätigkeitsbericht für das Haushaltsjahr 1939, Typoskript, S. 3, MPG-Archiv, Abt. II, Rep. 1 A, Institutsbetreuerakten, Privatrecht 10, 1935-1955.

tums zur Goldklausel, zur Währungsabwertung und ihren Rechtsfolgen, insbesondere zum Verzugsschaden zurückgreifen kann. Das in seiner praktischen Auswirkung mitunter schwer zugängliche ausländische Devisenrecht wurde in seiner weiteren Entwicklung erfaßt; wiederum interessierte hier die stets in neuen Formen auftauchende Frage nach der privatrechtlichen Tragweite der Devisenbestimmungen im Ausland und der Clearing-Verträge. Die Untersuchungen zur Rechtsangleichung im Lande Österreich und im Sudetenland, desgleichen zu den Rechtsfragen des Protektorats Böhmen und Mähren werden fortgesetzt. [… A]uch die Inanspruchnahme des Instituts für Rechtsauskünfte und Gutachten durch Reichsbehörden, durch die Förderkreise der Wirtschaft, durch Gerichte und Rechtsanwälte [erfuhr] im Berichtsjahr eine erhebliche Steigerung. Wie bisher betrafen die Anfragen der Gerichte wieder vornehmlich das Ehe- und Kindschaftsrecht, insbesondere auch das Erbrecht. Die Wirtschaftsinstitute legten Fragen des Handels- und Gesellschaftsrechts, sowie des Steuer- und Wirtschaftsrechts zur Begutachtung vor. Mit Erfolg war das Institut bemüht, auf dem Gebiete des internationalen Zivil- und Handelsrechts zu den immer neuen schwierigen Fragen günstige und zweckvolle Wege zu weisen. Diese eingehenden Rechtsauskünfte waren begleitet von kleineren Anfragen auch in mündlicher Form, deren Bearbeitung in ihrer Gesamtheit eine umfangreiche Exportberatung der Wirtschaft in notwendig schnell zu klärenden Zweifelsfragen darstellt. Nebenher liefen wieder zahllose Literaturanfragen auch ausländischer Stellen, die das Institut dank seiner einzigartigen Bibliothek durch Mitteilung ausländischer Gesetze und Rechtsprechung sowie durch Hinweis auf ausländisches Schrifttum mit Erfolg erledigen konnte. […] Den Erfordernissen der Kriegslage mußte jedoch zunächst […] entsprochen werden, wenn auch das Institut mit Erfolg bemüht bleibt, seine wissenschaftliche Forschung auch im Interesse des Reiches und der Wirtschaft wieder stärker in seine Gesamtarbeit einzubeziehen.«[10]

Die hier beschriebene, umfassende Dienstleistungstätigkeit[11] mit allen Folgen für das Institutsprofil war in erster Linie eine Personalfrage, die

10 KWI für ausländisches und internationales Privatrecht, Tätigkeitsbericht für das Haushaltsjahr 1939, Typoskript, S. 5-7, MPG-Archiv, Abt. II, Rep. 1 A, Institutsbetreuerakten, Privatrecht 10, 1935-1955.

11 Ebd.: »Das Institut konnte ausser bei ihm arbeitenden Gelehrten [!] wiederum zahlreiche Rechtsberater aus Industrie- und Wirtschaftskreisen zu vorbereitenden Besprechungen und Beratungen in seinen Räumen begrüßen. Die Benutzung der Institutsbibliothek wurde ihnen auch weiterhin zugänglich gemacht.«

unter Kriegsbedingungen besonders spürbar wurde. Im Hinblick auf den Institutsnachwuchs hatte Heymann das bereits auf der Sitzung des Wissenschaftlichen Rats der KWG am 25. März 1939 vorgebracht:

> »Für die Nachwuchsfrage in den beiden Rechtsinstituten [Völkerrecht und Privatrecht, R.-U. K.] ergäben sich die gleichen Schwierigkeiten wie bei den anderen Instituten. Es kämen für die Rechtsinstitute nur besonders geeignete Kräfte in Frage, die auch über gute Sprachkenntnisse verfügten, und die nur dann in den Instituten gehalten werden könnten, wenn Ihnen eine angemessene Entschädigung gewährt werde, denn Industrie und Banken entzögen die besten Kräfte.«[12]

Welche Dienstleistungen Heymann von den »besonders geeigneten Kräften« des Instituts im Krieg erwartete, formulierte er dann im Vorwort zu einer Artikelserie »im Auftrag des Instituts« über kriegswichtige Gebiete des Handels- und Wirtschaftsrechts, die im zwölften Jahrgang von 1938/1939 der Institutszeitschrift mit einem Beitrag des Referenten Friedrich Korkisch über »Das Privatrecht im ehemals polnischen Staatsgebiet«[13] begann:

> »Seit dem Eintreten des jetzigen Kriegszustandes richtet das Institut seine besondere Aufmerksamkeit auf diejenigen Gegenstände des Handels- und Wirtschaftsrechts, die durch Kriegsvorgänge und Gebietsbesetzungen beeinflußt werden. Neben der umfassenden praktischen Bearbeitung solcher Fragen wird das Institut übersichtliche Darstellungen zusammenhängender Rechtsstoffe und Mitteilungen über bedeutsame einzelne Rechtsfragen zur möglichst schnellen Unterrichtung der behördlichen und privaten Stellen, insbesondere auch der Bank- und Wirtschaftskreise veröffentlichen, wobei – und dies gilt auch für den nachfolgenden Aufsatz – Nachträge über Einzelheiten und später ergehende Entscheidungen vorbehalten bleiben.«

Ausdrücklich stellte Heymann, der sich in seinem Arbeitsgebiet und Einflußbereich als loyaler Vertreter von Hitlers Weltanschauung und Hitlers Herrschaft erwiesen hatte, das KWI für ausländisches und internationales Privatrecht in den Dienst von Hitlers Krieg. Was der Referent Friedrich Korkisch dann unter dieser selbstbehaupteten »Kriegswichtigkeit« zu be-

12 Niederschriften von Sitzungen des Wissenschaftlichen Rats der KWG, I-II/1929-1939, S. 3, MPG-Archiv.

13 Vgl. Korkisch, Privatrecht 1938/1939. Dr. Friedrich Korkisch, geboren 1908, war Referent am KWI für ausländisches und internationales Privatrecht seit dem 20.10.1934.

richten hatte, entsprach in der Perspektive und Funktionalitätsorientierung einem konventionellen Länderbericht, der allein durch seine räumliche Begrenzung als »kriegswichtig« gelten konnte.[14] Korkisch beschränkte sich in seinem Beitrag über das geltende Privatrecht im überfallenen, besetzten und mit Stalins Sowjetunion geteilten Polen auf eine positivistische Bestandsaufnahme in den Bereichen IPR, Recht der Schuldverhältnisse, Sachenrecht, Familienrecht, Erbrecht, Handelsrecht, Genossenschafts-, Kartell-, Bank-, Börsen-, Wechsel-, Scheck-, Versicherungs-, Patent-, Urheberrecht, Arbeitsrecht, Aufwertungsrecht sowie Verfahrensrecht. Dieser strukturorientierte Überblick, der sich auf die neuen politischen Tatsachen in Ostmitteleuropa stützte, ohne sie zu kommentieren, wurde ergänzt durch einen kurzen historischen Überblick zum polnischen Rechtspluralismus im 19. und 20. Jahrhundert, der sich allerdings aller Wertungen – auch in Form einer erkennbar nationalsozialistischen Terminologie – enthielt.[15]

Die Zusammenfassung des geltenden Rechts im besetzten Polen war das eine, die Realität in den eroberten und besetzten Gebieten war das andere.[16] Sie zeigte sich u. a. in dem Streit zwischen Heinrich Himmlers SS mit dem Reichsjustizministerium um die Einführung des deutschen Zivilrechts in den besetzten Ostgebieten zwischen Februar 1940 und September 1941.[17] Nachdem das Justizministerium aus Kompetenzgründen

14 Zur Metapher der Kriegswichtigkeit vgl. Maier, »Wehrhaftmachung« und »Kriegswichtigkeit« 2002.

15 Korkisch, Privatrecht 1938/1939, S. 879: »Die neuen Grenzsetzungen haben jedoch bisher, soweit ersichtlich, an dem oben geschilderten Rechtszustand in den einzelnen Gebieten des ehemaligen polnischen Staates nichts geändert. Weder für das an Litauen angegliederte Gebiet, noch für das von Sowjettruppen besetzte übrige Gebiet ist das bisher geltende Recht durch § 4 des Erlasses des Führers und Reichskanzlers über die Verwaltung der besetzten polnischen Gebiete (RGBl. I 2077) ausdrücklich in Geltung belassen worden und hinsichtlich der an das Deutsche Reich angeschlossenen Gebiete enthält der Führererlaß vom 8. Oktober 1939 in § 7 ebenfalls die ausdrückliche Vorschrift, daß das bisher geltende Recht in diesen Gebieten bis auf weiteres in Kraft bleibt, soweit es nicht der Eingliederung in das Deutsche Reich widerspricht.« Ähnlich auch Korkisch, Rezension zu Albert Weh 1940/1941; durch Zitat aus dem Vorwort ideologisch eindeutiger Korkisch, Rezension zu Gustav Ratzenhofer (Hg.) 1938/1939, S. 666 f.: »Diese – wie es im Vorwort heißt – ›Bestandsaufnahme, dessen was Österreich bei seiner Heimkehr ins Reich in die von nun an gemeinsame Rechtsentwicklung einbringt‹, hat selbst für diejenigen Sachgebiete, auf denen die Rechtsvereinheitlichung inzwischen bereits durchgeführt wurde, ihre Brauchbarkeit nicht verloren.«

16 Zu den Vernichtungsmaßnahmen im Zuge der Besatzungsherrschaft in Polen vgl. Longerich, Politik der Vernichtung 1998, S. 243-272.

17 Vgl. Wolany, Bürgerliches Recht 1942, vor allem S. 52 f.

Himmlers Bestrebungen hatte abwenden können, das auf Polen und Juden anzuwendende extreme Sonderstrafrecht der Verantwortung der Polizei zu unterstellen,[18] verzögerte nun die SS mit allen Mitteln die förmliche Einführung des aus SS-Sicht bei weitem zu wenig ideologisch formierten deutschen Zivilrechts.[19] Daß das Justizministerium schließlich im September 1941 nach der Einführung eines extremen Strafgesetzes für Polen und Juden[20] auch ein – eingeschränktes – deutsches Zivilrecht einführen konnte,[21] war ein punktueller Teilerfolg juristischer Professionalität und Selbstbehauptung gegenüber den radikalen Vertretern nackter Gewaltherrschaft und »rassischer« Selektion. Doch auch dieser Teilerfolg war ein Teil des Prozesses kumulativer Radikalisierung im NS-Herrschaftsgefüge unter Kriegsbedingungen.[22] In diesen vielschichtigen Radikalisierungsprozeß als Wettbewerb um die dem Willen des »Führers« am nächsten kommende Lösung gehörte als ›Stufe‹ auch ein im Vergleich zur ›Einsatzgruppen‹-Praxis ›gemäßigtes‹ Zivilrecht, das »rassischen« Minimalforderungen entsprach,[23] die den nationalsozialistischen Radikalen um Himmler dann wiederum zur Abgrenzung und Neupositionierung dienen bzw. die autoritative Entscheidung durch den »Führer« bewirken konnte.

18 Vgl. Nathans, Franz Schlegelberger 1990, S. 61 f.
19 Zur Rolle Franz Schlegelbergers in diesem Machtspiel zwischen den NS-Instanzen ebd., S. 62 f.
20 Ebd., S. 64.
21 Ebd., S. 63 f., Anm. 262 mit der Einführungsverordnung aus RGBl. 1941 I, S. 597: »§ 5 (1) Wird in einem Verfahren von einem Schutzangehörigen polnischen Volkstums oder einem staatenlosen Polen ein Anspruch gegen einen deutschen Staatsangehörigen oder deutschen Volkszugehörigen geltend gemacht oder ein sonstiger Antrag gestellt, der sich gegen die Rechtsstellung eines deutschen Staatsangehörigen oder deutschen Volkszugehörigen richtet, und hat das Gericht Bedenken, ob die Durchführung des Verfahrens staatlichen oder völkischen Belangen widerspricht, so hat es die Entscheidung des Oberlandesgerichtspräsidenten darüber herbeizuführen. Die Entscheidung bindet das Gericht und ist nicht anfechtbar. Erklärt der Oberlandesgerichtspräsident, daß die Durchführung des Verfahrens staatlichen oder völkischen Belangen widerspricht, so wird das Verfahren, soweit es von der Erklärung betroffen wird, unterbrochen. Auf Verlangen des Oberlandesgerichtspräsidenten hat das Gericht einstweilige Anordnungen über den Vollzug einer bereits ergangenen Entscheidung zu erlassen [...].«
22 Vgl. Mommsen, Realisierung des Utopischen 1983/1991.
23 Beispielsweise gut zu erkennen in einem Schreiben Franz Schlegelbergers an Karl Hans Heinrich Lammers, 18.9.1940, zitiert nach Nathans, Franz Schlegelberger 1990, S. 63: »Ich gehe davon aus, daß es nicht möglich ist, die polnische Bevölkerung vom privaten Rechtsverkehr gänzlich auszuschalten und das die Polen demgemäß auch in Zukunft von der Rechtsordnung als Träger privater Rechte und Verpflichtete zu berücksichtigen sein werden. So werden sie auch weiterhin an den Rechtsgeschäften des täglichen Verkehrs teilnehmen müssen und etwa als

In einem monographisch ausführlichen, von jeder Kriegswichtigkeit weit entfernten Beitrag von über einhundert Seiten behandelte der ehemalige Institutsreferent Walter Hallstein, mittlerweile Ordinarius in Rostock, »Die Gesellschaft mit beschränkter Haftung in den Auslandsrechten«.[24] Die Überblicksdarstellung beruhte auf einem Vortrag, den der Verfasser als Mitglied des Ausschusses für GmbH-Rechts-Reform in der Akademie für Deutsches Recht gehalten hatte. Hallstein entwickelte übergeordnete Vergleichskriterien zur »personalistischen« und zur »kapitalistischen« Struktur der GmbH, auf deren Grundlage er den Vergleich der GmbH-Formen in den Auslandsrechten durchführte. Sieben von acht Gliederungspunkten beschäftigten sich mit der materiellen Rechtsvergleichung, die in ihrem funktionalen Zugriff Rabels Schule erkennen ließen. Nur im letzten, achten, Gliederungspunkt thematisierte Hallstein die »Deutsche Reform« »innerhalb des großdeutschen Raums«:[25]

> »Die erste entscheidende nationale Bindung des *deutschen* Gesetzgebers besteht darin, daß seine Aufgabe nicht dahin geht, ein neues GmbH-Gesetz zu schaffen, sondern ein bestehendes zu reformieren. Die Kontinuität der Rechtsentwicklung eines Landes ist ein zu kostbares Gut, als daß man der Verlockung nachgeben könnte, einen völligen Neubau der in Frage stehenden Gesellschaftsform zu versuchen, bei dem auch Normen preisgegeben werden, an deren Stelle man nicht Besseres zu setzen hat. Eine organische Fortbildung des Rechts fordert, daß man das Verbesserungsbedürftige ausmerzt, und auch nur zugunsten einer Regelung, von der man überzeugt sein darf, daß sie brauchbarer ist als die bisherige. Unter zwei annähernd gleichwertigen Lösungen hat also die den Vorzug, die dem bisherigen *deutschen* Recht entspricht.«[26]

Käufer oder Verkäufer, als Mieter oder Pächter, als Vermieter oder Verpächter auftreten; sie werden ferner als Beteiligte bei Arbeits- und Werkverträgen zuzulassen sein [...]. Ich halte es auch für ausgeschlossen, daß den Polen jeglicher Eigentumserwerb, insbesondere der von Fahrnis, untersagt werden kann [...]. Wollte man die Polen in den genannten, nur als Beispiele gedachten Fällen außerhalb jeglicher Privatrechtsordnung stellen, so würde man damit eine Entwicklung anbahnen, die einzigartig wäre und selbst in allen Kolonialgesetzgebungen kein Vorbild fände. Ich glaube daher, daß eine solche Möglichkeit von vornherein unberücksichtigt bleiben kann.«

24 Hallstein, Gesellschaft 1938/1939, S. 341-451.

25 Korkisch, Privatrecht 1938/1939, S. 446.

26 Hallstein, Gesellschaft 1938/1939, S. 443 f. Hervorhebung im Original.

Einen ganz anderen Eindruck vermittelte die »Deutsch-italienische Studie« von Hedemann über »De[n] Vertrag und die veränderten Umstände«[27] allein schon durch ihre Einleitung mit dem Verweis auf die regierungsamtliche Relevanz des behandelten Themas für die kulturpolitische Verständigung der »Achsenmächte«:

> »Diese Studie ist aus den Beratungen der Deutsch-italienischen Arbeitsgemeinschaft vom 6. bis 11. März 1939 in Wien erwachsen. Die Arbeitsgemeinschaft dient dem Vergleich, der Belebung und der Annäherung der beiderseitigen Rechtsverhältnisse. Sie ist ein Bestandteil des Deutsch-italienischen Kulturabkommens vom 23. November 1938, das auf deutscher Seite im Reichsgesetzblatt (1939 II. Teil, S. 756 ff.) unter dem 10. Mai 1939 ratifiziert worden ist. – Dieser Ausgangspunkt rechtfertigt die stoffliche Beschränkung auf das deutsche und das italienische Recht.«[28]

Inhaltlich blieb Hedemann seinen langgehegten antiindividualistischen, völkisch-nationalsozialistischen Grundüberzeugungen treu, die seine Interpretation der Vertragstreue färbten.[29] Mit dem ihm eigenen Pathos und viel Sympathie für das faschistische Modell entwarf er ein zeitgeschichtliches Schlachtengemälde:

> »Die Frage, wie [...] die geänderten Umstände auf geschlossene Verträge einwirken, ist [...] erst ein Produkt der letzten 25 Jahre. Das ist wenig. Aber es sind gewaltige Ereignisse und Umwälzungen, die hinter diesen 25 Jahren und hinter der hier behandelten Rechtsfrage stehen. Die Hauptfakta sind: der Weltkrieg, der Umsturz (Revolution), die Knappheit der Vorräte, der Verfall der Währung [...], später der Sturz des englischen Pfundes, die deutsche Wirtschaftskrise von 1930-32, der gegen Italien gerichtete Versuch der Sanktionen 1935/36 und zuletzt, getragen vor allem von dem Aufbauwillen der autoritären Staaten und in seiner Tragweite heute noch gar nicht übersehbar, die zentralstaatliche Wirtschaftsplanung [...]. Was will alldem gegenüber der kleine einzelne Privatvertrag etwa eines Käufers und eines Verkäufers besagen?«[30]

Aus den eher konventionellen Ergebnissen der deutsch-italienischen Beratungen hob Hedemann die wünschenswerte Stärkung des Richters her-

27 Vgl. Hedemann, Vertrag 1938/1939.

28 Ebd., S. 714

29 Zum sprachlich-begriffsgeschichtlichen Aspekt siehe Stolleis, Gemeinschaft 1972/1994, S. 94 f.; grundlegend Rüthers, Auslegung 1987, S. 91 ff.

30 Hedemann, Vertrag 1938/1939, S. 716.

vor: »Jedenfalls aber erscheint in diesem Zusammenhang der Richter sowohl als Diener des Gesetzes [...] wie als Diener der großen unsichtbaren Macht, die über uns allen steht: der Zeit.«[31]

Mit einem Exotenthema, dem »Internationale[n] und interreligiöse[n] Privatrecht in Palästina«[32] unter englischer Mandatsherrschaft, befaßte sich der Institutsreferent Wilhelm Wengler im Rahmen einer Darstellung des Rechts im britischen Einflußbereich, die er in der 13. Ausgabe der Institutszeitschrift von 1940/1941 mit einem Artikel über »Das Kollisionsrecht der englischen Kolonien«[33] fortsetzte.[34] Die Mehrheit der Autoren des Jahrgangs von 1938/1939 in der »Zeitschrift für ausländisches und internationales Privatrecht« beschäftigte sich mit ideologiefernen oder -freien Gegenständen:[35] Ernst von Caemmerer mit »Rechtsvergleichung und Reform der Fahrnisübereignung«[36] – allerdings war auch dieser Artikel aus einem Vortrag an der Akademie für Deutsches Recht, Ausschuß für Fahrnisrecht, hervorgegangen – und der griechische Professor Ch. Fragistas mit dem »Anfechtungsrecht der Gläubiger im internationalen Privatrecht«.[37] Erwin Riezlers Vorstellung des »Entwurfs eines italienischen Sachenrechts«[38] beschränkte sich auf eine sehr allgemeine »Volkswohl«-Phrase zur Motivation der Sachenrechtsreform im einleitenden Teil.[39] Doch die Normalität spiegelte sich weniger in diesen längeren durchkomponierten Beiträgen, deren Verfasser einem immer noch hohen wissen-

31 Ebd., S. 733.

32 Vgl. Wengler, Internationales und interreligiöses Privatrecht 1938/1939.

33 Vgl. Wengler, Kollisionsrecht 1940/1941.

34 Vgl. Wengler, Internationales und interreligiöses Privatrecht 1938/1939, S. 794; weiterhin Wengler, Rechtsstellung der Mischlinge 1941.

35 ZIPR 12, 1938/1939: Zehn »Abhandlungen«, davon eine klar nationalsozialistisch (Hedemann), eine »kriegswichtig« (Korkisch) mit einem Vorwort von Heymann. Bemerkenswert ist auch, daß trotz einer ausführlichen Erschließung des Themas »Ehe« im Sachverzeichnis des zwölften Jahrgangs, S. 950 f., über das neue nationalsozialistische Ehegesetz von 1938 nicht eigens berichtet wird. Zum Ehegesetz vgl. Stolleis, Gemeinschaft 1972/1994, S. 107, mit weiteren Nachweisen.

36 Vgl. von Caemmerer, Rechtsvergleichung 1938/1939, dort wurde auf S. 676 ausdrücklich auf Rabel, Recht des Warenkaufs 1936, verwiesen.

37 Vgl. Fragistas, Anfechtungsrecht 1938/1939.

38 Vgl. Riezler, Entwurf 1938/1939.

39 Ebd., S. 2: »Jetzt galt es, eine Generalreform vorzunehmen, die eine mehrfache Aufgabe zu erfüllen hatte: bisherige Streitfragen und Unklarheiten zu beseitigen, die Rechtsnormen mit dem heutigen Stande der Wissenschaft und den Erfordernissen des heutigen sozialen Lebens in Einklang zu bringen und sie der Grundidee anzupassen, daß das Eigentum und andere dingliche Rechte zwar den individuellen Bedürfnissen dienen, zugleich aber das gesamte Wirtschaftsleben fördern und damit im Dienste der Nation stehen sollen.«

schaftlichen Standard Rechnung zu tragen hatten, als in den Rezensionen. Sie waren schon eher ein realistischer Spiegel des ›Meinungsmarktes‹. Im Buchbesprechungsteil der Institutszeitschrift war die Lage eindeutig. Auch in den aufwendigen Länderberichten kamen »Feindstaaten« nicht mehr vor. Berichtet wurde in der Ausgabe von 1938/1939 über Belgien,[40] Danzig,[41] Finnland,[42] Italien,[43] das Memelgebiet,[44] Österreich[45] und die Schweiz[46] – 1937 hatte es u. a. auch noch Berichte über Großbritannien[47] und Frankreich[48] gegeben.[49] Die Internationalität nahm ab und damit auch die Glaubwürdigkeit des Organs im internationalen Privatrecht. Welches öffentliche Selbstbild Heymann von der Institutszeitschrift und ihren neuen Aufgaben hatte, beschrieb er im Tätigkeitsbericht von 1939.[50]

In den Rezensionen[51] profilierte sich der Institutsdirektor Heymann in scharfem ideologischem Ton. Hier ging es nicht um wissenschaftlich strenge Maßstabsbildung mit dem sprachlichen Florett – den Kampf um die rhetorische Präzision hatte Rabel bis zur Perfektion beherrscht – sondern um das Schlagen ideologischer Schneisen mit dem breiten Schwert. Dabei waren Verrisse Heymanns Sache nicht, er lobte gern, wenn auch abwägend, und nutzte vor allem die Gelegenheit, vor dem Hintergrund

40 Vgl. Luther, Belgische Gesetzgebung 1938/1939. Dr. Gerhard Luther, geboren 1912, war seit dem 15.1.1938 Referent am KWI für ausländisches und internationales Privatrecht.

41 Vgl. Reiß, Gesetzgebung 1938/1939.

42 Vgl. Hakulinen, Finnische Gesetzgebung 1938/1939.

43 Vgl. Luther/Kröber, Italienische Gesetzgebung 1938/1939; Andrioli/Lefebvre d'Ovidio, Italienische Rechtsprechung 1938/1939.

44 Hesse, Gesetzgebung 1938/1939.

45 Vgl. Korkisch, Rechtsprechung 1938/1939; Demelius, Übersicht 1938/1939.

46 Vgl. Haab/Staehlin, Gesetzgebung der Schweiz 1938/1939; Ziegler, Rechtsprechung 1938/1939; Fritzsche/Pestalozzi, Zivilprozeßrecht 1938/1939; Riggenbach, Schrifttum der Schweiz 1938/1939.

47 Vgl. Arndt, Englische Gesetzgebung 1937; Arndt, Englische Rechtsprechung 1937.

48 Vgl. Wahl, Gesetzgebung 1937.

49 Wenn Heymann im Tätigkeitsbericht des Jahres 1940/1941 behauptete, die Auslandsberichterstattung der ZIPR 12, 1938/1939 und 13, 1940/1941 erstrecke sich »gleichmäßig auf alle Staaten und auf alle einschlägigen Rechtsgebiete«, war das sachlich falsch, vgl. Ernst Heymann, Jahresbericht 1940/1941, S. 5, MPG-Archiv, Abt. II, Rep. 1 A, Institutsbetreuerakten, Privatrecht 10, 1935-1955; der Bericht als Einzeldruck im MPG-Archiv, Abt. I, Rep. 1 A, Nr. 2365, Bl. 106-108.

50 KWI für ausländisches und internationales Privatrecht, Tätigkeitsbericht für das Haushaltsjahr 1939, MPG-Archiv, Abt. II, Rep. 1 A, Institutsbetreuerakten, Privatrecht 10, 1935-1955.

51 ZIPR 12, 1938/1939: 66 Buchbesprechungen, davon acht ideologisch exponiert, neun von Heymann.

langatmiger Inhaltsangaben seinen eigenen politischen Überzeugungen Ausdruck zu geben: meist redundant, weit entfernt vom besprochenen Text und mit der Neigung zu Allgemeinplätzen: »Nichts ist gesünder als unser heutiges Streben nach Erfassung der Lebenseinheiten als solcher.«[52] An Niboyets Großdarstellung des französischen IPR[53] kritisierte Heymann die Verkennung des »positiven Gesichtspunkts« der »Rassefrage«:

> »Er [Jean-Paulin Niboyet, R.-U. K.] erklärt dem geltenden Recht entsprechend die Staatsangehörigkeit als durchaus abhängig vom staatlichen Entschluß und verwirft den unmittelbaren rechtlichen Aufbau auf der Rasse; aber er erkennt an, daß es jedem Staate freisteht, die Erteilung der Staatsangehörigkeit von Rassefragen, namentlich bei der – ihn vom französischen Standpunkt besonders interessierenden – Einwanderung, abhängig zu machen, wobei er auch in lesenswerter Weise auf den Standpunkt des heutigen deutschen Rechts unter internationaler Parallelstellung der Vereinigten Staaten und auch Frankreichs eingeht. Wenn er dabei den von ihm sogenannten positiven Gesichtspunkt der Rassefrage ablehnt (im Sinne einer Inanspruchnahme aller Rassezugehörigen im Ausland sei es rechtlich, sei es politisch durch den rassemäßig ausgerichteten Staat), so verkennt er dabei die Pflicht des Staates zum Schutze seiner zwar nicht staatsrechtlich, aber rassemäßig Zugehörigen gegen Mißbrauch fremder Staatsgewalt (im Sinne also des Minoritätenschutzes); aber es handelt sich bei seiner Betrachtung im wesentlichen um eine bloß politische Ausführung, die allerdings für die Beurteilung der Rechtsfragen bedeutsam werden kann.«[54]

Abgesehen von Heymanns Interpretation des Minderheitenschutzes als Legitimation nationalsozialistischer »Rasse«- und »Großraum«-Politik, war sein Blick auf das Nachbarland klassisch antiwestlich-deutschnational in der habituellen Ablehnung des politisch-voluntaristischen Charakters des französischen Nations-Begriffs:

> »Bemerkenswert sind [...] seine [Jean-Paulin Niboyets, R.-U. K.] Darlegungen über Frankreich als Land der ›Einwanderung‹ im Gegensatze zu Deutschland als eines mit Volksgenossen hinreichend stark besetzten Landes. [...] Der zweite Band behandelt das Fremdenrecht [...]. Die Darlegungen sind politisch-wirtschaftlich sehr interessant unter dem Gesichtspunkt der starken Einwanderung in Frankreich: es han-

52 Heymann, Rezension zu Jean-Paul Niboyet 1938/1939, S. 912.
53 Vgl. Niboyet, Traité de Droit 1938.
54 Heymann, Rezension zu Jean-Paulin Niboyet 1938/1939, S. 913.

delt sich einmal um die Heranziehung und Regulierung des Handarbeiterzuwachses aus dem Auslande, ferner um die geschäftlichen Angestellten und die Handwerker sowie endlich um die geschäftliche Niederlassung von wirtschaftlichen Unternehmen, die sehr frei gehandhabt wird […]. Kein Zweifel, daß Frankreich bei fortgesetzter Betonung der humanité sehr vorsichtig, aber nicht immer erfolgreich, angesichts seiner geringen Einwohnerzahl sich zu schützen gesucht hat.«[55]

Eine Besprechung von Alfred Brockhaus' »Gesamtheit und Einzelperson im faschistischen Urheberrecht, ein Beitrag zur deutsch-italienischen Rechtsgemeinschaft« geriet Heymann zum Lobgesang auf die vorbildliche faschistische Juridifizierung der »Volksgemeinschaft«:[56]

> »Der Verfasser [Alfred Brockhaus, R.-U. K.] sieht in der starken Betonung des Staatsinteresses gegenüber dem Interesse des Autors und des Veröffentlichungsunternehmers (namentlich des Buchhändlers, des Theaterleiters und der Verarbeitungsindustrie) das Wesentliche des faschistischen Urheberrechts und sucht diese Betonung des Interesses der Allgemeinheit in seiner Schrift herauszuarbeiten. [… A]ber freilich mußte die faschistische Entwicklung hier im hohen Maße fördernd eingreifen, und daß dies geschehen ist, zeigt allerdings die Darstellung des Verfassers. Daß die Betonung des Interesses der Volksgemeinschaft schon lange in der Entwicklung ein entscheidender Faktor war, beweist ja das alte Vorhandensein der Befristung des Urheberrechts auf 30, neuestens auf 50 Jahre […]. Aber historisch betrachtet, ist die totalitäre Staatsauffassung gegenüber einer individualistischen Betrachtungsweise allerdings quantitativ und qualitativ von großer Bedeutung geworden.«[57]

Die arbeitsrechtlichen Darstellungen von Anneliese Cüny[58] und Marie Luise Hilger[59] bestätigten aus Heymanns Sicht vergleichend die Überlegenheit der nationalsozialistischen Arbeits- und Betriebsorganisation:[60]

> »Beide [Anneliese Cüny und Marie Luise Hilger, R.-U. K.] vertiefen sich in eines der wichtigsten Einzelprobleme, beleuchten von da aus

55 Ebd., S. 914.
56 Vgl. die Darstellung der völkischen »Assoziationskette« bei Stolleis, Gemeinschaft 1972/1994, S. 97 f.
57 Heymann, Rezension zu Jean-Paul Niboyet 1938/1939, S. 915.
58 Vgl. Cüny, Tarifvertrag 1939.
59 Vgl. Hilger, Arbeitsbedingungen 1939.
60 Vgl. Rüthers, Auslegung 1987, S. 379-399.

aber das Arbeitsrecht der beiden Länder überhaupt. Es wird in beiden Arbeiten die geschichtliche neuere Entwicklung aufgewiesen, die ja in Italien der unsrigen viel näher steht als im demokratisch-marxistisch orientierten Frankreich, die aber in allen drei Ländern nach ähnlichen Zielen strebt. Dabei ist die deutsche Entwicklung vom Grundgedanken der Betriebsgemeinschaft aus am kräftigsten vorgegangen; die Besonderheiten der beiden behandelten Länder spiegeln die politisch-wirtschaftlichen Zustände und den dadurch bedingten Rechtszustand in sorgfältiger Ergründung der Einzelheiten wider, daß die Schriften über das rein arbeitsrechtliche Gebiet hinaus Bedeutung haben.«[61]

Ausführlich würdigte Heymann die Bände IV, V und VI des wesentlich im KWI für ausländisches und internationales Privatrecht bearbeiteten »Rechtsvergleichenden Handwörterbuchs«[62] und die Leistung des Hauptherausgebers Schlegelberger:[63] »Das große Werk Schlegelbergers ist seit der letzten Besprechung in dieser Zeitschrift[64] [...] mit wachsendem Erfolge fortgeschritten, obwohl der Herausgeber- und der Mitarbeiterstab mehrfachem Wechsel unterlegen hat.«[65] Zugleich enthielt Heymanns Besprechung auch ein Bild der Institutsarbeit, dessen Referenten, u. a. Arwed Blomeyer, Ernst von Caemmerer, Konrad Duden, Ludwig Raiser, schon seit Rabels Zeit einen wesentlichen Teil der Arbeit am Handwörterbuch leisteten:

»Das Gesagte zeigt zugleich die Größe der organisatorischen Leistung Schlegelbergers und seiner wichtigsten Helfer, besonders H. Titzes. [...] Alle Erfahrung bei lexikographischen Werken [...] ergeben, daß zwei Wege offen stehen: die Verteilung der Artikel auf eine große Zahl

61 Heymann, Rezension zu Anneliese Cüny und Marie Luise Hilger 1938/1939, S. 917.

62 Vgl. Schlegelberger (Hg.), Rechtsvergleichendes Handwörterbuch 1927 ff.

63 Franz Schlegelberger (1876-1970), Studium der Rechtswissenschaft, 1914 Kammergerichtsrat, 1918 Vortragender Rat im Reichsjustizamt, seit 1921 Abteilungsleiter im Reichsjustizministerium, 1927 Ministerialdirektor, 1931 Staatssekretär, seit 1922 Honorarprofessor in Berlin, nach dem Tod Franz Gürtners und bis zur Ernennung Otto Georg Thieracks leitete Schlegelberger 1941/1942 das Ministerium, im Nürnberger Juristenprozeß 1947 für die in dieser Zeit von ihm zu verantwortenden Kriegs- und Humanitätsverbrechen zu lebenslanger Haft verurteilt, 1951 aus gesundheitlichen Gründen entlassen. Zu Rabels fachlicher Einstellung gegenüber Schlegelberger vgl. die freundliche Rezension von Vorträgen, die Schlegelberger im Ausland über die deutsche Rechtsentwicklung seit dem Weltkrieg gehalten hatte: Rabel, Franz Schlegelberger 1930.

64 Vgl. Wolff, Rezension zum Rechtsvergleichenden Handwörterbuch 1932; Titze, Rezension zum Rechtsvergleichenden Handwörterbuch 1928.

65 Heymann, Rezension zum Rechtsvergleichenden Handwörterbuch 1938/1939, S. 648.

> außenstehender Kräfte, die selbständig für sich produzieren, oder aber die Durchführung des Werks in einem geschlossenen Kreise, der sich ausschließlich dem Werke widmet [...]. Der zweite Weg ist da der beste, namentlich wenn große Materialsammlungen zentralistisch beisammen sind; er führt zu geschlossener Leistung, wenn ein geeigneter Vorsteher vorhanden ist, der sich wie seine Mitarbeiter ausschließlich dem Werke widmet. Dieser Weg war natürlich im vorliegenden Fall nicht gangbar. Aber es bestand hier eine Art Mittelweg: dieser liegt in der Benutzung des Kaiser Wilhelm-Instituts für ausländisches und internationales Privatrecht mit seiner einzigartigen, seit nunmehr über 13 Jahren aufgebauten Bibliothek des Auslandsrechts und in der starken Heranziehung seiner Referenten und sonstigen Zugehörigen. Das Institut hat so an dem Werke seit Jahren seinen nicht geringen Anteil.«[66]

Heymann scheute – wohl auch eine Kompensation für die wachsende internationale Isolierung – vor tönendem Eigenlob nicht zurück: »Das Werk gehört im ganzen betrachtet zu den größten rechtswissenschaftlichen Leistungen unserer Zeit, und zwar für die Welt.«[67]

Einen weiteren nationalsozialistischen Akzent setzte Justus Wilhelm Hedemann in der freundlichen Würdigung zweier erbrechtlicher Denkschriften Heinrich Langes.[68] Zunächst hob Hedemann hervor, daß Langes Denkschriften aus seiner Tätigkeit für den Erbrechtsausschuß der Akademie für Deutsches Recht hervorgegangen und bereits nach ihrem Einfluß *de lege lata* zu beurteilen seien: »Die beiden Schriften gewähren einen lehrreichen und genußreichen Einblick in die Werkstätte des deutschen Gesetzgebers.«[69] Was Hedemann für »lehrreich und genußreich« hielt, war eine nationalsozialistische Erbrechtsordnung, die die Ansprüche der Ideologie und der – eingeschränkten – Testierfreiheit auf wünschenswerte Weise verband:

> »Gesetzliches Gefüge und Testament [...] stehen sich schon seit 2.000 Jahren gegenüber, und zwar in einem ewigen Wechselspiel. Daraus, daß die erste Denkschrift das Testament behandelt, ist nicht zu folgern, daß diese Seite des Erbrechts die wichtigere sei. Im Gegenteil geht der

66 Ebd., S. 653. Heymann verschwieg nicht Rabels führende Rolle bei dem Projekt und die Beteiligung der inzwischen aus ›rassischen‹ Gründen ausgeschiedenen Institutsmitarbeiter Eckstein und Rheinstein, S. 650 f.

67 Ebd., S. 653.

68 Zur Durchsetzung des Gemeinschaftsgedankens im Schuldrecht vgl. Stolleis, Gemeinschaft 1972/1994, S. 103 f.

69 Hedemann, Rezension zu Heinrich Lange 1938/1939, S. 323; mit Bezug auf Lange, Ordnung 1938.

Nationalsozialismus, wie seine berühmte Sondergesetzgebung für die rund 70.000 Erbhöfe zeigt (Gesetz vom 29. September 1933, RGBl. I 685) von der Familie als entscheidender Grundzelle alles völkischen Lebens aus und deshalb steht auch die gesetzliche Erbfolgeordnung für ihn an der Spitze. Bei diesen Erbhöfen ist überhaupt das Testamentsrecht ganz ausgeschaltet. Doch das ist als Ausnahme gedacht. Einen kurzen Augenblick lang haben sich einige wenige Stimmen dafür ausgesprochen, daß das Testament für das ganze Volk beseitigt oder wenigstens alle Testamente unter eine behördliche Ausnahmebewilligung gestellt werden sollten. Die Gründe, die gegen ein solches System sprechen, werden in der Langeschen Denkschrift klar und ruhig dargestellt. Besonders gewinnend der Satz: ›Gesetzliche und gewillkürte Erbfolge sollen nicht Feind, sondern Freund sein‹.«[70]

Langes Ansichten zur gesetzlichen Erbfolge schlugen, Hedemann zufolge, die Brücke zu »lebendigen Volksempfindungen« in der vererbenden und erbenden »Volksgemeinschaft«:

»Bei der Auseinandersetzung über dieses schwierigste Stück des Erbrechts hat im Ausschuß der Akademie zunächst eine konstruktive Frage im Vordergrund gestanden, die aber rasch genug über die Konstruktion hinweg zu lebendigen Volksempfindungen führt. Es standen sich die Figuren des ›Pflichtteilsrechts‹ und des ›materiellen Noterbrechts‹ gegenüber. [...] Welche von beiden Anschauungen ist die richtige? Professor Lange hat den Satz an die Spitze gestellt: ›Das Pflichtteilsrecht ist nicht schlechthin individualistisch, das materielle Noterbrecht nicht schlechthin nationalsozialistisch‹.«[71]

Hedemann hielt den Langeschen »Reichtum von wirklichen Lebensfragen und zugleich von juristischen Denkmöglichkeiten und -formen«[72] für vorbildlich: »Sie verdienen auch im Ausland gründliche Beachtung als Vergleichsmaßstab für das dort bestehende Erbrecht oder als Prüfungsmaßstab bei etwaiger Reform.«[73] Hier zeigte sich eine Umkehrung der Perspektive: der Autor in dem führenden Organ der Rechtsvergleichung und des IPR gewann seine Maßstäbe nicht mehr durch funktionalen Vergleich,[74] sondern empfahl »im Ausland« nationales Recht als Maßstab

70 Hedemann, Rezension zu Heinrich Lange 1938/1939, S. 323.
71 Ebd., S. 324.
72 Ebd., S. 325.
73 Ebd.
74 Davon ebenfalls weit entfernt und für den Professionalisierungsrückschritt in der Rechtsvergleichung nach 1937 charakteristisch Erbe, Gegenstand 1942, S. 225: »Jed-

aller Dinge.[75] Was rechtsvergleichende Perspektiven im nationalsozialistischen Sinn sein konnten, demonstrierte Erich Molitor, Ordinarius in Greifswald, in der Besprechung einer Darstellung des faschistischen Agrarrechts, an der er rechtsvergleichende Bemerkungen zur Herausstellung der Strukturgleichheit von faschistischer und nationalsozialistischer Agrargesetzgebungspolitik[76] vermißte:

> »Das ist insofern begründet, als das Landwirtschaftsrecht sich fast ohne jede allgemeine Grundlage in den verschiedenen Ländern aus den Bedürfnissen der Praxis heraus entwickelt hat und überdies auch auf die besonderen agrarwirtschaftlichen Verhältnisse der einzelnen Länder Rücksicht nehmen muß, die schon zwischen Deutschland und Italien nicht nur in klimatischer, sondern auch in der überlieferten bodenrechtlichen Beziehung stark von einander abweichen. Um so auffälliger ist es, daß bei allen Abweichungen im einzelnen doch gewisse Grundgedanken, wie die Zusammenfassung des landwirtschaftlichen Betriebs und die Immobilisierung des Zubehörs in beiden Ländern in gleicher Weise neuerdings beherrschend hervortreten. Im italienischen Recht bestehen dabei insofern größere Schwierigkeiten, als sehr häufig die Landwirte nicht Eigentümer, sondern Pächter usw. sind. Ein Erbhofrecht im deutschen Sinne wäre in Italien unmöglich. Andererseits treten dadurch, daß das italienische Recht nicht nur die vom Eigentümer selbst bewirtschafteten Landwirtschaftsbetriebe in seine besondere Regelung einbezieht, die unternehmensrechtlichen Grundlagen stärker hervor, wie ja auch im deutschen Recht die besondere An-

wede Rechtsidee kann voll verstanden werden nur im Lichte ihrer geographischen, klimatischen, sozialen, wirtschaftlichen, politischen und rassischen Umgebung, kurz: in ihrer Interdependenz. Recht ist ›Kulturerscheinung‹ (Joseph Kohler), nicht Äußerliches und Zufälliges. Recht ruht in den Wurzeln der Volksseele und entspricht dem kulturentwickelnden Drange, der die Völker durchzieht, mag es nun bewußt und planmäßig oder intuitiv und tastend gestaltet sein.«

75 Ganz anders argumentierte der 1878 geborene Hamburger Internationalprivatrechtler Leo Raape, der in einer Rezension die »völkische« Überformung des Rechtsanwendungsrechts kritisierte, vgl. Raape, Rezension zu Fritz Reu 1938/1939, S. 325 f.

76 Charakteristisch Herschel, Rechtliche Bedeutung 1942, S. 169: »Innere Verbundenheit mit der Scholle seiner Sippe ist nicht bloß eine tatsächliche Eigenschaft der Bauern, sondern auch ein Umstand von rechtlicher Bedeutung. Über diesen Grundsatz ist man sich einig, aber man streitet über seine Tragweite, insbesondere darüber, ob die Schollenverbundenheit lediglich Voraussetzung der Bauernfähigkeit oder ob sie neben der Bauernfähigkeit selbständige Voraussetzung der Erbhofeigenschaft sei.« Vgl. dazu vor allem Dölle, Lehrbuch des Reicherhofrechts 1935.

erbenfolge, von der das Erbhofrecht seinen Namen erhalten hat, nicht das Wesentliche, sondern nur eine Folge der strengen Durchführung der Betriebseinheit ist, die eine Mehrheit von Unternehmen nicht verträgt.«[77]

1.2 Privatrechtliche Flankierung »großdeutscher Großraumwirtschaft« 1940-1942

In dem 13. Band der Institutszeitschrift von 1940/1941 referierte Kurt Günther, Assistent am Institut, über »Das Privatrecht in Dänemark«[78] und damit über den nationalsozialistisch erwünschten »nordischen Raum«, dem in dieser Ausgabe auch ein Schwerpunkt der Länderberichterstattung galt. Wiederum hob Heymann die Kriegswichtigkeit des Beitrags in einem Vorwort hervor: »Die Veröffentlichung der nachstehenden übersichtlichen Darstellung des dänischen Zivilrechts erfolgt im Zuge derjenigen Unternehmungen, mit denen das Institut seine besondere Aufmerksamkeit auf die durch Kriegsvorgänge und Gebietsbesetzungen beeinflußten Teile des Zivil- und Handelsrechts richtet.«[79] Nach der Besetzung Dänemarks am 9. April 1940 folgte die facheinschlägige Berichterstattung in dem Organ mit der KWG-Minerva im Titelblatt wiederum auf dem Fuße. Unter anderem hob Günther in dem Abschnitt über Familienrecht die eugenische Vorbildfunktion der dänischen Gesetzgebung hervor:

> »Bemerkenswert ist, daß Geisteskranke, Geistesschwache, gewisse Psychopathen und chronische Trinker nach § 10 [des dänischen Gesetzes über die Eingehung und Auflösung der Ehe Nr. 276 vom 30. Juni 1922, R.-U. K.] nur mit Genehmigung des Justizministeriums heiraten dürfen. Das gleiche gilt für bestimmte Epileptiker. Die Erlaubnis darf nur dann erteilt werden, wenn es mit Rücksicht auf die Art des Leidens sowie unter Berücksichtigung der Gefahr für die Nachkommenschaft und anderer Umstände tragbar erscheint, daß die Ehe eingegangen wird. Die Genehmigung kann seit der Novelle von 1938 davon abhängig gemacht werden, daß der Betreffende vorher nach den gesetzlichen Bestimmungen unfruchtbar gemacht wird. Damit hat Dänemark entschlossen den schon seit 1929 beschrittenen Weg zur Verhütung erbkranken Nachwuchses fortgesetzt. Die Vorschriften über die Unfrucht-

77 Molitor, Rezension zu Giovanni Carrara 1938/1939, S. 666.
78 Vgl. Günther, Privatrecht in Dänemark 1940/1941.
79 Heymann in einem Vorwort zu Günther, Privatrecht in Dänemark 1940/1941, S. 122.

barmachung, auf die hier verwiesen wird, sind in dem Gesetz Nr. 176 vom 11. Mai 1935 über Sterilisation und Kastration enthalten.«[80]

Einen deutlichen nationalsozialistischen Gestaltungswillen wies der Artikel »Rechtsvergleichende Betrachtungen zur Personenrechtsreform« des Referenten und Anwaltsassessors Gerhard Luther[81] auf.[82] Luthers Argumentation setzte konsequent das um, was Wolfgang Siebert als »Auflockerung und Umbruch von Begriffen und Lehren, die wegen ihres abstrakt-normativistischen Gehalts dem Eindringen des Gemeinschaftsgedankens und der auf ihm beruhenden konkreten Ordnungen hindernd im Wege stehen«,[83] schon 1933 eingefordert hatte.

Der Beitrag beruhte auf einem ausgearbeiteten Vortrag, den Luther »im Auftrage des Instituts« auf der in Weimar vom 3. bis 5. Oktober 1940 abgehaltenen Tagung des Personenrechtsausschusses der Akademie für Deutsches Recht gehalten hat.[84] Nach einem Überblick zur Stellung und Lösung des Rechtsfähigkeitsproblems, u. a. im schweizerischen, italienischen und ungarischen Personenrecht, kam Luther zum rechtspolitischen Kern des nationalsozialistischen universalrassistischen Personenrechts:

> »Diese Betrachtungen lassen die Zweifel erkennen, ob und inwieweit der Begriff der Rechtsfähigkeit in seiner herkömmlichen Auslegung in

80 Günther, Privatrecht in Dänemark 1940/1941, S. 125.

81 Geboren 1912, nach 1945 Professor und Wissenschaftliches Mitglied am Hamburger MPI für ausländisches und internationales Privatrecht.

82 Luthers strukturorientierte Argumentation zeichnete sich durch ein ausgeprägtes Gespür für machtrelevante Fragen aus. In der Besprechung einer Darstellung des faschistischen Staats- und Wirtschaftsaufbaus wies er nach einer einleitenden Charakterisierung des heterogenen, teils syndikalistische Elemente integrierenden faschistischen Korporativismus darauf hin, daß »die immer stärker werdende Initiative des Staates [...] vielfach die Elastizität der Korporationen in ihrer heutigen Form [übersteigt, ...]. Gerade die verstärkte Umstellung auf die Kriegswirtschaft und das Autarkieprogramm ließen in verschiedenen Wirtschaftszweigen den Rahmen der Korporation als zu eng empfinden. Neue Organe wurden geschaffen [...]. Diese Organe handeln in eigener Vollmacht in einem Arbeitsrahmen, der weit über den der Korporationen hinausgeht. Hier zeigt sich ein Zwiespalt zwischen der Einhaltung des alten korporativen Ideals als Vermittlungsorgan zwischen Arbeitnehmer und Arbeitgeber und den Aufgaben von Instituten, die durch staatlichen Befehl zum Zwecke der Erhöhung der Produktion geschaffen werden und bei denen die Wahrung des Arbeitgeber- und Arbeitnehmerinteresses mit Rücksicht auf die allgemeine Staatswohlfahrt zurücktreten muß«, Luther, Rezension zu Helmut Vollweiler, 1940/1941, S. 292; vgl. Petersen (Hg.), Faschismus 1998.

83 Siebert, Wesen der Rechtsfähigkeit 1935, S. 713, zitiert in Stolleis, Gemeinschaft 1972/1994, S. 102, Anm. 25.

84 Luther, Rechtsvergleichende Betrachtungen 1940/1941, S. 371, Anm. 1.

das neue Volksgesetzbuch paßt. Denn das VGB wird in erster Linie für den *deutschen* Menschen geschrieben und der nichtdeutsche Mensch muß sich in vielen Beziehungen anders behandeln lassen. Man wird daher ernsthaft prüfen müssen, ob ein Ausspruch, daß alle Menschen die gleichen Fähigkeiten haben, Träger von im Gesetz verankerten Rechten und Pflichten zu sein, angebracht erscheint. Denn in Wahrheit besteht diese Fähigkeit doch nur sehr eingeschränkt. Schon die Zugehörigkeit zu einer bestimmten Rasse bringt in zahlreichen Ländern, z. B. Deutschland, Italien, Frankreich, Ungarn, Rumänien, Slowakei u. a. erhebliche Beschränkungen mit sich.«[85]

In der Rubrik »Mitteilungen« veröffentlichte Luther im gleichen Band ein Referat über »Die Neugestaltung des italienischen Privat- und Wirtschaftsrechts«,[86] das er im Auftrag des Instituts in der Sitzung des Hauptausschusses der Akademie für Deutsches Recht am 26. Mai 1941 in München gehalten hatte. Luther hatte hier argumentativ mit ideologisch pikanten Problemen in der Darstellung des neuen faschistischen Rechts zu kämpfen, einmal mit der französisch-napoleonischen Struktur des italienischen *Codice Civile* von 1865, dann mit der italienischen Anhänglichkeit an das römische Recht. Beides abzulehnen, ohne die ›weltanschauliche‹ Zuverlässigkeit des ›Achsenpartners‹ in Frage zu stellen, war eine rhetorische Herausforderung:

> »Das [der französische Einfluß im Codice Civile, R.-U. K.] erklärt, daß der faschistische Gesetzgeber zwangsläufig zu einer Reform des Gesetzbuchs, das auf restloser innerer Anerkennung der liberté, fraternité et égalité beruhte, kommen mußte. Es erklärt aber auch, daß die durchgeführten Reformen dem deutschen Rechtswahrer, der innerlich heute dem römischen Recht doch ferner steht als die Italiener, durchweg recht maßvoll erscheinen. Das ist keineswegs verwunderlich; denn sowohl im Code civil als auch in seinem italienischen Nachfolger lebte das in Wissenschaft und Praxis weiter entwickelte römische Recht fort. Jenes römische Recht, das die Jahrhunderte über in Italien geherrscht hatte, stets neu belebt und bearbeitet von bekannten Rechtsgelehrten und berühmten Juristenschulen.«[87]

85 Ebd., S. 375. Im folgenden zu dem im nationalsozialistischen Sinn wünschenswerten Entwurf des Volksgesetzbuches zur »Geschäftsreife«, S. 381 f. Hervorhebung im Original.

86 Vgl. Luther, Neugestaltung 1940/1941; ferner auch Luther, Neuordnung 1988.

87 Luther, Neugestaltung 1940/1941, S. 638. Luther behalf sich auf S. 639 mit einer Unterscheidung zwischen »dem überlieferten bodenständigen römischen Recht« und seinen verwestlichten Ablegern.

Das Verhältnis von Politik, Recht und Revolution fand Luther hingegen im Faschismus vorbildlich:

»Dem Geiste des faschistischen Weltbilds entsprach es, alsbald nach der innen- und außenpolitischen Festigung des Staates auch an eine Revision der gesamten Gesetzgebung zu gehen, um die Rechtsetzung mit den politischen Grundsätzen in Einklang zu bringen. [...] Sollte man Politik und Recht getrennt halten und sich auf eine technische und formelle Revision der althergebrachten Rechtsbegriffe beschränken? In seiner Rede vom 31. Januar 1940 ›Tradizione e Rivoluzione nei Codici Mussoliniani‹ hat der italienische Justizminister [Dino] Grandi[88] eine solche Haltung scharf verurteilt. Nach seiner Überzeugung können Politik und Recht nicht voneinander getrennt werden. Die Politik ist – um seine Worte zu gebrauchen – das Leben des Rechts. Das Recht seinerseits gibt der Politik die Sicherheit, die Einheit und die Kraft. Und in der Tat gibt es ja wohl kaum eine große Revolution, die sich nicht die Aufgabe gestellt hat, ihr Recht mit der neuen politischen, wirtschaftlichen, sozialen Ordnung und dem unter neuen Perspektiven stehenden Rechtsbewußtsein in Einklang zu bringen.«[89]

Das »artgemäße« italienische Recht der faschistischen Revolution durfte dann auch als Ausdruck römischer »völkischer« Identität einen Bezug zum »echten«, zum »unverdorbenen« römischen Recht pflegen:

»So ist das römische Recht des Code civil etwas anderes als das der deutschen Pandektenwissenschaft oder die im deutschen BGB enthaltenen römisch-rechtlichen Sätze. Aber – so hat der italienische Justizminister in seiner Rede vor dem Duce ausgeführt: – ›weder das eine noch das andere kann sicherlich das römische Recht sein, wie wir Faschisten und modernen Italiener des 20. Jahrhunderts es fühlen und verstehen und wie es die ruhmreiche italienische Rechtswissenschaft besonders in den letzten Jahrzehnten in seinen klassischen Formen wiederhergestellt hat. Es ist für uns das römisch-italische Recht, d. h. das lebende Recht des autoritären, hierarchischen, ausdehnungsbedürftigen römischen Staates, das Recht der menschlichen Vernunft und daher allumfassend‹.«[90]

88 Vgl. Nello, Dino Grandi 1987; ferner Dresler, Ausbau 1941; Messina, Natur 1941.
89 Luther, Neugestaltung 1940/1941, S. 639.
90 Ebd., S. 639 f.

Im Rezensionsteil des 13. Jahrgangs der Institutszeitschrift war Direktor Heymann deutlich präsent.[91] Wie ein roter Faden zogen sich seine nationalsozialistischen Bekenntnisse durch den Band. Die Neubearbeitung und -auflage des »BGB-Kommentars der Reichsgerichtsräte«[92] gestaltete Heymann als kurzen Abriß nationalsozialistischer Rechtspolitik und Rechtsgeschichte:

> »Schon die Auflage von 1934 hatte es unternommen, nach der Machtergreifung die Gedanken von Treu und Glauben und Billigkeit besonders scharf herauszuarbeiten und hatte sich mit Recht darauf berufen, daß sie schon vorher die Billigkeit und den Gemeinschaftsgedanken besonders gepflegt hatte. Jetzt ist es in weitgehendem Umfange unternommen worden, den nationalsozialistischen Gedankengängen im Wege der Analogie und der Lückenausfüllung überall nachzugehen und zugleich ist die neue umfangreiche Gesetzgebung eingefügt. Das Nähere sieht man aus der umfangreichen Einleitung [Adolf] Lobes, der auch die historischen Grundlinien zu ziehen sucht, insbesondere der Entwicklung des germanischen Rechtsdenkens im Kampfe mit dem römischen Recht nachgeht.«[93]

Besonders nützlich, so Heymann, sei »das große, von unendlichem Fleiß getragene Werk der Reichsgerichtsräte« vor allem auch »in den neuen Landesteilen«: die Reichsgerichtsrechtsprechung in Zivilsachen bedeute »eine wertvolle Schatzkammer«.[94]

In der Besprechung einer Geschichte der dänischen Rechtswissenschaft[95] blickte Ernst Heymann in die gemeinsame germanische Vergangenheit und gemeinsame »nordische« Zukunft: »Überall zeigt sich der enge Zusammenhang mit der deutschen Rechtswissenschaft, viele hochangesehene dänische Juristen haben bei deutschen Lehrern gehört und sind von ihnen beeinflußt, die Probleme der zivilrechtlichen, strafrechtlichen und rechtshistorischen Dogmatik kehren wieder und spiegeln sich in den Gedankengängen eines trotz starker romanistischer Einflüsse doch germanisch-rechtlichen Geisteslebens.«[96]

91 In der ZIPR 13, 1940/1941 insgesamt siebzig Buchbesprechungen, davon sieben in ideologischer Hinsicht exponiert, acht Rezensionen von Heymann.

92 Vgl. Das Bürgerliche Gesetzbuch 1939.

93 Heymann, Rezension zum Bürgerlichen Gesetzbuch 1940/1941, S. 273.

94 Ebd., S. 274.

95 Vgl. Dahl, Geschichte der dänischen Rechtswissenschaft 1940.

96 Heymann, Rezension zu Frantz Dahl 1940/1941, S. 976.

Heymanns zunehmende publizistisch-ideologische Hemmungslosigkeit mündete auch in einen Bruch mit akademischen Gepflogenheiten.[97] Statt einer angemessenen Danksagung oder, gegebenenfalls, Diskussion einzelner Thesen, würdigte er die ihm gewidmete Festschrift zum 70. Geburtstag[98] auf nicht weniger als 13 Seiten. In freundlicher Ausführlichkeit faßte Heymann einen Großteil der Festschrift-Beiträge zusammen, wobei er über die im juristischen Sinn altgermanistischen Themen mit besonderer Wärme schrieb:

> »In fesselnder Weise leitet der Verfasser,[99] frühere Darlegungen auf Grund neuer eigener Funde und neueren Schrifttums verstärkend und zum Teil auch berichtigend, die Friedelehe aus der freien Stellung der germanischen Mädchen (Kiltgang u. a.) ab und zeigt, wie sie als vollgültige Ehe in Gebrauch war, und zwar gerade auch bei den Vornehmsten, indem er damit auch die von zeitgenössischen klerikalen Schriftstellern verbreiteten Legenden über die angebliche Unsittlichkeit am Hofe Karls des Großen und anderer Karolinger zerstört.«[100]

Hedemanns Würdigung seiner kriegswirtschaftlichen Arbeiten aus dem Ersten Weltkrieg[101] nahm Heymann zum Anlaß, die Kontinuität zwischen den Weltkriegen[102] im Hinblick auf die eigene juristische Arbeit und ihren nationalsozialistischen Wert zu betonen:

97 Vgl. Heymann, Rezension zur Festschrift Ernst Heymann 1940/1941.

98 Vgl. die Festschrift Ernst Heymann zum 70. Geburtstag 1940.

99 Vgl. Meyer, Ehe und Eheauffassung 1940.

100 Heymann, Rezension zur Festschrift Ernst Heymann 1940/1941, S. 261. Den konstruierten Charakter der »völkischen« »Germanischen Rechtsgeschichte« verriet beispielsweise Erbe, Gegenstand 1942, S. 201: »Vorgegeben ist die Substanz weiter für die ›Germanische Rechtsgeschichte‹, die sich zur Auswertung ihres ausgedehnten Materials des Mittels der Rechtsvergleichung bedient. Zur Feststellung, ob ein Rechtssatz germanisch ist, genügt es ja nicht, daß er in irgendeiner germanischen Quelle gefunden wird: schon im ältesten der schwedischen Rechte treffen wir bekanntlich auf kanonisches Recht. Daher wird oft erst die Möglichkeit der Anknüpfung an mehrere Quellen ein sicheres Urteil erlauben. Für die Erfüllung der Aufgabe, germanisches Recht zur Darstellung zu bringen, ist es gleichgültig, ob sich gleiche oder ähnliche Rechtssätze auch in nichtgermanischen Rechten vorfinden; die notwendige Rechtsvergleichung beschränkt sich daher hier auf die Völker germanischer Rasse.«

101 Vgl. Hedemann, Wert der Studien 1940.

102 Ebd., S. 45 f.: »Die Berührung dieses so verstandenen Begriffs der ›Gerechtigkeit‹ und ›Angemessenheit‹ mit dem ›öffentlichen Wohl‹ bei den Erörterungen der Lohnfrage [...] führt uns dann dicht an die Schwelle der heutigen Bestrebungen heran, den Menschen vor allem anderen als Glied seiner Volksgemeinschaft zu betrachten. Und damit schließt sich der Ring dieser historischen Wanderung.

»Wenn ich dabei mit gebotener Zurückhaltung alles das als Ergebnis freundschaftlich-herzlicher Gesinnung abstreiche, was er [Hedemann, R.-U. K.] Lobendes über diese meine Arbeiten und insbesondere über mein Buch vom Recht der militärischen Kriegswirtschaft (1921)[103] sagt, so bleibt doch jedenfalls übrig, daß hier der sehr interessante Versuch unternommen wurde, zu zeigen, wie sich damals im Weltkriege die Gedanken vorbereitet haben und zum Bewußtsein kamen, welche das heutige nationalsozialistische Wirtschaftsrecht und damit zugleich das Wirtschaftsrecht des gegenwärtigen Krieges von 1939/40 beherrschen. [...] So ist das damals Dargestellte und Erlebte in der Tat als eine historische Vorstufe für unser deutsches Wirtschaftsrecht zu betrachten, das soeben Hedemann in seinem hervorragenden Buche: ›Deutsches Wirtschaftsrecht‹ (1939)[104] in geradezu künstlerisch-genialer Weise zum ersten Male durchgreifend gegliedert hat, so daß durch ihn ein Rahmen für die verwirrende Fülle Tausender und Abertausender von Rechtssätzen geschaffen ist, der verhütet, daß der rechtsschaffende [sic!] Geist in dieser Fülle erstickt [...].«[105]

Im folgenden lieferte Heymann, der die antiliberale Kontinuität seiner Argumentation bereits in Kategorien »neuester Rechtsgeschichte«[106] verstanden sah, mit Bezug auf Hedemann eine Stichwortliste »front-« und »volksgemeinschaftlichen« Denkens.[107]

Gemäß Heymanns völkisch-nationaler Interpretation der deutschen Zeitgeschichte – zu der die »rechtsphilosophischen« Aphorismen seines Berliner Fakultätskollegen Carl August Emge[108] in der Festschrift gut paßten[109] – gingen die Erfahrungen der »Weltkriegs«-Zeit im Nationalsozialismus als Erfüllung deutscher Geschichte auf:

> Das Antlitz der Geschichte blickt uns an. Es stellt den Staat und die Wirtschaft und das Recht vor uns hin als Erscheinungen, die ewigem Wechsel unterworfen sind. Aber es lähmt uns nicht, sondern ruft uns auf, mitzuwirken in die Zukunft hinein, jeder an seinem Platz. Vom großen ›Opfer unserer Kämpfer‹ hat Ernst Heymann damals auf den ersten Seiten seines Buches über die Rechtsformen der militärischen Kriegswirtschaft gesprochen. Der deutsche Gelehrte, der deutsche Rechtswahrer werden [sic!] werden bemüht sein, sich dieses Opfers auch in den neuen schweren Stunden der Jahre 1939/40 würdig zu erweisen.«

103 Vgl. Heymann, Rechtsfragen 1921.
104 Vgl. Hedemann, Deutsches Wirtschaftsrecht 1939.
105 Heymann, Rezension zur Festschrift Ernst Heymann, S. 267 f.
106 Ebd., S. 268.
107 Ebd.
108 Vgl. von Lösch, Geist 1999, S. 159 f. Emge und Heymann waren befreundet.
109 Vgl. Emge, Aus einem rechtsphilosophischen Journal 1940, S. 47: »Nicht wir begreifen im Recht, sondern das Ganze uns – schließlich durch den Griff der

»Wenn hier der Inhalt so eingehend skizziert wird, so geschieht es, weil die Rechtsgestaltung von 1914-1918 heute in der Tat sich erst voll entfaltet hat, und weil wir heute auf Grund der für das ganze Volk durchgedrungenen Gesamtanschauung bewußt das weiterpflegen, was damals als nationales Gut im furchtbaren Drange jener Kriegszeit geboren, teils schon weiter entwickelt wurde. Das wertvolle Gut aber der Vergangenheit lebt oft weiter; darauf beruht der Hauptwert, der Trost und der Stolz jeder geschichtlichen Betrachtung. Und was damals – zum Teil noch chaotisch – gewonnen wurde, ist bei uns, namentlich seit 1933 genutzt worden, während die westlichen Staaten die, wie ich damals zeigen konnte, ähnliche, wenn auch keineswegs gleichartige Einrichtungen im Drange der damaligen Kriegszeit schufen, in der Folgezeit offensichtlich nicht die freilich manchmal schweren Konsequenzen zu ziehen verstanden haben. Aber unsere wirtschaftsrechtlichen Leitgedanken werden nicht nur weiter ausgebaut werden, sondern sich gewiß die Welt erobern.«[110]

Hier schloß – inhaltlich und stilistisch – Hedemann mit einer Selbstanzeige des von Heymann so freundlich erwähnten »Deutschen Wirtschaftsrechts«[111] an:[112] er rühmte das »Gemeinschaftsleben« des Volkes im Staat und den »Vorrang des Staates« in allen Wirtschaftsfragen:

»Dieses Buch will einem neuen, mit elementarer Gewalt aufsteigenden Rechtsgebiet den Boden bereiten. Vor dem Weltkrieg 1914/18 gab es noch kein ›Wirtschaftsrecht‹. [...] Jetzt ist die Erkenntnis dessen da.

Gewalt.« Ebd., S. 48: »Die Rechtswissenschaft kann als Versuch angesehen werden, das Kryptogramm der Gewalt so zu entziffern, daß diese wenigstens dem Geiste erträglich wird.« Ebd., S. 53: »Manches sieht wie Recht aus und ist doch nur eine Ordnung für ›tote Seelen‹.« Ebd., S. 54: »Die Wirklichkeit des Rechts ist und bleibt hart. Es zeugt von Falschheit, sie in das Niemandsland zwischen Lächeln und Tränen versetzen zu wollen.« Ebd., S. 66: »Es ist paradox, daß die Pointe jeder Revolution das Recht des positiven Juristen sein muß.« Zu Emge siehe auch den Beleg bei Stolleis, Gemeinschaft 1972/1994, S. 100, Anm. 23. Ähnlich edel-nationalsozialistisch die Interpretation von Kants Rechtsphilosophie bei Swoboda, Rechtsbegriff der Persönlichkeit 1940, S. 70 f.

110 Heymann, Rezension zur Festschrift Ernst Heymann, S. 268 f. Tatsächlich formulierte Heymann hier für sein Forschungsgebiet eben diejenige Kontinuität zwischen den beiden deutschen »Griffen nach der Weltmacht«, die der Historiker Fritz Fischer Ende der 1950er Jahre zusammenhängend untersuchte, zusammenfassend Fischer, Hitler 1989/1992.

111 Vgl. Hedemann, Deutsches Wirtschaftsrecht 1939.

112 Vgl. ebd., Selbstanzeige hierzu in der ZIPR 13, 1940/41, S. 278-280, besonders S. 278.

Und sie verbreitet sich mehr und mehr. Nicht nur in Deutschland, sondern in den verschiedensten Ländern der Welt beginnt man zu empfinden, daß das geniale Vordringen der Industrie nicht mit den schmalen Reifen des längst bekannten ›Patentrechts‹ eingefangen werden kann, daß die ganz neuen Erscheinungen der Wirtschaftsorganisation, die etwa unter dem Kennwort der Autarkie umlaufen, nicht auf dem Boden des alten ›Handelsrechts‹ festgehalten werden können, daß die immer mehr erstarkende Einflußnahme des Staates auf das Wirtschaftstreiben sich nicht mit den schulmäßigen Formeln des ›Verwaltungsrechts‹ meistern läßt, daß man den gleichfalls völlig neuen Erscheinungen der Agrarwirtschaft, insbesondere der Ernährungswirtschaft, nicht mit den alten Figuren des ›Privateigentums‹ endgültig beikommen kann [...].«[113]

Im folgenden benannte Hedemann klar die von Heymann geteilten Prämissen seines »Deutschen Wirtschaftsrechts«:

»Es werden Staat und Wirtschaft einander gegenübergestellt, und anschließend wird der klare Vorrang des Staates (sein ›Primat‹) herausgearbeitet. Daran schließt sich das Phänomen der ›Planung‹, das bekanntlich wiederum bei allen führenden Staaten und Völkern im vollen Gange ist. Sobald dann solche Planung in die Tat umgesetzt, also praktiziert wird, schiebt sich mehr und mehr der juristische Stoff in den Vordergrund, vor den politischen Stoff und vor die wirtschaftlichen Theorien.«[114]

Daß »der große neue Krieg [...] zu einer noch strafferen Erfassung aller Wirtschaftszweige unter dem ›Primat‹ des Staates geführt hat,«[115] lag für Hedemann in der Logik der wirtschaftsrechtlichen Entwicklung. Bemerkenswert an den Fällen Hedemann und Heymann ist die Unbedingtheit ihres Bedürfnisses, sich im nationalsozialistischen Staat und insbesondere im nationalsozialistischen Krieg als unabkömmliche Gelehrte zu erweisen, die – in schon fast grotesker Verkennung des Desinteresses nationalsozialistischer Herrschaftsträger an solchen Bemühungen[116] – den Nationalsozialismus in die nationale Tradition einzuordnen versuchen.

Heymann war bemüht, dort, wo sich der Stoff einer entschieden nationalsozialistischen Formierung entzog, wenigstens »rhetorische Akzent-

113 Ebd., S. 278.
114 Ebd., S. 279.
115 Ebd., S. 280.
116 Vgl. beispielsweise Stolleis, Recht im Unrecht 1981/1994, S. 7-12.

verschiebungen«[117] durchzusetzen, so beispielsweise die vergleichende Darstellungen des Aktienrechts in einen ideologischen Kontext einzuordnen. An einer Arbeit zum Aktienrecht in Deutschland und England[118] hob er hervor, daß sie

> »einen guten Überblick über die Verschiedenheiten des gesetzlichen Aufbaus [gebe] und [...] sich [bemühe], diese Verschiedenheiten aus der verschiedenen wirtschaftlichen und weltanschaulichen Auffassung in den beiden Ländern allenthalben zu erklären: im deutschen Recht seit alter Zeit, mit Ausnahme der Gründer-Periode von 1870-1884, straffe Bindung im Dienste der Volksgemeinschaft, in diesem Sinne besonders ausgebaut im Gesetz von 1937 – in England liberalistisches laissez-faire, freilich durch tatsächliche vorsichtige Übung gemildert; [...].«[119]

Einen scharf völkisch-nationalsozialistischen Ton schlug Carl von Schilling, vormals Professor in Riga, in seiner Rezension von Burchard von Klots Darstellung des lettischen Zivilgesetzbuches vom 28. Januar 1937 an.[120] Die Herausforderung, zwischen Nationalsozialismus und baltischem Sonderbewußtsein zu vermitteln, setzte er in ein idealtypisches völkisches Panoramabild um, dessen charakteristisch »außerreichsdeutsche« Färbung einer Mentalität Ausdruck gab, der Hitlers Herrschaft bereits die politische Existenzmöglichkeit entzogen hatte.

> »Während die Arbeiten an den ›Einzeldarstellungen‹ im Gang waren, kam der Tag der Schicksalswende für den Baltenstamm. Der Führer berief die Balten ins Reich zurück. Der Abschied konnte nicht leicht fallen. Es galt die Heimat aufzugeben, die die Altvordern einst mit hohem Bluteinsatz dem Deutschen Reich gewannen. Sie gaben dem Lande seine Eigenart, die durch keine Fremdherrschaft mehr unterdrückt werden konnte. Heute noch zeigt das Land dem, der Augen hat zu sehen, deutlich das Gepräge deutscher Arbeit und deutschen Wesens. In Domen und Schlössern, Rats-, Gilden- und Patrizierhäusern, Dorfkirchen, Krügen und Bauernhöfen. Aber auch tiefer verankert in Religion und Recht, Brauchtum und Sitte, Wissenschaft und Wirtschaft, die vor dem Weltkrieg zu hoher Blüte gediehen war. Aus dem Nichts war ein Kolonisationswerk geschaffen, dem England und Frankreich

117 Stolleis, Gemeinschaft 1972/1994, S. 104.
118 Vgl. Seydelmann, Gestaltung des Aktienrechts 1940.
119 Heymann, Rezension zu Carl Seydelmann 1940/1941, S. 698.
120 Vgl. von Klot, Lettlands Zivilgesetzbuch 1940.

nichts an die Seite zu stellen haben. Primitive Eingeborene waren dem Christentum und abendländischer Kultur zugewandt und im Laufe der Jahrhunderte in harter Arbeit zu tüchtigen Landarbeitern erzogen worden. Und immer wieder, zuletzt 1919 nach dem Weltkrieg, ist die völkische Existenz des Lettentums durch deutsche Kriegerfäuste gerettet worden.«[121]

Heymanns Tätigkeitsbericht für 1940/1941 hob die inhaltlichen, personellen und materiellen Aspekte der Kriegswichtigkeit so hervor, daß der Eindruck entstehen konnte, hier sei von einer militärisch-logistischen Zentralbehörde die Rede: der Berichterstatter Heymann sprach von der im Institut betriebenen »Kriegswissenschaft«[122] und seiner »Gefolgschaft«,[123] vor allem aber von den Auswirkungen des Krieges auf die Tätigkeit des KWI für ausländisches und internationales Privatrecht:

»Die wissenschaftlichen Forschungen und die praktischen Arbeiten des Instituts standen im Rechnungsjahr 1940 (1. April 1940 bis 31. März 1941) völlig im Zeichen des europäischen Krieges, von dessen Ent-

121 Von Schilling, Rezension zu Burchard von Klot 1940/1941, S. 293 f., weiter heißt es dort: »Als nach dem Zusammenbruch des Zarenreichs und nachher auch Deutschlands England es für seine Interessen für vorteilhaft erachtete, die Letten zu alleinigen Nutznießern all des Geschaffenen zu machen und ihnen einen eigenen national-lettischen Staat zu errichten, da begann dieser Staat unverzüglich einen Vernichtungsfeldzug gegen alles Deutsche im Lande. Der erste Schritt war die Enteignung von über 3 Millionen Hektar deutschen Grundbesitzes. [...] Wo aber der Boden verloren ist, da ist das Blut in Gefahr. Es drohte Verstädterung und Überfremdung. Alles Ringen ging nun dahin, das Blut rein zu erhalten und der Jugend eine deutsche Zukunft zu sichern. So war der Ruf des Führers allen Deutschen eine Erlösung. Ein reiches Erbe blieb zurück. Aber immer noch stattlich war auch die dem Reich zugebrachte Mitgift an Gut und Blut.«

122 Ernst Heymann, Jahresbericht 1940/1941, S. 2, MPG-Archiv, Abt. II, Rep. 1 A, Institutsbetreuerakten, Privatrecht 10, 1935-1955.

123 Ebd., S. 8. Zur »Betriebsgemeinschaft« vgl. Stolleis, Gemeinschaft 1972/1994, S. 105 f. Charakteristisch auch Siebert, Entwicklung 1942, S. 160: »Die Entwicklung des Lehrlingsrechts in Deutschland nach 1933 vollzieht sich als Ergebnis bestimmter nationalsozialistischer Grundgedanken zur Berufserziehung. Wegen der persönlichkeits- und gemeinschaftsbildenden Kraft der Arbeit ist jede fachliche Ausbildung oder Anleitung Jugendlicher notwendigerweise Erziehung, und zwar Berufserziehung, da der Jugendliche in der erlernten Arbeit einen Lebensinhalt und eine seiner volksgenössischen Pflicht und seiner persönlichen Eignung entsprechende Aufgabe, d. h. also einen Beruf, erblicken soll.« Ebd., S. 181: »Das Wesen des Lehrverhältnisses besteht darin, daß der Lehrer in Erfüllung einer Gemeinschaftspflicht dem jugendlichen Volksgenossen die Ausbildung und Erziehung vermittelt, die diesen zu einem vollwertigen und einsatzfähigen Glied im Arbeitsleben unseres Volkes macht.«

wicklung die dem Institut übertragenen Aufgaben in mancher Hinsicht geleitet und neu gestaltet wurden. Entsprechend den in den Machtbereich Deutschlands gelangenden Staats- und Wirtschaftsgebieten von Dänemark und Norwegen, der Niederlande, Belgiens und des großen Teiles von Frankreich erfuhren die kontinentaleuropäischen Rechtsordnungen über ihre bisher erfolgte Beobachtung hinaus eine nunmehr durch die Bedürfnisse der Reichsbehörden und Wirtschaftsstellen noch gesteigerte Bearbeitung. [...] Die innere Forschungsorganisation des Instituts[124] [...] hat sich hierbei in vollem Umfange bewährt; sie erwies sich den besonderen Zeiterfordernissen gegenüber äußerst arbeitsfähig und fruchtbar. Wenn dem Institut auch manche völlig neue Aufgabe zufiel, so erledigte es einen weiteren Teil der nunmehr praktischen Notwendigkeiten an Hand des reichen ihm seit jeher zur Verfügung stehenden Rechtsmaterials und im Anschluß an seine langjährigen internationalen Erfahrungen. Die Bewältigung des in vielen Fällen nur zeitlich bedingten Arbeitsstoffes geschah der wissenschaftlichen Funktion des Instituts getreu im Wege der reinen Rechtsarbeit.«[125]

Heymann sah »angesichts der politischen Entwicklung, die dem Institut eine Fülle schwierigster internationaler Rechtsarbeit aufgegeben hat«,[126] die Entwicklung des Instituts durch fünf Aufgabenbereiche bestimmt: an erster Stelle sah er immer noch die »reine Rechtsforschung«. Das war ein weiter Begriff, unter den alles gefaßt werden konnte, was im Institut außer unmittelbar kriegswichtiger Dienstleistungs- und Auftragswissenschaft betrieben wurde. Tatsächlich war es der einzige Arbeitsbereich, der die Organisation rechtswissenschaftlicher Grundlagenforschung unter dem Dach der KWG rechtfertigte. Und selbst im Hinblick auf diesen Sektor wies Heymann darauf hin, daß die Auskunftstätigkeit für die »Reichsbehörden und Wirtschaftsstellen«, außerdem die »Parteistellen«, im Zweifelsfall absolute Priorität besaß. An zweiter Stelle nannte der Direktor dann den kriegswichtigen Dienstleistungsbereich selbst: die Verfügbarmachung und Aufarbeitung von ausländischen Gesetzen und Materialien sowie ausländischer Rechtsprechung. Die dritte Hauptaufgabe sah Heymann in der Mitwirkung in Fragen des internationalen Kriegsprivat-

124 Gemeint ist die Organisation nach Länderabteilungen und den ihnen zugeordneten Referenten, aus der durch den Kriegsverlauf eine Zuständigkeit für bestimmte Teile des nationalsozialistisch besetzten Europas geworden war.

125 Ernst Heymann, Jahresbericht 1940/1941, S. 1, MPG-Archiv, Abt. II, Rep. 1 A, Institutsbetreuer-Akten, Privatrecht 10, 1935-1955.

126 Ebd., S. 7.

rechts. Darunter fiel u. a. die Erfassung des in Deutschland befindlichen ausländischen Vermögens feindlicher Staaten. Der vierte Punkt betraf die fachwissenschaftlich-organisatorische Hilfestellung des Privatrechtsinstituts bei der nationalsozialistischen Besetzung Europas: »Das Institut stellte [...] seine Rechtskenntnisse und seine praktischen Erfahrungen bei den erfolgten Gebietsbesetzungen bereit.«[127] An letzter Stelle erwähnte Heymann die publizistischen Aktivitäten in der Institutszeitschrift und der Monographienreihe zum Zweck der Sichtung des »gesamten Rechtstoff[es] des auch im Kriege aufrecht erhaltenen Handels- und Wirtschafsverkehrs mit dem befreundeten und neutralen Ausland unter den auch hier zu einem Teil wirksam werdenden Kriegseinflüssen und seinen besonderen juristischen Begebenheiten«.[128]

Im Dezember 1941, wenige Monate nach dem Überfall auf die Sowjetunion, stellte die »Zeitschrift für ausländisches und internationales Privatrecht« die Themen »Großraum« und »Großraumrecht«[129] für die »Großraumwirtschaft«[130] in den Mittelpunkt und berichtete ausführlich

127 Ebd., S. 3.

128 Ebd.

129 Vgl. Frank, Internationale Rechtskammer 1941, S. 137 f.: »Jedes Volk baut sich aber diese [›artgerechte‹, R.-U. K.] Ordnung aus eigenem Bedürfnis nach eigenen Notwendigkeiten auf. Nichts liegt gerade uns Nationalsozialisten ferner, als etwa die Form des Staates, die uns zu unserem großen Glück und Segen der ewige Herrgott durch unseren Führer geschickt hat, Ihnen irgendwie aufzuzwingen, vorschreiben oder auch nur besonders empfehlen zu wollen. Hier wird jedes Volk auf seine Fasson selig werden. Freilich wird es auf die Dauer nicht möglich sein, daß sich hier in unserer Völkergemeinschaft Spannungen auftun aus gegenseitigen Mißverständnissen. Ihre Arbeit [gerichtet an die Gründungsmitglieder der ›Internationalen Rechtskammer‹ unter Franks Vorsitz am 5.4.1941 in Berlin, R.-U. K.] soll zeigen, daß unser Ideal niemand vergewaltigen will, daß wir nicht entnationalisieren wollen, daß wir nicht den Frieden der einzelnen Völker stören wollen, sondern daß die kommende Ordnung Europas unter Deutschlands und Italiens Führung und unter Spaniens stärkster Mitwirkung, und die Ordnung Asiens unter Japans Führung die Gerechtigkeit auf der Welt entstehen läßt, ob es den müden Plutokraten gefällt oder nicht.«

130 Vgl. Hedemann, Großraum als Problem 1941; aufschlußreich auch die u. a. von dem SS-Ideologen Werner Best herausgegebene Zeitschrift »Reich, Volksordnung, Lebensraum. Zeitschrift für völkische Verfassung und Verwaltung«, vor allem Bd. 1, 1941 bis Bd. 4, 1943; dazu die Rezension in der Zeitschrift der Akademie für Deutsches Recht 10, 1943, S. 238 f.: die Zeitschrift »stellt dabei die drei wichtigsten Voraussetzungen für die Entfaltung deutschen völkischen Lebens in den Vordergrund: das Reich ›als das Ziel allen deutschen Strebens‹, das der Führer unter der tätigen Mitwirkung aller willigen Deutschen zur Erfüllung bringt, die Volksordnung, bestimmt durch eine in der Volksgemeinschaft wurzelnde starke Führung, und den Lebensraum des deutschen Volkes, in welchem dessen

über den Rechtsaufbau im »Ostraum«[131] sowie die Abwicklung des sowjetischen Rechts hinter der Front.[132] Passend dazu erschien in der Ausgabe von 1940/1941[133] der ausführliche Überblicksartikel »Das Privat- und Wirtschaftsrecht der Sowjetunion« »im Auftrag des Instituts« von A. N. Makarov, einleitend im Hinblick auf die Kriegswichtigkeit kommentiert von Heymann.[134]

1.3 Der letzte Kriegsjahrgang der Institutszeitschrift 1942. Schlegelbergers Konzept eines nationalsozialistischen Personen- und Familienrechts für den deutschen »Großraum«

Die 14. Ausgabe der Institutszeitschrift von 1942 wurde von der Berliner Rechts- und Staatswissenschaftlichen Fakultät sowie vom KWI für ausländisches und internationales Privatrecht ihrem Mitherausgeber Heinrich Titze (1872-1945)[135] als Festschrift zum 70. Geburtstag am 23. Oktober 1942 gewidmet. Sie war eine deutlich reduzierte Kriegsausgabe von nur etwas mehr als dreihundert Seiten – im Vergleich zu den bisher üblichen ungefähr tausend Seiten, obwohl schon seit 1938 Jahres-Doppelbände erschienen.

Zusammenleben mit den übrigen Völkern dieses Raumes durch eine völkische Großraumordnung den Wirklichkeiten und den Bedürfnissen des Lebens entsprechend geregelt werden muß.«

131 Charakteristisch Graf Schwerin von Krosigk, Reichsfinanzwirtschaft 1942.

132 Chronik, Nr. 12, Dezember 1941, S. 65 ff., MPG-Archiv, Abt. I, Rep. 37, Nr. 1-4. Zur Genese dieser Denktraditionen vgl. Elvert, Mitteleuropa! 1999; zur neuen Aktualität des Mitteleuropa-Begriffs jetzt Schmidt, Wiedergeburt 2001.

133 Von 13 »Abhandlungen« in dieser Ausgabe enthielten zwei einen klaren ideologischen Bezug oder kriegswichtige Perspektiven. Nach wie vor beschäftigte sich die Mehrheit der z. T. langen Beiträge mit weitgehend politikfernen Themen, so beispielsweise der Athener Professor und Rechtsanwalt Perdikas, Überseekaufrecht 1940/1941. Der Beitrag von Riezler, Stellung des Richters 1940/1941, hat, abgesehen von der Beschäftigung mit der Rechtsordnung des »Achsen«-Verbündeten, referierenden Charakter und betont u. a. die strikte Bindung des Richters an das faschistische Gesetz.

134 Vgl. Makarov, Privat- und Wirtschaftsrecht 1940/1941, bietet sogar eine Art kleine Wirtschaftsgeschichte der UdSSR von der Revolution über die »Neue Ökonomische Politik« bis zur totalitären Industrialisierungspolitik Stalins.

135 Heinrich Titze (1872-1945), Studium der Rechtswissenschaft in Heidelberg, Berlin und Leipzig, Promotion 1897 in Berlin, Habilitation 1900 in Göttingen, außerordentlicher Professor in Göttingen 1902, ordentlicher Professor in Göttingen 1908, 1917 ordentlicher Professor in Frankfurt am Main, 1918 Rektor der Frankfurter Universität, 1923 ordentlicher Professor in Berlin, Wissenschaftliches Mitglied des KWI für ausländisches und internationales Privatrecht, zur Biographie vgl. Heymann, Heinrich Titze 1942. Heymann sprach Titze auf S. VIII als »Arbeitskameraden« an und wünschte ihm weitere Produktivität »vor allem für seine

Der Band enthielt acht Beiträge, keine Länderberichte, Mitteilungen und Rezensionen. Der erste Beitrag von Franz Schlegelberger[136] mit dem Titel »Wege und Ziele des deutschen internationalen, interterritorialen und interpersonalen[137] Familienrechts«[138] steht in seiner ideologischen Radikalität isoliert in der Geschichte der Zeitschrift und des Instituts. Schlegelberger führte detailliert aus, wie im völkischen Utopia des nationalsozialistischen Personenverbands- und Gefolgschaftsstaats[139] das Personen- und Familienrecht zum Instrument der Errichtung eines rassistischen »großdeutschen« Rechtssystems ausgebaut werden sollte.[140] An dessen Spitze standen vollrechtsfähige »arische Volksgenossen« und Inhaber der Reichstaatsbürgerschaft, unter ihnen in verschiedenen Stufen der Abhängigkeit und Rechtsfähigkeit die »Schutzbefohlenen«, die Nicht-Reichsbürger und die Nicht-»Arier«.[141] »Legt man,« so hat Bernd Rüthers derartige Juridifizierungen des Rassismus beschrieben, »im Sinne des Nationalsozialismus die rassische und völkische Bedingtheit jeder personalen Rechtsstellung zugrunde, so tritt an die Stelle der traditionell gleichen Personenhaftigkeit jedes Menschen nach konkret-allgemeiner Entfaltung des Personenbegriffs die konkrete, durch seine Gliederung bedingte Rechtsfähigkeit des Volksgenossen«.[142]

Zunächst holte Schlegelberger zur Einordnung seines rechtspolitischen Programms zu einem rechtsgeschichtlich-deduktiven Rückblick auf das 19. Jahrhundert aus.[143] Vor der Einführung eines einheitlichen internationalen Privatrechts am 1. Januar 1900 habe die Gesetzgebungskompetenz jedes deutschen Bundesstaates sich nicht nur auf das materielle Recht, sondern auch auf das Kollisionsrecht erstreckt. Dementsprechend seien materielles Recht und internationales Privatrecht fern aller Standardisierung vielgestaltig und uneinheitlich gewesen: im Deutschen Reich galten nebeneinander ein gemeinrechtliches, landrechtliches, ein rheinisches, badisches, sächsisches internationales Privatrecht, selbst innerhalb einiger Bundesstaaten, z. B. in Preußen und Bayern, gab es mehrere Privatrechts-

weitere Arbeit im Dienste unserer Wissenschaft: noch weit hinein in die Jahre des siegreichen Friedens!« Weiterhin von Lösch, Geist 1999, S. 383-385.

136 Vgl. Nathans, Franz Schlegelberger 1990, S. 69 ff.

137 Zum Begriff Wolff, Internationales Privatrecht 1933, S. 3.

138 Vgl. Schlegelberger, Wege und Ziele 1942.

139 Vgl. beispielsweise Mallmann, Idee und Ordnung 1942.

140 Vgl. auch Gosewinkel, Einbürgern und Ausschließen 2001.

141 Vgl. Rüthers, Auslegung 1987, S. 323-334.

142 Ebd., S. 334.

143 Vgl. Gosewinkel, Citizenship and Nationhood 1995.

ordnungen.[144] Dann kam Schlegelberger zu der im Hinblick auf die »völkischen« Gestaltungsspielräume im Bereich des Personen- und Familienrechts zentralen Frage, »ob das Personalstatut einer Person durch ihren Wohnsitz bestimmt wird oder durch ihre Staatsangehörigkeit, ob die lex domicilii oder die lex patriae [...] bestimmend sein soll«.[145] Schlegelberger erklärte es als eine Erscheinung des »Zeitalter[s] des Nationalismus«,[146] daß sich im 19. Jahrhundert, ausgehend von Frankreich und dem *Code Civil*, das Staatsangehörigkeitsprinzip gegenüber dem Domizilprinzip europaweit mit Ausnahme Englands, Dänemarks, Norwegens und Rußlands durchgesetzt hatte. Dadurch, so Schlegelberger weiter, gelte in einem wesentlichen Bereich des IPR innerhalb des gegenwärtigen »großdeutschen« Herrschaftsraums in Kontinentaleuropa bereits strukturell gleiches Recht. Vor diesem Hintergrund entfaltete Schlegelberger knapp sein nationalsozialistisches Programm der Rechtsgestaltung:

> »Es ist nicht schwer, vorauszusagen, wohin die künftige Entwicklung führen wird. Im Großdeutschen Reich ist diese Entwicklung durch die nationalsozialistische Weltanschauung klar bestimmt. Der deutsche Staatsangehörige deutschen oder artverwandten Blutes soll nach dem im Reichsbürgergesetz verlautbarten Willen des Führers Reichsbürger werden, falls er sich nicht im Einzelfall der Verleihung des Reichsbürgerrechts unwürdig erweist. Durch die Verleihung des Reichsbürgerrechts wird der junge Deutsche aufs engste mit seinem Staat und Volk verbunden. Es muß nach dem Willen des Führers eine größere Ehre sein, als Straßenfeger Bürger dieses [Deutschen] Reiches zu sein, als König in einem fremden Staate (›Mein Kampf‹ S. 491). Den Gesetzen des Staates muß der Deutsche unterworfen sein, wo immer er sich bewegt; allüberall in der Welt muß er seinem Heimatstaat verbunden bleiben. Im ganz besonderen Maß muß diese Verbindung bestehen auf den Rechtsgebieten, die für uns heute die wichtigsten sind, auf den Gebieten des Personen- und Familienrechts. Nur das deutsche Recht kann darüber bestimmen, ob und mit wem ein Deutscher die Ehe eingehen kann, unter welchen Voraussetzungen die Ehe eines Deutschen gelöst werden darf, wie das Rechtsverhältnis zwischen den deutschen Eltern und ihren Kindern zu gestalten ist, welche Rechtsbeziehungen zwischen

144 Vgl. Schlegelberger, Wege und Ziele 1942, S. 1; zum problemgeschichtlichen Rahmen für das 19. Jahrhundert Coing, Allgemeine Züge 1982, S. 3-16.

145 Schlegelberger, Wege und Ziele 1942, S. 1.

146 Ebd.

147 Ebd., S. 2 f.

deutschen Ehegatten untereinander bestehen sollen usw., und zwar ohne Rücksicht darauf, ob der Deutsche im Reiche oder ob er im Auslande lebt. Das bedeutet aber die Beibehaltung des Staatsangehörigkeitsprinzips.«[147]

Im folgenden listete Schlegelberger auf, durch welche zwischenstaatlichen Absprachen wie z. B. im deutsch-slowakischen Abkommen über die gegenseitige Anerkennung von familienrechtlichen Entscheidungen und von Todeserklärungen vom 21. April 1941,[148] das Reich die internationalen personen- und familienrechtlichen Verhältnisse bereits auf dieser Grundlage geregelt hatte. Der ›positiven‹ und exklusiven Gestaltung des nationalsozialistischen Personen- und Familienrechts für die »Volksgenossen« entsprach die Anerkennung des Heimatrechts der Ausländer, gleichsam als Ausdruck eines »völkischen« Internationalismus:

> »Wenn die deutsche Rechtsordnung die Forderung aufstellt, daß auf dem Gebiete des Personen- und Familienrechts der deutsche Staatsangehörige nach seinem deutschen Heimatrecht beurteilt werden muß, so wird das Deutsche Reich im umgekehrten Fall auch Gegenrecht halten. Es wird bereit sein, auf den fremden Staatsangehörigen sein heimatliches Recht anzuwenden, wie dies auch heute grundsätzlich der Fall ist. Diese Bereitwilligkeit entspricht auch unserer grundsätzlichen Überzeugung, daß gerade auf dem Gebiete des Personen- und Familienrechts die Schaffung eines arteigenen Rechts für jedes Volk ein Segen ist, und daß das deutsche Personen- und Familienrecht keinem Ausländer aufgezwungen werden soll, wenn nicht der Heimatstaat des Ausländers dies wünscht. [...] So wenig vom deutschen Standpunkt aus etwas dagegen zu erinnern ist, daß jedes Volk sich sein eigenes, ihm artgemäßes Recht schafft, so sehr wäre es andererseits zu begrüßen, wenn die Kollisionsnormen aller Staaten, wenigstens die der europäischen Staaten, übereinstimmen würden. Denn nur dann lassen sich unlösbare Konflikte der verschiedenen Rechtsordnungen vermeiden.«[149]

Handlungsbedarf sah Schlegelberger vor allem bei den Kollisionsnormen des Eherechts, die »im kommenden Europa unter der Führung des Deutschen Reichs und des verbündeten Königsreichs Italien«[150] nun angeglichen werden könnten. Daß vollständige Rechtseinheit auch nur in

148 RGBl. 1941 II, S. 451.
149 Schlegelberger, Wege und Ziele 1942, S. 4.
150 Ebd.

einem Rechtsgebiet kein Ziel nationalsozialistischer Rechtspolitik war, machte Schlegelberger durch den Verweis auf die Notwendigkeit einseitiger Kollisionsnormen des IPR, »die im Interesse der deutschen Frau oder des deutschen Kindes erlassen sind,«[151] deutlich. Konflikte mit anderen Rechtsordnungen seien unvermeidlich, allgemeine Rechtseinheit sei nicht nur illusionär, sondern widerspreche zutiefst dem »völkischen« Prinzip: »Dieses Ziel [Rechtseinheit, R.-U. K.] wird aber niemals erreicht werden. Es ist aber auch nicht erstrebenswert, da dann kein Volk mehr sein arteigenes Personen- und Familienrecht besitzen dürfte.«[152]

Mit einer weiteren rechtsgeschichtlichen Wendung kam Schlegelberger dann zum »interlokalen« und »interterritorialen« Privatrecht.[153] Im Reich sei nach 1900 die Vereinheitlichung der Rechtsordnung soweit abgeschlossen gewesen, daß für interlokales Privatrecht kein Raum mehr bestanden habe – im Unterschied zu Staaten wie Polen und Jugoslawien nach 1918, in denen mehrere Rechtsordnungen nebeneinander galten. Der deutsche Rechtszustand vor 1900 diente Schlegelberger zur Charakterisierung der Situation von 1942:

> »Erst in unseren Tagen ist die Wissenschaft des interlokalen Privatrechts wieder zu Ehren gelangt. In der Geburtsstunde des Großdeutschen Reichs ist auch das interlokale Privatrecht wieder zum Leben erwacht. Dem Deutschen Reich wurden seit dem Jahre 1938 Gebietsteile eingegliedert und angegliedert, in denen nicht das Recht des deutschen Bürgerlichen Gesetzbuchs, sondern eine andere Rechtsordnung galt. Das Deutsche Reich hatte plötzlich wieder Territorien verschiedenen Rechts und hieraus mußten Konflikte entstehen, die nur mit Hilfe von interlokalen Rechtsnormen gelöst werden konnten. Interlokale Rechtsnormen in Gesetzesform bestanden aber nicht und bestehen auch heute nur in ganz geringem Umfange. Rechtsprechung und Gesetzgebung stehen vor einer recht schwierigen Aufgabe.«[154]

151 Ebd., S. 5.

152 Ebd.

153 Zur Abgrenzung von IPR und interlokalem Recht ebd., S. 7 f.: »Sowohl im internationalen wie im interlokalen Privatrecht handelt es sich darum, den Anwendungsbereich der in einem Gebiet geltenden Sachnormen von den in einem anderen Gebiet geltenden Sachnormen abzugrenzen. Nur gehören die Gebiete, wenn eine internationalrechtliche Betrachtung Platz greift, zu verschiedenen Staaten, während sie im anderen Falle nur Teile eines Staates sind.« Ferner Wolff, Internationales Privatrecht 1933, S. 91-95, § 18a.

154 Schlegelberger, Wege und Ziele 1942, S. 6.

Schlegelberger führte eine Reihe von Leitfragen zum interlokalen Privatrecht an, deren Beantwortung im »großdeutschen« Rahmen nun anstand:

> »Gibt es überhaupt ein deutsches zentrales interlokales Privatrecht, oder herrscht im Deutschen Reich auf diesem Gebiet nur partikulares Recht? Kraft positiver Gesetzesnormen gilt zentrales Interlokalrecht auf dem Gebiete des Erbrechts nach Maßgabe der Verordnung über den Anwendungsbereich erbrechtlicher Vorschriften vom 12.12.1941 (RGBl. I, S. 765). Muß man, wenn solche Sonderregelungen für bestimmte Sachgebiete fehlen, aus der Tatsache, daß in den neu eingegliederten Gebietsteilen das dort vor der Eingliederung geltende Recht in Kraft geblieben ist, schließen, daß auch die interlokalen Kollisionsnormen dieses Rechts in jenen Gebieten weitergelten? Oder besteht – wenn auch ungeschrieben – ein einheitliches, zentrales interlokales Recht und welche Normen gelten in diesem zentralen interlokalen Recht?«[155]

Seit der Einführung der Durchführungs- und Ergänzungsbestimmungen zum Ehegesetz vom 15.10.1941[156] sei eine weitgehende Vereinheitlichung der interlokalen Kollisionsnormen erfolgt, so daß von einem zentralen interlokalen Personen- und Familienrecht gesprochen werden könne. Da dem einheitlichen deutschen internationalen Personen- und Familienrecht das Staatsangehörigkeitsprinzip zugrunde liege, stelle sich die Frage, ob das auch für das interlokale Personen- und Familienrecht gelte. Träfe das zu, »würden auf einen früher österreichischen Staatsangehörigen die Sachnormen des österreichischen Personen- und Familienrechts anzuwenden sein, auf einen früher tschechoslowakischen Staatsangehörigen die Sachnormen des tschechoslowakischen Rechts«.[157] In anderen Staaten, so Schlegelberger, in deren internationaler Privatrechtsordnung das Staatsangehörigkeitsprinzip gelte, habe man zur Verhinderung einer »›Verewigung‹ der früheren Landeszugehörigkeit«[158] und mit Rücksicht auf die Einheit der Rechtsordnung im interlokalen Privatrecht das Wohnsitzprinzip anerkannt. Die Anwendung des Wohnsitzprinzips führe jedoch aus nationalsozialistischer Sicht keineswegs zu wünschenswerten Ergebnissen:

> »Die Geburt des Großdeutschen Reiches fällt in eine Zeit der Rechtserneuerung größten Ausmaßes. Auf einigen Gebieten des Personen-

155 Ebd., S. 9.

156 RGBl. I., S. 654; zur nationalsozialistischen Kommentierung der strafrechtlichen Seite vgl. beispielsweise Kohlrausch, Strafbarkeit 1941.

157 Schlegelberger, Wege und Ziele 1942, S. 8.

158 Ebd., S. 9.

> und Familienrechts war die Rechtserneuerung zum Teil schon mehr oder weniger weit fortgeschritten, als die Eingliederung neuer Gebietsteile in das Deutsche Reich erfolgte. In den eingegliederten Gebieten ist das neue Recht teilweise bereits eingeführt, es gilt aber auch in weitem Umfange noch das alte, vor der Eingliederung in Geltung gewesene Recht. Verlegt eine Person ihren Wohnsitz aus dem alten Reichsgebiet in einen neuen Gebietsteil, so würde die Anwendung des Domizilprinzips dazu führen, daß für die persönlichen Rechtsbeziehungen dieser Person nicht mehr – wie vor der Verlegung des Wohnsitzes – das neugeschaffene nationalsozialistische Recht maßgebend wäre, sondern das erneuerungsbedürftige Recht des neuen Gebietsteils.«[159]

Schlegelberger leitete aus der rechtsgeschichtlichen Entwicklung: hohe Bedeutung des interlokalen Privatrechts vor 1900, Bedeutungslosigkeit zwischen 1900 und der Entstehung des »Großdeutschen Reiches«, Wiederbelebung des interlokalen Privatrechts im »Großdeutschen Reich« mit Tendenz zur Vereinheitlichung, die Prognose ab, daß das interlokale Privatrecht dauerhaft wieder an Bedeutung verlieren werde:

> »Die Rechtserneuerung, die nach dem Kriege kraftvoll vorwärts getrieben werden wird, wird sich grundsätzlich auf alle Gebiete des Großdeutschen Reiches gleichmäßig erstrecken. Territorial voneinander abgegrenzte Rechtsnormen werden entbehrlich sein. In dem *einen* Deutschen Reich wird nur *ein* Recht gelten. Neben dem deutschen Recht ist kein Raum für ein besonderes österreichisches, sudetendeutsches, böhmisches, mährisches Recht usw.«[160]

Die Implementierung des nationalsozialistischen Universalrassismus trat in Schlegelbergers Definition des interpersonalen Privatrechts zutage: während die internationalen Kollisionsnormen den Auslandsbezug von Rechtsgeschäften und die interlokalen Normen das »großdeutsche« Nebeneinander mehrerer Rechtsordnungen innerhalb eines Staates regelten, sei das interpersonale Privatrecht mit der abgestuften Rechtsstellung verschiedener Rechtsträger befaßt:[161]

159 Ebd., S. 10.

160 Ebd., S. 11, Hervorhebung im Original.

161 Vgl. dazu auch Stuckart, Staatsangehörigkeit 1941, S. 236: »In den eingegl. Ostgebieten wurde die Regelung der StA Verhältnisse durch zwei Momente kompliziert. Einmal bestand von vornherein Klarheit darüber, daß die Fremdvölkischen keine deutschen Staatsangehörigen werden, sondern in ein anderes staatsrechtl. Verhältnis zum Deutschen Reich treten sollten; es blieb aber zunächst offen, wie die sich aus deutschen und slawischen Elementen zusammensetzende Misch-

»Nun können aber in demselben Staatsgebiet mehrere Rechtsordnungen auch dergestalt nebeneinander gelten, daß jede Rechtsordnung nicht ein bestimmtes Gebiet, sondern einen bestimmten Personenkreis dieses Staates umfaßt. Die verschiedenen Rechtsordnungen gelten in demselben Gebiet oder in allen Gebieten des Staates gleichzeitig und nebeneinander, aber für bestimmte verschiedene Personengruppen. In solchem Falle sind interpersonalrechtliche Vorschriften erforderlich, um die Anwendung der verschiedenen Rechtsordnungen voneinander abzugrenzen.«[162]

Schlegelberger sah für diese interpersonalrechtlichen Regelungen zwei große Vorbilder: die verschiedenen Eherechtsordnungen für die Angehörigen verschiedener Religionen bzw. Konfessionen sowie im Kolonialrecht: »Für die verschiedenen Rassen, die Eingeborenen und die Weißen, gilt verschiedenes Recht, und die sich hieraus ergebenden Konflikte werden durch das interpersonale Privatrecht des in Betracht kommenden Staates gelöst.«[163] Warum die Schaffung interpersonalen Rechts aufgrund der »innerkolonialen« Situation des »Großdeutschen Reiches« dringlich sei, führte Schlegelberger plastisch aus:

»Ungezählte fremde Volkszugehörige leben aber im Großdeutschen Raum, die nicht Angehörige eines fremden Staates sind. In der Hauptsache handelt es sich zur Zeit um tschechische und polnische Volkszugehörige, die heute Angehörige des Protektorates Böhmen und Mähren oder Schutzangehörige des Deutschen Reiches sind, aber auch andere Volksgruppen (z. B. Russen, Slowenen usw.) leben im Deutschen Reich und werden hier auch nach dem Kriege weiterleben, ohne daß sie die deutsche Staatsangehörigkeit besitzen. Es widerspricht der deutschen Auffassung, auf alle im deutschen Raum lebenden Menschen, ohne Rücksicht auf ihre Volkszugehörigkeit, ein gleiches Personen- und Fa-

bevölkerung mit slawischer Haussprache, z. B. Kaschuben, Masuren, oberschlesische Zwischenschicht (sog. Wasserpolen und Schlonsaken), zu behandeln sei. Weiter mußte der Tatsache Rechnung getragen werden, daß nicht alle deutschstämmigen Personen gleichmäßig behandelt werden konnten. Wer sich als aktiver Volkstumskämpfer für das Deutschtum eingesetzt hatte oder sich – auch ohne aktive Beteiligung am Volkstumskampf – doch sein Deutschtum unstreitig bewahrt hatte, konnte eine unterschiedliche Behandlung gegenüber dem erwarten, der mehr oder weniger enge Bindungen zu einem fremden Volkstum, insbesondere dem Polentum, eingegangen oder sogar als Renegat in das fremdvölkische Lager übergegangen war.«

162 Schlegelberger, Wege und Ziele 1942, S. 12.

163 Ebd., S. 13.

> milienrecht zur Anwendung zu bringen; denn die Menschen, die diesem gleichen Recht unterstellt werden müßten, sind nicht artgleich. Das deutsche Recht des Bürgerlichen Gesetzbuchs und insbesondere das seit 1933 neugestaltete Personen- und Familienrecht ist ein dem deutschen Menschen artgemäßes Recht; es eignet sich nicht zur Anwendung auf fremde Volkszugehörige, jedenfalls dann nicht, wenn ein Aufgehen dieser fremden Volkszugehörigen im deutschen Volk unerwünscht ist. Für diese fremden Volkszugehörigen wird also entweder das Recht, das bisher für sie galt, in Geltung zu lassen oder es wird ein neues, ihnen artgemäßes Recht zu schaffen sein.«[164]

Daraus ergab sich der Leitsatz: »Ebenso wie im internationalen Privatrecht das Staatsangehörigkeitsprinzip anerkannt ist, so wäre im interpersonalen Privatrecht das Volkstumszugehörigkeitsprinzip anzuerkennen.«[165] Die wichtigsten rechtspolitischen Aufgaben der Zeit sah Schlegelberger daher in der Schaffung eines interlokalen »großdeutschen« Übergangs- und eines interpersonalen Privatrechts.[166] Dies entsprach den nationalsozialistischen Hauptzielen »Raum« und »Rasse«. Das interlokale Privatrecht sollte der Befestigung nationalsozialistischer Herrschaft über Kontinentaleuropa, das interpersonale Privatrecht der Durchsetzung des nationalsozialistischen Rasseprimats dienen.[167]

Schlegelbergers Beitrag ist ein charakteristisches Dokument der nationalsozialistischen Polykratie. Im Ämter- und Instanzenchaos des NS-

164 Ebd., S. 13 f.; Stuckart, Staatsangehörigkeit 1941, S. 237: »Eine gerechte Behandlung der Deutschen wurde dadurch erreicht, daß eine Deutsche Volksliste (DVL) eingerichtet wurde, die in vier Abteilungen zerfällt, in welche die einzelnen Deutschen, aber auch die Angehörigen der Mischbevölkerung, nicht jedoch die wiedereindeutschbaren Fremdvölkischen, eingeordnet wurden (§ 1 Abs. 1 d. VO). Die Personen, die die Voraussetzungen für die Eintragung in die Abteilungen 1 oder 2 erfüllen, sind deutsche Staatsangehörige geworden und werden Reichsbürger; die in Abt. 3 Eingetragenen erlangen die deutsche StA durch Einbürgerung, ohne vorläufig das Reichsbürgerrecht zu erwerben, während die in Abt. 4 Eingetragenen durch Einbürgerung nur deutsche Staatsangehörige auf Widerruf werden. Die Eintragung ist vom Besitz der poln. oder Danziger Staatsangehörigkeit im Zeitpunkt der Eingliederung der Ostgebiete und Danzigs in das Deutsche Reich – 26.10.1939 und 1.9.1939 – abhängig.«

165 Schlegelberger, Wege und Ziele 1942, S. 15.

166 Zwei Anwendungsbeispiele: Besselmann, Deutsches interlokales Ehescheidungsrecht 1941; Besselmann, Die örtliche Zuständigkeit 1944.

167 Vgl. Hubernagel, Das interlokale und interpersonale Privatrecht 1942 und die Rezension der Redaktion in der Zeitschrift für die Akademie für Deutsches Recht 19, 1943, S. 30 f.

Staates resultierte aus der Beteiligung am Wettbewerb um die radikalsten Lösungen durch konzeptionelle Mitgestaltung im Kernbereich nationalsozialistischer Programmatik und Herrschaft, des universalen Rassismus, ein Zuwachs an Herrschaftsteilhabe und persönlicher Macht. Schlegelbergers Konzeption muß vor dem Hintergrund der nationalsozialistischen Herrschaftspraxis vor allem im Generalgouvernement gesehen werden, das die SS von Anfang an als Exerzierfeld nationalsozialistischer Rasse- und Vernichtungspolitik nutzte.[168] Wohl schon gegen Ende 1939 hatte der »Reichsführer SS«, Heinrich Himmler, »einige Gedanken über die Behandlung der Fremdvölkischen im Osten«[169] niedergeschrieben, die ein klares Genozid-Programm darstellten. Zur Umsetzung dieses Rahmenplans wurde für Himmler bis Mitte 1941 der »Generalplan Ost«[170] erstellt, dessen endgültige Fassung vom Mai 1942 datiert: der Plan entwickelte konkrete Vorschläge für die »rechtliche, wirtschaftliche und räumliche Grundlagen des Ostaufbaus«. Autor war der SS-Standartenführer und Agrarwissenschaftler Konrad Meyer. Er projektierte die Eindeutschung durch Bevölkerungstransfer über sogenannte »Siedlungsstützpunkte« in dem zuvor durch Umsiedlung, Versklavung oder physische Vernichtung ethnisch zu bereinigenden Ostraum.[171] Seit dem 4. Dezember 1941 galt das Sonderstrafrecht in Polen, das zu den exemplarischen juristischen Instrumenten des nationalsozialistischen Besatzungsterrors und der Vernichtung gehörte. Schlegelbergers Versuch der juristischen Formfindung für eine radikal auf dem Prinzip rassistisch begründeter Ungleichheit beruhende Herrschaft blieb hinter der in der Praxis einer rechtsfreien und absolut außerrechtlichen mörderischen Realität zumal im Generalgouvernement[172] und insbesondere in der Sowjetunion[173] zurück.[174] Ein bemerkenswerter Unterschied zwischen den technokratischen Genozid-Planungen im Umfeld Himmlers, die nur einer überschaubaren Gruppe von NS-Spitzenfunktionären und Herrschaftsträgern bekannt wurden, und Schlegelbergers Text ist dessen Öffentlichkeit, der durch eine dem Anspruch nach

168 Vgl. Kosmala, Generalgouvernement 1997; grundlegend immer noch Broszat, Nationalsozialistische Polenpolitik 1961.

169 Denkschrift Himmlers zur Behandlung der Fremdvölkischen im Osten (Mai 1940), in: Vierteljahrshefte für Zeitgeschichte 5, 1957, S. 194-198.

170 Vgl. Rössler/Schleiermacher (Hg.), Generalplan Ost 1993; Benz, Generalplan Ost 1990. Das Original wird im Münchner Institut für Zeitgeschichte aufbewahrt.

171 Vgl. Benz, Generalplan Ost 1997.

172 Vgl. Longerich, Politik der Vernichtung 1998, S. 249-252.

173 Vgl. Dallin, Deutsche Herrschaft in Rußland 1958.

174 Vgl. Aly/Heim, Vordenker der Vernichtung 1991; Tillitzki, Vordenker der Vernichtung? 2001.

immer noch internationale fachwissenschaftliche Zeitschrift des IPR der Weltöffentlichkeit die Ziele nationalsozialistischer »Rassepolitik« im Ostraum präsentierte. Daß dies unter dem Symbol der Minerva in die Welt ging, ist wohl der deutlichste Tiefpunkt in der Geschichte des Privatrechtsinstituts.

2 »Totaler Krieg« und die Auslagerung des KWI für ausländisches und internationales Privatrecht nach Tübingen 1943-1945

1943 übernahm Ernst Heymann nach dem Tod von Viktor Bruns[175] kommissarisch die Leitung des KWI für ausländisches öffentliches Recht und Völkerrecht sowie an dessen Stelle auch den Vorsitz der Geisteswissenschaftlichen Sektion in der KWG. Heymann selbst spürte nun die Folgen des »totalen Krieges«:[176] er wurde im August 1943 in Berlin-Lichterfelde ausgebombt und verlor seinen gesamten persönlichen Besitz, darunter seine Bibliothek und alle privat aufbewahrten wissenschaftlichen Unterlagen und Aufzeichnungen. Er zog, wie er an die Generalverwaltung der KWG schrieb, zunächst zu seinem Sohn nach Wittenberg.[177] Heymanns private Aufzeichnungen aus dem Krieg zeigen das Bild eines zutiefst verstörten, aus seinen Gewohnheiten und Gewißheiten gerissenen Wissenschaftlers, der sich, zwischen Wittenberg und Berlin pendelnd, ein Minimum an Alltagsnormalität in der Realität des »totalen Krieges« zu erhalten versuchte, u. a. durch den Versuch, weiterhin an der Berliner Universität zu lehren und seinen Amtsgeschäften im Institut nachzukommen.[178] Damit verbunden war eine bei dem führenden Vertreter einer nationalsozialistischen Durchdringung der Rechtswissenschaft erstaunlich weitgehende, bis zum offenen Abscheu reichende Distanzierung allem Politischen gegenüber, die sich in der resigniert-larmoyanten Klage über den Verlust preußischer Werte und Traditionen äußerte, an deren Abschaffung Heymann selbst aktiv Anteil gehabt hatte. Zu diesen Traditio-

175 Zur Entwicklung des KWI für ausländisches öffentliches Recht für Völkerrecht 1939-1943 und zum widerstandsgeschichtlichen Aspekt vgl. Hueck, Völkerrechtswissenschaft 2000, S. 521-527.

176 Zum totalen Krieg gehörte auch eine »völkische« Entgrenzung des Militärrechts zum »Wehrrecht« mit einer Aufhebung der Unterscheidung von militärischen und nicht-militärischen Bereichen, dazu Rehdans, Reichskriegsgericht 1941; Zschucke, Wehrrecht 1944.

177 Heymann an die Generalverwaltung der KWG, 23./24.8.1943, MPG-Archiv, Abt. I, Rep. 1 A, Nr. 2365; von Lösch, Geist 1999, S. 383.

178 Vgl. MPIER, Nachlaß Heymann, Heft 2 (1.1.1943-21.3.1944).

nen rechnete Heymann auch die KWG und deren wissenschaftliche Infrastruktur. Am 9. Dezember 1943 notierte Heymann:

»Als ich in der kalten und dunklen Akademie im Sitzungssaal unserer Klasse saß, da kam über mich die tiefe Be[schämung], das Gefühl der Schande, daß wir das in der alten Hauptstadt Preußens wehrlos dulden müssen. Wie habe ich stets an Preußen geglaubt und es bewundert – die Stellen, an denen sich das [wissenschaftliche] und geistige Leben seit 200 Jahren abgespielt hat, sind beschimpft [sic!].«[179]

Das war ein deutlicher Versuch der Kontingenzbewältigung durch die Hinwendung zu einer starken historischen Identität, die über die Misere der Gegenwart hinwegtrösten sollte, und zugleich war es eine Strategie der Schuldableitung.

Im November 1943 verhandelte der Senat der KWG u. a. die Verlagerung des Privatrechtsinstituts aus dem durch Luftangriffe ständig bedrohten Zentrum der Hauptstadt: »Durch die Luftkriegslage hat es sich als notwendig erwiesen, Institute, die kriegswichtige Arbeiten durchzuführen haben und die in luftgefährdeten Gebieten liegen, zu verlagern, zumindest aber Auffangstellen für den Fall eines Schadens vorzubereiten.«[180] Für Heymanns Institut werde bereits nach einer »Auffangstelle« gesucht.

Ebenfalls im November 1943 berichtete Heymann dem Generalsekretär der KWG, Ernst Telschow, dessen Arbeitsplatz in der Generalverwaltung im Berliner Schloß drei Stockwerke tiefer lag, etwas enerviert über den Stand der luftkriegsbedingten Verlagerungs- und Vorsichtsmaßnahmen zum Schutz der wertvollen Institutsbibliothek. Heymann nahm diese praktischen Fragen ernst, er wußte nun aus eigener Erfahrung, warum:

»Nach sehr grossen Schwierigkeiten und fortwährendem Hin- und Herschreiben, das m. W. schon seit Mitte vorigen Jahres lief, haben wir schliesslich im Frühsommer von der Schlossverwaltung einige Räume im ältesten Teil des Schlosses in der Nähe der Eishoftreppe bekommen, die im Parterre liegen und gewölbt sind, und da die Spree immer Wasser bietet, auch verhältnismäßig leicht gelöscht werden könnten. In diese Räume habe ich die englische sowie die nord-, zentral- und südamerikanische Literatur verbringen lassen, ferner die Rechtsvergleichung und das internationale Privatrecht, alles Sachen, die am wenigsten wieder zu erlangen sein würden. Ferner wurden uns […] durch die

179 Vgl. MPIER, Nachlaß Heymann, Heft 2, S. 88. Eine systematische Nachlaßauswertung ist Desiderat der Forschung.

180 Niederschrift aus der Sitzung des Senats der KWG, S. 3, MPG-Archiv, Niederschriften von Sitzungen des Senats der KWG, 1933-1943, Nr. 72.

Schlossverwaltung zwei Säle unmittelbar unter dem Institut zur Verfügung gestellt. Dorthin haben wir zunächst das französische und italienische Recht und einige andere Sachen verbracht. Sie stehen dort aber sehr unsicher, da bei der Durchschlagskraft der Bomben sie dort ebenso gut verbrennen können wie in unserem oberen Stockwerk. Infolgedessen habe ich mich weiter dauernd bemüht und neuerdings [...] einige Räume im Mitteltrakt des Schlosses, ebenfalls im Hochparterre erhalten, die gewölbt sind und daher ziemliche Sicherheit bieten, besonders wenn es uns noch gelingen sollte, durchzusetzen, die Fenster zu vermauern, was auf der anderen Seite desselben Flügels für einen Raum, den das Brunssche Institut hat, schon geschehen ist. In diese Räume haben wir jetzt gerade die französische und italienische Literatur aus dem Sophie-Dorotheen-Saal und seinem Nachbarsaal hinuntergebracht, und wir sind jetzt dabei, vorläufig die deutsche Literatur mit ihren vielen Zeitschriften und einige kleinere Länder statt dessen in den Sophie-Dorotheen-Saal und seinen Nachbarraum zu verbringen. Dort stehen diese Sachen aber [...] im höchsten Grade unsicher und an ein wirkliches Weiterarbeiten würde, wenn sie verbrennen, nicht mehr oder nur unter den allergrößten Schwierigkeiten zu denken sein.«[181]

Am 30. Januar 1944 erhielt der Institutsdirektor das »Kriegsverdienstkreuz 1. Klasse«. Im April 1944 wurde das Institut endgültig auf Initiative der Referenten Hans Rupp und Konrad Zweigert von Berlin nach Tübingen ausgelagert und dort provisorisch an sechs verschiedenen Stellen, u. a. in der Universitätsbibliothek, untergebracht.[182] Im Februar 1945 trat

181 Heymann an Ernst Telschow, KWG, 12.11.1943, MPG-Archiv, Abt. I, Rep. 1 A, Nr. 2365, Bl. 131-133, das Zitat Bl. 131 f. Problematisch und undurchsetzbar war allerdings Heymanns Anregung, die Personen-Luftschutzräume im Keller des Schlosses für die Bibliotheksbestände des Instituts teilweise zu räumen, ebd., Bl. 132 f.: »Ich bemerke dazu, dass ja die Zahl der Personen, die sich nachts (oder auch tags) im Schlosse befinden, nicht so zahlreich ist, dass sämtliche disponible Keller des Schlosses etwa dafür notwendig wären. Und was die Herstellung von Luftschutzräumen für die Bevölkerung ausserhalb des Schlosses anlangt, so ist ja nachts der Verkehr am Schlossplatz oder am Lustgarten ausserordentlich gering, wovon ich mich überzeugt habe. Er hört schon um 7 Uhr auf und andererseits stehen für öffentliche Luftschutz-Räume in der Breiten Strasse in den alten nach der Spreeseite zu gelegenen Häusern ausserordentlich grosse Keller zur Verfügung. Ich habe schon in früheren Jahren aus anderen Gründen Gelegenheit gehabt, diese Keller zu besichtigen. Natürlich habe ich nicht alles gesehen, sondern nur einige Häuser. Sie lassen sich aber im Notfall sicherlich für den geringen Verkehr und die wenigen hier im Zentrum wohnenden Menschen einrichten.«

182 Vgl. den Artikel zum MPI für ausländisches und internationales Recht in den Berichten und Mitteilungen der MPG, 1987, Heft 3, S. 13, 20.

dann der Ernstfall ein, von dem Heymann in Tübingen durch einen ausführlichen Bericht einer Mitarbeiterin der KWG, Frau Viktoria Rienacker, erfuhr:

»Ihre [Ernst Heymanns, R.-U. K.] Karte vom 11. ds. Mts., in der Sie um näheren Bericht über den Unglückstag des Schlosses bitten, ist erst jetzt hier eingegangen. Wenn ich auch glaube, dass Sie inzwischen wohl schon aus berufenerem Munde Nachricht erhalten haben werden, will ich Ihnen gern noch eine Schilderung geben. Am Sonnabend mittag gab es Alarm, und wir dachten uns nicht weiter etwas Böses dabei, da Alarme jetzt zu unserem täglichen Brot gehören. Natürlich gingen wir aber in den Keller [...]. Zuerst schien alles wie immer zu verlaufen, dann aber kam es furchtbar heran, das Licht ging aus, ein Prasseln und Bersten direkt über uns, der Keller schwankte sekundenlang, wohl eine Viertelstunde brauste der unmittelbare Angriff auf das Schloss herab, Teppiche von Bomben und Minen. Alle Leute behielten aber die Nerven bei uns, auch die ganz jungen Mädchen, nur ducken taten wir uns manchmal aus dem instinktiven Schutzbedürfnis. Als es vorüber war, musste erst der Ausgang freigeschippt werden, dann hiess es, die Keller müssten jetzt geräumt werden, und wir sollten uns nicht um die Flammen draussen kümmern, sondern gleich durchlaufen. Man graulte sich also ziemlich, herauszukommen. Unser ganzer Hof stand in Flammen, überall prasselte und knackte es, aber unsere Parterreräume waren noch verhältnismäßig gut weggekommen, die Zimmer nach dem Hof waren allerdings teilweise durch Minen zerstört, [...] mein kleiner Raum [...] zwar mit Scherben übersät aber stehen geblieben. Wir schleppten nun, was wir konnten, an den Begasbrunnen, Schreibmaschinen usw., aber die dicken Rauchschwaden vertrieben uns wieder. Kurz und gut, wir haben die gesamte Registratur mit fast allen Akten retten können und ein gut Teil unserer Möbel. Auch die grundlegenden Dokumente der KWG [...]. Unser schönes Schloss werden wir natürlich nie vergessen, es war eben doch die Tradition, die in diesen Räumen lebte, und mir persönlich fällt es entsetzlich schwer, mich in modernen Institutsräumen wohl zu fühlen. [...]. Da es aber jetzt wohl auf Gefühle nicht mehr ankommen darf, sondern nur der Wille, überhaupt zu leben, massgebend ist, muss man auch das überkommen.«[183]

Die Übergangssituation und prekäre Wissenschaftsidylle in Tübingen im ›Niemandsland‹ zwischen »totalem Krieg«, totalem Zusammenbruch

183 Viktoria Rienacker an Ernst Heymann, 28.2.1945, MPG-Archiv, Abt. I, Rep. 1 A, Nr. 2365, Bl. 151 f.

und Neubeginn hat Gerhard Kegel einzufangen versucht: »Mit Kriegsende fiel der Druck des Dritten Reiches ab – von einem Tag zum anderen, als wäre es nur ein Albtraum gewesen. Doch die Not war groß: Man mußte ›from scratch‹ beginnen. Das Institut freilich hatte es gut: Ein heiles Dach über dem Kopf, die Bücher gerettet und ein Mitarbeiterstab, der sich sehen ließ: Rupp, Zweigert, Erbe, Neuhaus, Aubin, bald wieder Korkisch, und immer Alexander Makarovs rastlose Feder.«[184] Subjektiv mochten diese Vorstellungen von einem geschützten ideologiefreien Innenraum im Kontrast zur nationalsozialistischen Wirklichkeit »draußen« zumal in der Erinnerung stimmig erscheinen. Aber das war nur ein Teil einer komplexeren, vor allem: problematischeren Geschichte. Den »Druck des Dritten Reiches« hatte auch das KWI für ausländisches und internationales Privatrecht vor allem von 1939 bis 1945 unter der Leitung von Ernst Heymann als eine der nationalsozialistischen Durchdringung der deutschen Rechtswissenschaft dienende, herrschaftsstabilisierende und planend an Hitlers Krieg und an der Konzeption von ›Hitlers Europa‹ beteiligte »kriegswichtige« Institution erzeugt: das war kein »Albtraum«, sondern eine reale Geschichte zunehmender Verstrickung in billigende Inkaufnahmen, eingeschränkte Wahrnehmung und weitreichende Kompromisse.

184 Kegel, 50 Jahre 1978, S. 306.

V Von der KWG zur MPG

Das Institut für ausländisches und internationales Privatrecht

Die Verlagerung des Instituts[1] sicherte schließlich dessen materiellen Fortbestand. An eine systematische Arbeit war allerdings mitten im totalen Zusammenbruch auch in der idyllischen Provinzstadt Tübingen nicht zu denken: es fehlte nicht nur an Mitarbeitern, vor allem die Beziehungen zum Ausland waren abgeschnitten. Ernst Heymann erkrankte im Sommer 1945 und verstarb am 2. Mai 1946.[2] Seine Nachfolge trat der in Tübingen lehrende Hans Dölle an, der schon vor 1933 mit dem Institut und seinen Mitarbeitern in Verbindung gestanden hatte. Wie Dölle in einem Institutsportrait Anfang der 1960er Jahre rückblickend berichtet hat, ermöglichte das Land Württemberg-Hohenzollern durch einen Notetat die Fortführung der Institutsarbeit, bis 1949 die MPG die Finanzierung sicherstellte.[3] Mit dieser Entscheidung, die sich äußerlich in der Umbenennung zum MPI für ausländisches und internationales Privatrecht manifestierte, war auch der Wiederauf- und Ausbau gesichert. Anfang 1950 zog das Institut um – aber auch dies war nur ein Provisorium, das den Bedürfnissen der auslandsrechtlichen Arbeit dauerhaft nicht gerecht werden konnte. Im Zusammenhang mit der Suche nach neuen Räumlichkeiten gewann dann der Gedanke einer vollständigen Verlegung des Instituts schnell an Attraktivität. Tübingen war von Anfang an nicht der richtige Standort für ein international ausgerichtetes, typisches Großstadt-Institut gewesen:

> »Seit 1949 hatten Hamburg und neben ihm später auch Frankfurt und München versucht, das Institut zu gewinnen. Hamburg bot der Max-Planck-Gesellschaft an, einen Neubau auf seine Kosten zu errichten; dies und der Umstand, daß Hamburg mit seinen weltweiten Handelsbeziehungen als Sitz des Instituts besonders geeignet erschien, gaben für die Wahl den Ausschlag. Hamburg errichtete in der Nähe der Universität einen großzügigen Neubau. Im Juni und Juli 1956 fand die Verlegung nach Hamburg statt. Fast alle Mitarbeiter gingen mit dem Institut nach Hamburg.«[4]

1 Vgl. Dölle, Max-Planck-Institut 1961, S. 650.
2 Vgl. Thieme, In memoriam Ernst Heymann 1956.
3 Vgl. Dölle, Max-Planck-Institut 1961, S. 650.
4 Ebd., S. 651.

1952 war das Kuratorium des Instituts neu konstituiert worden, das seine Hauptaufgabe darin sah, einen Kreis von Förderern aufzubauen und zu pflegen. Durch Spenden wurden auf diese Weise u. a. die Herausgabe der Rabel-Festschrift 1954 und die festliche Einweihung des Hamburger Institutsneubaus 1956 möglich.

Die Geschichte des Instituts in der Nachkriegszeit wurde also zur Erfolgsgeschichte. Für das Schicksal des Institutsgründers läßt sich das nicht so eindeutig feststellen. Rabel, der zu einer überschaubaren Gruppe von Wissenschaftler-Remigranten gehörte, konnte wissenschaftsinstitutionell nur mühsam wieder Fuß fassen. Seit 1950 – aber eben erst 1950 – hatte Rabel den recht unverbindlichen Status eines wissenschaftlichen Beraters und Gastwissenschaftlers am Tübinger Institut erhalten und war von der Universität Tübingen zum Honorarprofessor ernannt worden. An der Freien Universität in Berlin war er in die Rechte eines Emeritus eingesetzt worden und wurde dort zu Gastvorträgen eingeladen.[5] Aber bis zu diesem Zeitpunkt war emotional und organisatorisch ein langer Weg zurückzulegen und eine schier unendliche Kette von Hindernissen zu überwinden. Dieser Weg Rabels stellt zugleich ein aufschlußreiches Beispiel für die Behandlung eines prominenten rückkehrwilligen Wissenschaftlers und NS-Opfers in der Westdeutschen Nachkriegsgeschichte und in der Geschichte der MPG dar. Dabei war der Anfang sogar hoffnungsvoll gewesen. Sofort nach Übernahme der Institutsleitung hatte

5 Dafür hatte sich der Prodekan der Juristischen Fakultät der Freien Universität, Wilhelm Wengler, über das *Office of the U. S. High Commissioner* und Gerhart Husserl eingesetzt. Das *Office of the U. S. High Commissioner* erwog zeitweise, einen Teil der bei der Freien Universität anfallenden Kosten zu übernehmen, entschied sich aber am Ende zu Husserls großer Enttäuschung dagegen. Rabel war sogar mit einem Umzug nach Berlin einverstanden: Rabel an Husserl, 7.10.1951, MPG-Archiv, Abt. V A, Rep. 12, Ernst Rabel: »So viel ich verstehe, wollen sie mir dort [an der Freien Universität, R.-U. K.] mein Emeritusgehalt zahlen, […] jedenfalls nicht mehr. Ich habe meine Gefühle überwunden und ihnen und ihm [dem Prodekan Wilhelm Wengler, R.-U. K.] entgegenkommend geantwortet. […] Wir brauchen endlich ein bis zwei Zimmer, mit wirklicher und gesicherter Heizung; ein Badezimmer […], Nähe von anständigem Essen; Nähe der Universität.« Im November 1951 gratulierte Husserl Rabel zur Aufnahme in die Fakultät, Husserl an Rabel, 19.11.1951, MPG-Archiv, Abt. V A, Rep. 12, Ernst Rabel: »The Office of General Counsel is very happy to know that you will join the law faculty of the Free University although this may be only for a limited period of time. Legal education at the Free University of Berlin has been a matter of much concern to this Office ever since the Free University was founded in 1948. While it is true that the situation has improved considerably by strengthening the library facilities and the appointment of several law professors in recent months there is still ample room for improvement.«

sich der neue Direktor Dölle brieflich an Rabel in Ann Arbor gewandt und ihn zur Arbeit im Tübinger Institut eingeladen. Bewegt antwortete ihm Rabel am 18. September 1946:

> »Ich habe Ihr Schreiben vom 31. Juli mit Rührung gelesen und danke Ihnen und allen Institutsmitgliedern, für die Sie gesprochen haben, von Herzen dafür. Es sind seltene Worte der Anerkennung, die doppelt erfreuen, wenn sie nicht einen Abschied begleiten (meinen Jahren entsprechend), sondern einer so vertrauensvollen und freundschaftlichen Einladung beigegeben sind. Die liebenswürdige Art, in der Sie schreiben, lieber Herr Kollege, fügt Ihrer Aufforderung eine besondere Note bei, die ich sehr hoch schätze. Es ist gut, dass das Institut weiterlebt! Die Rechtsvergleichung ist wichtiger als je, common law, deutsches und französisches System müssen auf breitester Fläche angenähert werden. Hier im Lande ist das Interesse an diesen Studien zum Teil schon lebhaft, obwohl es Zeit brauchen wird, bis die grossen Institute entstehen. Das alte Institut sollte die Spitze behalten. Könnte ich dabei wirklich noch für einige Zeit von Nutzen sein, so wäre mir das eine grosse Freude. Im Augenblick weiss ich nicht die Antwort. […] Einige Informationen erhoffe ich von Prof. Rheinstein, wenn er Weihnachten nach Hause kommt. Könnten auch Sie selbst andeuten, was mich dort erwarten würde? Ich weiss, es ist schwer, irgend etwas zu prophezeien. Einstweilen kann ich Sie nur bitten, versichert zu sein, dass Sie bei mir die stärkste Neigung erweckt haben, wieder mit dem Institut zu arbeiten, das mit seinen Mitgliedern niemals aus meinem Sinn und Herzen verschwunden ist. Ich wünsche und hoffe, es wird etwas daraus.«[6]

Was nun folgte, waren organisatorische Schwierigkeiten, die sich insgesamt vier lange Jahre hinzogen, obwohl an der Bedeutung Rabels für die Rechtswissenschaft des 20. Jahrhunderts unter Fachleuten gar kein Zweifel bestehen konnte: 1948 würdigte Konrad Zweigert in der Festschrift für Leo Raape Ernst Rabels Lebenswerk.[7]

Welchen persönlichen Hintergrund Rabels Bereitschaft, ja dringendes Bedürfnis zur Rückkehr nach Deutschland hatte, machte ein Schreiben Max Rheinsteins an Eduard Wahl vom Juni 1949 deutlich: Rheinsteins Lehrer hatte sich in den USA trotz seiner hohen fachlichen Anpassungsbereitschaft und seines großen Interesses am *common law* seit den 1920er Jahren fremd und deplaziert gefühlt:

6 Rabel an Dölle, 18.9.1946, MPG-Archiv, Abt. II, Rep. 1 A, Institutsbetreuerakten Privatrecht KWI/MPI, 1939-1960.

7 Vgl. Zweigert, Die dritte Schule 1948, S. 42.

»Glauben Sie, dass sich irgendeine Möglichkeit fände, ihm [Ernst Rabel, R.-U. K.] in Deutschland wieder für dauernd entweder eine Stellung oder zum mindesten eine bescheidene Pension zu erwirken? Rabel's hiesige Lage ist ausserordentlich schwierig. Wie Sie wissen, hat er in den letzten Jahren in Michigan gelebt und an der Universität of Michigan Law School in Ann Arbor an seinem Buch über Comparative Conflict of Laws gearbeitet. Aber Rabel hat nie zu der dortigen Fakultät gehört, und alles, was ihm die Universität gegeben hat, war ein Büro, Schreibhilfe und ein sehr bescheidenes Honorar für die Arbeit an dem grossen Werk. Das Honorar konnte nicht aus besonderen, eigenen Universitätsfonds bezahlt werden, sondern musste jedes Jahr aufs neue von Foundations und privaten Geldgebern zusammengebettelt werden. Das ist nun seit mehreren Jahren so fortgegangen; aber dieses Jahr scheint die University of Michigan auf große Schwierigkeiten zu stossen, den für das nächste Jahr erforderlichen Betrag zusammenzubekommen. Für die letzten drei Monate hat Rabel überhaupt nichts bezahlt bekommen. [...] Sehen Sie irgendeine Möglichkeit, Rabel wieder nach Deutschland zurückzubringen? Ich glaube, es wäre in jeder Beziehung besser für ihn, nicht nur finanziell. Er gehört zu den Leuten, die bereits zu alt waren, als sie hier herüber kamen, um sich hier im Lande wirklich einzuleben. Er hat die ganzen Jahre in Ann Arbor als Fremder gelebt, reichlich allein und isoliert.«[8]

Obwohl sich seine endgültige Rückkehr immer weiter hinausschob – im Juni 1950 wandte sich schließlich als Reaktion auf die Initiative Rheinsteins Ludwig Raiser eindringlich an Otto Hahn in Göttingen –,[9] verzichtete Rabel in seinem Geleitwort vom Frühjahr 1949 zum ersten Nachkriegsband der »Zeitschrift für internationales und ausländisches Privatrecht« auf jede Bitterkeit. Einmal mehr formulierte er seine Lebensvision universaler Rechtsvergleichung und baute sogar den Vertretern der deutschen Rechtswissenschaft eine Brücke zur Wiederaufnahme in die internationale *scientific community*:

»Als die Zeitschrift für ausländisches und internationales Privatrecht im Jahre 1926 gegründet wurde, war sie zu dem doppelten Zweck be-

8 Max Rheinstein an Eduard Wahl, 14.6.1949, MPG-Archiv, Abt. II, Rep. 1 A, Personalia Ernst Rabel.

9 Ludwig Raiser an Otto Hahn, 6.6.1950, ebd.: »Es handelt sich um meinen früheren Lehrer Ernst Rabel. [...] Rabel hat sich, wie man von Anfang an hatte fürchten müssen, in den USA niemals glücklich gefühlt und auch nicht recht Fuss gefasst; er kommt jetzt, über 70jährig, als ein alter, verbitterter Mann nach Deutschland zurück.«

stimmt, zur Wiederaufrichtung der internationalen Rechtsbeziehungen nach einem zerstörenden Kriege beizutragen und die rechtsvergleichende Methode in der Wissenschaft des Privatrechts zu befestigen. Zu beiden Zielen führt der gleiche Weg über Erkenntnis, Verständnis, Kritik und Lernbereitschaft. Mehr denn jemals, nach einem noch schrecklicheren Wirrsal, braucht unsere Zeit die Zusammenfassung der rechtsbildenden Kräfte des Abendlands. Beherzter als früher muß an der Ausgleichung grundloser Gegensätze, an der Erleichterung des internationalen Rechtsverkehrs, an der Verbesserung der Privatrechtssysteme gearbeitet werden. Es ist ein erfreuliches Zeichen fortwirkender wissenschaftlicher Stärke und Überzeugung, daß sich die rechten Männer gefunden haben, um die Zeitschrift zu erneuern. [...] Die Pflege des ›ausländischen und internationalen Privatrechts‹ auf der Grundlage sorgfältiger Rechtsvergleichung ist in jedem Lande zu wünschen. Es verdient Dank und Vertrauen, daß der deutsche Anteil an dieser Arbeit wieder aufgenommen wird. Möge die Zeit nahe sein, wo alle solche Bestrebungen in wirklicher internationaler Gemeinschaftsarbeit zusammenfließen. Dem Institut und seinen Mitarbeitern ein gutes Gelingen!«[10]

Dieser noblen Bereitschaft Rabels zum Neuanfang unter Zurückstellung des eigenen Schicksals[11] entsprach auf der Seite der im Lande gebliebenen »rechten Männer« die vollständige Ausblendung der Vergangenheit. In seinem unmittelbar an Rabels Geleitwort anschließenden Vorwort ging der Nachfolger Dölle über das Opferschicksal Rabels und seine Gründe hinweg. Daß und wie Dölle zu den Verwerfungen der Zeitgeschichte einerseits schweigen, den Wissenschaftler Rabel andererseits in höchsten Tönen rühmen konnte, war ein zeittypisches Musterbeispiel für eine Mentalität der Verdrängung und Normalisierung im Stil der Rede von »jenen dunklen Jahren«.[12] Für den renommierten Rechtsvergleicher und Internationalprivatrechtler Rabel hatte man durchaus auch im eigenen Interesse Verwendung.[13] Daß derselbe Mann ein Kollege von gestern war,

10 Ernst Rabel, Zum Geleit, in: ZIPR 15, 1949/1950, S. 1.

11 Vgl. die parallelen zu Carl Neuberg, ehemaliger Direktor des KWI für Biochemie, bei Schüring, Vorgänger 2004.

12 Als Bilanz des Forschungsstandes vgl. Frei, Vergangenheitspolitik 1996.

13 Vgl. Dölle, Fünfundzwanzig Jahre 1951, S. 339: »Das Kaiser-Wilhelm-Institut für ausländisches und internationales Privatrecht hat inzwischen seinen Namen wechseln müssen. Aber seine Ziele und seine Aufgaben sind dieselben geblieben. Das Vertrauen in den Erfolg seiner Bemühungen wird dadurch gestärkt, daß der Institutsgründer, Ernst Rabel, z. Zt. wieder in Deutschland ist und auch wieder in seinem alten Institut arbeitet.«

gegen dessen Verdrängung aus dem Lehramt 1935 und aus der Leitung des Instituts 1937 niemand protestiert hatte, wurde öffentlich nicht ausgesprochen. Charakteristisch für diese frühe Phase des Umgangs mit der nationalsozialistischen Vergangenheit längst nicht allein im akademischen Raum war Dölles wolkige Ausdrucksweise: er wußte sich nicht anders zu helfen als durch die einleitende Wiederholung dessen, was Rabel schon gesagt hatte und fügte einen vagen Hinweis auf das »erzwungene Schweigen« während der Zeit des Nationalsozialismus und auf die für alle belastende Nachkriegssituation hinzu:

> »Ernst Rabel hat die Ziele, die der Zeitschrift für ausländisches und internationales Privatrecht bei ihrer Begründung im Jahre 1926 gesetzt wurden, genannt: nach einem zerstörenden Kriege sollten die internationalen Rechtsbeziehungen wieder aufgerichtet und die rechtsvergleichende Methode in der Wissenschaft des Privatrechts befestigt werden. Diese Ziele strebt die Zeitschrift auch heute an, da sie nach der Spanne erzwungenen Schweigens sich anschickt, wieder aufzuleben. Die Verhältnisse, unter denen sie erscheint, ähneln in schmerzlicher Weise denen, unter welchen sie 1926 ins Leben trat. Nur daß die gegenwärtige Lage in manchem Betracht mit größeren Schwierigkeiten behaftet ist als damals. Dabei denken wir nicht nur an die äußeren Umstände, insofern sich Hemmnisse aller Art in ihnen bergen. Wir denken vor allem daran, daß Rabel mit seinen Mitarbeitern dem Werk einen so hohen Rang zu verschaffen gewußt hat, daß sich jedem Nachfolger Zweifel aufdrängen müssen, ob er fähig sein werde, der Verpflichtung zu genügen, welche aus der Tradition der Zeitschrift erwachsen ist. Wenn das Wagnis gleichwohl unternommen wird, so geschieht es im Vertrauen auf die Hilfe durch den verehrten Gründer dieser Zeitschrift und viele ausländische und heimische Gelehrte, die ihre Unterstützung zugesagt haben. Es geschieht aber weiterhin deswegen, weil es eben geschehen muß: die Aufgaben, die es heute zu leisten gilt, sind so zwingend, daß selbst die Befürchtung, man werde ihnen nicht voll gerecht werden können, von dem redlichen Versuch ihrer Bewältigung nicht abhalten darf.«[14]

14 Dölle, Vorwort des Herausgebers 1949/1950, S. 2. Aufschlußreich auch der Hinweis auf S. 3: »Wir begrüßen es, daß das frühere Mitglied des Instituts, Professor Dr. Dr. Wilhelm Wengler in Berlin […] unserem Kreis als regelmäßiger Mitarbeiter zugerechnet werden darf, nachdem er durch politische Verfolgungen während des Dritten Reiches zeitweise an seinem wissenschaftlichen Wirken im Institut verhindert gewesen war.«

Die eigene, zumindest ambivalente Rolle im Nationalsozialismus und im nationalsozialistischen Vernichtungskrieg war aus der Geschichte gefallen. Es gab keine Täter, sondern ausschließlich Opfer, auf allen Seiten.

In der zweibändigen Festschrift zu seinem achtzigsten Geburtstag von 1954,[15] die vor allem die internationale Anerkennung von Rabels Lebenswerk eindrucksvoll spiegelte, gab dann Max Rheinstein, ebenfalls Emigrant, der Wahrheit wenigstens im Hinblick auf die Biographie Ernst Rabels die Ehre: »Auf dem Gipfel seines Wirkens, als nur noch die höchste Ehrung seiner Leistung entsprochen hätte, hat ihn das nationalsozialistische Regime aus seiner Tätigkeit herausgerissen und aus Deutschland vertrieben.«[16]

Auch als Rabel schließlich im Herbst 1950 endlich in Tübingen eintraf, war seine weitere Zukunft ungesichert. Zusätzlich zur Frage seiner wirtschaftlichen Absicherung erschwerte sein laufendes amerikanisches Einbürgerungsverfahren den Aufenthalt in Deutschland, da er sieben Wochen vor Ablauf der erforderlichen fünfjährigen ununterbrochenen Anwesenheit in den USA das Land verlassen hatte. In diesem Zusammenhang gab es Probleme bei der Paßverlängerung, in die sich die *U. S. High Commission for Germany* einschaltete. Ein Schreiben an Gerhart Husserl vom August diesen Jahres – Prof. Dr. Gerhart Husserl war zu diesem Zeitpunkt bei dem *Office of General Counsel, Cultural and Exchanges Branch des Office of the U. S. High Commissioner for Germany* tätig – zeigt, daß Rabel bereit war, auch in vollkommen fachfremden Feldern zu arbeiten, um in Deutschland bleiben zu können: »Consultant wäre ebenso lieb wie Schulunterricht in Latein (lieber: Politik), oder Propaganda-Redner in Dorfkneipen. Ich bin ernstlich beunruhigt, so ganz außer dem großen Ziel des Tages meine letzten Tage zu fristen.«[17] Die Lebensumstände Rabels und seiner Frau in Tübingen waren deprimierend: »Auf der anderen Seite ist es nicht leicht für uns, hier zu leben, in einem Zimmer in einem ›Tropengenesungsheim‹, das sich in ein Vollspital umwandelt. Eine kleine Wohnung in Dahlem klingt meiner Frau wie ein Traum. Aber wir gehen überall hin, wo Sie meinen, daß ich von Nutzen sein könnte.«[18] Zunächst arbeitete Rabel als Gast des Tübinger Privatrechtsinstituts am zweiten Band seines »Rechts des Warenkaufs« sowie am vierten Band seiner rechtsvergleichenden Darstellung des IPR »The Conflict of Laws«.[19] Daß in der

15 Vgl. Dölle (Hg.), Festschrift für Ernst Rabel 1954.
16 Rheinstein, Ernst Rabel 1954, S. 4.
17 Rabel an Gerhart Husserl, 8.8.1950, MPG-Archiv, Abt. V A, Rep. 12, Ernst Rabel.
18 Rabel an Gerhart Husserl, 7.4.1951, ebd.
19 Vgl. Dölle, Max-Planck-Institut 1961, S. 652.

Tübinger Wissenschaftsprovinz der Nachkriegszeit außerhalb des Instituts und der Juristischen Fakultät der Traditionsuniversität bemerkt wurde, wer da nach Deutschland zurückgekehrt war, ist mehr als fraglich.

Im Oktober 1950 erklärte Hans Dölle im Rahmen einer Tagung für Rechtsvergleichung Rabel zum Ehrenmitglied der Gesellschaft für Rechtsvergleichung.[20] Im Juni 1954 erhielt Rabel das Große Bundesverdienstkreuz mit Stern – aber nach wie vor überwogen die Ehrungen und Auszeichnungen des Auslands die deutschen bei weitem: Dr. iur. h. c. der Universität Athen, der Katholischen Universität Löwen, Ames-Preis der *Harvard Law School*, Antonio Feltrinelli-Preis für Rechtswissenschaften der *Academia dei Lincei*, Rom, korrespondierende Mitgliedschaft der Akademien von Turin und Bologna, der rechtsvergleichenden Institute in Mexiko und Córdoba, Argentinien, Ehrenmitglied der *American Foreign Law Association*. 1952 wurden schließlich Rabels Pensionsansprüche als ehemaliger Direktor eines Kaiser-Wilhelm-Instituts mit der MPG geregelt, so daß seine wirtschaftliche Grundlage von nun an gesichert war.

Im Tübinger MPI arbeitete 1950/1951 für Rabel u. a. Klaus von Dohnanyi, der an den Universitäten München, der Columbia, Stanford und Yale studiert hatte und in München 1950 promoviert worden war.[21] Mit der Unterstützung von Dohnanyis und Jörg Käsers entstand der Entwurf des zweiten Teils des »Warenkaufs«, den Rabel im Herbst 1951 auf der Haager Konferenz über die Vereinheitlichung des internationalen Kaufrechts vorstellte.[22]

Rabel schätzte die Verbindung zum Institut und dessen Arbeit so hoch, daß er noch kurz vor seinem Tod am 7. September 1955 in Zürich als über Achtzigjähriger ernsthaft erwog, dem Institut nach Hamburg zu folgen. Aber die Institutsgeschichte war trotz aller inhaltlichen Würdigungen seiner Verdienste schon seit 1945 eine Geschichte, in der er nur noch am Rande, jedenfalls nicht mehr als wissenschaftliche Leitfigur, vorkam. Schon 1951 hatte Dölle in der Institutszeitschrift einen Rückblick auf die 25jährige Institutsgeschichte herausgegeben, die er als Differenzie-

20 Vgl. Wadle, Einhundert Jahre 1994, S. 73.

21 Geb. 1928, Diss. iur. 1950 über die Grundstücksteilung, 1952-1954 in einer New Yorker Sozietät und bei der Ford Motor Company, 1954-1960 Ford Werke AG Köln, 1960-1968 Wirtschafts- und Sozialforschungsinstitut INFRA-TEST, 1968/1969 Bundeswirtschaftsminister, 1969-1974 Bundesminister für Bildung und Wissenschaft, 1976-1981 Staatsminister und parlamentarischer Staatssekretär im Auswärtigen Amt, 1969-1981 für die SPD Mitglied des Bundestages, 1981-1988 Erster Bürgermeister der Hansestadt Hamburg, 1994-1996 Berater der Treuhandgesellschaft/BfS.

22 Vgl. Rabel, Haager Konferenz 1952, S. 212.

rungs- und Spezialisierungsgeschichte eines wissenschaftlichen Großforschungsbetriebes auf einer breiten, rechtsvergleichenden Grundlage und nicht als Erfolgsgeschichte des Gründers Rabel beschrieb.[23] Damit war ein erster Schritt zur Historisierung – in gewisser Weise sicherlich auch Emanzipation – von Rabel als dem verdienstvollen Gründer und ›Übervater‹ getan. In Dölles Institutsportrait von 1961 spiegelte sich dieser schwierige Selbstfindungsprozeß im Bemühen um ein neues Selbstverständnis, in dem auch die Mitarbeiter des Instituts vorkamen, wider.[24] Auch das Dienstleistungsprofil des Instituts hatte sich seit der Gründung inhaltlich markant verschoben:

> »In der ersten Zeit nach 1926 lag der Schwerpunkt der Gutachtenerstattung auf dem Gebiet des Wirtschaftsrechts. In zunehmendem Maße wandten sich aber auch die Gerichte an das Institut, wenn nach den deutschen Kollisionsnormen ausländisches Recht zur Anwendung kam. Allerdings hat die Inanspruchnahme des Instituts für Gutachten in der Zeit vor 1939 einen viel geringeren Umfang gehabt als nach dem zweiten Weltkrieg. So wurden in den ersten sieben Jahren insgesamt etwa 400 Rechtsauskünfte erstattet, während diese Zahl in den Jahren 1953 bis 1958 den jährlichen Durchschnitt ausmacht. Insgesamt wurden von 1926 bis 1958 gegen 6.000 Rechtsauskünfte und Gutachten erstattet. Zwar sind die Max-Planck-Institute grundsätzlich der Forschung gewidmet und sollen nicht unmittelbar den jeweiligen Bedürfnissen der Praxis dienen, aber die Jurisprudenz ist eine angewandte Wissenschaft und braucht daher den ständigen Kontakt mit der Praxis. Außerdem erfüllt das Institut mit seinen Rechtsauskünften ein nobile officium gegenüber der Allgemeinheit, wenn es seine Kenntnisse dort zur Verfügung stellt, wo andere inländische Stellen über die nötige Sachkunde nicht verfügen.«[25]

1963 schied Dölle altersbedingt aus der Institutsleitung aus, sein Nachfolger wurde Konrad Zweigert, der dem Institut seit 1937 angehörte. Unter Zweigerts Leitung nahm das Institut unter der redaktionellen Verantwortung von Ulrich Drobnig die Arbeit an dem anspruchsvollen rechtsvergleichenden Forschungsgrundlagenprojekt »International Encyclopedia of Comparative Law«[26] auf, reformierte seine Satzung und richtete 1975

23 Vgl. Dölle, Fünfundzwanzig Jahre 1951, S. 338.

24 Vgl. Dölle, Max-Planck-Institut 1961, S. 661.

25 Ebd., S. 657 f.

26 Vgl. den Artikel zum MPI für ausländisches und internationales Recht in den Berichten und Mitteilungen der MPG, 1987, Heft 3, S. 24 f.

sehr zeittypisch eine »Sozialwissenschaftliche Forschungsgruppe«[27] ein, die mit rechtssoziologischen Studien für das Bundesjustizministerium befaßt war. Zusammen mit seinem Schüler Hein Kötz verfaßte Zweigert das grundlegende zweiteilige Lehrbuch »Einführung in die Rechtsvergleichung«, das sich zu einem Standardwerk mit globaler Verbreitung entwickelt hat. Im Juli 1976 beging das Institut sein fünfzigjähriges Jubiläum, das mit einem dreitägigen internationalen wissenschaftlichen Kolloquium zum Thema »Der Schutz des Schwächeren im Recht« begangen wurde.[28] Die Geschichte des Instituts wurde nicht zum Thema, weder damals noch später.

1979 übernahm nach der Emeritierung Zweigerts erstmalig ein Direktorenkollegium die Leitung des Instituts, dem Ulrich Drobnig, Hein Kötz und Ernst-Joachim Mestmäcker angehörten.[29] Anläßlich des vierzigjährigen Institutsjubiläums 1966 hatte Max Rheinstein das wissenschaftliche Großprojekt der »International Encyclopedia of Comparative Law« in die Kontinuität der Instituts- und Wissenschaftsgeschichte gestellt: »Die Enzyklopädie wird ihr neuen Antrieb geben und die Rechtswissenschaftler der Welt zur Zusammenarbeit am Aufbau einer gemeinsamen Wissenschaft führen.«[30] Diese Vision war und ist Rabels Erbe.[31]

27 Ebd., S. 26.
28 Vgl. Zweigert, Einführung 1977, S. 7.
29 Vgl. Drobnig/Kötz/Mestmäcker, Geschichte des Instituts 1987, S. 11-19.
30 Rheinstein, Festvortrag 1967, S. 16 f.
31 Vgl. Kegel, Ernst Rabel 1993.

Abkürzungen

BGB	Bürgerliches Gesetzbuch
BNSDJ	Bund Nationalsozialistischer Deutscher Juristen
EGBGB	Einführungsgesetz zum BGB
IPR	Internationales Privatrecht
KWG	Kaiser-Wilhelm-Gesellschaft
KWI	Kaiser-Wilhelm-Institut
MPG	Max-Planck-Gesellschaft
MPG-Archiv	Archiv zur Geschichte der Max-Planck-Gesellschaft, Berlin
MPI	Max-Planck-Institut
MPIER-Archiv	Archiv des Max-Planck-Instituts für europäische Rechtsgeschichte, Frankfurt/Main
MPIIPR-Archiv	Archiv des Max-Planck-Instituts für ausländisches und internationales Privatrecht, Hamburg
RGBl.	Reichsgesetzblatt
RGZ	Reichsgericht, Zivilsachen
RM	Reichsmark
RSHA	Reichssicherheitshauptamt
SD	Sicherheitsdienst
UA HUB	Archiv der Humboldt-Universität, Berlin
VO	Verordnung
ZGB	Zivilgesetzbuch
ZIPR	Zeitschrift für ausländisches und internationales Privatrecht

Quellen

Archivalien

Archiv der Humboldt-Universität, Berlin (UA HUB)

Personalakte Rabel

Rechts- und Staatswissenschaftliche Fakultät, Rep. 497, 499

Archiv des Max-Planck-Instituts für europäische Rechtsgeschichte, Frankfurt/Main (MPIER-Archiv)

Nachlaß Heymann

Archiv zur Geschichte der Max-Planck-Gesellschaft, Berlin (MPG-Archiv)

Abt. I, Rep. 1 A

Nr. 533 (KWG Generalverwaltung: Gesetz zur Wiederherstellung des Berufsbeamtentums, KWI für ausländisches und öffentliches Völkerrecht, KWI für ausländisches und internationales Privatrecht 1933-1944)

Nr. 2340 (KWG Generalverwaltung: KWI für ausländisches und internationales Privatrecht, Hauptakten 1927-1940)

Nr. 2342 (KWG Generalverwaltung: Verein zur Förderung der Institute für internationales Privatrecht und Völkerrecht, Satzung 1924-1938)

Nr. 2343 (KWG Generalverwaltung: Verein zur Förderung des KWI für ausländisches und internationales Privatrecht 1927-1938)

Nr. 2345 (KWG Generalverwaltung: Verein zur Förderung des KWI für ausländisches und internationales Privatrecht, Gesamtkuratorium 1926-1938)

Nr. 2365 (KWG Generalverwaltung: Hauptakten des KWI für ausländisches und internationales Privatrecht 1933-1945)

Nr. 2370 (KWG Generalverwaltung: KWI für ausländisches und internationales Privatrecht, Finanzierung 1926-1934)

Nr. 2372 (KWG Generalverwaltung: KWI für ausländisches und internationales Privatrecht, Finanzierung)

Abt. I, Rep. 37

KWI für ausländisches und internationales Privatrecht

Abt. II, Rep. 1 A

Personalia Ernst Heymann
Personalia Ernst Rabel
Institutsbetreuerakten, Privatrecht 2, 1961-1972
Institutsbetreuerakten, Privatrecht 7, 1952-1972

Institutsbetreuerakten, Privatrecht 10, 1933-1955
Institutsbetreuerakten, Privatrecht KWI/MPI, 1939-1960

Abt. VA, Rep. 12

Ernst Rabel

Abt. IX, Rep. 1

Ernst Rabel

Niederschriften von Sitzungen des Senats der KWG, 1920-1925; 1926-1932; 1933-1943

Archiv des Max-Planck-Instituts für ausländisches und internationales Privatrecht, Hamburg (MPIIPR-Archiv)

Alte Auftraggeberkartei 1926 bis 1955
Alte Sachkartei 1926 bis 1955
Gutachtenakten: 3, 7, 14, 33, 50, 70, 73, 81, 86, 93, 112, 121, 123, 129, 131, 132, 133, 146, 149, 166, 174, 198, 200, 201, 208, 209, 229, 252, 255, 262, 274, 277, 279, 287, 293, 305, 313, 327, 331, 333, 345, 351, 352, 359, 374, 387, 395, 406, 409, 410, 415, 416, 421, 423, 424, 431, 436, 446, 460, 461, 470, 479, 508, 513, 516, 519, 520, 528, 538, 539, 553, 558, 565, 589, 602, 610, 623, 624, 652, 659, 696, 717, 726, 731, 747, 767, 777, 778, 796, 815, 829, 838, 842, 862, 877, 885, 914, 915, 935, 944, 969, 985, 989, 996, 998, 1003, 1016, 1027, 1033, 1059, 1086, 1087, 1105, 1113, 1118, 1126, 1149, 1150, 1163, 1179, 1188, 1192, 1193, 1196, 1201, 1202, 1203, 1212, 1216, 1217, 1218, 1219, 1220, 1221, 1227, 1259, 1262, 1273, 1278, 1280, 1288, 1293, 1300, 1307, 1324, 1339, 1372, 1373, 1375, 1379, 1390, 1410, 1414, 1426, 1434, 1445, 1467, 1470, 1471, 1475, 1480, 1487, 1508, 1514, 1515, 1516, 1519, 1529, 1530, 1532, 1539, 1540, 1565, 1586, 1611, 1613, 1614, 1620, 1625, 1628, 1632, 1633, 1644, 1645, 1652, 1661, 1653, 1675, 1691, 1696, 1700, 1705, 1708, 1746, 1914, MA 23, MA 42, MA 46, MA 49

Publizierte Quellen

Abderhalden, Hildegard, Vormund und Mündel im englischen Recht, verglichen mit französischem und deutschem Recht, Berlin 1939 (Beiträge zum ausländischen und internationalen Privatrecht 16).
Académie Internationale de Droit Comparé, Voeux et Résolutions du Deuxième Congrès International de Droit Comparé, La Haye, 4-11 août 1937, Den Haag 1937.
Alessandri, Arturo, Das Vorbehaltsgut der Ehefrau in der Gesetzgebung von Chile, in: ZIPR 8, 1934, S. 724-736.
Andrioli, Virgilio/Antonio Lefebvre d'Ovidio, Italienische Rechtsprechung 1936, in: ZIPR 12, 1938/1939, S. 166-207.
Arndt, Karl, Übersicht der Gesetze 1926, in: ZIPR 1, 1927, S. 755-794.
Ders., Abzahlungsgeschäft, in: Franz Schlegelberger u. a. (Hg.), Rechtsvergleichendes Handwörterbuch für das Zivil- und Handelsrecht des In- und Auslandes, Bd. 2, Berlin 1929, S. 39-43.
Ders., Englische Gesetzgebung 1933, in: ZIPR 9, 1935, S. 428-461.

Ders., Englische Gesetzgebung 1935 und 1936, in: ZIPR 11, 1937, S. 876-884.
Ders., Englische Rechtsprechung 1936, in: ZIPR 11, 1937, S. 885-928.
Ders./Gerhard Schröder, Englische Rechtsprechung 1933, in: ZIPR 9, 1935, S. 462-505.
Ders./Gerhard Schröder, Englische Rechtsprechung 1934, in: ZIPR 10, 1936, S. 270-318.
Ascarelli, Tullio, Währungsrechtliche Fragen in der italienischen Rechtsprechung, in: ZIPR 2, 1928, S. 793-812.
Azevedo, Philadelpho, Der Verlagsvertrag nach brasilianischem Recht, in: ZIPR 11, 1937, S. 77-82.
Bagge, Algot, Der Durchfrachtverkehr, insbesondere die gemischte Beförderung, in: ZIPR 11, 1936, S. 463-476.
Baltatzis, Aristides, Die Behandlung des ausländischen Rechts im griechischem Zivilprozeß, in: ZIPR 11, 1937, S. 131-136.
Bauerreiß, Wolfgang, Das mexikanische Gesetz über den Versicherungsvertrag vom 31. August 1935, in: ZIPR 11, 1937, S. 137-167.
Becker, Walter G., Rezension zu Ernst Basch, Das Wiederaufbauwerk Roosevelts und seine rechtlichen Grundlagen, in: ZIPR 9, 1935, S. 324 f.
Ders., Rechtsgemeinschaft, Bruchteilsgemeinschaft, in: Franz Schlegelberger u. a. (Hg.), Rechtsvergleichendes Handwörterbuch für das Zivil- und Handelsrecht des In- und Auslandes, Bd. 5, Berlin 1936, S. 743-761.
Besselmann, Friedrich, Deutsches interlokales Ehescheidungsrecht. Zur Scheidung von Ehen zwischen deutschen Staatsangehörigen und Protektoratsangehörigen, in: Zeitschrift der Akademie für Deutsches Recht 8, 1941, S. 145-149.
Ders., Die örtliche Zuständigkeit für die Kindesannahme im internationalen, interlokalen und interpersonalen Recht, in: Zeitschrift der Akademie für Deutsches Recht 11, 1944, S. 126-128.
Bley, Erich, Klagrecht und rechtliches Interesse, Leipzig 1923.
Ders., Rezension zu Robert Neuner, Grundriß des tschechoslowakischen Zivilprozeßrechts, in: ZIPR 10, 1936, S. 1052 f.
Blomeyer, Arwed, Zur Frage der Abgrenzung von vergleichender Rechtswissenschaft und Rechtsphilosophie, in: ZIPR 8, 1934, S. 1-16.
Ders. u. a., Schuldverhältnis, in: Franz Schlegelberger u. a. (Hg.), Rechtsvergleichendes Handwörterbuch für das Zivil- und Handelsrecht des In- und Auslandes, Bd. 7, Berlin 1940, S. 272-349.
Borchardt, Oscar, Die geltenden Handelsgesetze des Erdballs, Bde. 1,1-10, Berlin 1883-1886; fortgesetzt: ders./Josef Kohler (Hg.), Die Handelsgesetze des Erdballs, Bde. 1-14, Berlin 1912-1914.
Boschan, Siegfried, Die Tätigkeit der deutschen Konsulate in Vormundschafts- und Pflegesachen, in: ZIPR 10, 1936, S. 89-96.
Brandis, Ernst/Maßfeller, Franz, Das neue Personenstandsgesetz vom 3. November 1937, Berlin 1937.
Breer, Franz, Die Anwendung sowjetrussischen Rechts in der Praxis der deutschen, englischen und französischen Gerichte, Würzburg 1933.
Brodmann, Erich, Das belgische Gesetz über Gesellschaften m. b. H. (Société de personnes à responsabilité limitée), in: ZIPR 9, 1935, S. 867-875.
Caemmerer, Ernst von, Gesetzliche Erbfolge der Verwandten, in: Franz Schlegelberger u. a. (Hg.), Rechtsvergleichendes Handwörterbuch für das Zivil- und Handelsrecht des In- und Auslandes, Bd. 3, Berlin 1931, S. 762-781.
Ders., Haftung für Aufsichtsbedürftige, in: Franz Schlegelberger u. a. (Hg.), Rechtsvergleichendes Handwörterbuch für das Zivil- und Handelsrecht des In- und Auslandes, Bd. 4, Berlin 1933, S. 55-59.

Ders., Haftung für Gebäudeeinsturz, in: Franz Schlegelberger u. a. (Hg.), Rechtsvergleichendes Handwörterbuch für das Zivil- und Handelsrecht des In- und Auslandes, Bd. 4, Berlin 1933, S. 77-81.
Ders., Höhere Gewalt, in: Franz Schlegelberger u. a. (Hg.), Rechtsvergleichendes Handwörterbuch für das Zivil- und Handelsrecht des In- und Auslandes, Bd. 4, Berlin 1933, S. 239-267.
Ders., Internationales Personenrecht, in: Franz Schlegelberger u. a. (Hg.), Rechtsvergleichendes Handwörterbuch für das Zivil- und Handelsrecht des In- und Auslandes, Bd. 4, Berlin 1933, S. 346-359.
Ders., Rechtsvergleichung und Reform der Fahrnisübereignung, in: ZIPR 12, 1938/1939, S. 675-713.
Chamberlain, J. P., Die Entwicklung des Gesetzesrechts in den Vereinigten Staaten 1926, in: ZIPR 1, 1927, S. 794-810.
Conrad, Johannes (Hg.), Handwörterbuch der Staatswissenschaften, Jena 1890-1897; 3. Aufl., 1909; 4. Aufl., 1923.
Cüny, Anneliese, Der Tarifvertrag in der faschistischen Arbeitsverfassung im Vergleich mit dem deutschen Tarifrecht, Berlin 1939.
Dahl, Frantz, Geschichte der dänischen Rechtswissenschaft in ihren Grundzügen, Leipzig 1940.
Dahm, Georg, Der Methodenstreit in der heutigen Strafrechtswissenschaft, in: Zeitschrift für die gesamte Staatsrechtswissenschaft 57, 1938, S. 225-294.
Ders./Schaffstein, Friedrich, Methode und System des neuen Strafrechts, Berlin 1937.
Dalloz Répertoire de législation de doctrine et de Supplément au Répertoire pratique de législation de doctrine et de jurisprudence, Bde. 1-12, Paris 1910-1926; Supplementbde. 1-3, 1927-1931.
Dantine, Alphonse, Gesetzgebung, Rechtsprechung und Schrifttum in Belgien im Jahre 1927, in: ZIPR 2, 1928, S. 904-928.
Das Bürgerliche Gesetzbuch mit besonderer Berücksichtigung der Rechtsprechung des Reichsgerichts (Kommentar von Reichsgerichtsräten), Bde. 1-3, 9. Aufl., Berlin 1939.
Das neue deutsche Reichsrecht. Ergänzbare Sammlung des geltenden Rechts seit dem Ermächtigungsgesetz mit Erläuterungen, hg. von Hans Pfundtner Berlin o.J. [1933 ff.].
Demelius, Heinrich, Übersicht über die Zivilrechtssprechung des österreichischen Obersten Gerichtshofes im Jahre 1936, in: ZIPR 12, 1938/1939, S. 247-284.
Denkschrift Himmlers zur Behandlung der Fremdvölkischen im Osten (Mai 1940), in: Vierteljahrshefte für Zeitgeschichte 5, 1957, S. 194-198.
Deutsche Landesreferate zum Internationalen Kongreß für Rechtsvergleichung im Haag 1932 (Sonderveröffentlichung ZIPR 6, 1932), teilweiser Nachdruck in: Ernst Rabel, Gesammelte Aufsätze, Bd. 3: Arbeiten zur Rechtsvergleichung und zur Rechtsvereinheitlichung, 1919-1954, hg. von Hans G. Leser, Tübingen 1967, S. 92-137.
Deutsche Landesreferate zum Internationalen Kongreß für Rechtsvergleichung im Haag 1937, hg. von Ernst Heymann. Berlin 1937 (Sonderheft ZIPR 11, 1937).
Die deutsche Rechtsprechung auf dem Gebiet des Internationalen Privatrechts, hg. vom KWI für ausländisches und internationales Privatrecht, Berlin 1926 ff. (Sonderveröffentlichung ZIPR).
Dix, Helmuth, Rezension zu »Die Zivilgesetze der Gegenwart, Bd. 10: Die nordischen Länder«, in: ZIPR 9, 1935, S. 303-306.
Docan, Georges P., Der Verlagsvertrag nach rumänischem Recht, in: ZIPR 11, 1937, S. 53-76.
Dölle, Hans, Lehrbuch des Reichserbhofrechts, München 1935.

Ders., Vorwort des Herausgebers, in: ZIPR 15, 1949/1950, S. 2-4.

Ders., Fünfundzwanzig Jahre Institut für ausländisches und internationales Privatrecht, in: ZIPR 16, 1951, S. 337-339.

Ders., Vorwort, in: Ernst Rabel, Das Recht des Warenkaufs. Eine rechtsvergleichende Darstellung, Bd. 2, Berlin 1958 (Sonderveröffentlichung ZIPR 23, 1956), S. III f.

Ders., Max-Planck-Institut für ausländisches und internationales Privatrecht in Hamburg, in: Jahrbuch der Max-Planck-Gesellschaft zur Förderung der Wissenschaften, hg. von der Generalverwaltung der Max-Planck-Gesellschaft, Göttingen 1961, Bd. 2, S. 644-661.

Ders./Max Rheinstein/Konrad Zweigert (Hg.), Festschrift für Ernst Rabel, 2 Bde., Tübingen 1954.

Dorn, Herbert, Rezension zu Ernst Isay, Internationales Finanzrecht, in: ZIPR 8, 1934, S. 664-678.

Ders., Rezension zu Gustav Lippert, Deutsch, englisch, französisch abgefaßtes Rechtswörterbuch des Internationalen Finanzrechts, in: ZIPR 10, 1936, S. 702-704.

Dresler, Adolf, Ausbau der deutsch-italienischen Rechtsbeziehungen an historischer Stätte, in: Zeitschrift der Akademie für Deutsches Recht 8, 1941, S. 65 f.

Duden, Konrad, Der Rechtserwerb vom Nichtberechtigten an beweglichen Sachen und Inhaberpapieren im deutschen internationalen Privatrecht, Berlin 1934 (Beiträge zum ausländischen und internationalen Privatrecht 8).

Ders., Der Rechtserwerb vom Nichtberechtigten an beweglichen Sachen und Inhaberpapieren im deutschen internationalen Privatrecht (Selbstanzeige), in: ZIPR 8, 1934, S. 642 f.

Ders., Französische Urteile über Umgehungen der deutschen Devisengesetze, in: ZIPR 11, 1937, S. 291 f.

Eckstein, Felix, Die Frage des anzuwendenden Kollisionsrechts, in: ZIPR 8, 1934, S. 81-120.

Ders., Das englische Konkursrecht, Berlin 1935 (Beiträge zum ausländischen und internationalen Privatrecht 10).

Ders., Das englische Konkursrecht (Selbstanzeige), in: ZIPR 10, 1936, S. 411 f.

Ders., Mündelsicherheit, in: Franz Schlegelberger u. a. (Hg.), Rechtsvergleichendes Handwörterbuch für das Zivil- und Handelsrecht des In- und Auslandes, Bd. 5, Berlin 1936, S. 369-377.

Eger, Otto, Rezension zu Ernst Swoboda, Die Neugestaltung der Grundbegriffe unseres bürgerlichen Rechts, ihrer Bedeutung für die Gegenwart und für das Privatrecht der Zukunft, in: ZIPR 9, 1935, S. 801.

Elster, Alexander, Zur Ontologie des Urheberpersönlichkeits- und Urhebervermögensrechts, in: ZIPR 6, 1932, S. 903-925.

Ders., Was heißt und bedeutet Übertragung des Urheberrechts oder des Erfinderrechts?, in: ZIPR 8, 1934, S. 321-341.

Ders., Gewerbliches Schutzrecht zur Lösung strittiger urheberrechtlicher Grundsatzfragen. (Auf rechtsvergleichender Grundlage), in: ZIPR 9, 1935, S. 364-383.

Ders., Das Änderungsrecht des Verlegers und des Herausgebers nach deutschem und österreichischem Recht, in: ZIPR 10, 1936, S. 724-732.

Ders., Persönlichkeit und Sozialgebundenheit im Urheberrecht nach deutscher und französischer Auffassung, in: ZIPR 11, 1937, S. 528-541.

Ders./Fritz Stier-Somlo (Hg.), Handwörterbuch der Rechtswissenschaft, Bde. 1-8, Berlin 1926-1937.

Elster, Ludwig (Hg.), Wörterbuch der Volkswirtschaft, Bde. 1-3, Jena 1931-1933.

Emge, Carl August, Aus einem rechtshistorischen Journal, in: Festschrift Ernst Hey-

mann zu seinem 70. Geburtstag am 6. April 1940, hg. von Albert Brackmann u. a., Weimar 1940, Bd. 1, S. 47-66.
Erbe, Walter, Der Gegenstand der Rechtsvergleichung, in: ZIPR 14, 1942, S. 196-226.
Escarra, Jean u. a., La Doctrine Française du Droit d'Auteur, Paris 1937.
Esmein, Paul, Gesetzgebung, Rechtsprechung und Schrifttum in Frankreich im Jahre 1926, in: ZIPR 1, 1927, S. 268-338.
Ders., Gesetzgebung, Rechtsprechung und Schrifttum in Frankreich im Jahre 1927, in: ZIPR 2, 1928, S. 637-729.
Festschrift Ernst Heymann zu seinem 70. Geburtstag am 6. April 1940, 2 Bde., hg. von Albert Brackmann u. a., Weimar 1940.
Ficker, Hans, G., Rezension zu Alexandre C. Angelesco, La Technique Législative en Matière de Codification Civile, in: ZIPR 7, 1933, S. 177-179.
Ders., Die Ansprüche der Hinterbliebenen aus tödlichen Verkehrsunfällen nach englischem Recht. Ein Beitrag zum englischen Recht der Verkehrshaftpflicht, in: ZIPR 8, 1934, S. 376-450.
Fragistas, Charalambos N., Das Eherecht im Entwurf des griechischen BGB, in: ZIPR 9, 1935, S. 384-404.
Ders., Das Anfechtungsrecht der Gläubiger im internationalen Privatrecht, in: ZIPR 12, 1938/1939, S. 452-464.
Frank, Hans, Die Internationale Rechtskammer, in: Zeitschrift der Akademie für Deutsches Recht 8, 1941, S. 137 f.
Frankenstein, Ernst, Internationales Privatrecht, Bde. 1-4, Berlin 1926-1935.
Freund, Heinrich (Hg.), Das Zivilrecht der Sowjetunion, Mannheim 1927 (Die Zivilgesetze der Gegenwart 6).
Friedmann, Wolfgang Gaston, Die Bereicherungshaftung im angloamerikanischen Rechtskreis in Vergleichung mit dem deutschen bürgerlichen Recht, Berlin 1930 (Beiträge zum ausländischen und internationalen Privatrecht 3).
Fritzsche, Hans, Gesetzgebung und Rechtsprechung in der Schweiz auf dem Gebiete des Zivilprozeßrechts. Einführung in den Bericht über 1926, in: ZIPR 1, 1927, S. 379-421.
Ders./Alice Pestalozzi, Zivilprozeßrecht und internationales Privatrecht der Schweiz im Jahre 1937, in: ZIPR 12, 1938/1939, S. 577-604.
Gahnz, Kurt, Der Korporativismus als Vermittler zwischen Staat und Gesellschaft in Italien, Berlin 1939.
Gieseke, Paul, Rezension zu Johannes C. D. Zahn, Wirtschaftsführertum und Vertragsethik im neuen Aktienrecht, in: ZIPR 11, 1937, S. 737.
Glum, Friedrich, Zwischen Wissenschaft, Wirtschaft und Politik. Erlebtes und Erdachtes in vier Reichen, Bonn 1964.
Goldschmidt, Hans, Gesetzgebung Englands 1926, in: ZIPR 1, 1927, S. 751-754.
Goldschmidt, Siegfried u. a. (Hg.), Das Zivilrecht Englands in Einzeldarstellungen. Erster Teil, Mannheim 1931 (Die Zivilgesetze der Gegenwart 2).
Griolet, Gaston (Hg.), Dictionnaire Pratique de Droit, Bde. 1-3,2, Paris 1902-1917.
Günther, Kurt, Das Privatrecht in Dänemark, in: ZIPR 13, 1940/1941, S. 122-143.
Gutzwiller, Max, Internationalprivatrecht, Berlin 1930.
Ders., Deutsches Internationalprivatrecht, in: ZIPR 6, 1932, S. 74-103.
Ders., Rezension zu Arthur Nussbaum, Deutsches internationales Privatrecht, in: ZIPR 8, 1934, S. 652-659.
Ders., Rezension zu Horst Müller, Der Grundsatz des wohlerworbenen Rechts im internationalen Privatrecht. Geschichte und Kritik, in: ZIPR 10, 1936, S. 1056-1066.
Haab, Robert, Gesetzgebung und Rechtsprechung der Schweiz, betr. Privatrecht, Ar-

beitsrecht, gewerblichen Rechtsschutz, Zwangsvollstreckung und Konkurs. Einführung in den Bericht über 1926, in: ZIPR 1, 1927, S. 395-421.

Ders., Rezension der »Basler Studien zur Rechtswissenschaft«, in: ZIPR 7, 1933, S. 476-479.

Ders./Max Staehlin, Gesetzgebung der Schweiz betreffend Privatrecht, Arbeitsrecht, gewerblichen Rechtsschutz und Urheberrecht, Zwangsvollstreckung und Konkurs im Jahre 1937, in: ZIPR 12, 1938/1939, S. 577-604.

Hakulinen, Yrjö J., Die finnische Aktienrechtsnovelle vom 15. November 1935, in: ZIPR 10, 1936, S. 97-100.

Ders., Finnische Gesetzgebung in den Jahren 1936 und 1937, in: ZIPR 12, 1938/1939, S. 115-132.

Hallstein, Walter, Der Lebensversicherungsvertrag im Versailler Vertrag, Diss. iur., Berlin 1925; erschienen in Marburg 1926.

Ders., Der Lebensversicherungsvertrag im Versailler Vertrag (Selbstanzeige), in: ZIPR 2, 1928, S. 312-316.

Ders., Entwurf zur Änderung des niederländischen Gesetzes über die Aktiengesellschaft vom 2. Juli 1928, in: ZIPR 2, 1928, S. 1008.

Ders., Anerbenrecht, in: Franz Schlegelberger u. a. (Hg.), Rechtsvergleichendes Handwörterbuch für das Zivil- und Handelsrecht des In- und Auslandes, Bd. 2, Berlin 1929, S. 184-196.

Ders., Anfall der Erbschaft, in: Franz Schlegelberger u. a. (Hg.), Rechtsvergleichendes Handwörterbuch für das Zivil- und Handelsrecht des In- und Auslandes, Bd. 2, Berlin 1929, S. 196-199.

Ders., Annahme und Ausschlagung der Erbschaft, in: Franz Schlegelberger u. a. (Hg.), Rechtsvergleichendes Handwörterbuch für das Zivil- und Handelsrecht des In- und Auslandes, Bd. 2, Berlin 1929, S. 221-232.

Ders., Anwachsung im Erbrecht, in: Franz Schlegelberger u. a. (Hg.), Rechtsvergleichendes Handwörterbuch für das Zivil- und Handelsrecht des In- und Auslandes, Bd. 2, Berlin 1929, S. 237-242.

Ders., Die Änderung des Bilanzrechts des niederländischen Gesetzes über die Aktiengesellschaften (Gesetz vom 25. Juni 1929), in: ZIPR 3, 1929, S. 991 f.

Ders., Dreißigster, in: Franz Schlegelberger u. a. (Hg.), Rechtsvergleichendes Handwörterbuch für das Zivil- und Handelsrecht des In- und Auslandes, Bd. 2, Berlin 1929, S. 684.

Ders., Die Aktienrechte der Gegenwart. Gesetze und Entwürfe in rechtsvergleichender Darstellung, hg. vom Reichsministerium der Justiz und vom KWI für ausländisches und internationales Privatrecht, Berlin 1931.

Ders., Gesetzliche Erbfolge der Ehegatten, in: Franz Schlegelberger u. a. (Hg.), Rechtsvergleichendes Handwörterbuch für das Zivil- und Handelsrecht des In- und Auslandes, Bd. 3, Berlin 1931, S. 786-807.

Ders., Das Aktienrecht des jugoslawischen Handelsgesetzentwurfs, in: ZIPR 8, 1934, S. 33-76.

Ders., Miterben, in: Franz Schlegelberger u. a. (Hg.), Rechtsvergleichendes Handwörterbuch für das Zivil- und Handelsrecht des In- und Auslandes, Bd. 5, Berlin 1936, S. 353-369.

Ders., Pflichtrechtsteil, in: Franz Schlegelberger u. a. (Hg.), Rechtsvergleichendes Handwörterbuch für das Zivil- und Handelsrecht des In- und Auslandes, Bd. 5, Berlin 1936, S. 622-635.

Ders., Die Gesellschaft mit beschränkter Haftung in den Auslandsrechten, verglichen mit dem deutschen Recht, in: ZIPR 12, 1938/1939, S. 341-451.

Ders., Schuldenhaftung der Erben, in: Franz Schlegelberger u. a. (Hg.), Rechtsvergleichendes Handwörterbuch für das Zivil- und Handelsrecht des In- und Auslandes, Bd. 7, Berlin 1940, S. 233-250.
Ders., Wiederherstellung des Privatrechts, Heidelberg 1946.
Ders., Wissenschaft und Politik. Festrede des derzeitigen Rektors Walter Hallstein, Ansprache des Kanzlers der Universität Chicago, Robert M. Hutchins, beim akademischen Festakt aus Anlaß der Hundertjahrfeier der Nationalversammlung am 18. Mai 1949, Frankfurt/Main 1949.
Hamel, Walter, Rezension zu Joachim von Spindler, Wanderungen gewerblicher Körperschaften von Staat zu Staat, in: ZIPR 7, 1933, S. 995-999.
Harper, Fowler V., Das »Restatement of Conflict of Laws« des amerikanischen »Law Institute«, in: ZIPR 9, 1935, S. 821-854.
Hedemann, Justus Wilhelm, Grundzüge des Wirtschaftsrechts, Mannheim 1922.
Ders., Rechtsvergleichung, Rechtsannäherung?, in: Zeitschrift der Akademie für Deutsches Recht 4, 1937, S. 516.
Ders., Der Vertrag und die veränderten Umstände. Deutsch-italienische Studie, in: ZIPR 12, 1938/1939, S. 714-733.
Ders., Rezension zu Heinrich Lange, Die Ordnung der gesetzlichen Erbfolge. 2. Denkschrift des Erbrechtsausschusses der Akademie für Deutsches Recht, in: ZIPR 12, 1938/1939, S. 323-325.
Ders., Deutsches Wirtschaftsrecht. Ein Grundriß, Berlin 1939.
Ders., Deutsches Wirtschaftsrecht (Selbstanzeige), in: ZIPR 13, 1940/1941, S. 278-280.
Ders., Der historische Wert der Studien Ernst Heymanns zum Recht der militärischen Kriegswirtschaft (Weltkrieg 1914/1918), in: Festschrift Ernst Heymann zu seinem 70. Geburtstag am 6. April 1940, hg. von Albert Brackmann u. a., Weimar 1940, Bd. 2, S. 1-46.
Ders., Das neue italienische Obligationenrecht, in: Zeitschrift der Akademie für Deutsches Recht 8, 1941, S. 305-308.
Ders., Der Großraum als Problem des Wirtschaftsrechts, in: Deutsche Rechtswissenschaft 6, 1941, S. 180-203.
Ders., Wert der Entwürfe. Arbeit am Volksgesetzbuch, in: Zeitschrift der Akademie für Deutsches Recht 10, 1943, S. 3-6.
Ders., Das Volksgesetzbuch der Deutschen, in: Werner Schubert (Hg.), Volksgesetzbuch. Teilentwürfe, Arbeitsberichte und sonstige Materialien, Berlin 1988, Bd. 3/1, S. 445-497.
Heinsheimer, Karl u. a. (Hg.), Frankreich, Code Civil. Erste Hälfte, Mannheim 1928 (Die Zivilgesetze der Gegenwart 1/1).
Ders. u. a. (Hg.), Frankreich, Code Civil. Sonderdruck der Art. 1101-2070. Mannheim 1932 (Die Zivilgesetze der Gegenwart 1/2).
Herschel, Wilhelm, Rechtliche Bedeutung der bäuerlichen Schollenverbundenheit, in: Zeitschrift der Akademie für Deutsches Recht 9, 1942, S. 169.
Hesse, (Obertribunalrichter Dr.), Die Entwicklung des Privatrechts im Memelgebiet, in: ZIPR 1, 1927, S. 678-709.
Ders., Die privatrechtliche Gesetzgebung und Rechtsprechung im Memelgebiet in den Jahren 1936 und 1937, in: ZIPR 12, 1938/1939, S. 115-132.
Herzfeld, Ignaz, Kauf und Darlehen im internationalen Privatrecht, Basel 1933.
Heymann, Ernst, Die Rechtsfragen der militärischen Kriegswirtschaft als Grundlage des neuen deutschen Industrierechts, Marburg 1921.
Ders., Die Beziehungen des Handelsrechts zum Zivilrecht. Referat zum Haager Internationalen Kongress für Rechtsvergleichung, Berlin 1932.

Ders., Der II. Internationale Kongreß für Rechtsvergleichung im Haag 1937, in: Deutsches Recht. Zentralorgan des National-Sozialistischen Rechtswahrerbundes 7, 1937, S. 389-396.

Ders. (Hg.), Generalreferate zum öffentlichen Recht auf dem II. Internationalen Kongreß für Rechtsvergleichung im Haag, Berlin 1937.

Ders., Verlagsrechtsfragen, in: ZIPR 11, 1937, S. 2-39.

Ders., Vorwort, in: ZIPR 11, 1937, S. 1.

Ders., Rezension zu Anneliese Cüny, Der Tarifvertrag in der faschistischen Arbeitsverfassung im Vergleich mit dem deutschen Tarifrecht und Marie Luise Hilger, Die Arbeitsbedingungen im französischen Arbeitsrecht, ein Beitrag zum System der französischen Arbeitsverfassung, in: ZIPR 12, 1938/1939, S. 917.

Ders., Rezension zu Jean-Paulin Niboyet, Traité de Droit International Privé Français, Bd. 1-2, in: ZIPR 12, 1938/1939, S. 911-914.

Ders., Rezension zum »Rechtsvergleichenden Handwörterbuch für das Zivil- und Handelsrecht«, Bd. 4, in: ZIPR 12, 1938/1939, S. 648-653.

Ders., Rezension zum Bürgerlichen Gesetzbuch, hg. von Otto Palandt, in: ZIPR 13, 1940/1941, S. 275-277.

Ders., Rezension zu Carl Seydelmann, Die Gestaltung des Aktienrechts in Deutschland und England. Ein Beitrag zur Frage der Freiheit oder Bindung im Aktienrecht, in: ZIPR 13, 1940/1941, S. 697 f.

Ders., Rezension zu »Das Bürgerliche Gesetzbuch mit besonderer Berücksichtigung der Rechtsprechung des Reichsgerichts« Bde. 1-3, in: ZIPR 13, 1940/1941, S. 273 f.

Ders., Rezension zur Festschrift Ernst Heymann zu seinem 70. Geburtstag am 6. April 1940, in: ZIPR 13, 1940/1941, S. 260-272.

Ders., Rezension zu Frantz Dahl, Geschichte der dänischen Rechtswissenschaft in ihren Grundzügen, in: ZIPR 13, 1940/1941, S. 976.

Ders., Heinrich Titze zum 23. Oktober 1942, in: ZIPR 14, 1942, S. V-VIII.

Hilger, Marie Luise, Die Arbeitsbedingungen im französischen Arbeitsrecht, ein Beitrag zum System der französischen Arbeitsverfassung, Berlin 1939.

Höhn, Reinhard, Rechtsgemeinschaft und Volksgemeinschaft, Hamburg 1935.

Ders./Theodor Maunz/Ernst Swoboda, Grundfragen der Rechtsauffassung, Berlin 1938.

Hoffmann, Willy (Red.), Die Berner Übereinkunft zum Schutze von Werken der Literatur und Kunst, vom 9. September 1886, revidiert in Berlin am 13. November 1908 und in Rom am 2. Juni 1928, Berlin 1935.

Holtzendorff, Franz von (Hg.), Rechtslexikon. Bde. 1-3/2, Leipzig 1880/1881.

Hubernagel, Gerhard, Das interlokale und interpersonale Privatrecht im großdeutschen Raum, Berlin 1942.

Hueck, Alfred u. a., Das Gesetz zur Ordnung der nationalen Arbeit mit sämtlichen Durchführungsverordnungen und dem Gesetz zur Ordnung der Arbeit in öffentlichen Verwaltungen und Betrieben mit seinen Durchführungsverordnungen, München 1937.

Huecking, Werner, Rezension zu Hans-Otto de Boor, Die Methode des englischen Rechts und die deutsche Rechtsreform, in: ZIPR 9, 1935, S. 320.

Husserl, Gerhard, Ernst Rabel – Versuch einer Würdigung, in: Juristenzeitung 11, 1956, Nr. 13 vom 5.7.1956, S. 385-392, 430-434.

Isay, Ernst, Internationales Finanzrecht. Eine Untersuchung über die äußeren Grenzen der staatlichen Finanzgewalt, Stuttgart 1934.

Jacobi, Ernst, Lorenzo Mossas Wechselrechtstheorie, in: ZIPR 7, 1933, S. 280-293.

Kaden, Erich Hans (Hg.), Bibliographie der rechtsvergleichenden Literatur 1870-1928, Berlin 1930.

Ders., Rezension zu Franz Leske/William Loewenfeld, Rechtsverfolgung im internationalen Verkehr, Bd. 4: Das Eherecht der europäischen Staaten und ihrer Kolonien, in: ZIPR 7, 1933, S. 736-739.

Ders., Rezension zu Harriet Spieller Dagget, The Community Property System of Louisiana with Comparative Studies, in: ZIPR 8, 1934, S. 644-646.

Ders., Nichtvermögensrechtlicher Kollektivschaden und zivilrechtliche Schadenersatzklagen von Einzelpersonen nach französischem Zivilrecht, in: ZIPR 9, 1935, S. 565-585.

Katinszky, Ernst, Unterbrechung der Verjährung durch Klageerhebung vor ausländischen Gerichten, in: ZIPR 9, 1935, S. 855-866.

Kegel, Gerhard, Zum Änderungsrecht des Verlegers und Herausgebers, in: ZIPR 11, 1937, S. 94-110.

Ders./Hans Rupp/Konrad Zweigert, Die Einwirkung des Krieges auf Verträge in der Rechtsprechung Deutschlands, Frankreichs, Englands und der Vereinigten Staaten von Amerika, Berlin 1941 (Beiträge zum ausländischen und internationalen Privatrecht 17).

Kessler, Friedrich, Uniform State Laws in den Vereinigten Staaten, in: ZIPR 1, 1927, S. 185-207, 816-866.

Ders., Die Fahrlässigkeit im nordamerikanischen Deliktsrecht unter vergleichender Berücksichtigung des englischen und des deutschen Rechts, Berlin 1932 (Beiträge zum ausländischen und internationalen Privatrecht 2).

Ders., Die Fahrlässigkeit im nordamerikanischen Deliktsrecht (Selbstanzeige), in: ZIPR 7, 1933, S. 171-175.

Klauer, Georg, Das neue italienische Gesetz zum Schutz des gewerblichen Eigentums, in: ZIPR 10, 1936, S. 1-16.

Ders., Die Londoner Konferenz über den gewerblichen Rechtsschutz, in: ZIPR 9, 1935, S. 80-85.

Klausing, Friedrich, Nachtrag zur Besprechung von Wolfgang Siebert, Das rechtsgeschäftliche Treueverhältnis, in: ZIPR 10, 1936, S. 460 f.

Ders., Rezension zu Wolfgang Siebert, Das rechtsgeschäftliche Treueverhältnis. Ein dogmatischer und rechtsvergleichender Beitrag zum allgemeinen Treuhandproblem, in: ZIPR 10, 1936, S. 419-424.

Kleinmann, Staatssekretär, Die Reichsbahn in der Hand der Reichs. Zum 5. Jahrestag der Rückgliederung der Reichsbahn, in: Zeitschrift der Akademie für Deutsches Recht 9, 1942, S. 33-35.

Klot, Burchard von, Lettlands Zivilgesetzbuch vom 28. Januar 1937 in Einzeldarstellungen, Bd. 2/1: Das Rechtsgeschäft, Riga 1940.

Kohler, Josef, Das Recht als Kulturerscheinung. Einleitung in die vergleichende Rechtswissenschaft, Würzburg 1885.

Kohlrausch, Eduard, Die Strafbarkeit der Umgehung des Blutschutzgesetzes, in: Zeitschrift der Akademie für Deutsches Recht 8, 1941, S. 185-188.

Kommentar zum Schweizerischen Zivilgesetzbuch, Bd. 4: Sachenrecht, hg. von Robert Haab, 2. Aufl., Lieferung 1-4, Zürich 1929-1933.

Korkisch, Friedrich, Rechtsprechung des österreichischen Obersten Gerichtshofes in Zivilsachen im Jahre 1935, in: ZIPR 12, 1938/1939, S. 208-246.

Ders., Das Privatrecht im ehemals polnischen Staatsgebiet, in: ZIPR 12, 1938/1939, S. 850-879.

Ders., Rezension zu Gustav Ratzenhofer (Hg.), Recht und Rechtspflege im Lande Österreich, in: ZIPR 12, 1938/1939, S. 666 f.

Ders., Rezension zu Albert Weh, Das Recht des Generalgouvernements, in: ZIPR 13, 1940/1941, S. 728.

Kunkel, Wolfgang, Ernst Rabel als Rechtshistoriker, in: Hans Dölle/Max Rheinstein/Konrad Zweigert (Hg.), Festschrift für Ernst Rabel, Bd. 2, Tübingen 1954, S. 1-6.

Küry, Ernst, Lebensversicherung und Vertrag zu Gunsten Dritter, Basel 1932.

KWI für ausländisches und internationales Privatrecht, Die Besetzung der Richterbänke im Ausland, in: ZIPR 2, 1928, S. 513-524.

Dass., Rezension zu Arthur Nussbaum, Vertraglicher Schutz gegen Schwankungen des Geldwertes, in: ZIPR 2, 1928, S. 771.

Dass., Sechste Haager Konferenz für internationales Privatrecht, in: ZIPR 2, 1928, S. 485-489.

Dass. (Hg.), Rapport sur le Droit Comparé en Matière de Vente par l'Institut für ausländisches und internationales Privatrecht de Berlin, Rom 1929.

Dass., Rezension zu Erich Hans Kaden (Hg.), Bibliographie der rechtsvergleichenden Literatur, in: ZIPR 4, 1930, S. 432.

Dass., Kaufvertrag, in: Franz Schlegelberger u. a. (Hg.), Rechtsvergleichendes Handwörterbuch für das Zivil- und Handelsrecht des In- und Auslandes, Bd. 4, Berlin 1933, S. 727-770.

Dass., Das deutsche Privatrecht seit der nationalsozialistischen Revolution, in: ZIPR 9, 1935, S. 274.

Dass., Rezension zu Atti del Convegno Italo-Ungherese dei Studi sullo Stato Fascista, in: ZIPR 11, 1937, S. 974.

Dass., Rezension zu Hellmut Georg Isele, Familie und Familienerbe, in: ZIPR 11, 1937, S. 955.

Dass./Konrad Duden, Die internationalrechtliche Tragweite des amerikanischen Gesetzes über die Aufhebung der Goldklauseln, in: ZIPR 9, 1935, S. 615-632.

Dass./Konrad Duden, Neue Urteile über Goldklauseln, in: ZIPR 9, 1935, S. 891-918.

Dass./Konrad Duden, Neue Gesetze und Urteile über Währung und Goldklauseln, in: ZIPR 11, 1937, S. 265-290.

Dass./Ernst Heymann, Jahresbericht 1940/1941, Berlin 1941.

Dass./Herbert Müller, Deutsche Landesreferate zum II. Internationalen Kongreß für Rechtsvergleichung im Haag 1937, in: ZIPR 11, 1937, S. 720-723, 726-737.

Dass./Clemens Schlink, Die internationalprivatrechtliche Behandlung der Verjährung in den Vereinigten Staaten, in: ZIPR 9, 1935, S. 418-427.

Dass./Wilhelm Wengler, Neue Gesetze und Urteile über Goldklauseln, in: ZIPR 10, 1936, S. 385-398.

Dass./Konrad Zweigert, Deutsche Landesreferate zum II. Internationalen Kongreß für Rechtsvergleichung im Haag 1937, in: ZIPR 11, 1937, S. 723-725.

Dass. u. a. (Hg.), Das Zivilrecht der nordischen Länder. Dänemark, Finnland, Island, Norwegen, Schweden, Teil 1: Das Zivilrecht Finnlands und Schwedens, 4 Lieferungen, Mannheim 1933-1939 (Die Zivilgesetze der Gegenwart 4).

Lange, Heinrich, Die Ordnung der gesetzlichen Erbfolge. 2. Denkschrift des Erbrechtsausschusses der Akademie für Deutsches Recht, Tübingen 1938.

Leske, Franz/William Loewenfeld, Rechtsverfolgung im internationalen Verkehr, Bd. 4: Das Eherecht der europäischen Staaten und ihrer Kolonien, Berlin 1932/1933.

Leverkuehn, Paul, Rezension zu Johannes C. D. Zahn, The Trustee in German-American Industrial Loans, in: ZIPR 7, 1933, S. 185 f.

Letzgus, Ernst, Eine Ehenichtigkeitsklage mit internationalprivatrechtlichem Einschlag, in: ZIPR 8, 1934, S. 310-319.

Lewald, Hans, Das deutsche internationale Privatrecht auf Grundlage der Rechtsprechung, Berlin 1931.

Lippert, Gustav, Das internationale Finanzrecht. Eine systematische Darstellung, Triest 1912.
Ders. (Hg.), Handbuch des internationalen Finanzrechts, Wien 1928.
Llewellyn, Karl Nickerson, Präjudizienrecht und Rechtsprechung in Amerika. Eine Spruchauswahl mit Besprechung, Leipzig 1933.
Löning, George A., Die Ehescheidung von Isländern vor deutschen Gerichten, in: ZIPR 9, 1935, S. 405-417.
Lorenzen, Ernest G., Probleme des internationalen Erbrechts in den Vereinigten Staaten, in: ZIPR 7, 1933, S. 495-525.
Ders., Rezension zu Annemarie Hinrichsen, Die lex loci contractus im amerikanischen Internationalprivatrecht, in: ZIPR 8, 1934, S. 661 f.
Luther, Gerhard, Belgische Gesetzgebung in den Jahren 1936 und 1937, in: ZIPR 12, 1938/1939, S. 809-849.
Ders., Die Neugestaltung des italienischen Privatrechts, in: ZIPR 13, 1940/1941, S. 638-645.
Ders., Rechtsvergleichende Betrachtungen zur Personenrechtsreform, in: ZIPR 13, 1940/1941, S. 371-409.
Ders., Rezension zu Helmut Vollweiler, Der Staats- und Wirtschaftsaufbau im faschistischen Italien, in: ZIPR 13, 1940/1941, S. 290-292.
Ders., Zur Neuordnung des italienische Codice Civile, in: Werner Schubert (Hg.), Volksgesetzbuch. Teilentwürfe, Arbeitsberichte und sonstige Materialien, Berlin 1988, Bd. 3/1, S. 337-342.
Ders./Peter Kröber, Italienische Gesetzgebung 1936, in: ZIPR 12, 1938/1939, S. 139-165.
Macris, Themistokles D., Die Grundgedanken für die Ausarbeitung des Entwurfs eines griechischen Zivilgesetzbuchs, in: ZIPR 9, 1935, S. 586-614.
Magnus, Julius (Hg.), Tabellen zum internationalen Recht, Berlin 1926 ff.
Makarov, Alexander N., Rezension zu Franz Breer, Die Anwendung sowjetrussischen Rechts in der Praxis der deutschen, englischen und französischen Gerichte, in: ZIPR 8, 1934, S. 882.
Ders., Das Privat- und Wirtschaftsrecht der Sowjet-Union, in: ZIPR 13, 1940/1941, S. 754-799.
Mallmann, Walter, Idee und Ordnung des Reiches, in: Zeitschrift der Akademie für Deutsches Recht 9, 1942, S. 273-275.
Mannl, Horst, Die Verletzung von Formvorschriften im internationalen Privatrecht, in: ZIPR 11, 1937, S. 786-806.
Maridakis, Georg S., Die internationalprivatrechtlichen Bestimmungen im Entwurf eines griechischen bürgerlichen Gesetzbuches, in: ZIPR 11, 1937, S. 111-130.
Melchior, George, Grundlagen des deutschen internationalen Privatrechts, Berlin 1932.
Messina, Salvatore, Natur und Merkmale der faschistischen Kodifikation, in: Zeitschrift der Akademie für Deutsches Recht 8, 1941, S. 285 f.
Meyer, Herbert, Rasse und Recht bei den Germanen und Indogermanen, Weimar 1937.
Ders., Ehe und Eheauffassung der Germanen, in: Festschrift Ernst Heymann zu seinem 70. Geburtstag am 6. April 1940, hg. von Albert Brackmann u. a., Weimar 1940, Bd. 1, S. 1-51.
Meyer-Collings, Joachim J., Die niederländische Rechtsprechung auf dem Gebiete des internationalen Privatrechts in den Jahren 1933-1936, in: ZIPR 11, 1937, S. 194-242.
Miranda, Francisco C. Pontes de (Hg.), Brasilien. Codigo Civil, Mannheim 1928 (Die Zivilgesetze der Gegenwart 3).
Mitteis, Heinrich, Rezension zu Justus Wilhelm Hedemann, Fortschritte des Zivilrechts im XIX. Jahrhundert, in: ZIPR 10, 1936, S. 412-415.

Mitteis, Ludwig, Reichsrecht und Volksrecht in den östlichen Provinzen des römischen Kaiserreichs, Leipzig 1891 (Nachdruck 1935, 1963).
Möhring, Philipp, Rezension zu » Die Berner Übereinkunft zum Schutze von Werken der Literatur und Kunst«, in: ZIPR 9, 1935, S. 805-807.
Molitor, Erich, Rezension zu Giovanni Carrara, Corso di Diritto Argrario, Bd. 1/2, in: ZIPR 12, 1938/1939, S. 664-666.
Mommsen, Theodor, Begrüßung Adolf von Harnacks in der Preußischen Akademie, in: Adolf von Harnack, Ausgewählte Reden und Aufsätze, Berlin 1951, S. 7 f.
Mueller, Rudolf, Der renvoi im Recht der Vereinigten Staaten von Amerika. Vergleichung des Restatement mit Rechtsprechung und Schrifttum, in: ZIPR 6, 1932, S. 727-740.
Ders., Der Erbfall nach dem Recht der Vereinigten Staaten und die deutsche Nachlaßbesteuerung, in: ZIPR 7, 1933, S. 808-849.
Ders., Die Geschäftsfähigkeit natürlicher Personen in der internationalprivatrechtlichen Rechtsprechung der Vereinigten Staaten, in: ZIPR 8, 1934, S. 885-896.
Müller, Herbert, Rezension zu Fritz Reu, Die staatliche Zuständigkeit im Internationalen Privatrecht, in: ZIPR 11, 1937, S. 962-967.
Neumeyer, Karl, Internationales Privatrecht, Berlin 1923.
Neuner, Robert, Einführende Bemerkungen zum Restatement of the Law of Contracts, in: ZIPR 5, 1931, S. 32-56.
Ders., Der Sinn der international-privatrechtlichen Norm. Eine Kritik der Qualifikationstheorie, Leipzig 1932.
Ders., Der Sinn der international-privatrechtlichen Norm (Selbstanzeige), in: ZIPR 7, 1933, S. 733-735.
Ders., Zur internationalrechtlichen Behandlung synallagmatischer Verträge, in: ZIPR 7, 1933, S. 850-854.
Ders., Die Anknüpfung im internationalen Privatrecht, in: ZIPR 8, 1934, S. 81-120.
Nußbaum, Arthur, Vertraglicher Schutz gegen Schwankungen des Geldwertes. Goldklauseln und andere Abreden zur Minderung des Valutarisikos, Berlin 1928 (Beiträge zum ausländischen und internationalen Privatrecht 11).
Ders., Deutsches internationales Privatrecht. Unter besonderer Berücksichtigung des österreichischen und schweizerischen Rechts, Tübingen 1932 (Nachdruck Aalen 1974).
Opera Academiae Universalis Iurisprudentiae Comparativae, Genf 1929 ff.
Oswald, Dr., Zuständigkeitsfragen im Verhältnis zwischen Deutschland und der Tschechoslowakei, in: ZIPR 10, 1936, S. 85-88.
Pagenstecher, Max, Gerichtsbarkeit und internationale Zuständigkeit als selbständige Prozeßvoraussetzungen, in: ZIPR 11, 1937, S. 337-483.
Pappenheim, Max, Die Neuordnung des schwedischen Erbrechts, in: ZIPR 1, 1927, S. 47-68.
Ders., Die Neuordnung des schwedischen Erbrechts II, in: ZIPR 5, 1931, S. 289-307.
Ders., Die Neuordnung des schwedischen Erbrechts III, in: ZIPR 7, 1933, S. 757-771.
Pappenheim, Walther, Die Blutgruppenuntersuchung in Vaterschaftssachen nach schwedischem Recht, in: ZIPR 8, 1934, S. 77-80.
Perdikas, Panajotis, Griechische konkursrechtliche Reformversuche im Verhältnis zum internationalen Ausgleichsrecht, in: ZIPR 8, 1934, S. 897-900.
Ders., Das internationale Überseekaufrecht in rechtsvergleichender Betrachtung, in: ZIPR 13, 1940/1941, S. 1-102.
Philbrick, Francis S., Rezension zu »Die Zivilgesetze der Gegenwart, Bd. 2/1: Das Zivilrecht Englands«, in: ZIPR 9, 1935, S. 795-799.

Pound, Roscoe, Some Thoughts about Comparative Law, in: Hans Dölle/Max Rheinstein/Konrad Zweigert (Hg.), Festschrift für Ernst Rabel, Bd. 1, Tübingen 1954, S. 7-16.

Raape, Leo, Rezension zu Fritz Reu, Die Anwendung fremden Rechts. Eine Einführung, in: ZIPR 12, 1938/1939, S. 325 f.

Rabel, Ernst, Die Übertragbarkeit des Urheberrechts nach dem österreichischen Gesetze vom 26. Dezember 1895, in: Zeitschrift für das private und öffentliche Recht der Gegenwart 27, 1900, S. 71-182.

Ders., Die Haftung des Verkäufers wegen Mangels im Rechte. Geschichtliche Studien über den Haftungserfolg, Leipzig 1902.

Ders., Die Haftpflicht des Arztes. Ein Gutachten, Leipzig 1904.

Ders., Die Unmöglichkeit der Leistung. Eine kritische Studie zum Bürgerlichen Gesetzbuch, in: Aus römischem und bürgerlichem Recht. Festschrift für E. I. Bekker, Weimar 1907, S. 171-237.

Ders., Bürgerliches Gesetzbuch und Schweizerisches Zivilgesetzbuch, in: Deutsche Juristen-Zeitung 15, 1910, S. 26-30.

Ders., Grundzüge des Römischen Privatrechts, in: Enzyklopädie der Rechtswissenschaft, Bd. 1, hg. von Josef Kohler, 7. Aufl., München 1915, S. 339-540 (eigenständig erschienen Basel 1955).

Ders., Das Institut für Rechtsvergleichung an der Universität München (1919), in: ders., Gesammelte Aufsätze, Bd. 3: Arbeiten zur Rechtsvergleichung und zur Rechtsvereinheitlichung, 1919-1954, hg. von Hans G. Leser, Tübingen 1967, S. 22-30.

Ders., Ratgeber für die Studierenden der Rechtswissenschaft an der Universität München (1919), in: ders., Gesammelte Aufsätze, Bd. 1: Arbeiten zum Privatrecht, 1907-1930, hg. von Hans G. Leser, Tübingen 1965, S. 351-354.

Ders., Zum 25. Geburtstag des Bürgerlichen Gesetzbuchs (1921), in: ders., Gesammelte Aufsätze, Bd. 1: Arbeiten zum Privatrecht, 1907-1930, hg. von Hans G. Leser, Tübingen 1965, S. 389-396.

Ders., Rechtsvergleichung vor den Gemischten Schiedsgerichtshöfen (1923), in: ders., Gesammelte Aufsätze, Bd. 2: Arbeiten zur internationalen Rechtsprechung und zum internationalen Privatrecht, 1922-1951, hg. von Hans G. Leser, Tübingen 1965, S. 50-133.

Ders., Aufgabe und Notwendigkeit der Rechtsvergleichung (1924), in: ders., Gesammelte Aufsätze, Bd. 3: Arbeiten zur Rechtsvergleichung und zur Rechtsvereinheitlichung, 1919-1954, hg. von Hans G. Leser, Tübingen 1967, S. 1-21.

Ders., Le Vicende del Codice Civile Tedesco dal 1900 al 1925, in: Annuario di Diretto Comparato e di Studi Legislativi 1, 1927, S. 24-64.

Ders., Rechtsvergleichung und internationale Rechtssprechung (1927), in: ders., Gesammelte Aufsätze, Bd. 2: Arbeiten zur internationalen Rechtsprechung und zum internationalen Privatrecht, 1922-1951, hg. von Hans G. Leser, Tübingen 1965, S. 1-49.

Ders., Zur Einführung, in: ZIPR 1, 1927, S. 1-4.

Ders., Rezension zu »Die Zivilgesetze der Gegenwart«, Bd. 6: Das Zivilrecht der Sowjetunion und Bd. 3: Brasilien, Codigo Civil, in: ZIPR 2, 1928, S. 765 f.

Ders., Internationales Institut für die Vereinheitlichung des Privatrechts in Rom, in: ZIPR 3, 1929, S. 402-406.

Ders., Le Vicende del Codice Civile Tedesco dal 1900 al 1925, in: Annuario di Diretto Comparato e di Studi Legislativi 2, 1929, S. 3-26.

Ders., Rezension zu Franz Schlegelberger, Die Entwicklung des deutschen Rechts in den letzten fünfzehn Jahren. Ein Überblick in Vorträgen, Berlin 1930.

Ders., Das Problem der Qualifikation, in: ZIPR 5, 1931, S. 241-288.
Ders., Ein neues Urteil des Deutsch-Rumänischen Schiedsgerichts über internationales Privatrecht, in: ZIPR 5, 1931, S. 202-206.
Ders., El Fomento Internacional del Derecho Privado, in: Revista de Derecho Privado 18, 1931, S. 321-332, 363-375.
Ders., Internationales Institut für die Vereinheitlichung des Privatrechts in Rom, in: ZIPR 5, 1931, S. 206 f., 880 f.
Ders., Die Arbeiten zur Vereinheitlichung des Kaufrechts, Berlin 1932.
Ders., Die Grundzüge des Rechts der unerlaubten Handlungen, in: Deutsche Landesreferate zum internationalen Kongreß für Rechtsvergleichung im Haag 1932 (Sonderveröffentlichung ZIPR 6, 1932), S. 10-27.
Ders., Internationale Quellensammlung, in: Deutsche Landesreferate zum internationalen Kongreß für Rechtsvergleichung im Haag 1932 (Sonderveröffentlichung ZIPR 6, 1932), S. 1-9.
Ders., Rezension »Jahrbuch des Jugendrechts«, Bde. 1-3, in: ZIPR 6, 1932, S. 285.
Ders., Zustandekommen und Nichterfüllung schuldrechtlicher Verträge im allgemeinen, in: Deutsche Landesreferate zum internationalen Kongreß für Rechtsvergleichung im Haag 1932 (Sonderveröffentlichung ZIPR 6, 1932), S. 28-44.
Ders., Zwei Rechtsinstitute für die internationalen privatrechtlichen Beziehungen, in: Juristische Wochenschrift 61, 1932, S. 2225-2228.
Ders., Unwiderruflichkeit der Vollmacht. Generalstatut des Vollmachtsrechts. Objektivierter Begriff des Wirkungslands, in: ZIPR 7, 1933, S. 797-807.
Ders., Das griechische Privatrecht und die Umwelt (1934), in: ders., Gesammelte Aufsätze, Bd. 3: Arbeiten zur Rechtsvergleichung und zur Rechtsvereinheitlichung, 1919-1954, hg. von Hans G. Leser, Tübingen 1967, S. 82-91.
Ders., Rezension »Jahrbuch des Jugendrechts«, Bd. 4, in: ZIPR 8, 1934, S. 1008.
Ders., Der Entwurf eines einheitlichen Kaufgesetzes, in: ZIPR 9, 1935, S. 1-79, 339-363.
Ders., Die Rezeption des römischen Rechts in Deutschland, in: Istituto di Studi Romani. Atti del Congresso Internazionale di Diritto Romano, Bd. 1, Pavia 1935, S. 185-190.
Ders., Observations sur l'Utilité d'une Unification de Droit de la Vente au Point des Besoins du Commerce International. Appendice, Rom 1935 (Nachdruck in ZIPR 22, 1957, S. 117-123).
Ders., Oliver Wendell Holmes (Nachruf), in: ZIPR 9, 1935, S. 338.
Ders., An die Mitarbeiter und Leser, in: ZIPR 10, 1936, S. 1978.
Ders., Das Recht des Warenkaufs. Eine rechtsvergleichende Darstellung, Bd. 1, Berlin 1936 (Sonderveröffentlichung ZIPR 9, 1935; Nachdruck Berlin 1957).
Ders., Das Recht des Warenkaufs, Bd. 1 (Selbstanzeige), in: ZIPR 10, 1936, S. 408-411.
Ders., Erich Marks von Württemberg (Nachruf), in: ZIPR 10, 1936, S. 1078.
Ders., Golddollar-Anleihen mit Vereinbarung des New Yorker Rechts. Ein Rückblick auf die Anwendung des internationalen Privatrechts, in: ZIPR 10, 1936, S. 492-522.
Ders., Die Fachgebiete des Kaiser-Wilhelm-Instituts für ausländisches und internationales Privatrecht, 1900-1935 (gegründet 1936) (1937), in: ders., Gesammelte Aufsätze, Bd. 3: Arbeiten zur Rechtsvergleichung und zur Rechtsvereinheitlichung, 1919-1954, hg. von Hans G. Leser, Tübingen 1967, S. 180-234.
Ders., On Comparative Research in Legal History and Modern Law (1944), in: ders., Gesammelte Aufsätze, Bd. 3: Arbeiten zur Rechtsvergleichung und zur Rechtsvereinheitlichung, 1919-1954, hg. von Hans G. Leser, Tübingen 1967, S. 246-260.

Ders., On Institutes of Comparative Law (1947), in: ders., Gesammelte Aufsätze, Bd. 3: Arbeiten zur Rechtsvergleichung und zur Rechtsvereinheitlichung, 1919-1954, hg. von Hans G. Leser, Tübingen 1967, S. 235-246.
Ders., Private Laws of Western Civilizations (1949/1950), in: ders., Gesammelte Aufsätze, Bd. 3: Arbeiten zur Rechtsvergleichung und zur Rechtsvereinheitlichung, 1919-1954, hg. von Hans G. Leser, Tübingen 1967, S. 276-341.
Ders., Deutsches und amerikanisches Recht (1951), in: ders., Gesammelte Aufsätze, Bd. 3: Arbeiten zur Rechtsvergleichung und zur Rechtsvereinheitlichung, 1919-1954, hg. von Hans G. Leser, Tübingen 1967, S. 340-359.
Ders., Die Haager Konferenz über die Vereinheitlichung des Kaufrechts, in: ZIPR 17, 1952, S. 212.
Ders., In der Schule von Ludwig Mitteis (1954), in: ders., Gesammelte Aufsätze, Bd. 3: Arbeiten zur Rechtsvergleichung und zur Rechtsvereinheitlichung, 1919-1954, hg. von Hans G. Leser, Tübingen 1967, S. 376-380.
Ders., Das Recht des Warenkaufs. Eine rechtsvergleichende Darstellung, Bd. 2. Berlin 1958 (Sonderveröffentlichung ZIPR 23, 1956).
Ders., Vorträge. »Unprinted Lectures«, in: Rabels Zeitschrift 50, 1986, S. 282-338.
Ders./Ernst Levy (Hg.), Index Interpolationum quae in Justiniani Digestis inesse Dicuntur. Cur. Ernestus Levy et Ernestus Rabel, 3 Bde., Weimar 1929-1935.
Ders./Ludwig Raiser, Eine Entscheidung des Deutsch-Englischen Gemischten Schiedsgerichts über den Versendungskauf, in: ZIPR 3, 1929, S. 62-81.
Ders./Eduard Wahl, Le Vicende del Codice Germanico dal 1900 al 1925, in: Annuario di Diretto Comparato e di Studi Legislativi, Bd. 4/5, 1930, S. 3-19.
Raiser, Ludwig, Das Recht der Wertpapiere im italienischen Entwurf eines Handelsgesetzbuches, in: ZIPR 1, 1927, S. 532-550.
Ders., Eigentum, in: Franz Schlegelberger u. a. (Hg.), Rechtsvergleichendes Handwörterbuch für das Zivil- und Handelsrecht des In- und Auslandes, Bd. 2, Berlin 1929, S. 772-796.
Ders., Rezension zu Francesco Messineo, I Titoli die Credito, in: ZIPR 3, 1929, S. 721-723.
Ders., Die Wirkungen der Wechselerklärungen im internationalen Privatrecht, Berlin 1931 (Beiträge zum ausländischen und internationalen Privatrecht 4).
Ders., Die Wirkungen der Wechselerklärungen im internationalen Privatrecht (Selbstanzeige), ZIPR 5, 1931, S. 522 f.
Ders., Freizeichnung und Kontrahierungszwang im anglo-amerikanischen Landfrachtrecht, in: ZIPR 8, 1934, S. 277-309.
Ders., Das Recht der allgemeinen Geschäftsbedingungen, Hamburg 1935 (Nachdruck Bad Homburg 1961).
Ders./Max Rheinstein, Rechtsprechung und Literatur Italiens im Jahre 1928, in: ZIPR 4, 1930, S. 564-609.
Ratzenhofer, Gustav, Die privatrechtliche Gesetzgebung Österreichs in der Zeit vom 1. Januar 1926 bis 28. Februar 1927, in: ZIPR 1, 1927, S. 710-751.
(Redaktion), Rezension zu Gerhard Hubernagel, Das interlokale und interpersonale Privatrecht im großdeutschen Raum, in: Zeitschrift der Akademie für Deutsches Recht 10, 1943, S. 30 f.
(Redaktion), Rezension zu »Reich, Volksordnung, Lebensraum. Zeitschrift für völkische Verfassung und Verwaltung«, in: Zeitschrift der Akademie für Deutsches Recht 10, 1943, S. 238 f.
Rehdans, Walter, Das Reichskriegsgericht im Kriege, in: Zeitschrift der Akademie für Deutsches Recht 8, 1941, S. 58-60.

Reinhard, Rudolf, Rezension zu Theodor Kuhr, Die Trennung der Gewalten und das germanische Recht, Bd. I: Richterliche Rechtschöpfung und das Monopolproblem, in: ZIPR 9, 1935, S. 321-324.

Reiß, Obergerichtsrat Dr., Gesetzgebung und Rechtsprechung in der Freien Stadt Danzig in den Jahren 1934 und 1935, in: ZIPR 10, 1936, S. 103-122.

Ders., Gesetzgebung und Rechtsprechung in der Freien Stadt Danzig in den Jahren 1936 und 1937, in: ZIPR 12, 1938/1939, S. 102-114.

Répertoire de Droit International, hg. von Albert Geouffre de Lapradelle/Jean Paulin Nibboyet, Paris 1924 ff.

Rheinstein, Max, Gesetzgebung, Rechtsprechung und Literatur Italiens im ersten Halbjahr 1926, in: ZIPR 1, 1927, S. 92-144.

Ders., Gesetzgebung, Rechtsprechung und Literatur Italiens im zweiten Halbjahr 1926, in: ZIPR 1, 1927, S. 755-794.

Ders., Die Struktur des vertraglichen Schuldverhältnisses im anglo-amerikanischen Recht, Berlin 1932 (Beiträge zum ausländischen und internationalen Privatrecht 5).

Ders., Die Struktur des vertraglichen Schuldverhältnisses (Selbstanzeige), in: ZIPR 6, 1932, S. 265-268.

Ders., Haftung für Kraftfahrzeuge, in: Franz Schlegelberger u. a. (Hg.), Rechtsvergleichendes Handwörterbuch für das Zivil- und Handelsrecht des In- und Auslandes, Bd. 4, Berlin 1933, S. 81-92.

Ders., Haftung für Tiere, in: Franz Schlegelberger u. a. (Hg.), Rechtsvergleichendes Handwörterbuch für das Zivil- und Handelsrecht des In- und Auslandes, Bd. 4, Berlin 1933, S. 99-104.

Ders., Die inländische Bedeutung einer ausländischen Zwangsvollstreckung in Geldforderungen, in: ZIPR 8, 1934, S. 277-309.

Ders., Nießbrauch, in: Franz Schlegelberger u. a. (Hg.), Rechtsvergleichendes Handwörterbuch für das Zivil- und Handelsrecht des In- und Auslandes, Bd. 5, Berlin 1936, S. 431-442.

Ders., Ernst Rabel, in: Hans Dölle/Max Rheinstein/Konrad Zweigert (Hg.), Festschrift für Ernst Rabel, Bd. 1, Tübingen 1954, S. 1-4.

Ders., Gedächtnisrede für Geheimrat Professor Dr. Ernst Rabel, in: Juristische Rundschau 10, 1956, S. 135-138.

Ders., Festvortrag 40 Jahre Max-Planck-Institut für ausländisches und internationales Privatrecht, in: Mitteilungen aus der Max-Planck-Gesellschaft zur Förderung der Wissenschaften 1967, S. 6-18.

Riese, Otto, Die internationale Vereinheitlichung des Luftprivatrechts, in: ZIPR 9, 1935, S. 86-91.

Riezler, Erwin, Der Entwurf eines neuen italienischen Zivilgesetzbuches, in: ZIPR 7, 1933, S. 772-790.

Ders., Der Entwurf eines italienischen Sachenrechts, in: ZIPR 12, 1938/1939, S. 1-65.

Ders., Die Stellung des Richters im neuen italienischen Zivilprozeßrecht, in: ZIPR 13, 1940/1941, S. 731-753.

Riggenbach, Bernhard, Schrifttum der Schweiz im Jahre 1937, in: ZIPR 12, 1938/1939, S. 605-617.

Rukser, Udo, Das neue polnische Obligationenrecht, in: ZIPR 8, 1934, S. 342-375.

Rupp, Hans, Zur Rechtsanwendung vor den Bundesgerichten in den Vereinigten Staaten von Amerika, in: ZIPR 13, 1940/1941, S. 410-421.

Ders., Gerhard Kegel/Hans Rupp/Konrad Zweigert, Die Einwirkung des Krieges auf Verträge in der Rechtsprechung Deutschlands, Frankreichs, Englands und der Vereinigten Staaten von Amerika (Selbstanzeige), in: ZIPR 13, 1940/1941, S. 699-707.

Sack, Alfons/Joachim J. Meyer-Collings, Gold- und Valutaklausel in deutscher und niederländischer Gerichtspraxis, München 1937.
Sandreuter, Carl Martin, Rechtliche Natur, Entstehung und Endigung des Markenrechts, Basel 1932.
Satter, Karl, Die Anerkennung ausländischer Urteile in Ehesachen nach dem neuen österreichischen Eherecht, in: ZIPR 9, 1935, S. 551-557.
Schaffstein, Friedrich, Politische Strafrechtswissenschaft, Hamburg 1934.
Ders., Das Verbrechen als Pflichtverletzung, in: Georg Dahm (Hg.), Grundfragen der neuen Rechtswissenschaft, Berlin 1935, S. 108-142.
Scheuner, Ulrich, Rezension zu Franz Leske/William Loewenfeld, Rechtsverfolgung im internationalen Verkehr, Bd. 7, in: ZIPR 9, 1935, S. 799 f.
Ders., Rezension zu Franz Leske/William Loewenfeld, Rechtsverfolgung im internationalen Verkehr, Bd. 8, in: ZIPR 10, 1936, S. 689 f.
Schilling, Carl von, Rechtsangleichung im Baltikum, in: ZIPR 9, 1935, S. 558-564.
Ders., Lettlands neues Zivilgesetzbuch, in: ZIPR 11, 1937, S. 484-527.
Ders., Der lettländische Entwurf zu einer Reform des Ehegüterrechts und der persönlichen Beziehungen der Ehegatten, in: ZIPR 10, 1936, S. 733-735.
Ders., Rezension zu Burchard von Klot, Lettlands Zivilgesetzbuch vom 28. Januar 1937 in Einzeldarstellungen, Bd. 2/1, in: ZIPR 13, 1940/1941, S. 293-298.
Schlegelberger, Franz, Deutsches Reich, in: ders. u. a. (Hg.), Rechtsvergleichendes Handwörterbuch für das Zivil- und Handelsrecht des In- und Auslandes, Bd. 1, Berlin 1929, S. 28-53.
Ders., Wege und Ziele des deutschen internationalen, interterritorialen und interpersonalen Familienrechts, in: ZIPR 14, 1942, S. 1-18.
Ders. u. a., Vorwort, in: ders. u. a. (Hg.), Rechtsvergleichendes Handwörterbuch für das Zivil- und Handelsrecht des In- und Auslandes, Bd. 1: Länderberichte, Berlin 1929, S. III f.
Schlink, Clemens, Die Ultra-Vires-Lehre im englischen Privatrecht, Berlin 1935 (Beiträge zum ausländischen und internationalen Privatrecht 10).
Ders., Die Ultra-Vires-Lehre (Selbstanzeige), in: ZIPR 9, 1935, S. 524-526.
Schnitzler, Arthur, Jugend in Wien. Eine Autobiographie (OA 1920), Frankfurt/Main 1981.
Schönke, Adolf, Rezension zu Arrigo Solmi, La Riforma del Codice di Procedura Civile, in: ZIPR 11, 1937, S. 958 f.
Schönfeld, Walther, Rezension zu Walther Burckhardt, Methode und System des Rechts, in: ZIPR 10, 1936, S. 1013 f.
Schröder, Gerhard, Entscheidung des Schiedsrichters Dr. Algot Bagge im englisch-finnischen Schiffsstreit. Abgrenzung von Tat- und Rechtsfragen im englischen Prozeßrecht, in: ZIPR 9, 1935, S. 783 f.
Ders., Elitebildung und soziale Verpflichtung. Ansprache des Bundesministers des Inneren Dr. Gerhard Schröder vor der Evangelischen Akademie Bad Boll am 15.1.1955, Bonn 1955.
Ders., Deutschland, Europa und die freie Welt. Vortrag vom Bundesminister des Auswärtigen, Dr. Gerhard Schröder, am 4.6.1962 in Dortmund, ohne Ort [Bonn] 1962.
Schwerin, Claudius von, Freiheit und Gebundenheit im germanischen Staat, Tübingen 1933.
Ders., Germanische Rechtsgeschichte. Ein Grundriß, Berlin 1936.
Schwerin von Krosigk, Johann Ludwig Graf, Reichsfinanzwirtschaft und deutscher Osten, in: Zeitschrift der Akademie für Deutsches Recht 9, 1942, S. 81-83.

Scone James, F. E., Der Verlagsvertrag nach englischem Recht, in: ZIPR 11, 1937, S. 53-76.
Seth, P. von, Einleitung, in: KWI für ausländisches und internationales Privatrecht u. a. (Hg.), Das Zivilrecht der nordischen Länder. Dänemark, Finnland, Island, Norwegen, Schweden, Bd. I: Das Zivilrecht Finnlands und Schwedens, Mannheim 1933 (Die Zivilgesetze der Gegenwart 10), S. 3-23.
Seydelmann, Carl, Die Gestaltung des Aktienrechts in Deutschland und England. Ein Beitrag zur Frage der Freiheit oder Bindung im Aktienrecht, Borna 1940.
Siebert, Wolfgang, Rezension zu Walter Fulterer, Der Irrtum und die Geschäftsgrundlage bei vermögensrechtlichen Rechtsgeschäften unter Berücksichtigung des österreichischen, deutschen und schweizerischen Rechts, in: ZIPR 7, 1933, S. 479-482.
Ders., Verwirkung und Unzulässigkeit der Rechtsausübung. Ein rechtsvergleichender Beitrag zur Lehre von den Schranken der privaten Rechte und zur exceptio doli (§§ 226, 242, 826 BGB) unter besonderer Berücksichtigung des gewerblichen Rechtsschutzes (§ 1 UWG), Marburg 1934.
Ders., Verwirkung und Unzulässigkeit der Rechtsausübung. Ein rechtsvergleichender Beitrag zur Lehre von den Schranken der privaten Rechte und zur exceptio doli (§§ 226, 242, 826 BGB) unter besonderer Berücksichtigung des gewerblichen Rechtsschutzes (§ 1 UWG) (Selbstanzeige), in: ZIPR 8, 1934, S. 998-1001.
Ders., Das Wesen der Rechtsfähigkeit privatrechtlicher Personenverbände, in: Deutsche Juristenzeitung 40, 1935, S. 713.
Ders., Die neuere rechtliche Entwicklung des kaufmännischen Lehrverhältnisses, in: ZIPR 14, 1942, S. 156-195.
Simantiras, Constantin J., Das Personenrecht im griechischen Entwurf, in: ZIPR 11, 1937, S. 761-785.
Smith, John J./John M. Lely (Hg.), Wharton's Law-Lexicon, London 1902.
Sobernheim, Otto, Geld, in: Franz Schlegelberger u. a. (Hg.), Rechtsvergleichendes Handwörterbuch für das Zivil- und Handelsrecht des In- und Auslandes, Bd. 3, Berlin 1931, S. 658-677.
Société des Nations. Institut International de Rome pour l'Unification du Droit Privé. De la Formation des Contrats entre Absents. Etudes Préliminaires, Rom 1935.
Staedler, Erich, Rezension zu Pierburg, Kurt, Der Postcheckvertrag nach deutschem und ausländischem Recht, in: ZIPR 7, 1933, S. 180-182.
Staehlin, Max, Zur Frage der Bilanzfähigkeit, Basel 1932.
Strebel, J., Das schweizerische Zivilgesetzbuch in der Praxis des Bundesgerichts 1912 bis 1925, in: ZIPR 1, 1927, S. 338-378.
Strupp, Karl (Hg.), Wörterbuch des Völkerrechts und der Diplomatie, 3 Bde., Berlin 1924-1929.
Stuckart, Wilhelm, Die Staatsangehörigkeit in den eingegliederten Gebieten, in: Zeitschrift der Akademie für Deutsches Recht 8, 1941, S. 233-237.
Swoboda, Ernst, Die Neugestaltung der Grundbegriffe unseres bürgerlichen Rechts, ihrer Bedeutung für die Gegenwart und für das Privatrecht der Zukunft, Wien 1929.
Ders., Das Privatrecht der Zukunft, Berlin 1932.
Ders., Der Rechtsbegriff der Persönlichkeit, in: Festschrift Ernst Heymann zu seinem 70. Geburtstag am 6. April 1940, hg. von Albert Brackmann u. a., Weimar 1940, Bd. 2, S. 67-71.
Taniguchi, T., Über das heutige japanische »Familien-System«, in: ZIPR 10, 1936, S. 477-491.

Thierack, Otto, Die Kriegsaufgaben der Akademie für Deutsches Recht für die Gesetzgebung, in: Zeitschrift der Akademie für Deutsches Recht 10, 1943, S. 1-3.
Thieme, Hans, In memoriam Ernst Heymann. Zur zehnten Wiederkehr seines Todestages (2. Mai 1946), in: ZIPR 21, 1956, S. 201-206.
Titze, Heinrich, Rezension zum »Rechtsvergleichenden Handwörterbuch für das Zivil- und Handelsrecht«, in: ZIPR 2, 1928, S. 304-307.
Topken, Harald R., Zum Kauf von Ware unter ihrem Patentnamen oder ihrer Handelsbezeichnung, in: ZIPR 10, 1936, S. 67-70.
Triantafylloppulos, Konstantinos, Der griechische Entwurf eines Obligationenrechts, in: ZIPR 10, 1936, S. 53-66.
Trolle, Jürgen, Außervertraglicher Schutz nach dänischer Lehre, in: ZIPR 7, 1933, S. 526-545.
Uddgren, Lars, Die nordische Konvention über Erbe, Testament und Nachlaßverordnung, in: ZIPR 9, 1935, S. 266-274.
Vallindas, Peter, Vorbereitungsarbeiten und Bedeutung der zivilrechtlichen Kodifikation Griechenlands, in: ZIPR 7, 1933, S. 161-163.
Verplaetse, Julien G., Qualifikationskonflikte, in: ZIPR 13, 1940/1941, S. 451-466.
Vogels, Werner, Rezension zur »Osservazioni Intorno al terzo Libro del Progetto di Codice Civile«, in: ZIPR 11, 1937, S. 955.
Volkmar, Erich/Alexander N. Elster, Die Rechtsentwicklung der Jahre 1933-1935/1936, Berlin 1937.
Vortisch, Friedrich, Die gegenseitige Anerkennung der Gerichtsbarkeit in Ehesachen zwischen dem Deutschen Reich und der Schweizerischen Eidgenossenschaft, in: ZIPR 10, 1936, S. 17-39.
Wach, Adolf (Hg.), Das Zivilprozeßrecht der Kulturstaaten, Mannheim 1923 ff.
Wahl, Eduard, Gesetzgebung, Rechtsprechung und Schrifttum in Belgien im Jahre 1926, in: ZIPR 1, 1927, S. 579-603.
Ders., Gesetzgebung, Rechtsprechung und Schrifttum in Rumänien im Jahre 1926, in: ZIPR 2, 1928, S. 292-304.
Ders., Adoption, in: Franz Schlegelberger u. a. (Hg.), Rechtsvergleichendes Handwörterbuch für das Zivil- und Handelsrecht des In- und Auslandes, Bd. 2, Berlin 1929, S. 43-51.
Ders., Ausstattung, Aussteuer, in: Franz Schlegelberger u. a. (Hg.), Rechtsvergleichendes Handwörterbuch für das Zivil- und Handelsrecht des In- und Auslandes, Bd. 2, Berlin 1929, S. 335-339.
Ders., Ehe, in: Franz Schlegelberger u. a. (Hg.), Rechtsvergleichendes Handwörterbuch für das Zivil- und Handelsrecht des In- und Auslandes, Bd. 2, Berlin 1929, S. 684-694.
Ders., Familie, in: Franz Schlegelberger u. a. (Hg.), Rechtsvergleichendes Handwörterbuch für das Zivil- und Handelsrecht des In- und Auslandes, Bd. 3, Berlin 1931, S. 336-342.
Ders., Internationales Privatrecht, Allgemeine Lehren, in: Franz Schlegelberger u. a. (Hg.), Rechtsvergleichendes Handwörterbuch für das Zivil- und Handelsrecht des In- und Auslandes, Bd. 4, Berlin 1933, S. 333-346.
Ders., Rezension zu »Das neue deutsche Reichsrecht«, in: ZIPR 7, 1933, S. 749 f.
Ders., Vertragsansprüche Dritter im französischen Recht unter Vergleichung mit dem deutschen Recht dargestellt an Hand der Falle der action directe, Berlin 1935 (Beiträge zum ausländischen und internationalen Privatrecht 9).
Ders., Rezension zu Ludwig Raiser, Das Recht der allgemeinen Geschäftsbedingungen, in: ZIPR 10, 1936, S. 1019-1021.

Ders., Zum internationalen Recht der freiwilligen Gerichtsbarkeit in Personen- und Familiensachen, in: ZIPR 10, 1936, S. 40-52.

Ders., Gesetzgebung, Rechtsprechung und Schrifttum in Frankreich im Jahre 1936, in: ZIPR 11, 1937, S. 807-875.

Ders./Arwed Blomeyer, Pfandrecht an beweglichen Sachen und Rechten, in: Franz Schlegelberger u. a. (Hg.), Rechtsvergleichendes Handwörterbuch für das Zivil- und Handelsrecht des In- und Auslandes, Bd. 5, Berlin 1936, S. 583-622.

Wahle, Karl, Das österreichische internationale Scheidungsrecht und das Konkordat mit dem heiligen Stuhl, in: ZIPR 8, 1934, S. 681-715.

Weiss, Egon, Der Entwurf eines Bürgerlichen Gesetzbuches für die Tschechoslowakische Republik, in: ZIPR 7, 1933, S. 526-545.

Wengler, Wilhelm, Die Vorfrage im Kollisionsrecht, in: ZIPR 8, 1934, S. 148-251.

Ders., Beiträge zum Problem der internationalen Doppelbesteuerung. Die Begriffsbildung im internationalen Privatrecht, Berlin 1935 (Beiträge zum ausländischen und internationalen Privatrecht 11).

Ders., Die Kollisionsnormen im Recht der italienischen Kolonien, in: ZIPR 10, 1936, S. 71-84.

Ders., Rezension zu Haroldo Valladao, Conflicto das Leis Nacionales dos Conjuges nas suas Relacoes de Ordem Pessoal e Economica e no desquite, in: ZIPR 11, 1937, S. 973.

Ders., Rezension zu Mohammed Abdel Moneim Riad, La Nationalité Égyptienne, in: ZIPR 11, 1937, S. 759.

Ders., Internationales und Interreligiöses Privatrecht in Palästina, in: ZIPR 12, 1938/1939, S. 772-808.

Ders., Das Kollisionsrecht in den englischen Kolonien, in: ZIPR 13, 1940/1941, S. 410-421, 800-821.

Ders., Die Rechtsstellung der Mischlinge im italienischen Kolonialrecht nach dem Gesetz vom 13.5.1940, in: Zeitschrift der Akademie für Deutsches Recht 8, 1941, S. 127 f.

Ders., Die Anpassung des englischen Rechts durch die Judikatur in den Vereinigten Staaten, in: Hans Dölle/Max Rheinstein/Konrad Zweigert (Hg.), Festschrift für Ernst Rabel, Bd. 1, Tübingen 1954, S. 39-65.

Ders., Der Begriff des Politischen im internationalen Recht, Tübingen 1956.

Ders., Vorwort, in: ders., Internationales Privatrecht, Berlin 1981.

Wieland, Alfred, Das neue schweizerische Aktienrecht, in: ZIPR 11, 1937, S. 83-93.

Wolany, Josef, Bürgerliches Recht und Rechtspflege in den eingegliederten Ostgebieten, in: Zeitschrift der Akademie für Deutsches Recht 9, 1942, S. 51-55.

Wolff, Hans Julius, Ernst Rabel (Nachruf), in: Zeitschrift der Savigny-Stiftung für Rechtsgeschichte/Romanistische Abteilung 73, 1956, S. X-XXVIII.

Wolff, John, Die Haftung des Verkäufers einer fremden beweglichen Sache in den Vereinigten Staaten von Amerika in Vergleichung mit dem deutschen bürgerlichen Recht, Berlin 1930 (Beiträge zum ausländischen und internationalen Privatrecht 2).

Ders., Die Haftung des Verkäufers einer fremden beweglichen Sache (Selbstanzeige), in: ZIPR 4, 1930, S. 711 f.

Wolff, Martin, Rezension zum »Rechtsvergleichenden Handwörterbuch für das Zivil- und Handelsrecht«, Bd. 1-3, in: ZIPR 6, 1932, S. 680-683.

Ders., Die Übertragung von Forderungen aus Rektapapieren, in: ZIPR 7, 1933, S. 791-796.

Ders., Internationales Privatrecht, Berlin 1933.

Ders., Internationales Privatrecht (Selbstanzeige), in: ZIPR 7, 1933, S. 732 f.

Ders., Rezension zum »Kommentar zum Schweizerischen ZGB«, Bd. 4, in: ZIPR 7, 1933, S. 750-752.

Ders., Internationales Privatrecht im persisch-schweizerischen Niederlassungsvertrag vom 25. April 1934, in: ZIPR 9, 1935, S. 291.

Würdiger, Hans, Geschichte der Stellvertretung (agency) in England. Zugleich ein Beitrag zur Entwicklung des englischen Privatrechts, Marburg 1933.

Ders., Geschichte der Stellvertretung (agency) in England (Selbstanzeige), in: ZIPR 7, 1933, S. 969-971.

Württemberg, Erik Marks von, Die gemeinsame nordische Gesetzgebung, in: ZIPR 10, 1936, S. 705-723.

Wüstendörfer, Hans, Rezension zu Karl Nickerson Llewellyn, Präjudizienrecht und Rechtsprechung in Amerika, in: ZIPR 7, 1933, S. 739-742.

Ders., Rechtsvergleichende Betrachtungen zum Entwurf des italienischen Codice Marittimo, in: ZIPR 7, 1933, S. 1-35.

Ziegler, A., Die Rechtsprechung des Schweizerischen Bundesgerichtes auf dem Gebiete des gesamten Zivilrechtes und der Zwangsvollstreckung im Jahre 1937, in: ZIPR 12, 1938/1939, S. 516-576.

Zoll, Friedrich, Die Anerkennung deutscher Eheurteile in Polen, in: ZIPR 8, 1934, S. 716-723.

Zschucke, Otto, Das Wehrrecht, sein Wesen, sein Inhalt und seine Gliederung, in: Zeitschrift der Akademie für Deutsches Recht 11, 1944, S. 170-172.

Zweigert, Konrad, Französische Urteile zu Ereignissen des Spanienkrieges, in: ZIPR 11, 1937, S. 939-944.

Ders., Neue währungsrechtliche Entscheidungen, in: ZIPR 11, 1937, S. 694-707.

Ders., Rezension zu Alfons Sack/Joachim J. Meyer-Collings, Gold- und Valutaklausel, in: ZIPR 11, 1937, S. 743 f.

Ders., Nichterfüllung aufgrund ausländischer Leistungsverbote, in: ZIPR 14, 1942, S. 283-307.

Ders., Die dritte Schule im internationalen Privatrecht. Zur neueren Wissenschaftsgeschichte des Kollisionsrechts, in: Hans Peter Ipsen (Hg.), Festschrift für Leo Raape zu seinem 70. Geburtstag, Hamburg 1948, S. 35-52.

Ders., Zum Abschlußort schuldrechtlicher Verträge, in: Hans Dölle/Max Rheinstein/Konrad Zweigert (Hg.), Festschrift für Ernst Rabel, Bd. 1, Tübingen 1954, S. 631-654.

Literatur

Argyriadis-Kervégnan, Charaula, Konstantinos Triantafylloppulos, in: Michael Stolleis (Hg.), Juristen. Ein biographisches Lexikon. Von der Antike bis zum 20. Jahrhundert, München 1995, S. 618 f.

Albrecht, Helmuth/Armin Herrmann, Die Kaiser-Wilhelm-Gesellschaft im Dritten Reich, in: Bernhard vom Brocke/Rudolf Vierhaus (Hg.), Forschung im Spannungsfeld von Politik und Gesellschaft. Geschichte und Struktur der Kaiser-Wilhelm-/Max-Planck-Gesellschaft aus Anlaß ihres 75jährigen Bestehens, Stuttgart 1990, S. 356-406.

Aly, Götz/Susanne Heim, Vordenker der Vernichtung. Auschwitz und die deutschen Pläne für eine neue europäische Ordnung, Hamburg 1991.

Basedow, Jürgen, Der Standort des Max-Planck-Instituts. Zwischen Praxis, Rechtspolitik und Privatrechtswissenschaft, in: ders. u. a. (Hg.), Aufbruch nach Europa. 75 Jahre Max-Planck-Institut für Privatrecht, Tübingen 2001, S. 1-16.

Baumann, Jürgen, Einführung in die Rechtswissenschaft. Rechtssystem und Rechtstechnik, 8. Aufl., München 1989.

Baur, Fritz u. a. (Hg.), Funktionswandel der Privatrechtsinstitutionen. Festschrift für Ludwig Raiser zum 70. Geburtstag, Tübingen 1974.

Benz, Wolfgang, Der Generalplan Ost, in: ders. (Hg.), Herrschaft und Gesellschaft im nationalsozialistischen Staat, Frankfurt/Main 1990, S. 72-82.

Ders., Der Generalplan Ost, in: ders./Hermann Graml/Hermann Weiß (Hg.), Enzyklopädie des Nationalsozialismus, Stuttgart 1997, S. 485 f.

Ders./Hermann Graml/Hermann Weiß (Hg.), Enzyklopädie des Nationalsozialismus, Stuttgart 1997.

Bernstein, Herbert (Hg.), Festschrift für Konrad Zweigert zum 70. Geburtstag, Tübingen 1981.

Bleek, Wilhelm, Geschichte der Politikwissenschaft in Deutschland, München 2001.

Bonss, Wolfgang/Rainer Hohlfeld/Regine Kollek (Hg.), Wissenschaft als Kontext – Kontexte der Wissenschaft, Hamburg 1993.

Dies., Vorüberlegungen zu einem kontextualistischen Modell der Wissenschaftsentwicklung, in: Deutsche Zeitschrift für Philosophie 42, 1994, S. 439-454.

Born, Karl Erich, Geldtheorie und Geldpolitik, Bd. 2: Geldgeschichte, in: Willi Albers u. a. (Hg.), Handwörterbuch der Wirtschaftswissenschaft, Bd. 3, Stuttgart 1981, S. 360-374.

Bracher, Karl Dietrich/Gerhard Schulz/Wolfgang Sauer, Die nationalsozialistische Machtergreifung. Studien zur Errichtung des totalitären Herrschaftssystems in Deutschland 1933/34, Frankfurt/Main 1974.

Brocke, Bernhard vom, Die Kaiser-Wilhelm-Gesellschaft in der Weimarer Republik, in: ders./Rudolf Vierhaus (Hg.), Forschung im Spannungsfeld von Politik und Gesellschaft. Geschichte und Struktur der Kaiser-Wilhelm-/Max-Planck-Gesellschaft aus Anlaß ihres 75jährigen Bestehens, Stuttgart 1990, S. 197-355.

Broszat, Martin, Zur Perversion der Strafjustiz im Dritten Reich, in: Vierteljahrshefte für Zeitgeschichte 6, 1958, S. 390-443.

Ders., Nationalsozialistische Polenpolitik 1939-1945, Stuttgart 1961.

Burleigh, Michael, Die Zeit des Nationalsozialismus. Eine Gesamtdarstellung, Frankfurt/Main 2000.

Bußmann, Hadumod, Lexikon der Sprachwissenschaft, 2. Aufl., Stuttgart 1990.
Chomsky, Noam, Sprache und Geist, Frankfurt/Main 1973.
Ders., Reflexionen über die Sprache, Frankfurt/Main 1977.
Coester-Waltjen, Dagmar, Ernst Rabel. Ein Leben für die Rechtsvergleichung, in: Peter Landau u. a. (Hg.), Große jüdische Gelehrte an der Münchener Juristischen Fakultät, Ebelsbach 2001, S. 77-96.
Coing, Helmut, Die Bedeutung der europäischen Rechtsgeschichte für die Rechtsvergleichung, in: Rabels Zeitschrift 32, 1968, S. 1-23.
Ders., Ernst von Caemmerer und die Wissenschaft vom Privatrecht, in: Hans Claudius Ficker u. a. (Hg.), Festschrift für Ernst von Caemmerer zum 70. Geburtstag, Tübingen 1978, S. 1-9.
Ders., Allgemeine Züge der privatrechtlichen Gesetzgebung im 19. Jahrhundert, in: ders. (Hg.), Handbuch der Quellen und Literatur der neuen europäischen Privatrechtsgeschichte, Bd. 3: Das 19. Jahrhundert, München 1982, S. 3-16.
Crawford, Elisabeth/John L. Heilbronn, Die Kaiser-Wilhelm-Institute für Grundlagenforschung und die Nobelinstitution, in: Bernhard vom Brocke/Rudolf Vierhaus (Hg.), Forschung im Spannungsfeld von Politik und Gesellschaft. Geschichte und Struktur der Kaiser-Wilhelm-/Max-Planck-Gesellschaft aus Anlaß ihres 75jährigen Bestehens, Stuttgart 1990, S. 835-857.
Dahle, Wendula, Der Einsatz der Wissenschaft. Eine sprachinhaltliche Analyse militärischer Terminologie in der Germanistik 1933-1945, Bonn 1969.
Dallin, Alexander, Deutsche Herrschaft in Rußland 1941-1945. Eine Studie über Besatzungspolitik, Düsseldorf 1958.
Diestelkamp, Bernhard, Friedrich Klausing, in: ders./Michael Stolleis (Hg.), Juristen an der Universität Frankfurt am Main, Baden-Baden 1989, S. 171-186.
Dohnanyi, Klaus von, Die Grundstücksteilung. Erscheinungsformen und Rechtsfolgen nach geltendem Recht, Diss. iur., München 1950.
Döhring, Erich, Geschichte der juristischen Fakultät, 1665-1965, Neumünster 1965.
Drobnig, Ulrich, Methodenfragen der Rechtsvergleichung im Lichte der »International Encyclopedia of comparative law«, in: Ernst von Caemmerer/Soia Mentschikoff/Konrad Zweigert (Hg.), Ius privatum gentium. Festschrift für Max Rheinstein zum 70. Geburtstag, Bd. 1: Rechtsmethodik und internationales Recht, Tübingen 1969, S. 221-233.
Ders./Hein Kötz/Ernst Joachim Mestmäcker, Geschichte des Instituts, in: Max-Planck-Gesellschaft. Berichte und Mitteilungen 1987, Heft 3, S. 11-19.
Duden, Konrad, Max Rheinstein – Leben und Werk, in: Ernst von Caemmerer/Soia Mentschikoff/Konrad Zweigert (Hg.), Ius privatum gentium. Festschrift für Max Rheinstein zum 70. Geburtstag, Bd. 1: Rechtsmethodik und internationales Recht, Tübingen 1969, S. 1-14.
Eduard Wahl, in: Deutsche Biographische Enzyklopädie, hg. von Walther Killy/Rudolf Vierhaus, Bd. 10, München 1999, S. 202.
Elvert, Jürgen, Mitteleuropa! Deutsche Pläne zur europäischen Neuordnung 1918-1945, Stuttgart 1999.
Eörsi, Gyula, Réflexions sur la Méthode de la Comparation dans le Domaine du Droit Civil, in: Revue international de droit comparé 19, 1967, S. 397-418.
Ferid, Murad, Erwin Riezler, in: ZIPR 18, 1953, S. 70 f.
Fikentscher, Wolfgang, Methoden des Rechts in vergleichender Darstellung, Bd. 1: Frühe und religiöse Rechte – romanischer Rechtskreis, Tübingen 1975.
Fischer, Fritz, Hitler war kein Betriebsunfall (1989), in: ders., Hitler war kein Betriebsunfall, München 1992, S. 174-181.

Flessner, Axel, Hans Lewald, in: Bernhard Diestelkamp/Michael Stolleis (Hg.), Juristen an der Universität Frankfurt am Main, Baden-Baden 1989, S. 128-135.
Fraenkel, Ernst, Der Doppelstaat, Frankfurt/Main 1974 (OA 1940).
Frassek, Rolf, Von der »völkischen Lebensordnung« zum Recht. Die Umsetzung weltanschaulicher Programmatik in den schuldrechtlichen Schriften von Karl Larenz, 1903-1993, Baden-Baden 1996.
Frei, Norbert, Vergangenheitspolitik. Die Anfänge der Bundesrepublik und die NS-Vergangenheit, München 1996.
Frevert, Ute, Frauen, in: Wolfgang Benz/Hermann Graml/Hermann Weiß (Hg.), Enzyklopädie des Nationalsozialismus, Stuttgart 1997, S. 220-234.
Gerhard Schröder, in: Deutsche Biographische Enzyklopädie, hg. von Walther Killy/Rudolf Vierhaus, Bd. 9, München 1998, S. 147.
Gestel, Maria-Beatrijs van, Walter Hallstein. Bibliographie seiner Veröffentlichungen, Leuven 1965.
Gosewinkel, Dieter, Citizenship and Nationhood. The Historical Development of the German Case, in: Ulrich K. Preuss (Hg.), European Citizenship, Mulicultur-alism and the State, Baden-Baden 1995, S. 125-135.
Ders., Einbürgern und Ausschließen. Die Nationalisierung der Staatsangehörigkeit vom Deutschen Bund bis zur Bundesrepublik Deutschland, Göttingen 2001.
Grosswald Curran, Vivian, Cultural Immersion, Difference and Categories in U. S. Comparative Law, in: The American Journal of Comparative Law 46, 1998, S. 44-92.
Gruchmann, Lothar, Justiz im Dritten Reich 1933-1940. Anpassung und Unterwerfung in der Ära Gürtner, München 1988.
Habel, Walter (Hg.), Wer ist Wer? Bd. 1, 15. Aufl., Berlin 1967.
Hans Rupp, in: Deutsche Biographische Enzyklopädie, hg. von Walther Killy/Rudolf Vierhaus, Bd. 8, München 1998, S. 471.
Hauke, Petra (Hg.), Bibliographie zur Geschichte der Kaiser-Wilhelm-/Max-Planck-Gesellschaft zur Förderung der Wissenschaften, 3 Bde., Berlin 1994.
Hausmann, Frank-Rutger, »Deutsche Geisteswissenschaft« im Zweiten Weltkrieg. Die »Aktion Ritterbusch« (1940-1945), Dresden 1998.
Hayes, Peter, I.G. Farben und der I.G. Farben-Prozeß. Zur Verwicklung eines Großkonzerns in die nationalsozialistischen Verbrechen, in: Fritz Bauer Institut (Hg.), Auschwitz. Geschichte, Rezeption und Wirkung. Jahrbuch 1996 zur Geschichte und Wirkung des Holocaust, Frankfurt/Main 1997, S. 99-121.
Heilbron, John L., The Dilemmas of an upright Man. Max Planck and the Fortunes of German Science, Cambridge 2000.
Herbert, Ulrich, Best. Biographische Studien über Radikalismus, Weltanschauung und Vernunft: 1903-1989, Bonn 1996.
Ders., Werner Best. Radikalismus, Weltanschauung und Vernunft, in: Jahrbuch Gegen Vergessen – Für Demokratie 2, 1998, S. 38-54.
Herrmann, Florian, Ernst Forsthoff, in: Michael Stolleis (Hg.), Juristen. Ein biographisches Lexikon. Von der Antike bis zum 20. Jahrhundert, München 1995, S. 212 f.
Hildebrand, Klaus, Das Dritte Reich, 4. Aufl., München 1991.
Hofer, Sybille, Ernst Rabel, in: Michael Stolleis (Hg.), Juristen. Ein biographisches Lexikon. Von der Antike bis zum 20. Jahrhundert, München 1995, S. 508 f.
Hueck, Ingo, Die deutsche Völkerrechtswissenschaft im Nationalsozialismus. Das Berliner Kaiser-Wilhelm-Institut für ausländisches öffentliches Recht und Völkerrecht, das Hamburger Institut für Auswärtige Politik und das Kieler Institut für Internationales Recht, in: Doris Kaufmann (Hg.), Geschichte der Kaiser-Wil-

helm-Gesellschaft im Nationalsozialismus. Bestandsaufnahme und Perspektiven der Forschung, Göttingen 2000, S. 490-527.

Hüttenberger, Peter, Vorüberlegungen zum »Widerstandsbegriff«, in: Jürgen Kocka (Hg.), Theorien in der Praxis des Historikers. Forschungsbeispiele und ihre Diskussion, Göttingen 1977, S. 117-139.

Jayme, Erik, Dionisio Anzilotti und das deutsche Internationale Privatrecht, in: Reiner Schulze (Hg.), Deutsche Rechtswissenschaft und Staatslehre im Spiegel der italienischen Rechtskultur während der zweiten Hälfte des 19. Jahrhunderts, Berlin 1990, S. 25-99.

Ders., »Das Zeitalter der Vergleichung« – Emeric Amari (1810-1870) und Friedrich Nietzsche, in: Aldo Mazzacane/Reiner Schulze (Hg.), Die deutsche und die italienische Rechtskultur im »Zeitalter der Vergleichung«. Berlin 1995, S. 21-29.

Jesse, Eckhart (Hg.), Totalitarismus im 20. Jahrhundert. Bilanz der internationalen Forschung, Bonn 1996.

Juristische Fakultät der Universität Heidelberg (Hg.), In memoriam Eduard Wahl. Gedächtnisfeier der Juristischen Fakultät der Universität Heidelberg am 7. Februar 1987, Heidelberg 1988.

Juristische Fakultät der Universität Tübingen (Hg.), Ludwig Raiser zum Gedächtnis. Ansprachen, gehalten anläßlich der akademischen Gedenkfeier am 29. November 1980, für Professor Dr. iur. Dr. phil. h. c. Dr. theol. Ludwig Raiser, Tübingen 1982.

Kaufmann, Doris, Wissenschaft im Nationalsozialismus, in: Max-Planck-Forum 2: Ethos der Forschung, hg. von der Generalverwaltung der Max-Planck-Gesellschaft, München 1999, S. 11-23.

Kegel, Gerhard, 50 Jahre Max-Planck-Institut für ausländisches und internationales Privatrecht, in: Ulrich Klug u. a. (Hg.), Gesetzgebungstheorie, juristische Logik, Zivil- und Prozeßrecht. Gedächtnisschrift für Jürgen Rödig, Berlin 1978, S. 302-312.

Ders., Ernst Rabel. Werk und Person, in: Rabels Zeitschrift 54, 1990, S. 1-23.

Ders., Ernst Rabel (1874-1955). Vorkämpfer des Weltkaufrechts, in: Helmut Heinrichs u. a. (Hg.), Deutsche Juristen jüdischer Herkunft, München 1993, S. 571-591.

Kißener, Michael, Zwischen Diktatur und Demokratie. Badische Richter 1919-1952, Konstanz 2003.

Klemperer, Klemens von, Die verlassenen Verschwörer. Der deutsche Widerstand auf der Suche nach Verbündeten 1938-1945, Berlin 1994.

Kötz, Hein, Vom Beitrag der Rechtsgeschichte zu den modernen Aufgaben der Rechtsvergleichung, in: Pio Caroni/Gerhard Dilcher (Hg.), Norm und Tradition. Welche Geschichtlichkeit für die Rechtsgeschichte? Köln 1998, S. 153-166.

Kohl, Ulrike, Die Kaiser-Wilhelm-Gesellschaft zur Förderung der Wissenschaften im Nationalsozialismus. Quelleninventar, Berlin 1997.

Dies., Die Präsidenten der Kaiser-Wilhelm-Gesellschaft im Nationalsozialismus zwischen Wissenschaft und Macht, Stuttgart 2002.

Konrad Zweigert, in: Deutsche Biographische Enzyklopädie, hg. von Walther Killy/Rudolf Vierhaus, Bd. 10, München 1999, S. 707.

Koselleck, Reinhart, Einleitung, in: ders., Zeitschichten. Studien zur Historik, Frankfurt/Main 2000, S. 9-16.

Kosmala, Beate, Generalgouvernement, in: Wolfgang Benz/Hermann Graml/Hermann Weiß (Hg.), Enzyklopädie des Nationalsozialismus, Stuttgart 1997, S. 483-485.

Kroeschell, Karl, Die nationalsozialistische Eigentumslehre. Vorgeschichte und Nachwirkung, in: Michael Stolleis/Dieter Simon (Hg.), Rechtsgeschichte im Nationalsozialismus. Beiträge zur Geschichte einer Disziplin, Tübingen 1989, S. 43-62.

Kübler, Friedrich, Privatrecht und Demokratie. Zur Aktualität gesellschaftstheoretischer Vorstellungen in der Jurisprudenz, in: Fritz Baur u. a. (Hg.), Funktionswandel der Privatrechtsinstitutionen. Festschrift für Ludwig Raiser zum 70. Geburtstag, Tübingen 1974, S. 697-725.

Kunst, Hermann (Hg.), Dem Staate verpflichtet. Festgabe für Gerhard Schröder, Stuttgart 1980.

Kunze, Rolf-Ulrich, Rechtsvergleichung als Instrument in den internationalen Beziehungen der Zwischenkriegszeit. Ernst Rabel und das Kaiser-Wilhelm-Institut für ausländisches und internationales Privatrecht, 1926-1945, in: Wolfgang Elz/Sönke Neitzel (Hg.), Internationale Beziehungen im 19. und 20. Jahrhundert. Festschrift für Winfried Baumgart zum 65. Geburtstag, Paderborn 2003, S. 295-318.

Künzle, Michael, Max Huber, in: Michael Stolleis (Hg.), Juristen. Ein biographisches Lexikon. Von der Antike bis zum 20. Jahrhundert, München 1995, S. 299 f.

Laitko, Hubert, Persönlichkeitszentrierte Forschungsorganisation als Leitgedanke der Kaiser-Wilhelm-Gesellschaft. Reichweite, Grenzen, Ideal und Wirklichkeit, in: Bernhard vom Brocke/Hubert Laitko (Hg.), Die Kaiser-Wilhelm-/Max-Planck-Gesellschaft und ihre Institute. Studien zu ihrer Geschichte: Das Harnack-Prinzip, Berlin 1996, S. 583-632.

Landau, Peter, Römisches Recht und deutsches Gemeinrecht. Zur rechtspolitischen Zielsetzung im nationalsozialistischen Parteiprogramm, in: Michael Stolleis/Dieter Simon (Hg.), Rechtsgeschichte im Nationalsozialismus. Beiträge zur Geschichte einer Disziplin, Tübingen 1989, S. 11-24.

Leser, Hans Georg, Einleitung des Herausgebers, in: Ernst Rabel, Gesammelte Aufsätze, Bd. 1: Arbeiten zum Privatrecht, 1907-1930, hg. von Hans G. Leser, Tübingen 1965, S. XI-XXXIX.

Ders., Ein Beitrag Ernst Rabels zur Privatrechtsmethode. »Die wohltätige Gewohnheit, den Rechtsfall vor der Regel zu bedenken«, in: Hans Claudius Ficker u. a. (Hg.), Festschrift für Ernst von Caemmerer zum 70. Geburtstag, Tübingen 1978, S. 890-906.

Lingens, Karl-Heinz, Dionisio Anzilotti, in: Michael Stolleis (Hg.), Juristen. Ein biographisches Lexikon. Von der Antike bis zum 20. Jahrhundert, München 1995, S. 38 f.

Lösch, Anna Maria Gräfin von, Der nackte Geist. Die Juristische Fakultät der Berliner Universität im Umbruch 1933, Tübingen 1999.

Longerich, Peter, Die Politik der Vernichtung. Eine Gesamtdarstellung der nationalsozialistischen Judenvernichtung, München 1998.

Loth, Wilfried (Hg.), Walter Hallstein – Der vergessene Europäer? Bonn 1995.

Ludwig Raiser, in: Deutsche Biographische Enzyklopädie, hg. von Walther Killy/Rudolf Vierhaus, Bd. 8, München 1998, S. 129.

Maier, Helmut, »Wehrhaftmachung« und »Kriegswichtigkeit«. Zur rüstungstechnologischen Relevanz des Kaiser-Wilhelm-Instituts für Metallforschung in Stuttgart vor und nach 1945, Ergebnisse 5. Vorabdrucke aus dem Forschungsprogramm »Geschichte der Kaiser-Wilhelm-Gesellschaft im Nationalsozialismus«, Berlin 2002.

Majer, Dietmut, Grundlagen des nationalsozialistischen Rechtssystems. Führerprinzip, Sonderrecht, Einheitspartei, Stuttgart 1987.

Marxen, Klaus, Der Kampf gegen das liberale Strafrecht. Eine Studie zum Antiliberalismus in der Strafrechtswissenschaft der zwanziger und dreißiger Jahre, Berlin 1973.

Mohnhaupt, Heinz, Justus Wilhelm Hedemann als Rechtshistoriker und Zivilrechtler vor und während der Epoche des Nationalsozialismus, in: Michael Stolleis/

Dieter Simon (Hg.), Rechtsgeschichte im Nationalsozialismus. Beiträge zur Geschichte einer Disziplin, Tübingen 1989, S. 107-159.
Ders., Rechtsvergleichung, in: Handwörterbuch der Rechtsgeschichte, Bd. 4, hg. von Adalbert Erler/Ekkehard Kaufmann, Berlin 1990, Sp. 403-410.
Ders., Die Kommentare zum BGB als Reflex der Rechtsprechung, 1897-1914, in: Ulrich Falk/Heinz Mohnhaupt (Hg.), Das Bürgerliche Gesetzbuch und seine Richter. Zur Reaktion der Rechtsprechung auf die Kodifikation des deutschen Privatrechts, 1896-1914, Frankfurt/Main 2000, S. 495-531.
Mommsen, Hans, Die Realisierung des Utopischen. Die »Endlösung der Judenfrage« im »Dritten Reich« (1983), in: ders., Der Nationalsozialismus und die deutsche Gesellschaft. Ausgewählte Aufsätze, Reinbek 1991, S. 184-232.
Müller, Klaus (Hg.), Rechtswissenschaft und Gesetzgebung. Festschrift für Eduard Wahl zum 70. Geburtstag am 29. März 1973, Heidelberg 1973.
Nathans, Eli, Franz Schlegelberger, Baden-Baden 1990.
Naucke, Wolfgang, Aufhebung des Analogieverbots, in: NS-Recht in historischer Perspektive. Kolloquium des Instituts für Zeitgeschichte, München 1981, S. 71-108.
Nello, Paolo, Dino Grandi. La Formazione di un Leader Fascista, Bologna 1987.
Neumann, Franz, Behemot. Struktur und Praxis des Nationalsozialismus 1933-1944, Frankfurt/Main 1977 (OA 1942).
Nicolaysen, Gert, Europäische Gemeinschaft, Verfassung nach drei Jahrzehnten. Walter Hallstein zum 80. Geburtstag, in: Europarecht 4, 1981, S. 306-441.
Niedhart, Gottfried, Internationale Beziehungen 1917-1947, Paderborn 1989.
Oexle, Otto Gerhard, Zweierlei Kultur. Zur Erinnerungskultur deutscher Geisteswissenschaftler nach 1945, in: Rechtshistorisches Journal 16, 1997, S. 358-390.
Parthey, Heinrich, Bibliometrische Profile von Instituten der Kaiser-Wilhelm-Gesellschaft zur Förderung der Wissenschaften (1923-1943), Berlin 1995.
Ders., Quantitative Methoden bei der historischen Analyse von Kaiser-Wilhelm-/Max-Planck-Instituten, in: Bernhard vom Brocke/Hubert Laitko (Hg.), Die Kaiser-Wilhelm-/Max-Planck-Gesellschaft und ihre Institute. Studien zu ihrer Geschichte: Das Harnack-Prinzip, Berlin 1996, S. 507-520.
Petersen, Jens (Hg.), Faschismus und Gesellschaft in Italien. Staat, Wirtschaft, Kultur, Köln 1998.
Plum, Günter, Widerstand und Resistenz, in: Martin Broszat (Hg.), Das Dritte Reich. Herrschaftsstruktur und Geschichte. Vorträge aus dem Institut für Zeitgeschichte, München 1983, S. 248-273.
Rabello, Alfredo Mordechai, Preface, in: ders./Petar Sarcevic (Hg.) Freedom of Contract and Constitutional Law. Proceedings of the Colloquium of the International Association of Legal Science (IASIS/UNESCO) held in Jerusalem, September 1994, S. 3-9 (http://mishpatim.mscc.huji.ac.il/sacher/rabel98e.htm).
Rabofsky, Eduard/Gerhard Oberkofer, Verborgene Wurzeln der NS-Justiz. Strafrechtliche Rüstung für zwei Weltkriege, Wien 1985.
Rechtseinheit für Europa. Festgabe für Konrad Zweigert zum 70. Geburtstag dargebracht von seinen Mitarbeitern, Tübingen 1981.
Rössler, Mechtild/Sabine Schleiermacher (Hg.), Der »Generalplan Ost«. Hauptlinien der nationalsozialistischen Planungs- und Vernichtungspolitik, Berlin 1993.
Ruck, Michael, Bibliographie zum Nationalsozialismus, 2 Bde, 2. Aufl., Darmstadt 2000.
Rüthers, Bernd, Die unbegrenzte Auslegung. Zum Wandel der Privatrechtsordnung im Nationalsozialismus, 5. Aufl., Heidelberg 1987.

Ders., Martin Schmitt, Die juristische Fachpresse nach der Machtergreifung der Nationalsozialisten, in: Juristenzeitung 43, 1988, S. 369-377.

Ders., Entartetes Recht. Rechtslehren und Kronjuristen im Dritten Reich, 2. Aufl., München 1989.

Ders., Reinhard Höhn, Carl Schmitt und andere. Geschichte und Legenden aus der NS-Zeit, in: Jahrbuch Juristische Zeitgeschichte 2, 2000/2001, S. 432-447.

Schäfer, Birgit, Roscoe Pound, in: Michael Stolleis (Hg.), Juristen. Ein biographisches Lexikon. Von der Antike bis zum 20. Jahrhundert, München 1995, S. 501 f.

Schischkoff, Geori (Hg.), Lexikon der Philosophie, 22. Aufl. Stuttgart 1991.

Schmidt, Rainer, Die Wiedergeburt der Mitte Europas. Politisches Denken jenseits von West und Ost, Berlin 2001.

Schorn, Hubert, Die Richter im Dritten Reich. Geschichte und Dokumente, Frankfurt/Main 1959.

Schroeder, Rainer, Zur Rechtsgeschäftslehre in nationalsozialistischer Zeit, in: Peter Salje (Hg.), Recht und Unrecht im Nationalsozialismus, Münster 1985, S. 8-44.

Ders., Die Bewältigung des Dritten Reiches durch die Rechtsgeschichte, in: Heinz Mohnhaupt (Hg.), Rechtsgeschichte in den beiden deutschen Staaten, 1988-1990. Beispiele, Parallelen, Positionen, Frankfurt/Main 1991, S. 604-647.

Schubert, Werner, Einleitung, in: ders. (Hg.), Volksgesetzbuch, Teilentwürfe, Arbeitsberichte und sonstige Materialien, Berlin 1988, Bd. 3/1, S. 1-36.

Schüring, Michael, Der Vorgänger. Carl Neubergs Verhältnis zu Adolf Butenandt, in: Wolfgang Schieder/Achim Trunk (Hg.), Adolf Butenandt und die Kaiser-Wilhelm-Gesellschaft. Wissenschaft, Industrie und Politik im »Dritten Reich«, Göttingen 2004, S. 346-368.

Schwab, Dieter, Das BGB und seine Kritiker, in: Zeitschrift für neuere Rechtsgeschichte 22, 2000, S. 325-357.

Schwarz, Hans-Peter, Adenauer, Bd. 2: Der Staatsmann, 2. Aufl., München 1994.

Seetzen, Jürgen (Mitarb.), Nichtverbreitung von Kernwaffen. Ein Problem der Friedenssicherung. Mit einem Geleitwort von Ludwig Raiser, Witten 1968.

Simon, Dieter, Die deutsche Wissenschaft vom römischen Recht nach 1933, in: Michael Stolleis/Dieter Simon (Hg.), Rechtsgeschichte im Nationalsozialismus. Beiträge zur Geschichte einer Disziplin, Tübingen 1989, S. 161-176.

Sontheimer, Kurt, Antidemokratisches Denken in der Weimarer Republik. Die politischen Ideen des deutschen Nationalismus zwischen 1918 und 1933, 4. Aufl., München 1994.

Stern, Fritz, Kulturpessimismus als politische Gefahr. Eine Analyse nationaler Ideologie in Deutschland, Bern 1963.

Ders., Der Nationalsozialismus als Versuchung (1984), in: ders., Der Traum vom Frieden und die Versuchung der Macht. Deutsche Geschichte im 20. Jahrhundert, Berlin 1999, S. 169-216.

Stolleis, Michael, Gemeinschaft und Volksgemeinschaft. Zur juristischen Terminologie im Nationalsozialismus (1972), in: ders., Recht im Unrecht. Studien zur Rechtsgeschichte des Nationalsozialismus, Frankfurt/Main 1994, S. 94-125.

Ders., Gemeinwohlformeln im nationalsozialistischen Recht, Berlin 1974.

Ders., Vorurteile und Werturteile der rechtshistorischen Forschung zum Nationalsozialismus (1982), in: ders., Recht im Unrecht. Studien zur Rechtsgeschichte des Nationalsozialismus, Frankfurt/Main 1994, S. 36-56.

Ders., Verwaltungsrechtswissenschaft im Nationalsozialismus (1985), in: ders., Recht im Unrecht. Studien zur Rechtsgeschichte des Nationalsozialismus, Frankfurt/Main 1994, S. 147-170.

Ders., Die Rechtsgeschichte im Nationalsozialismus. Umrisse eines wissenschaftsgeschichtlichen Themas, in: ders./Dieter Simon (Hg.), Rechtsgeschichte im Nationalsozialismus. Beiträge zur Geschichte einer Disziplin, Tübingen 1989, S. 1-10.

Ders., »Fortschritte der Rechtsgeschichte« in der Zeit des Nationalsozialismus?, in: ders./Dieter Simon (Hg.), Rechtsgeschichte im Nationalsozialismus. Beiträge zur Geschichte einer Disziplin, Tübingen 1989, S. 177-197.

Ders., Im Bauch des Leviathan. Staatsrechtslehre im Nationalsozialismus (1989), in: ders, Recht im Unrecht. Studien zur Rechtsgeschichte des Nationalsozialismus, Frankfurt/Main 1994, S. 126-146.

Ders., Geschichte des öffentlichen Rechts in Deutschland, Bd. 2: Staatsrechtslehre und Verwaltungsrechtswissenschaft 1800-1914, München 1992.

Ders., Nationalität und Internationalität. Rechtsvergleichung im öffentlichen Recht des 19. Jahrhunderts, Stuttgart 1998.

Ders., Volksgesetzbuch, in: Handwörterbuch der Rechtsgeschichte, Bd. 5, hg. von Adalbert Erler/Ekkehard Kaufmann, Berlin 1998, S. 990-992.

Tallon, Denis, Histoire du Droit et Droit Comparé, in: Claude Bontems (Hg.), Nonagesimo Anno. Mélanges en Hommage à Jean Gaudemet, Paris 1999, S. 629-637.

Tauber, Andrew, Charles Evans Hughes, in: Michael Stolleis (Hg.), Juristen. Ein biographisches Lexikon. Von der Antike bis zum 20. Jahrhundert, München 1995, S. 301-303.

Thieme, Jürgen, Ernst Rabel – Schriften aus dem Nachlaß, in: Rabels Zeitschrift 50, 1986, S. 251-281.

Thoss, Peter, Das subjektive Recht in der gesellschaftlichen Bindung. Zum Verhältnis von Nationalsozialismus und Privatrecht, Frankfurt/Main 1968.

Tillitzki, Christian, Vordenker der Vernichtung? Neue Beiträge zur Kontroverse über »Ostforschung« und Politik im Dritten Reich, in: Jahrbuch für die Geschichte Mittel- und Ostdeutschlands 47, 2001, S. 301-318.

Wadle, Elmar, Einhundert Jahre Rechtsvergleichende Gesellschaften in Deutschland. Festgabe anläßlich der Tagung für Rechtsvergleichung, 23.-26. März 1996 in Berlin, Baden-Baden 1994.

Waldhoff, Christian, Karl Neumeyer, in: Neue Deutsche Biographie, Bd. 18, Berlin 1999, S. 172 f.

Weber, Matthias M., Harnack-Prinzip oder Führerprinzip an der Deutschen Forschungsanstalt für Psychiatrie?, in: Bernhard vom Brocke/Hubert Laitko (Hg.), Die Kaiser-Wilhelm-/Max-Planck-Gesellschaft und ihre Institute. Studien zu ihrer Geschichte: Das Harnack-Prinzip, Berlin 1996, S. 409-422.

Wegeleben, Christel, Beständeübersicht des Archivs zur Geschichte der Max-Planck-Gesellschaft, Berlin 1997.

Wieland, Wolfgang, Entwicklung, Evolution, in: Otto Brunner/Werner Conze/Reinhart Koselleck (Hg.), Geschichtliche Grundbegriffe. Historisches Lexikon zur politisch-sozialen Sprache in Deutschland, Bd. 2, 3. Aufl., Stuttgart 1994, S. 199-228.

Wolf, Manfred, Max Pagenstecher, in: Bernhard Diestelkamp/Michael Stolleis (Hg.), Juristen an der Universität Frankfurt am Main, Baden-Baden 1989, S. 57-66.

Zimmermann, Reinhard, »In der Schule von Ludwig Mitteis«. Ernst Rabels rechtshistorische Ursprünge, in: Rabels Zeitschrift 65, 2001, S. 1-38.

Zweigert, Konrad, Einführung, in: MPG-Berichte und Mitteilung 1977, Heft 3, S. 7.

Ders., Hans Dölle (Nachruf), in: Rabels Zeitschrift 44, 1980, S. 421 f.

Ders./Hein Kötz, Einführung in die Rechtsvergleichung auf dem Gebiete des Privatrechts, Bd. 1: Grundlagen, Tübingen 1971.

Personenregister